LE GUIDE 2021 DES PRÉNOMS de FILLES

Julie Milbin

LA RÉFÉRENCE

LE GUIDE 2021 DES PRÉNOMS de FILLES

SOLAR EDITIONS

Sommaire

Avant-propos .... p. 5

Comment choisir un prénom... et pourquoi ne pas en créer un ? .... p. 6-7

Le prénom face à la loi .... p. 8

Dans ce livre, vous trouverez .... p. 9

Quel(s) parent(s) êtes-vous ? .... p. 10

Votre arbre généalogique .... p. 14

Le choix de Papa .... p. 16

Le choix de Maman .... p. 17

Le top 2020 .... p. 18

Carnet rose des people .... p. 19

Les prénoms .... p. 22

Index .... p. 304

Notes .... p. 316

Avant-propos

Chercher un prénom pour son enfant est sans doute le premier acte vers la parentalité. C'est envisager la personne que sa petite fille va devenir, rêver sa vie future.

Qu'est-ce qu'un prénom sinon quelques syllabes qui vont contenir toute une histoire ? Si le nom de famille définit l'appartenance à un groupe, à une famille, le prénom, lui, individualise.

Ce livre est un guide hors du commun !

Il offre aux parents une somme d'informations unique, relative à près de 5 000 prénoms de filles, français mais aussi étrangers.
Le magazine Parents est partenaire de cet ouvrage. Il enrichit le contenu par son carnet rose des people 2020 et ses éclairages sur les choix de prénoms.

Je vous souhaite de trouver dans ce guide le prénom qui correspondra à votre petite fille et à vos attentes ! Prenez votre temps, savourez ces moments tendres et uniques et plongez dans cet ouvrage aux 5 000 possibilités qui vous amènera à faire le meilleur choix du prénom de votre bébé.

Julie Milbin

Comment choisir un prénom...

Le choix d'un prénom est bien sûr personnel et subjectif et ne répond pas à la logique. De nombreux critères de choix peuvent entrer en ligne de compte, en voici quelques-uns.

L'étymologie

Elle nous restitue l'intelligence et la vie de nos prénoms. Il est vrai qu'apprendre que son prénom se rapporte à une vertu, un symbole ou une qualité particulière, peut valoriser l'estime de soi. Le prénom peut donc participer à la construction positive de l'enfant. Et si tous les porteurs d'un même prénom ne sont pas identiques – heureusement – l'éventuel « modelage » du caractère ne peut se nier. Acte fondateur, premier don qui nous est fait, le prénom fonctionne comme un orientateur.

L'histoire du prénom

L'imaginaire et les références contenus dans le prénom influeront sur l'individu. Qu'il ait nommé une déesse, une fleur... qu'il ait été porté par un personnage célèbre l'ayant doté d'une aura positive, le prénom porte en lui une forme de pouvoir. À moins que, créé de toutes pièces par les parents, puisant dans l'histoire familiale ou un engouement esthétique, il donne à la petite fille ce sentiment d'avoir reçu une tenue sur mesure.

Chiffres et couleurs

Le prénom donne à l'enfant une couleur (froide ou chaude) qui sera sienne et aura valeur totémique. Parfois, c'est même le prénom qui sera perçu comme coloré. Quant aux chiffres, si certains prétendent qu'il s'agit plus ou moins de superstition, il est facile de constater qu'ils nous font réagir. Ceux-ci, bien qu'abstraits, nous parlent de façon inconsciente. Comment nier l'existence de chiffres porte-bonheur ? Certaines stars en ont même fait un prénom, à l'instar de David et Victoria Beckham qui ont prénommé leur fille Harper Seven. Depuis toujours, les lettres révèlent des significations liées à leur forme graphique, au son qu'elles émettent, mais aussi à leur relation avec le nombre.

Le mariage de sonorités

On pourrait penser que les noms de famille longs requièrent des prénoms courts, mais, en réalité, tout est une question de cohésion sonore, de mélodie, d'harmonie générale. Cela doit « sonner » comme une musique. Enfin, même s'il n'y a pas unanimité, on considère souvent que les prénoms des frères et sœurs doivent bien cohabiter. De fait, il est rare de trouver une Albertine ayant pour frère un Kevin, si elle est issue des deux mêmes parents. Plusieurs types de prénoms peuvent se trouver dans une fratrie (par exemple une sonorité « ronde » et un prénom plus bobo), mais pas deux extrêmes (un B.C.B.G. et un *people* américain, par exemple).

...et pourquoi ne pas en créer un ?

Si l'idée que votre petite fille porte un prénom à la mode (et donc très choisi) ne vous enchante pas, pourquoi ne pas créer vous-même un prénom ?

Personnaliser un prénom existant

C'est la méthode la plus simple et la moins risquée. On part d'un prénom existant auquel on va modifier certaines lettres, en changeant la terminaison par exemple. Autre technique très utilisée : modifier l'orthographe. Ainsi, on trouve aujourd'hui des Lee- Lou, Lilou, Lylou et Leelou ! C'est une façon de donner un peu de personnalité à un prénom qui a déjà fait ses preuves. Ainsi vous trouverez dans cet ouvrage de nombreuses variantes pour les prénoms étudiés.

Mélanger deux prénoms

On peut opter pour le prénom composé en choisissant unc association tendance. Les stars nous ont pour cela montré le chemin avec des petites Lili-Rose, Lou-Ann ou Tallulah Belle. On peut aussi mixer les prénoms pour n'en faire plus qu'un. Ce n'est d'ailleurs pas un phénomène nouveau puisque c'est ainsi qu'est né le prénom Annabel, contraction de Anne et Isabelle !. Vous trouverez d'ailleurs dans cet ouvrage un top 20 des prénoms composés.

Transformer un nom commun ou un nom propre en prénom

Il existe déjà de nombreux prénoms tirés de plantes, de pierres ou de noms géographiques, mais il ne tient qu'à vous d'élargir ce panel en donnant comme prénom à votre petite fille une plante, un fruit ou une épice, une pierre précieuse, un animal ou même un lieu géographique qui vous est cher. Toscane, Rubis, Jonquille ou Cannelle... Vous retrouverez également le top 20 de ces prénoms dans le livre.

Imaginer un prénom

La dernière solution est aussi la plus aventureuse. Elle consiste à laisser libre cours à son imagination en le composant. Mais pensez toujours à bien associer le prénom et le nom de famille. Certaines sonorités s'accordent difficilement ou sont trop dures à l'oreille. On peut aussi s'inspirer des langues étrangères, les consonances exotiques sont une source intarissable d'idées.

Le prénom face à la loi

Il y a encore quelques années, c'était l'officier de l'état civil qui avait le dernier mot : il pouvait accepter ou refuser le prénom souhaité par les parents !

Choix libre du prénom...

Depuis la loi du 8 janvier 1993, les futurs parents peuvent choisir librement les prénoms de leur enfant, grâce à l'article 57 du Code civil : « l'officier d'état civil porte immédiatement sur l'acte de naissance les prénoms choisis par les parents », quels qu'ils soient.

C'est la porte ouverte à l'imagination, à la mondialisation des prénoms... et parfois aux excès. Les officiers de l'état civil sont obligés d'accepter les prénoms voulus par les parents, mais ils se voient parfois jouer le rôle de l'avocat de l'enfant. Ils peuvent pousser les parents à changer d'avis ou revoir leur position sur un prénom. Si Cerise ou Prune sont « mignons », Spatule paraît plus difficilement portable. Avec la liberté du choix est venu le devoir de responsabilité !

...mais choix surveillé

Ainsi, c'est une liberté de choix surveillée : quand le prénom choisi est « contraire à l'intérêt de l'enfant », l'officier de l'état civil peut en avertir le procureur de la République. Celui-ci, s'il est du même avis que l'officier de l'état civil, saisit alors le tribunal aux affaires familiales, qui peut exiger un changement du prénom.

De quoi s'agit-il ? Des prénoms ayant une apparence ou une consonance risible, péjorative ou grossière, ceux difficiles à porter en raison de leur complexité ou de leur référence à un personnage déconsidéré dans l'histoire. Les prénoms d'objets ou de légumes, tels que Courgette (courant, paraît-il, après la Révolution française) sont également interdits.

Ces garde-fous sont indispensables, car, depuis 1993, certains parents rivalisent d'imagination pour créer des prénoms qui ridiculisent parfois leurs enfants. Difficulté à le porter, ou association malheureuse de deux prénoms, ou du prénom et du nom de famille (Mégane Renault par exemple) : tout est une question d'interprétation.

Dans ce livre vous trouverez...

Pour personnaliser votre recherche et vous approprier ce guide :

- Un **psycho-test** pour découvrir quel profil de parent vous correspond et la liste des prénoms s'y rapportant.
- **L'arbre généalogique** de votre petite fille à compléter.
- **La liste** des prénoms de **Papa** et celle de **Maman** à renseigner.

Pour chaque prénom des informations riches et variées :

- **L'étymologie :** son histoire et sa signification, découverte au terme d'études linguistiques et philologiques.
- **La fête :** si le prénom en a une au calendrier des saints des Églises catholiques et orthodoxes.
- **Le caractère :** des indications précises relevées chez les porteurs d'un prénom et attestées par des sources diverses, croisées sur plusieurs années.

Marianne

Étymologie : **ce prénom est une contraction du prénom composé Marie-Anne. Marianne, déesse de la liberté de l'antiquité romaine, revêtant le bonnet phrygien devient le symbole de liberté sous la Révolution, puis celui de la République.**

Fête : **9 juillet** - Couleur : **bleu** - Chiffre : **3**

Caractère : **Marianne est sociable, vive, indépendante et optimiste.**

Personnages célèbres : **Marianne, la personnification de la République française ; Marianne, la protagoniste de la pièce d'Alfred de Musset, *Les Caprices de Marianne* ; Marianne Faithfull, chanteuse.**

Fréquence : **répandu** - Évolution : ↘

Âge moyen : **46 ans**

- **La couleur et le chiffre** porte-bonheur.
- **La fréquence d'attribution du prénom,** selon l'Insee (qui répertorie plus de 20 000 prénoms et des statistiques sur près de 80 ans) : le prénom peut être rare, très rare ou répandu.
- **L'âge moyen** qu'ont les personnes portant ce prénom, selon l'Insee.
- **L'évolution d'attribution du prénom :** à la hausse, à la baisse ou stable.

Et pour vous aider dans vos choix :

- **Les tops 2020.**
- **30 tops de prénoms thématiques** au fil des pages.
- **Des petits cœurs avec l'initiale correspondant au profil des parents à colorier** pour marquer vos préférences et les retrouver aisément dans le livre.

Quel(s) parent(s) êtes-vous ?

Vos centres d'intérêt, votre style de vie contribuent à vous définir. Bien évidemment, vous ne vous résumez pas à une seule réponse, car vous êtes un être complexe. Choisissez donc la réponse s'apparentant le plus à vos habitudes et à ce que vous faites, écoutez et pensez la plupart du temps ou dans la majorité des cas. Selon la « tribu » à laquelle vous appartiendrez, découvrez ensuite quel style de prénom est fait pour le petit être qui va agrandir votre magnifique famille.

Quels sont vos programmes télé favoris ?

◇ Les émissions culturelles, les talk-shows, le Grand Journal.

△ Les émissions de divertissement.

○ Planète, France ô, Thalassa... Vous adorez les reportages.

□ Vous aimez suivre des séries. Sinon, vous n'êtes pas très télévision.

– • –

En termes de hobbies, passe-temps, vous êtes plutôt :

◇ Pêche à la ligne, coloriage pour adulte, apéros et cuisine.

□ Tennis, musique électro et (ou) classique, mais dans tous les cas, vous savez danser le rock.

△ Youtube, football et blockbusters au cinéma.

○ Fêtes de famille et cuisine locale, reggae et (ou) dancehall.

– • –

Où faites-vous vos courses de produits frais, la plupart du temps ?

○ Au marché, connu pour la diversité de ses produits.

□ Vous avez des fournisseurs ciblés : producteurs locaux ou labels haut de gamme.

◇ Vous êtes abonnés à un AMAP.

△ Au supermarché.

Qu'avez-vous prévu pour vos prochaines vacances ?

○ Rendre visite à votre famille dans votre région ou pays d'origine.

□ Dans une grande maison que vous louez chaque année (île de Ré, Lubéron...) avec vos amis et leurs enfants.

◇ Vous hésitez entre Berlin et Brooklyn pour un « city break ».

△ Vous avez réservé sur la Côte d'Azur : à vous les virées à Saint-Trop' !

– • –

Quel mode de garde envisagez-vous après la naissance de bébé ?

○ Vous allez prendre un congé parental pour garder votre petite fille et reprendrez votre activité professionnelle ensuite.

◇□ La garde partagée avec d'autres enfants du quartier.

△ La crèche ou une assistante maternelle agréée.

– • –

À quel endroit rêvez-vous d'accompagner votre fille lorsqu'elle sera plus grande ?

□ Un musée proposant des ateliers pour enfants.

△ À Disneyland Paris.

○ Un musée type « arts africains et océaniens », histoire locale, « compagnie des Indes »...

◇ Une pièce de théâtre pour enfants.

En termes de lecture, vous seriez plutôt ?

◇ Houellebecq, auteurs russes, poètes du XXe siècle…

○ Magazine *Géo*, le guide de voyage de vos prochaines vacances….

□ Prix littéraires (Goncourt, Femina, Renaudot) et classiques…

△ Best-sellers : *Game of Thrones*, *50 nuances de Grey*, les derniers Katherine Pancol, Guillaume Musso ou Marc Levy.

– • –

Comment vous déplacez-vous ?

◇ À vélo ou à pied : vous êtes en hypercentre.

○ En transports en commun ou avec votre véhicule personnel.

□ En smart ou en « familiale » chic.

△ Vous êtes en train de passer le permis moto.

– • –

Votre garde-robe est plutôt :

△ Très tendance.

□ De bons basiques agrémentés de quelques accessoires chic qui rehaussent l'ensemble.

◇ Vous chinez les friperies en quête de la pépite vintage.

○ Un patchwork de pièces vestimentaires ou accessoires rapportés en souvenirs de voyage.

□ ……………… △ ………………

◇ ……………… ○ ………………

Après avoir comptabilisé vos réponses, tournez la page pour découvrir quel parent vous êtes !
Vous correspondez désormais à un profil. Et dans ce guide, chaque prénom est associé à l'un des quatre profils.

Si vous avez plus de

◇

Vous êtes plutôt BOBO

(B)

Vous exercez une profession « intellectuellement exigeante » ou êtes créatif, auto-entrepreneur, artisan... Même si vous êtes urbain, vous vivez dans votre quartier comme dans un village et envisagez d'emménager à la campagne. Vous souhaitez éveiller votre petite fille à l'art dès son plus jeune âge et désirez pour elle un prénom qui l'aidera à se construire comme un être à part. Vous puisez donc votre inspiration dans un répertoire arty :

- La littérature et les prénoms rétro, passés de mode, que vous remettez au goût du jour : Eulalie, Félicie, Albertine...
- L'Antiquité et la mythologie grecque et romaine : Calliope, Cassiopée...
- Les noms de fleurs, fruits et épices, dont vous appréciez la fantaisie et l'esprit écolo : Prune, Cerise, Cannelle, Tulipe...
- Les noms communs dont la sonorité vous inspire autant que le sens et que vous jugez symboliques et anticonformistes : Bohème, Toscane, Louve, Avril, Automne...
- Vous continuez parfois de prendre le contre-pied en piochant chez les garçons, mais à l'anglo-saxonne s'il vous plaît ! Joe, Ali, Sacha...

Retrouvez les prénoms bobos au fil du livre indiqués par (B)

Si vous avez plus de

△

Vous êtes plutôt POP

(P)

Véritable télévore, vous aimez le grand spectacle, le sport, le cinéma.

Influencé par l'art populaire (quelles qu'en soient les formes) et la culture américaine, vous êtes un « produit de votre temps ».

Connecté, vous consultez les réseaux sociaux et lisez la presse féminine, *GQ* ou *Vanity Fair* autant que la presse people, les quotidiens et *L'Équipe*.

Les prénoms à tendance anglo-saxonne constituent pour vous une source d'inspiration à travers :

- Les séries télévisées et le cinéma : Mérédith...
- Les icônes pop (chanteurs, acteurs, sportifs ou « modeuses ») : Marylin, Pippa, Kate...
- Aux prénoms de ces stars emblématiques, il peut vous arriver de préférer ceux de leurs enfants : Lili-Rose (Vanessa Paradis et Johnny Depp).
- Et si vous quittez les influences venues d'outre-Atlantique ou d'outre-Manche pour l'Italie, le Brésil ou les pays de l'Est, c'est parce que vos stars viennent d'ailleurs : Alessandra, Karolina...
- Néanmoins, vous suivez aussi la tendance et vous dirigez parfois vers des prénoms doux et riches en voyelles qui s'inscrivent dans un courant plus populaire et qui ne stigmatiseront pas votre enfant : Lilou...

Retrouvez les prénoms pop au fil du livre indiqués par (P)

Si vous avez plus de

□

Vous êtes plutôt CHIC

C

Vous avez été élevé dans le respect des valeurs et des traditions familiales, et vous souhaitez transmettre à vos enfants les mêmes principes de vie. Vous choisissez des prénoms simples et de bon goût qui ne se font pas remarquer par leur originalité, mais constituent pour vous une valeur sûre, car passés dans l'usage.

Vous puisez donc votre inspiration :

• Dans les prénoms bibliques dont vous aimez la sonorité : Eve, Jeanne, Judith…

• Dans les prénoms royaux dont le classique chic signe un certain standing : Blanche, Alix, Marie, Marguerite… Ces derniers peuvent être reliés à la veine médiévale : Aliénor, Mathilde…

• Et si vous quittez la royauté, c'est pour vous rapprocher des héros de l'Antiquité : Athénaïs, Olympe…

• De toute façon, il existe un répertoire qui n'appartient qu'à vous, signant votre appartenance à une certaine catégorie sociale à l'instar d'un blason : Constance, Victoire, Hermine…

• Et c'est sans oublier un autre type de forme nominative qui peut aussi constituer votre signature, le prénom composé : Anne-Charlotte…

Retrouvez les prénoms chic au fil du livre indiqués par C

Si vous avez plus de

○

Vous êtes plutôt VOYAGEUR

V

Vous êtes attaché à vos racines d'où qu'elles soient : d'une province française ou d'une contrée éloignée. Quand bien même vous ne viendriez pas de plus loin, vous avez vécu en dehors de l'Hexagone, êtes passionné par les langues et les cultures étrangères et/ou par la France et ses richesses. Vous vous considérez comme un citoyen du monde et élèverez votre petite fille dans le même esprit. Voilà pourquoi vous souhaitez dès maintenant lui offrir un prénom faisant montre d'une certaine ouverture sur le monde ou renvoyant joliment à votre pays ou province d'origine.

C'est votre façon à vous d'honorer un patrimoine, qu'il soit réel ou dû à un coup de cœur :

• En fonction de vos origines ou inclinations, vous allez piocher dans les prénoms d'Afrique noire, du Maghreb, des Antilles, de Polynésie… : Aïssatou, Ramata, Jamila, Maéva…

• À moins que vous ne restiez en Europe et ne jetiez votre dévolu sur l'Italie ou l'Espagne et leurs sonorités rondes et… « so hype » : Chiara, Paola, Paloma, Andréa…

• Et puis il vous est possible aussi de choisir quelque trésor régional, qu'il soit basque, provençal ou breton : Maëlys, Nolwenn…

Retrouvez les prénoms voyageurs au fil du livre indiqués par V

Votre arbre généalogique

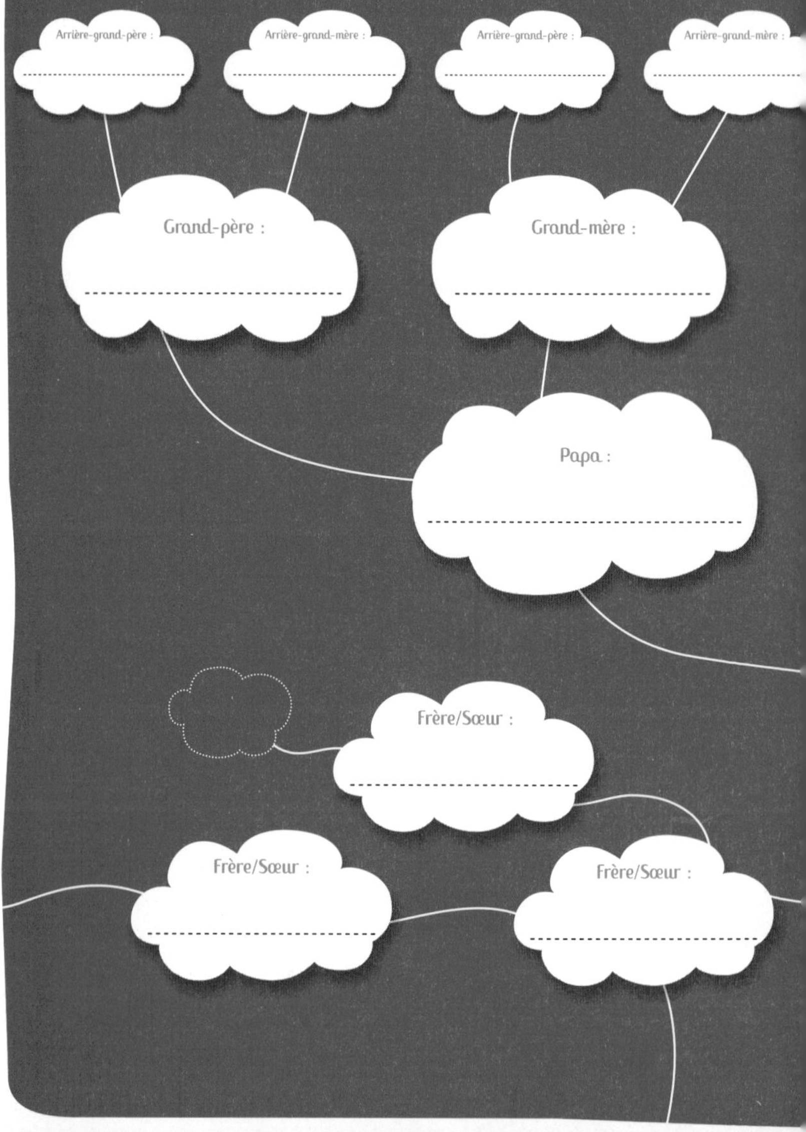

Arrière-grand-père :

Arrière-grand-mère :

Arrière-grand-père :

Arrière-grand-mère :

Grand-père :

Grand-mère :

Maman :

Prénom de Bébé :

LISTE DE PRÉNOMS

Le choix de Papa

· LISTE DE PRÉNOMS ·

Le choix de Maman

Le top 2020

Le top des prénoms les plus portés par les **MAMANS EN 2020** :

MARION	PAULINE
MANON	ÉMILIE
AMANDINE	JUSTINE
MARIE	LUCIE
ALICE	SARAH

Top 20 des prénoms les plus portés par les petites filles (2010-2020)

EMMA	ZOÉ
LÉA	LILOU
CHLOÉ	LÉNA
MANON	MAELYS
INÈS	CLARA
LOLA	LINA
JADE	LUCIE
CAMILLE	ANAÏS
SARAH	EVA
LOUISE	ROMANE

Top 20 des prénoms les plus portés par les petites filles en 2020

EMMA	MIA
JADE	INÈS
LOUISE	AMBRE
ALICE	LOU
CHLOÉ	JULIA
ROSE	JULIETTE
LINA	AGATHE
LÉA	LÉNA
ANNA	IRIS
MILA	JEANNE

CARNET ROSE DES people

Alice *(Fille de Charlotte de Hugo et Jeff Panacloc)*
Célestine *(Fille de Christelle Bardet et Laurent Gerra)*
Daisy *(Fille de Katy Perry et Orlando Bloom)*
Elisabeth Giana *(Fille de Catherine McDonnel et Pau Gasol)*
Ella *(Fille de Julia Flabat et Eddy Papeoo)*
Elle *(Fille de Claire Holt et Andrew Joblon)*
Esmée *(Fille de Louane et Florian Rossi)*
Lyla *(Fille de Katherine Schwarzenegger et Chris Pratt)*
Lyra *(Fille de Sherry Seaborn et Ed Sheeran)*
Naya *(Fille de Michele Dedigama et Vincent)*
Nina *(Fille de Lorie Pester et Yann Dernaucourt)*
Olympia *(Fille de Kasi Bennet et Usain Bolt)*
Pia *(Fille de Charlotte Ranson et Pio Marmaï)*
Sofia *(Fille d'Alessandra de Osma et Tristan de Hanovre)*
Willa *(Fille de Sophie Turner et Joe Jonas)*

SOMMAIRE

Lettre A ..... p. 22
Lettre B ..... p. 53
Lettre C ..... p. 63
Lettre D ..... p. 86
Lettre E ..... p. 96
Lettre F ..... p. 107
Lettre G ..... p. 116
Lettre H ..... p. 126
Lettre I ..... p. 134
Lettre J ..... p. 142
Lettre K ..... p. 157
Lettre L ..... p. 164
Lettre M ..... p. 189
Lettre N ..... p. 223
Lettre O ..... p. 234
Lettre P ..... p. 241
Lettre Q ..... p. 251
Lettre R ..... p. 253
Lettre S ..... p. 260
Lettre T ..... p. 278
Lettre U ..... p. 286
Lettre V ..... p. 288
Lettre W ..... p. 294
Lettre X ..... p. 296
Lettre Y ..... p. 296
Lettre Z ..... p. 300

• Tous les prénoms de A à Z •

p. 22 à 313

• Les tops 20 •

Prénoms de stars p. 22
Prénoms mixtes p. 33
Prénoms rock 'n' roll ! p. 42
Prénoms médiévaux p. 53
Prénoms rares p. 62
Prénoms de contes de fées p. 73
Prénoms exotiques p. 82
Prénoms d'enfants de stars p. 92
Prénoms marins p. 103
Prénoms bibliques p. 112
Prénoms diminutifs p. 123
Prénoms en chanson p. 132
Prénoms de la mythologie p. 143
Prénoms doux p. 152
Prénoms composés p. 162
Prénoms chic p. 173
Prénoms bobos p. 182
Prénoms de séries TV p. 193
Prénoms de marques p. 202
Prénoms royaux p. 213
Prénoms régionaux p. 220
Prénoms américains p. 229
Prénoms méditerranéens p. 236
Prénoms rétro p. 245
Prénoms orientaux p. 252
Prénoms slaves p. 261
Prénoms asiatiques p. 268
Prénoms du cinéma p. 277
Prénoms de fleurs, fruits, et épices p. 284
Prénoms nom communs-noms propres p. 293

TOP 20

Prénoms de stars

Qui dit « star » dit souvent cinéma. Qu'il s'agisse d'un prénom authentique dont les sonorités poussent au rêve (Uma...), ou d'un prénom choisi pour son aura et sa capacité à starifier (Marilyn), il est une composante de l'identité « publique » de l'actrice. Aujourd'hui, d'autres figures de la culture pop sont devenues des emblèmes du glamour. Cinéastes à la filmographie « hype » ; icônes de mode, top-modèles : le simple fait de les prénommer suffit à les identifier. À vous de les reconnaître !

Amel
Angèle
Anissa
Ava
Bella
Camille
Géraldine
Jennifer
Iris
Kate
Lauren
Leïla
Lily-rose
Louane
Marilyn
Meghan
Romy
Scarlett
Selena
Stella
Thelma

A

P

Abby

Abbi, Abbie, Aby

Étymologie : de l'hébreu : « père de la foule et des croyants ». Ce diminutif d'Abigaël est devenu un prénom dans les pays anglo-saxons.

Fête : 20 février - Couleur : vert - Chiffre : 8

Caractère : généreuse, courageuse et... drôle !

Personnages célèbres : de *Côte Ouest* aux *Feux de l'amour*, nombre de séries américaines ont leur « Abby ».

Fréquence : répandu aux États-Unis, au Royaume-Uni, où il est même devenu mixte, il est encore relativement rare en France, mais pourrait suivre cette tendance. - Évolution : =

C

Abélia

Abbée, Abélie, Abély

Étymologie : de l'hébreu « souffle vital », ou *ab* : « père » et *el* : « Dieu ». Ce prénom correspond à la forme espagnole et italienne d'Abelie, féminin d'Abel.

Fête : 5 août - Couleur : jaune - Chiffre : 7

Caractère : Abélia est organisée, enthousiaste et dotée d'un certain esprit pratique. Elle est la capitaine idéale d'une équipe sportive ou d'une bande de filles !

Fréquence : rare - Évolution : =

Âge moyen : 12 ans

C

Abeline

Abelina, Abelinia, Abelinde, Abelinda

Étymologie : de l'hébreu « souffle vital » ou *ab* : « père » et *el* : « Dieu ». Il est aussi considéré

comme un prénom d'origine basque, car plus majoritairement représenté dans cette région, mais reste assez ancien.
Fête : 5 août - Couleur : jaune - Chiffre : 3
Caractère : sociable, charmante, Abeline a toutes les qualités pour briller dans le « monde ». Elle est émotive et tendre.
Fréquence : rare - Évolution : ↘

P

Abella

Abelle, Abellia, Abelone

Étymologie : de l'hébreu « souffle vital » ou *ab* : « père » et *el* : « Dieu ».
Fête : 5 août - Couleur : jaune - Chiffre : 3
Caractère : Abella est douce et délicate.
Fréquence : très rare - Évolution : ↘

B

Abigail

Abigaëlle, Abigaël, Abigaïline, Abygaël, Abygaëlle, Avigaël

Étymologie : de l'hébreu *abigahel* : « ma joie est en Dieu ». Le roi David, dix siècles avant J.-C., devra attendre qu'Abigaël soit veuve pour l'épouser. Il l'emmène avec lui chez les Philistins... et la perd : les terribles Alamécites capturent Abigaël. David est alors contraint à la guerre pour la délivrer. C'est sous cette forme que le prénom est le plus porté en Israël.
Fête : 29 décembre - Couleur : bleu - Chiffre : 1
Caractère : très indépendante et courageuse, elle est capable de faire preuve d'une grande énergie et de beaucoup de détermination !
Personnage célèbre : une des prétendues sorcières de Salem, qui fut brûlée vive au XVIIIe siècle.
Fréquence : répandu - Évolution : ↗
Âge moyen : 12 ans

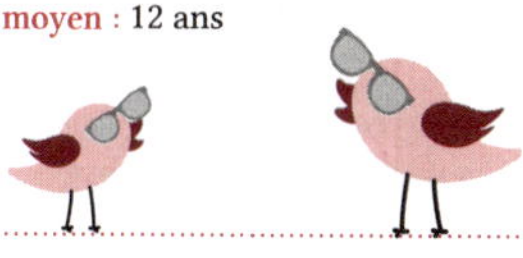

B

Abondance

Abondancia, Abudancia, Abundantia

Étymologie : du latin *abundantia* : « affluence ».
Couleur : rose - Chiffre : 3
Caractère : Abondance n'est pas si prodigue que son prénom le laisse à penser. La gestion fait au contraire partie de ses points forts. Audacieuse, énergique, elle aime la découverte et possède un fort tempérament.
Fréquence : très rare - Évolution : ↘

V

Abrama

Abra, Abrahama

Étymologie : de l'hébreu : « mère des croyants ».
Fête : 20 décembre - Couleur : bleu - Chiffre : 8
Caractère : Abrama est volontaire et indépendante. Très protectrice lorsqu'elle s'attache, elle est douée d'une intelligence humaine notable.
Fréquence : très rare - Évolution : ↘

B

Acacia

Acacya

Étymologie : du grec : « fleur protectrice du mal ».
Fête : 5 octobre (Sainte-Fleur)
Couleur : jaune - Chiffre : 7
Caractère : Acacia est humaine, ouverte d'esprit, généreuse. Parfois un peu rêveuse, elle peut cependant faire preuve d'une certaine droiture.
Fréquence : très rare - Évolution : =
Âge moyen : 2 ans

V

Acantha

Acanthe, Acanthia, Acantine, Acantina

Étymologie : du latin : « innocence ».
Couleur : le violet - Chiffre : 5
Caractère : Acantha est douce et réservée,

mais d'une grande force intérieure.
Fréquence : très rare - Évolution : ↘

B

Acmée

Acmé, Acméa

Étymologie : du grec : « pointe ». Ce prénom est un nom commun désignant l'apogée de quelque chose.
Couleur : rouge - Chiffre : 6
Caractère : toujours en quête de connaissances, Acmée est tolérante, facile à vivre et d'une grande gentillesse.
Fréquence : très rare - Évolution : =

C

Ada

Adda

Étymologie : du germanique *ed* : « richesses ». Ce prénom fut porté par une abbesse de Sainte-Marie du Mans du VIIe siècle. Ce prénom correspond à la forme latine d'Édith.
Fête : 4 décembre - Couleur : bleu - Chiffre : 2
Caractère : Ada est douce, vive, gaie et d'une rare générosité.
Personnage célèbre : Ada, l'héroïne éponyme du roman *Ada ou l'Ardeur* de Nabokov.
Fréquence : rare - Évolution : ↗
Âge moyen : 65 ans

V

Adam

Adamma

Étymologie : de l'hébreu : « terre rouge ». Ce prénom correspond à la forme féminine d'Adam.
Fête : 6 mai - Couleur : rouge - Chiffre : 1
Caractère : Adama est loyale, diplomate, réceptive, sociable et pleine de bonté.
Fréquence : rare - Évolution : ↗
Âge moyen : 16 ans

P

Adela

Adella

Étymologie : du germanique *adal* : « noble » et *haid* : « bruyère ». C'est au Pays basque que ce prénom est le plus couramment attribué.
Fête : 24 décembre - Couleur : jaune - Chiffre : 9
Caractère : Adela allie courage et indépendance à une forte curiosité. Son appétit pour la vie est intense et la rend très charismatique.
Fréquence : rare - Évolution : ↗
Âge moyen : 39 ans

C

Adélaïde

Adelaida, Adelaig

Étymologie : du germanique *adal* : « noble » et *haid* : « bruyère ». Adélaïde est un prénom marqué sous le sceau de l'aristocratie, de la fille du roi Louis XV à aujourd'hui. Son style « Grand Siècle » en fait un prénom à part.
Fête : 16 décembre - Couleur : bleu - Chiffre : 5
Caractère : Adélaïde a des qualités de meneuse : l'énergie, la persévérance, l'efficacité, l'audace la caractérisent.
Personnages célèbres : la princesse Adélaïde, fille du roi Louis XV ; *Adélaïde du Guesclin*, pièce de Voltaire.
Fréquence : rare - Évolution : ↘
Âge moyen : 50 ans

B

Adèle

Adeau, Adela, Adelle, Adelita, Adoucha, Alida

Étymologie : du germanique *adal* : « noble ». Étymon d'Adélaïde ou son dérivé, ce prénom fut très en vogue au XIXe siècle. Victor Hugo a d'ailleurs prénommé ainsi sa fille.
Fête : 24 décembre - Couleur : jaune - Chiffre : 9

Caractère : Adèle est humaine, tolérante, généreuse et parfois tourmentée
Personnages célèbres : Adèle Hugo, interprétée au cinéma par Isabelle Adjani dans le désormais culte *L'Histoire d'Adèle H.* de Truffaut ; Adèle Blanc-Sec, l'héroïne BD de Tardi incarnée par Louise Bourgoin dans le film de Luc Besson ; Adèle Exarchopoulos, César du meilleur espoir féminin en 2014 pour son rôle éponyme dans *La Vie d'Adèle* d'Abdellatif Kechiche ; Adèle, la chanteuse anglaise.
Fréquence : répandu - Évolution : ↗
Âge moyen : 57 ans

(P)

Adélia

Adelya

Étymologie : du germanique *adal* : « noble ».
Fête : 24 décembre - Couleur : jaune - Chiffre : 9
Caractère : Adélia aime la découverte et sait faire preuve d'énergie et d'audace. Ce qui s'accorde parfaitement avec la pointe d'originalité qui la caractérise.
Fréquence : rare - Évolution : ↗
Âge moyen : 45 ans

(C)

Adeline

Adaline, Adelin, Adelina, Adelinda, Adelinde, Adéline, Adelise, Adelyne, Edeline

Étymologie : du germanique *adal* : « noble », et *lind* : « doux ».
Fête : 20 octobre - Couleur : rose - Chiffre : 5
Caractère : Adeline est dynamique, volontaire, courageuse et directive.
Personnage célèbre : la comédienne Adeline Blondieau (ex-madame Hallyday).
Fréquence : répandu - Évolution : ↘
Âge moyen : 32 ans

(C)

Adelphia

Adelphie, Adelphine

Étymologie : du grec *adelphos* : « frère », *adelphi* : « sœur ». Ce prénom correspond à une forme féminine d'Adelphe.
Fête : 11 septembre - Couleur : jaune - Chiffre : 6
Caractère : Adelphia est sociable, diplomate. La réussite est une notion qu'elle ne prend guère à la légère.
Fréquence : très rare - Évolution : ↘

(B)

Adonia

Adonya

Étymologie : du grec : « belle ». Ce prénom correspond à la forme féminine d'Adonis, réputé, dans la mythologie grecque, pour être d'une grande beauté et l'amant d'Aphrodite.
Couleur : rouge - Chiffre : 8
Caractère : Adonia est habile, ambitieuse. Pourvue d'un leadership incontestable, c'est un être passionné.
Fréquence : très rare - Évolution : =

(P)

Adora

Adorra, Adhora, Adoria, Adoration

Étymologie : du latin : « adorée ».
Couleur : jaune - Chiffre : 3
Caractère : Adora est dotée d'un charme proche de l'irrésistible. Bien sûr, elle s'offre le luxe de faire certains caprices, mais cela lui va si bien.
Fréquence : très rare - Évolution : ↘

(C)

Adou

Amadou

Étymologie : ce prénom est un diminutif d'Amadou, forme africaine d'Aimée.

Couleur : vert - Chiffre : 6
Caractère : Adou est loyale, fidèle et réfléchie.
Fréquence : rare - Évolution : =

B

Adrastée

Adrastéa

Étymologie : vient du grec, c'est le nom de la nymphe qui a pris soin de Zeus lorsqu'il était enfant.
Couleur : rose - Chiffre : 4
Caractère : Adrastée est rêveuse, c'est une grande sentimentale, affectueuse et humaine.
Fréquence : très rare - Évolution : =

V

Adria

Hadria

Étymologie : du grec *Adrianos* et du latin *Adrianus*, qui fut le nom d'une famille romaine originaire d'Adria, une ville de Vénétie. Cette ville aurait donné son nom à la mer Adriatique.
Couleur : bleu - Chiffre : 7
Caractère : Adria est dans le pragmatisme et la communication. Efficacité est son maître mot.
Fréquence : très rare - Évolution : =

C

Adriana

Adriane, Adriena, Adrienah, Arienne

Étymologie : du grec *Adrianos* et du latin *Adrianus*, qui fut le nom d'une famille romaine originaire d'Adria, une ville de Vénétie. Cette ville aurait donné son nom à la mer Adriatique. Adriana est très répandu en Italie, dans les pays hispanophones et lusophones.
Fête : 8 septembre - Couleur : bleu - Chiffre : 7
Caractère : Adriana aime les prises de décision, est pragmatique, optimiste. Elle parvient à être à la fois dans la créativité et dans l'action.
Personnage célèbre : Adriana Karembeu, ancien mannequin, ambassadrice de la Croix-Rouge et actrice.
Fréquence : répandu - Évolution : =
Âge moyen : 16 ans

P

Adrienne

Adriana, Adrianne, Adrienna

Étymologie : du grec *Adrianos* et du latin *Adrianus*, qui fut le nom d'une famille romaine originaire d'Adria, une ville de Vénétie. Cette ville aurait donné son nom à la mer Adriatique.
Fête : 8 septembre - Couleur : bleu - Chiffre : 7
Caractère : ambitieuse, déterminée et très exigeante. Adrienne n'a rien à envier à son homologue masculin.
Personnages célèbres : la chanteuse Adrienne Pauly ; Adrienne Lecouvreur, célèbre tragédienne du XVIIIe siècle ; Adrienne Bolland, pionnière de l'aviation.
Fréquence : répandu - Évolution : ↘

V

Aëlaig

Aëllaig, Aelaig

Étymologie : du grec *eggelos* : « messager ». Ce prénom correspond au diminutif d'Aelle, forme bretonne d'Angèle. En Bretagne, il est souvent écrit sans tréma.
Fête : 27 janvier - Couleur : bleu - Chiffre : 8
Caractère : imaginative, curieuse, vive : Aëlaig tient farouchement à son indépendance.
Fréquence : rare - Évolution : =

V

Aëlle

Aelez, Aelezig

Étymologie : du grec *eggelos* : « messager ». Ce prénom correspond à une forme bretonne d'Angèle. En Bretagne, il est écrit sans tréma la plupart du temps.

Fête : 27 janvier - Couleur : bleu - Chiffre : 8

Caractère : Aëlle est affectueuse, imaginative, secrète et prudente.

Fréquence : rare - Évolution : ↗

V

Aésa

Aéssa

Étymologie : de l'hébreu : « Dieu est plénitude ». Ce prénom correspond à la forme bretonne d'Isabelle.

Fête : 22 février - Couleur : jaune - Chiffre : 3

Caractère : Aésa est féminine, sensible, généreuse et idéaliste.

Fréquence : rare - Évolution : =

Âge moyen : 5 ans

C

Agathe

Agatella, Agatha, Agatta, Agafia, Agace, Agacia, Agato, Ageda, Agueto

Étymologie : du grec *agathè, agathos* : « bon ». Ce prénom est une variante typiquement française d'Agatha, devenu un classique des milieux bourgeois depuis 1980.

Fête : 5 février - Couleur : violet - Chiffre : 6

Caractère : Agathe est sensible, bienveillante, philanthrope mais parfois rebelle.

Fréquence : répandu - Évolution : ↘

Âge moyen : 23 ans

V

Agda

Agasha, Agenetti, Hagda

Étymologie : du grec *agathè, agathos* : « bon ». Ce prénom correspond à la forme scandinave d'Agathe.

Fête : 5 février - Couleur : violet - Chiffre : 6

Caractère : Agda est bonne conseillère. Véritable pacificatrice, elle est consciencieuse et bienveillante.

Fréquence : très rare - Évolution : ↘

V

Aggie

Agie, Aggi, Aggy, Akeneki

Étymologie : du grec *agathè, agathos* : « bon ». Ce prénom correspond à un diminutif du prénom Agathe devenu un prénom à part entière, plus répandu dans les pays anglo-saxons.

Fête : 5 février - Couleur : bleu - Chiffre : 6

Caractère : Aggie est responsable et mature. Elle a horreur des conflits.

Personnage célèbre: Aggie, héroïne éponyme de la BD créée par Hal Rasmusson, en 1946, dans le *Chicago Herald Tribune* et apparaissant en 1947 en France dans l'hebdomadaire *Fillette*.

Fréquence : très rare - Évolution : =

C

Aglaé

Aglaée, Aglaïa, Aglaïane

Étymologie : du grec *aglaia* : « qui est claire ». Ce prénom est celui de la plus jeune des trois Grâces de la mythologie grecque.

Fête : 14 mai - Couleur : orange - Chiffre : 7

Caractère : Aglaé est compatissante, sensible et rusée mais aussi volontaire.

Personnages célèbres : Aglaé Jarry, qui fonda l'Union des femmes ; Aglaé, personnage d'*Aglaé et Sidonie*, célèbre série d'animations pour enfants des années 60/70.

Fréquence : rare - Évolution : ↗

Âge moyen : 34 ans

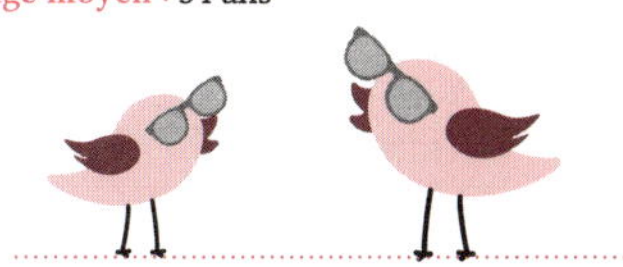

C

Agnès

Agnela, Agnesa, Agnesina, Agneska, Nessa, Nessi, Agneti

Étymologie : du grec *agnè* : « chaste ». Ce prénom a été rendu illustre par une martyre romaine du IVe siècle, devenue la patronne des fiancées.

Fête : 21 janvier - Couleur : vert - Chiffre : 10

Caractère : Agnès est émotive, susceptible, mais aussi autonome, autoritaire et dotée d'un bel esprit d'innovation.

Personnages célèbres : l'héroïne de *L'École des femmes de Molière* ; Agnès Sorel, maîtresse de Charles VII, qui joua un rôle politique dans la reconstruction de la France ; Agnès Varda, cinéaste ; Agnès Jaoui, actrice, scénariste et réalisatrice ; Mademoiselle Agnès, chroniqueuse mode TV et productrice.

Fréquence : répandu - Évolution : ↘

Âge moyen : 55 ans

B

Agrippine

Agrippa, Agripinna

Étymologie : du latin *Agrippa*, du nom d'une illustre famille romaine. Ce prénom fut porté par des princesses romaines du Ier siècle : Agrippine l'Aînée (mère de Caligula) et Agrippine la Jeune, fille du général Germanicus, mère de Néron. Ce prénom antique chargé d'histoire fut peu attribué, mais resta très connu.

Fête : 23 juin - Couleur : orange - Chiffre : 5

Caractère : Agrippine est quelque peu autoritaire certes, mais c'est une femme d'action, indépendante et très dynamique.

Personnage célèbre : Agrippine, héroïne de la BD du même nom écrite par Claire Brétécher.

Fréquence : très rare - Évolution : ↘

V

Aïcha

Aïsha, Aishah, Aisia, Aisiah, Asha, Ashah

Étymologie : de l'arabe : « vivante, pleine de vitalité ». Aïcha est la troisième épouse de Mahomet. Considérée comme l'une des femmes les plus importantes de l'Histoire, elle fut une savante reconnue et mourut à 18 ans.

Couleur : jaune - Chiffre : 5

Caractère : fine, toujours avide de connaissances, Aïcha est pourvue d'une personnalité qui ne laisse personne indifférent.

Personnage célèbre : l'héroïne éponyme de la chanson de Khaled.

Fréquence : répandu - Évolution : ↘

Âge moyen : 30 ans

V

Aïda

Étymologie : de l'arabe : « récompense ».

Couleur : bleu - Chiffre : 6

Caractère : Aïda est une femme déterminée, idéaliste, courageuse et bonne.

Personnage célèbre : l'héroïne éponyme de l'opéra de Verdi, qui raconte l'amour impossible entre la fille du roi d'Éthiopie, esclave de la fille du Pharaon et un jeune général égyptien. Comme Roméo et Juliette, ils ne seront réunis que dans la mort.

Fréquence : rare - Évolution : ↗

Âge moyen : 31 ans

P

Aileen

Étymologie : du grec *helénê* : « le flambeau », de la famille d'*helios* : « le soleil ». Ce prénom correspond à une des formes anglo-saxonnes d'Hélène, peu répandue en France, mais assez représentée aux États-Unis.

Fête : 18 août - Couleur : jaune - Chiffre : 1
Caractère : Aileen est exigeante, travailleuse et a toujours besoin d'activité.
Fréquence : rare - Évolution : ⇗
Âge moyen : 7 ans

C

Aimée

Aimie, Ama, Amma, Amata

Étymologie : du latin *amata* : « aimée des Dieux ».
Fête : 20 février - Couleur : blanc - Chiffre : 1
Caractère : Aimée incarne parfaitement son prénom : bienveillante, désintéressée, elle suscite l'affection d'autrui. Dotée d'une belle intelligence humaine, Aimée sait faire confiance à son intuition.
Personnage célèbre : Aimée van de Wiele, claveciniste belge.
Fréquence : rare - Évolution : ⇗

V

Aïssa

Aicha, Ayse, Aïche

Étymologie : de l'hébreu : « Dieu sauve ». Aïssa est considéré comme un prénom arabe, mais tire son origine de *Yehoshua* : « Jésus » en français. Aïssa correspond à une variante d'Aïcha.
Couleur : jaune - Chiffre : 5
Caractère : Aïssa est tenace, fiable. Elle a le sens du devoir et de l'engagement.
Fréquence : rare - Évolution : ⇗
Âge moyen : 28 ans

V

Aïssatou

Aïcha, Ayse, Aïche

Étymologie : de l'hébreu : « Dieu sauve ». Aïssatou est considéré comme un prénom arabe, mais tire son origine de *Yehoshua*, « Jésus ».
Couleur : jaune - Chiffre : 5
Caractère : Aïssatou est une véritable séductrice, combattive, intelligente et ambitieuse.
Personnages célèbres : Aïssatou Cissé, romancière sénégalaise.
Fréquence : répandu en Afrique noire
Évolution : ⇗ - Âge moyen : 15 ans

P

Alba

Albe, Alva

Étymologie : du latin *alba* : « blanche ». Ce prénom renvoie à la ville antique d'Albe, alors grande rivale de Rome et qui devait son nom à la colline crayeuse sur laquelle elle était construite. Ses falaises étant blanches, c'est en référence à cette signification que le terme « Albion » était employé par les anciens pour désigner l'Angleterre. Alba signifie également « aube » en italien et en espagnol et, par conséquent, est plus usité dans les pays du monde parlant ces langues.
Fête : 22 juin - Couleur : gris - Chiffre : 8
Caractère : Alba est organisée, aime la spiritualité. Elle a l'esprit sagace et aime l'originalité.
Fréquence : rare - Évolution : ⇗
Âge moyen : 36 ans

C

Albane

Albana, Albina, Albinia, Albinka, Aubaine

Étymologie : du latin *alba* : « blanche ». Ce prénom renvoie à la ville antique d'Albe, alors grande rivale de Rome et qui devait son nom à la colline crayeuse sur laquelle elle était construite. Ses falaises étant blanches, c'est en référence à cette signification que le terme « Albion » était employé par les anciens pour désigner l'Angleterre. Ce prénom correspond à la forme féminine d'Alban.
Fête : 22 juin - Couleur : gris - Chiffre : 8

Caractère : passionnée, entière, Albane sait se donner les moyens de ses ambitions. Elle sait faire preuve d'une extrême habileté et se montrer forte face à l'adversité.
Personnage célèbre : Albane de Saint-Rémy, peintre.
Fréquence : rare - Évolution : ↗
Âge moyen : 19 ans

B

Alberte

Alberta, Adalberta, Adalberte, Elberta

Étymologie : du germanique *al* : « noble » et *bert* : « brillant ». Ce prénom est la version féminine d'Albert.
Fête : 15 novembre - Couleur : bleu - Chiffre : 5
Caractère : Alberte, à l'instar de son autre forme, Albertine, est une rêveuse guidée par son imagination.
Personnage célèbre : Alberte de Rubempré, maîtresse de Stendhal et surnommée « Mme Azur ».
Fréquence : rare - Évolution : =

B

Albertine

Albertina, Elbertina

Étymologie : du germanique *al* : « noble » et *bert* : « brillant ». Ce prénom est la version féminine d'Albert, très à la mode au début du XXe siècle.
Fête : 15 novembre - Couleur : bleu - Chiffre : 5
Caractère : Albertine est une rêveuse à qui le monde réel ne suffit pas.
Personnages célèbres : *Albertine disparue*, le sixième tome d'*À la recherche du temps perdu*, l'œuvre de Proust.
Fréquence : rare - Évolution : ↗

V

Albina

Albine

Étymologie : du latin *alba* : « blanche ». Comme le prénom Albane, il renvoie aux falaises blanches de la ville antique d'Albe. Le « a » final la consacre italienne, ou hispanique, alors que la terminaison en « e » correspond davantage à l'usage français.
Fête : 22 juin - Couleur : gris - Chiffre : 8
Caractère : Albina est enthousiaste, a l'esprit pratique et aime la communication.
Personnage célèbre : Albina Ruiz, célèbre figure de l'écologie et de l'économie en Amérique du Sud.
Fréquence : rare - Évolution : ↘
Âge moyen : 65 ans

V

Albinig

Allbinnig, Albinnig, Allbinig

Étymologie : du latin *alba* : « blanche ». Ce prénom renvoie à la ville antique d'Albe, alors grande rivale de Rome et qui devait son nom à la colline crayeuse sur laquelle elle était construite. Albinig est la forme bretonne d'Albane.
Fête : 22 juin - Couleur : gris - Chiffre : 8
Caractère : Albinig est douce, émotive et réservée.
Fréquence : très rare - Évolution : =

V

Alda

Alida

Étymologie : du germanique *ald* : « ancienne ».
Fête : 26 avril - Couleur : bleu - Chiffre : 9
Caractère : Alda est la lucidité même. Elle est simple et droite, réfléchie, habile et curieuse.
Personnage célèbre : Alda Merini, poétesse.
Fréquence : rare - Évolution : ↘

P

Aléna

Alaina

Étymologie : son origine n'est pas certaine ; du celtique : « juste, beau », « colonne » en hébreu, ou encore « originaire d'Alanie ».

Couleur : rouge - Chiffre : 7

Caractère : Aléna est opiniâtre, juste et loyale.

Personnage célèbre : Aléna Baeva, violoniste russe.

Fréquence : rare - Évolution : ↗

Âge moyen : 9 ans

P

Alessia

Alesia

Étymologie : du grec *alexein* : « défendre » et *andros* : « homme ». Signifie par extension : « qui protège l'humanité ». Alessia n'est pas une variante d'Alexia, mais d'Alexandra, dont il est le dérivé italien. Il est couramment attribué.

Fête : 17 février - Couleur : blanc - Chiffre : 7

Caractère : Alessia est exigeante, influente et a un grand sens de la famille.

Fréquence : rare - Évolution : ↗

Âge moyen : 14 ans

B

Aleth

Alette

Étymologie : du latin : « qui a des ailes ». Ce prénom fut porté au XIIe siècle, par la mère de saint Bernard et de sainte Ombeline. Elle était mariée à Tescelin et mère de sept enfants.

Fête : 4 avril - Couleur : bleu - Chiffre : 1

Caractère : Aleth a les qualités d'une idéaliste : elle est rêveuse, mais aussi altruiste et courageuse.

Fréquence : rare - Évolution : ↘

Âge moyen : 59 ans

P

Alex

Étymologie : du grec *alexein* : « défendre », et *andros* : « homme ». Signifie par extension « qui protège l'humanité ».

Fête : 20 mars - Couleur : vert - Chiffre : 3

Caractère : Alex est exigeante, influente et a un grand sens de la famille.

Personnage célèbre : le personnage du dessin animé *Totally Spies.*

Fréquence : rare - Évolution : ↘

Âge moyen : 25 ans

P

Alexa

Étymologie : du grec *alexein* : « défendre » et *andros* : « homme ». Signifie par extension « qui protège l'humanité ». Ce prénom est une forme dérivée d'Alexia.

Fête : 20 mars - Couleur : vert - Chiffre : 3

Caractère : Alexa aime le savoir, l'intelligence, la méditation et la sagesse.

Personnage célèbre : Alexa Chung, *it girl*, animatrice télé, mannequin.

Fréquence : rare - Évolution : ↘

Âge moyen : 26 ans

C

Alexandra

Aléandra, Aleksandra, Alessandra, Alexandréa, Alexandria

Étymologie : du grec *alexein* : « défendre », et *andros* : « homme ». Signifie par extension « qui protège l'humanité ».

Fête : 20 mars - Couleur : vert - Chiffre : 8

Caractère : le caractère d'Alexandra peut parfois sembler étonnant. Très travailleuse, elle est combative. Elle peut sembler ployer, mais ne rompt jamais.

Personnages célèbres : Alexandra Lamy, comé-

dienne ; Alexandra David-Neel, journaliste et exploratrice, première femme à être allée au Tibet.
Fréquence : répandu - Évolution : =
Âge moyen : 28 ans

C

Alexandrine

Alexandrina

Étymologie : du grec *alexein* : « défendre » et *andros* : « homme». Signifie par extension « qui protège l'humanité ». À l'instar d'Alexandra, ce prénom est une forme féminine d'Alexandre.
Fête : 20 mars - Couleur : rouge - Chiffre : 6
Caractère : Alexandrine est habile, ambitieuse, très volontaire et courageuse. Brillante, dotée d'un incontestable esprit analytique, elle peut se montrer excessive et jalouse.
Personnages célèbres : Alexandrine, la chanteuse d'opérette, à qui l'on doit le fameux refrain « Vous n'aurez pas l'Alsace et la Lorraine » ; Alexandrine Le Normant d'Étiolles, fille de la marquise de Pompadour.
Fréquence : rare - Évolution : =
Âge moyen : 73 ans (son inscription dans la vogue des prénoms rétros lui donne un regain de souffle et devrait la rajeunir)

P

Alexane

Alexana, Alexanna, Alexanne

Étymologie : ce prénom correspond à la contraction d'Alex et d'Anne.
Fête : 17 février - Couleur : jaune - Chiffre : 7
Caractère : Alexane est habile, ambitieuse et passionnée. C'est une manageuse née.
Fréquence : rare - Évolution : ↘
Âge moyen : 12 ans

C

Alexia

Alexe, Alexya

Étymologie : du grec *alexein* : « défendre », et *andros* : « homme ». Signifie par extension « qui protège l'humanité ». Ce prénom semble avoir pris le relais d'Alexandra dans les années 90, s'inscrivant dans la popularité d'Alexis dont il est la forme féminine la plus évidente.
Fête : 17 février - Couleur : blanc - Chiffre : 7
Caractère : Alexia est intelligente et résolue.
Personnage célèbre : Alexia Laroche-Joubert, productrice TV.
Fréquence : répandu - Évolution : ↘
Âge moyen : 19 ans

P

Alexiane

Alexianne, Alexyane

Étymologie : du grec *alexein* : « défendre », et *andros* : « homme ». Signifie par extension « qui protège l'humanité ».
Fête : 17 février - Couleur : jaune - Chiffre : 7
Caractère : Alexiane est déterminée, ambitieuse et aime les raisonnements.
Fréquence : rare - Évolution : ↘
Âge moyen : 16 ans

P

Alexie

Alexi, Alexy

Étymologie : du grec *alexein* : « défendre », et *andros* : « homme ». Signifie par extension « qui protège l'humanité ». Ce prénom correspond à une nouveauté formée sur Alexis, le « e » marquant le féminin.
Fête : 17 février - Couleur : blanc - Chiffre : 7
Caractère : Alexie est intuitive et aime le relationnel, comme toute médiatrice-née.
Fréquence : rare - Évolution : =

B

Alexine

Alessina, Alexina, Alexyne

Étymologie : du grec *alexein* : « défendre » et *andros* : « homme ». Signifie par extension « qui protège l'humanité ». Comme Alexiane et Alexane, Alexine est une nouveauté formée sur Alexis ou Alexia, que l'on a pourvue du suffixe « ine » ; on peut la considérer comme une réduction d'Alexandrine.

Fête : 17 février - Couleur : jaune - Chiffre : 7

Caractère : Alexine est intelligente et pourvue d'un esprit logique, avide de savoir.

Fréquence : rare - Évolution : ↘

Âge moyen : 55 ans

V

Alia

Aliya, Aliye, Allia

Étymologie : de l'arabe : « sublime, éminente ».

Couleur : bleu - Chiffre : 3

Caractère : Alia est dynamique, curieuse et charismatique.

Fréquence : rare - Évolution : ↗

Âge moyen : 16 ans

C

Alice

Alis, Alles, Allice, Allyce, Alye

Étymologie : du germanique *adal* : « noble ». Ce prénom pourrait être une forme dérivée d'Adélaïde.

Fête : 16 décembre - Couleur : jaune - Chiffre : 3

Caractère : Alice est très pragmatique, communicative, optimiste, un peu comme l'héroïne qui porte son nom.

Personnages célèbres : Alice, l'héroïne « au pays des merveilles » de Lewis Carroll ; la détective de 18 ans dont les aventures, éditées par la Bibliothèque verte, marquèrent les débuts du

TOP 20

Prénoms mixtes

Certains de ces prénoms sont mixtes depuis leur origine, d'autres sont des diminutifs familiers devenus des formes nominatives à part entière. Encore rare en France il y a quelques années, cette tendance des prénoms mixtes a traversé l'Atlantique et il est à présent plutôt branché de donner à une fille un prénom androgyne, voire masculin.

Aimée
Alex / Alexis
Andrée
Ange
Axelle
Camille
Charlie
Claude
Emmanuelle
Frédérique
Gabrielle
Gwen
Joëlle
Loïs
Lou
Louison
Maëlle
Raphaëlle
Sacha / Sasha
Swan / Swann

genre policier pour enfants et connurent leur heure de gloire dans les années 80-90.
Fréquence : répandu - Évolution : ↗
Âge moyen : 68 ans

P

Alicia

Alissia, Allicia, Allisia, Alysia, Alysha, Alyshia, Alysia, Ilysha

Étymologie : du germanique *adal*, « noble » ; cette forme latinisée d'Alice, très répandue outre-Atlantique, l'est ensuite devenue en France, par l'attrait de sa terminaison en « a ».
Fête : 16 décembre - Couleur : jaune - Chiffre : 3
Caractère : Alicia est très féminine, sensible, altruiste et très douée dans les disciplines artistiques. Capable d'être la meilleure élève et la chipie, elle ne laisse personne indifférent.
Personnages célèbres : Alicia Silverstone, actrice américaine ; Alicia Keys, chanteuse de R&B.
Fréquence : répandu - Évolution : ↘
Âge moyen : 19 ans

B

Aliette

Alyette

Étymologie : du latin : « qui a des ailes ».
Fête : 4 avril - Couleur : bleu - Chiffre : 1
Caractère : Aliette est charismatique, sociable, calme et réservée.
Fréquence : rare - Évolution : ↗
Âge moyen : 69 ans

V

Alima

Alihma

Étymologie : de l'arabe : « sage, savante ».
Couleur : rose - Chiffre : 8
Caractère : Alima est réfléchie, intègre, altruiste et dévouée.
Fréquence : rare - Évolution : ↗
Âge moyen : 30 ans

P

Alina

Aleena, Alenah, Allyna, Alyna, Alynah.

Étymologie : du grec : « éclat du soleil ».
Fête : 18 août - Couleur : jaune - Chiffre : 4
Caractère : directive et énergique, Alina est une femme de décisions.
Fréquence : rare - Évolution : ↗
Âge moyen : 44 ans

P

Aline

Aleen, Alleen

Étymologie : du germanique *adal* : « noble » et *lind* : « doux ». Ce prénom est une contraction du prénom Adeline.
Fête : 20 octobre - Couleur : orange - Chiffre : 5
Caractère : Aline semble évoluer entre noblesse et douceur, comme l'y incline son étymologie.
Personnage célèbre : l'héroïne éponyme de la chanson de Christophe.
Fréquence : rare - Évolution : ↘
Âge moyen : 56 ans

V

Aliona

Aleonor, Aleonora, Alionka, Alioka

Étymologie : du grec *helénê* : « le flambeau », de la famille d'*helios* : « le soleil ». Ce prénom correspond à une forme russe d'Hélène.
Fête : 18 août - Couleur : jaune - Chiffre : 4
Caractère : Aliona est sensible, idéaliste, émotive et exigeante.
Fréquence : rare - Évolution : ↗
Âge moyen : 9 ans

V

Alisa

Alissa

Étymologie : du germanique *adal* : « noble ». Ce prénom correspond à la version italienne d'Alice, une religieuse cistercienne du XIIIe siècle.
Fête : 16 décembre - Couleur : jaune - Chiffre : 3
Caractère : Alisa est douce et sait faire preuve de sagacité, c'est aussi une grande philosophe.
Fréquence : rare - Évolution : ↗
Âge moyen : 14 ans

V

Alison

Allicen, Allison, Alissone, Allyson, Alyson

Étymologie : du germanique *adal* : « noble ». Ce dérivé d'Alice, introduit en Angleterre par les Normands, est un prénom marquant des années 90, particulièrement dans le Nord de la France.
Fête : 11 juin - Couleur : jaune - Chiffre : 7
Caractère : Alison est charmante et tendre, mais aussi fantasque et capricieuse.
Personnage célèbre : Alison Lurie, romancière américaine qui remporta le prix Pulitzer en 1985 et le prix Femina étranger en 1989.
Fréquence : répandu - Évolution : ↘
Âge moyen : 18 ans

C

Alix

Alixe, Alixen

Étymologie : du germanique *adal* : « noble ».
Fête : 9 janvier - Couleur : jaune - Chiffre : 1
Caractère : Alix est ordonnée, franche, généreuse et pragmatique.
Personnage célèbre : Alix Girod de l'Ain, auteur et célèbre plume du magazine *Elle*.
Fréquence : répandu - Évolution : ↗
Âge moyen : 28 ans

P

Alizée

Alizé, Alizéa

Étymologie : de l'ancien français *alis* : « régulier, doux », du nom d'un vent soufflant sur les Caraïbes.
Couleur : bleu - Chiffre : 2
Caractère : persévérante, structurée, efficace et sécurisante, Alizée a une force rassurante auprès de son entourage.
Personnage célèbre : la chanteuse Alizée.
Fréquence : rare - Évolution : ↘
Âge moyen : 14 ans

V

Allegra

Alegra, Alegrae

Étymologie : du latin : « joie ».
Couleur : orange - Chiffre : 8
Caractère : Allegra porte bien son nom : elle est pourvue dès le plus jeune âge d'une formidable joie de vivre.
Fréquence : très rare - Évolution : ↗
Âge moyen : 14 ans

C

Alma

Almaé

Étymologie : du latin : « nourrissante, bienveillante ». Ce prénom fut porté par une jeune chrétienne galloise du VIe siècle, qui fut assassinée par un prétendant païen éconduit. *Alma mater* est le terme qui renvoie à la Vierge Marie, mère du Christ et mère nourricière par excellence. Cette expression désigne, par extension, les universités, qui sur le plan culturel nourrissent leurs étudiants.
Fête : 1er août - Couleur : le blanc - Chiffre : 7
Caractère : Alma est aussi passionnée que spontanée. Être entier, elle est tout en générosité.

Personnages célèbres : Alma Mahler, épouse du musicien Gustav Mahler ; Alma Hitchcock, épouse d'Alfred.
Fréquence : rare - Évolution : ↗
Âge moyen : 37 ans

B

Alphonsine

Alfonsa, Alphonsie

Étymologie : du germanique *adal* : « noble » et *funs* : « rapide ». Signifie « prêt pour la bataille ». Ce prénom est la forme féminine du prénom Alphonse, rendu illustre par un jésuite du XVIe siècle. C'est la vague des prénoms rétro, très présente dans les milieux bourgeois-bohème, qui le relance, à l'instar de nombreux prénoms féminins à la sonorité en « ine ».
Couleur : violet - Chiffre : 5
Caractère : Alphonsine est charismatique, persuasive, éloquente : toutes les qualités d'un être au charme incontestable.
Fréquence : rare - Évolution : ↘

V

Alya

Alyah

Étymologie : de l'arabe : « sublime, éminente » ; de l'hébreu : « qui monte ».
Couleur : bleu - Chiffre : 3
Caractère : Alya est enthousiaste, généreuse et pragmatique.
Fréquence : rare - Évolution : ↗
Âge moyen : 6 ans

V

Amal

Amel, Amelle

Étymologie : de l'arabe : « espoir ».
Couleur : jaune - Chiffre : 4
Caractère : Amal est idéaliste, intègre, dévouée, drôle et combative ; elle incarne parfaitement son prénom par son optimisme.
Personnage célèbre : Amal Alamuddin, avocate et épouse de George Clooney.
Fréquence : rare - Évolution : ↘
Âge moyen : 23 ans

V

Amalia

Ammalia, Amallia

Étymologie : du germanique *amal* : « puissant ». Ce prénom est formé sur un ancien prénom germanique, Amalberga. Amalia est la forme espagnole et portugaise d'Amélie.
Fête : 17 décembre - Couleur : violet - Chiffre : 9
Caractère : Amalia est audacieuse, dynamique et indépendante.
Personnage célèbre : Amalia Rodrigues, célèbre chanteuse de fado (1920-1999).
Fréquence : répandu - Évolution : ↘
Âge moyen : 45 ans

P

Amanda

Amandie, Mandy

Étymologie : du latin *amandus* : « à aimer ». Son diminutif, Mandy, est très populaire.
Fête : 9 juillet - Couleur : orange - Chiffre : 7
Caractère : Amanda est douée, entreprenante et extrêmement charismatique.
Personnages célèbres : Amanda Lear, l'une des muses de Dalí ; l'écrivain Amanda Sthers.
Fréquence : rare - Évolution : ↘
Âge moyen : 28 ans

C

Amandine

Amance, Amande, Amandyne

Étymologie : du latin *amandus* : « à aimer ». Forme féminine du prénom Amandin, dérivé d'Amand. C'est surtout dans les années 80 que ce prénom a véritablement percé en France.
Fête : 9 juillet - Couleur : orange - Chiffre : 7
Caractère : Amandine est astucieuse, originale, mais aussi démonstrative et extravertie.
Personnage célèbre : Amandine Bourgeois, chanteuse et gagnante de la Nouvelle Star.
Fréquence : répandu - Évolution : ↘
Âge moyen : 21 ans

B

Amarante

Amaranda, Amarande, Amaranthe,

Étymologie : du grec *amarantos* : « qui ne se flétrit pas ». Ces fleurs pourpres et automnales sont considérées comme des symboles d'immortalité. C'est la reine Christine de Suède qui lança ce prénom en l'adoptant comme surnom pour elle et créa même, en 1635, l'ordre de l'Amarante.
Fête : 5 octobre (Sainte-Fleur) - Couleur : rouge
Chiffre : 9
Caractère : Amarante est une esthète extrêmement perfectionniste, mutine et charmeuse.
Fréquence : très rare - Évolution : ↘
Âge moyen : 12 ans

B

Amaryllis

Étymologie : ce prénom fut attribué par Virgile à l'une des bergères de ses Bucoliques. Il fut aussi donné au XVIe siècle par des navigateurs, à la plante bulbeuse qu'ils découvrirent en Afrique du Sud et au Brésil. En Europe, une variété fut acclimatée et fut nommée « Amaryllis belle-dame ». On l'adopta ensuite comme prénom, évocateur de grâce, de délicatesse et de beauté.
Fête : 5 octobre (Sainte-Fleur) - Couleur : rose
Chiffre : 9
Caractère : Amaryllis est généreuse, altruiste, spontanée et coquette.
Fréquence : rare - Évolution : ↘
Âge moyen : 15 ans

P

Ambre

Ambar, Amber, Amberetta, Amberly, Ambrine, Ambur

Étymologie : de l'arabe *anbar* : « ambre gris », la substance odorante couramment utilisée en parfumerie. L'ambre jaune étant une pierre semi-précieuse, couramment utilisée dans l'ornementation de bijoux, on peut aussi penser que ce prénom s'y rapporte, même si son étymologie latine, *succinum*, permet d'en douter.
Couleur : vert - Chiffre : 3
Caractère : Ambre est communicative et sait imposer ses idées. Mais elle a aussi une imagination très fertile, inspirant la création.
Fréquence : répandu - Évolution : ↘
Âge moyen : 9 ans

B

Ambrine

Ambrina, Ambryne

Étymologie : de l'arabe *anbar* : « ambre gris », la substance odorante couramment utilisée en parfumerie. Ambrine est un dérivé récent du prénom Ambre.
Couleur : vert - Chiffre : 3
Caractère : Ambrine est active et déterminée, elle est faite pour réaliser de grands projets et ne baisse jamais les bras.
Fréquence : rare - Évolution : ↗
Âge moyen : 8 ans

V

Amélia

Amalia, Amelina, Amelinda, Ameline, Amelcia

Étymologie : du germanique *amal* : « puissant ». Ce prénom est formé sur un ancien prénom germanique, Amalberga. Amélia correspond à la forme italienne d'Amélie. En France, c'est en Corse et au Pays basque qu'il est le plus couramment attribué.

Fête : 17 décembre - Couleur : violet - Chiffre : 9

Caractère : Amélia est dynamique, courageuse, indépendante et curieuse.

Personnage célèbre : Amelia Earhart, pionnière de l'aviation américaine (1897-1937).

Fréquence : rare - Évolution : ⇗

Âge moyen : 27 ans

P

América

Ameryca, Amerykah, Americah

Étymologie : de l'anglais : « Amérique ».

Couleur : jaune - Chiffre : 7

Caractère : América est déterminée, courageuse et ambitieuse.

Fréquence : très rare - Évolution : =

C

Amélie

Ameli, Amely, Amelys, Amilia

Étymologie : du germanique *amal* : « puissant » ; ce prénom est formé sur un ancien prénom germanique, Amalberga.

Fête : 17 décembre - Couleur : violet - Chiffre : 9

Caractère : Amélie est un être très sensible ; elle peut parfois se montrer calculatrice, mais ses intérêts étant, la plupart du temps, d'une grande générosité, cela ne lui retire en rien sa droiture ni sa magnanimité.

Personnages célèbres : Amélie Poulain, l'héroïne du film de Jean-Pierre Jeunet ; Amélie Nothomb, la romancière belge ; Amélie Mauresmo, championne de tennis ; le personnage féminin qui donne son nom à la pièce de Feydeau, *Occupe toi d'Amélie.*

Fréquence : répandu - Évolution : ⇘

Âge moyen : 37 ans

B

Améthyste

Améthiste, Améthysta

Étymologie : du grec, c'est le nom de la pierre fine de couleur violette.

Couleur : bleu - Chiffre : 4

Caractère : Améthyste est déterminée, d'une grande finesse d'esprit. Elle est pourvue d'un grand sens de l'observation.

Fréquence : très rare - Évolution : ⇗

Âge moyen : 5 ans

V

Amina

Ameena, Aminah, Amine, Amineh

Étymologie : de l'arabe amina : « loyale, digne de confiance ».

Couleur : blanc - Chiffre : 2

Caractère : Amina est un mélange idéal d'hédonisme et de sérieux, particulièrement en amour.

Fréquence : rare - Évolution : ⇗

Âge moyen : 17 ans

V

Aminata

Étymologie : de l'arabe *amina* : « loyale, digne de confiance ». Ce prénom, qui correspond à la forme féminine d'Amin, est celui de la mère du prophète Mahomet, qui mourut très peu de temps après la naissance de son fils. Aminata est la version des pays d'Afrique noire de l'Amina maghrébine.

Couleur : jaune - Chiffre : 2
Caractère : Aminata est curieuse intellectuellement, courageuse, résolue et indépendante : c'est une femme de tête.
Personnage célèbre : Aminata Traoré, femme politique et écrivain malienne.
Fréquence : rare - Évolution : ↗
Âge moyen : 17 ans

V

Amira

Étymologie : de l'arabe : « vie longue, destin prospère, prince ». Amira est la forme féminine d'Amir.
Couleur : vert - Chiffre : 4
Caractère : Amira est bienveillante, sage et bonne conseillère.
Fréquence : rare - Évolution : ↗
Âge moyen : 13 ans

P

Amy

Aimee

Étymologie : du latin *amata* : « aimée des dieux ».
Fête : 20 février - Couleur : rouge - Chiffre : 3
Caractère : Amy est optimiste, créative et pragmatique.
Personnage célèbre : la chanteuse Amy Winehouse.
Fréquence : rare - Évolution : ↗
Âge moyen : 15 ans

V

Anaë

Anaée

Étymologie : de l'hébreu *hannah* : « grâce » ; du japonais : « fleur ». On peut attribuer à ce prénom les deux origines. Ce prénom, considéré dans sa forme hébraïque, est né à la suite d'Anaëlle et fait partie de cette vogue des prénoms courts, apparus en France il y a quelques années.
Fête : 26 juillet - Couleur : bleu - Chiffre : 5
Caractère : Anaë est généreuse, très communicative et a de grandes qualités d'adaptation : un atout indéniable dans le monde professionnel.
Fréquence : rare - Évolution : ↗
Âge moyen : 5 ans

V

Anaëlle

Anaë, Anaël, Annaëlle

Étymologie : de l'hébreu *hannah* : « grâce ». Ce prénom s'inscrit dans la mouvance des prénoms « 2 en 1 », formés par la combinaison d'Anne et d'une syllabe bretonnisante.
Fête : 26 juillet - Couleur : bleu - Chiffre : 5
Caractère : Anaëlle est une amie merveilleuse, à la gaieté contagieuse, éprise de fête et pétrie de joie de vivre.
Fréquence : répandu - Évolution : ↗
Âge moyen : 12 ans

C

Anaïs

Naïs

Étymologie : de l'hébreu *hannah* : « grâce ».
Fête : 26 juillet - Couleur : bleu - Chiffre : 5
Caractère : Anaïs est dotée d'une grande imagination, est énergique, organisée et fait passer ses relations sentimentales en priorité.
Personnage célèbre : Anaïs Nin, la romancière américaine.
Fréquence : répandu - Évolution : ↘
Âge moyen : 19 ans

V

Anastasia

Aanastaise, Anastasiane, Anasthasy, Anastasy, Aspasie, Astasie, Anastassia, Nasassia, Nastassia, Nastassya

Étymologie : du grec : « résurrection ». Ce prénom est la forme russe (mais aussi la plus portée) d'Anastasie.
Fête : 10 mars - Couleur : vert - Chiffre : 8
Caractère : méthodique et extrêmement pugnace, Anastasia est recherchée pour sa stabilité : elle constitue un repère pour ses proches.
Personnages célèbres : l'héroïne du film d'animation éponyme de 1997, inspiré par l'histoire de la fille de Nicolas II ; l'interprète américaine de *I'm Outta Love*.
Fréquence : rare - Évolution : ↘
Âge moyen : 17 ans

B

Anceline

Ancelyne

Étymologie : du germanique : « protégée du dieu Ans ». Anceline est la forme féminine d'Ancelin, dérivé d'Anselme.
Fête : 21 avril (Saint-Anselme) - Couleur : bleu
Chiffre : 9
Caractère : Anceline est travailleuse, volontaire, opiniâtre et rigoureuse.
Fréquence : très rare - Évolution : =
Âge moyen : 4 ans

C

Andréa

Andréane, Andréanne, Andreva, Andria, Drew

Étymologie : du grec : « courageux, viril ». Cette version d'Andrée se retrouve partout sur le plan international : Angleterre, Allemagne, Espagne et, en France, c'est en Corse et au Pays basque qu'on la retrouve le plus souvent. Ce prénom, relativement répandu, souffre néanmoins de la concurrence d'Andrea, prénom italien masculin, qui lui aussi commence à se répandre.
Fête : 19 juillet - Couleur : orange - Chiffre : 2
Caractère : Andréa est intelligente, indépendante, elle est encline à la méditation.
Personnages célèbres : Andréa Ferréol et Andréa Parisy, comédiennes.
Fréquence : répandu - Évolution : ↘
Âge moyen : 53 ans

B

Andrée

Étymologie : du grec : « courageux, viril ».
Fête : 19 juillet
Couleur : orange - Chiffre : 2
Caractère : Andrée est intuitive, parfois imprévisible, mais sait être résolue et fidèle.
Personnage célèbre : Andrée Chédid, poète et romancière française, mère de Louis Chédid et grand-mère de Mathieu Chédid.
Fréquence : répandu - Évolution : ↘

B

Anémone

Annamone, Annemone

Étymologie : du grec *anemonè* : « anémone », dérivé du substantif *anemos* : « vent ». Cette fleur a été nommée ainsi par les Grecs parce qu'elle s'ouvrait au moindre vent et répandait ainsi son pollen à l'envi. L'une des nymphes de la mythologie se prénomme ainsi en son honneur.
Fête : 5 octobre - Couleur : jaune - Chiffre : 4
Caractère : Anémone est aventureuse à l'extrême, très fantaisiste, drôle et passionnée.
Personnage célèbre : Anémone, comédienne française.
Fréquence : rare - Évolution : ↘
Âge moyen : 23 ans

C

Ange

Angel, Angy

Étymologie : du grec *aggelos* : « messager ».
Fête : 5 mai - Couleur : violet - Chiffre : 5
Caractère : Ange est humaine, tolérante et rêveuse.
Fréquence : rare - Évolution : ↗
Âge moyen : 60 ans

P

Angela

Angelia, Angelie, Angella, Angelle

Étymologie : du grec *agela* ou *eggela, eggelos* : « messagère ». Angela est la forme anglo-saxonne, italienne et espagnole d'Angèle. Ce prénom est très répandu dans chacun de ces pays.
Fête : 27 janvier - Couleur : violet - Chiffre : 8
Caractère : Angela est efficace, persévérante, compatissante et sécurisante.
Personnages célèbres : Angela Davis, militante américaine des droits de l'homme, titulaire en 2006 du prix Thomas Merton ; Angela Lansbury, actrice célèbre pour son rôle de Jessica Fletcher dans la série du même nom ; Angela Merkel, chancelière fédérale d'Allemagne.
Fréquence : rare - Évolution : ↗
Âge moyen : 37 ans

B

Angèle

Étymologie : du grec *agela* ou *eggela, eggelos* : « messagère ».
Fête : 27 janvier - Couleur : violet - Chiffre : 8
Caractère : Angèle est la médiatrice par excellence. Elle incarne parfaitement son prénom, pourvue d'un formidable don de communication.
Personnages célèbres : *Petite Angèle*, chanson de Daniel Balavoine ; Angèle Merici, fondatrice de l'ordre enseignant des Ursulines.
Fréquence : rare - Évolution : ↗

V

Angelina

Angeline

Étymologie : du grec *agela* ou *eggela, eggelos* : « messagère ».
Fête : 27 janvier - Couleur : violet - Chiffre : 8
Caractère : humaine, compatissante, déterminée, elle peut parfois faire preuve de rectitude.
Personnage célèbre : Angelina Jolie.
Fréquence : répandu - Évolution : ↗
Âge moyen : 36 ans

C

Angélique

Angelica

Étymologie : du grec *agela* ou *eggela, eggelos* : « messagère ».
Fête : 27 janvier - Couleur : vert - Chiffre : 8
Caractère : Angélique est curieuse, séduisante, intrépide, mais parfois capricieuse.
Personnages célèbres : la célèbre *Marquise des anges* ; Angélique Kidjo, artiste afro-punk.
Fréquence : répandu - Évolution : ↘
Âge moyen : 31 ans

V

Anissa

Anicia, Anise, Annissa, Anissia, Hanissa

Étymologie : de l'arabe : « sociable, amicale ».
Couleur : rouge - Chiffre : 9
Caractère : enjouée, attentive, Anissa est une amie loyale et très impliquée.
Fréquence : répandu - Évolution : =
Âge moyen : 19 ans

. TOP 20 .

Prénoms rock'n'roll

Le rock'n'roll est avant tout une attitude, un style de vie. Choisir un prénom rock'n'roll, c'est vouloir conférer à son enfant un peu de l'aura d'une icône.

Adèle
Alanis *(Morissette)*
Amy *(Whinehouse)*
Beth *(Dito)*
Billie *(Holliday ou Jean)*
Bonnie *(Tyler)*
Chrissie *(Hynde)*
Courtney *(Love)*
Debbie *(Harry)*
Gwen *(Stefani)*
Jane *(Birkin)*
Janis / Janice *(Joplin)*
Joan *(Jett)*
Kim *(Wilde ou Gordon)*
Nancy *(Sinatra)*
Patti *(Smith)*
Rita *(Mitsouko)*
Shirley *(Manson)*
Tina *(Turner)*
Tracy *(Chapman)*

Anita

Anyta, Annita, Anitta,

Étymologie : de l'hébreu *hannah* : « la grâce ». Ce prénom correspond à la forme portugaise et hispanique du prénom Anne également en usage en Scandinavie.
Fête : 26 juillet - Couleur : bleu - Chiffre : 9
Caractère : Anita est humaine, rêveuse et ouverte d'esprit. Un peu bohème, légèrement fantasque, elle aime profondément la nature humaine.
Personnages célèbres : Anita Ekberg, la somptueuse actrice de la *Dolce Vita* ; Anita Pallenberg, qui fut la compagne de Keith Richards.
Fréquence : répandu - Évolution : ↗
Âge moyen : 53 ans

Anja

Étymologie : du grec *aggelos* : « messager », ou de l'hébreu *hannah* : « la grâce ». Ce joli prénom mixte est considéré comme la forme russe d'Anne ou d'Angèle.
Fête : 5 mai - Couleur : violet - Chiffre : 5
Caractère : Anja est résolue bien que délicate. Elle est fine, déterminée avec cette once de fragilité qui émeut sans cesse.
Personnage célèbre : Anja Rubik, top model.
Fréquence : rare - Évolution : ↗
Âge moyen : 14 ans

Anke

Étymologie : de l'hébreu *hannah* : « la grâce ». Ce prénom correspond à la forme hollandaise du prénom Anne.
Fête : 26 juillet - Couleur : violet - Chiffre : 9
Caractère : Anke est loyale, solidaire. Elle aime l'humain et est pourvue d'une grande sensibilité.
Fréquence : très rare - Évolution : ↘

C

Annabelle

Anael, Anabele, Anabell, Annabel, Annabell

Étymologie : de l'association d'Anne et d'Isabelle ou signifiant « Anne la Belle ».
Fête : 16 juillet - Couleur : bleu - Chiffre : 8
Caractère : Annabelle a pour principal défaut l'impulsivité, ce qui ne l'empêche pas d'être optimiste et de parvenir à être dans le même temps créative et organisée.
Fréquence : répandu - Évolution : ↘
Âge moyen : 28 ans

V

Annaïg

Annaïc, Annaïk

Étymologie : de l'hébreu *hannah* : « grâce ». Ce prénom correspond à la forme bretonne d'Anne.
Fête : 26 juillet - Couleur : bleu - Chiffre : 7
Caractère : Annaïg est travailleuse, rigoureuse et tenace.
Fréquence : rare - Évolution : ↘
Âge moyen : 31 ans

P

Anne

Ann, Annchen, Antje, Nanon, Nettia, Netty, Ninette, Nita

Étymologie : de l'hébreu *hannah* : « grâce ». Ce prénom est celui de la mère de Marie, par conséquent la grand-mère du Christ. Selon la légende, elle serait née en Bretagne et aurait été transportée en Judée par les anges. Objet d'un culte dans toute l'Europe, c'est donc plus particulièrement en Bretagne et notamment dans le Morbihan, à Sainte-Anne-d'Auray, ville qu'elle patronne, qu'elle est célébrée. Anne est un prénom que l'on retrouve aujourd'hui, le plus souvent, sous une forme composée. Certaines de ces compositions, étant, par ailleurs, emblématiques des milieux chics.
Fête : 26 juillet - Couleur : bleu - Chiffre : 7
Caractère : Anne possède les caractéristiques parfaites d'une représentante de la noblesse ou d'une femme de pouvoir : ambitieuse, généreuse, voire prodigue, elle a le goût du travail bien fait. Elle est pragmatique, droite, loyale, mais aussi pleine de joie de vivre.
Personnages célèbres : Anne de Bretagne ; Anne, princesse d'Angleterre ; Anne Geddes, photographe ; Anne Roumanoff, humoriste ; Anne Caseneuve, navigatrice.
Fréquence : répandu - Évolution : ↘
Âge moyen : 64 ans

C

Anne-Cécile

Étymologie : prénom composé d'Anne et de Cécile. Anne-Cécile est un prénom composé chic et plutôt classique.
Fête : 26 juillet ou 15 août - Couleur : bleu
Chiffre : 7
Caractère : Anne-Cécile est directive, pleine d'ardeur et de vitalité.
Fréquence : répandu - Évolution : ↘
Âge moyen : 31 ans

C

Annelyse

Étymologie : ce prénom correspond à la contraction d'Anne et de Lyse. Mais sa combinaison reposant sur Anne, c'est sous son patronat que le prénom est placé.
Fête : 26 juillet - Couleur : bleu - Chiffre : 7
Caractère : Annelyse a autant de cœur que d'audace.
Fréquence : rare - Évolution : ↘
Âge moyen : 31 ans

C

Anne-Marie

Étymologie : cette forme composée est la plus ancienne de toutes, déjà attribuée à la fin du XIXe siècle. Ce qui s'explique sans doute par sa réunion de deux prénoms iconiques chrétiens. Anne-Marie était le prénom féminin le plus donné dans les années 40 pour le caractère protecteur qu'il pouvait refléter en période de guerre.

Fête : 26 juillet ou 15 août - Couleur : jaune
Chiffre : 8

Caractère : Anne-Marie est ambitieuse, habile, forte, passionnée et déterminée.

Fréquence : répandu - Évolution : ↘

C

Anne-Sophie

Étymologie : prénom composé d'Anne et de Sophie. Cette forme a connu un pic de popularité dans les années 80, s'inscrivant dans le succès de Sophie, très attribué alors. Anne-Sophie est un classique, un brin chic, moins élitiste qu'une forme comme Anne-Charlotte, mais plus « bourgeoise » qu'Anne-Marie.

Fête : 26 juillet ou 25 mai - Couleur : gris - Chiffre : 2

Caractère : Anne-Sophie est déterminée, classieuse, élégante et charismatique.

Personnages célèbres : Anne-Sophie Lapix, l'animatrice télé ; Anne-Sophie Pic le chef cuisinier.

Fréquence : répandu - Évolution : ↘

B

Annette

Étymologie : de l'hébreu *hannah* : « la grâce ». Annette correspond à un diminutif d'Anne qui connut une période de gloire certaine entre les années 1930 et 1950. Il est très attribué en Allemagne ou dans les pays anglo-saxons.

Fête : 26 juillet - Couleur : rouge - Chiffre : 7

Caractère : Annette est intelligente, sage et éprise de méditation.

Personnages célèbres : Annette O'Toole, actrice américaine ; Annette Messager, plasticienne française.

Fréquence : répandu - Évolution : ↘

V

Annick

Annik

Étymologie : de l'hébreu *hannah* : « la grâce ». Comme l'indique la dernière syllabe, Annick est bretonne. Anne étant déjà considérée par les Bretons comme leur « patronne », l'engouement de ces derniers pour Annick est facilement explicable. Trés répandu, Annick est moins attribué aujourd'hui.

Fête : 26 juillet - Couleur : vert - Chiffre : 7

Caractère : Annick est organisée, résolue, mais aussi spirituelle. Rien d'étonnant pour quelqu'un qui cherche à approfondir ses connaissances.

Personnage célèbre : Annick Goutal, célèbre parfumeuse.

Fréquence : répandu - Évolution : ↘

Âge moyen : 61 ans

P

Annie

Anny

Étymologie : de l'hébreu *hannah* : « la grâce ». Ce prénom est un dérivé d'Anne relativement moderne, puisqu'il n'a pas percé avant le XXe siècle. Il a été très à la mode après la Seconde Guerre mondiale.

Fête : 26 juillet - Couleur : vert - Chiffre : 7

Caractère : Annie est intelligente, indépendante, encline à la méditation.

Personnages célèbres : les actrices françaises Annie Duperey et Annie Girardot.

Fréquence : répandu - Évolution : ↘

Âge moyen : 60 ans

V

Anouar

Étymologie : de l'arabe *anwar* : « très lumineux, éblouissant ». Ce prénom est mixte. Sa signification fait référence à la Lumière divine
Couleur : orange - Chiffre : 8
Caractère : Anouar est calme, volontaire et déterminée.
Fréquence : rare - Évolution : ↗
Âge moyen : 20 ans

V

Anouchka

Étymologie : de l'hébreu *hannah* : « la grâce ». Ce prénom est un diminutif russe et affectueux d'Anna.
Fête : 26 juillet - Couleur : vert - Chiffre : 7
Caractère : Anouchka est sensible, sociable, réceptive, diplomate et sait également faire preuve d'organisation.
Personnage célèbre : Anouchka Delon, fille d'Alain Delon.
Fréquence : très rare - Évolution : =

V

Anouk

Anouck

Étymologie : de l'hébreu *hannah* : « la grâce ». Certains l'assimilent à l'Annick bretonne, d'autres la pensent dérivée d'Anouchka... Dans tous les cas, Anouk reste une variante du prénom Anne.
Fête : 26 juillet - Couleur : bleu - Chiffre : 7
Caractère : Anouk est organisée, ardente, pleine de vitalité.
Personnage célèbre : Anouk Aimé, qui porte ce même prénom dans son premier film : *La Maison sous la mer* (Henri Calef, 1947).
Fréquence : rare - Évolution : ↗
Âge moyen : 14 ans

V

Anthéa

Antéa

Étymologie : du grec *anthos* : « la fleur ». En Corse, ce prénom est plus souvent attribué sans le « h ».
Fête : 5 octobre - Couleur : jaune - Chiffre : 4
Caractère : Anthéa est pleine de joie de vivre et de générosité, mais elle est aussi structurée et persévérante.
Fréquence : rare - Évolution : ↘
Âge moyen : 11 ans

B

Antigone

Étymologie : du grec *anti* : « devant » ou « contre » et *genes* : « race ». Ce prénom est celui de la fille d'Œdipe et de Jocaste, condamnée à mort pour avoir enseveli son frère malgré l'interdiction de Créon, son oncle et roi de Thèbes.
Couleur : bleu - Chiffre : 5
Caractère : Antigone est un être habité, pétri de curiosité intellectuelle. C'est une femme de tête.
Fréquence : très rare - Évolution : =

B

Antinéa

Anthinéa

Étymologie : du grec : « fleuri ».
Couleur : vert - Chiffre : 4
Caractère : Antinéa est ambitieuse, énergique, déterminée, elle aime l'innovation.
Fréquence : rare - Évolution : ↘
Âge moyen : 16 ans

C

Antoinette

Antoinet, Toinette, Toinon

Étymologie : du latin *antonius* : « inestimable ».
Fête : 27 octobre - Couleur : jaune - Chiffre : 4
Caractère : Antoinette est humaine, pétillante et se montre protectrice. Elle a un grand sens de l'équité.
Personnage célèbre : Antoinette Poisson, marquise de Pompadour.
Fréquence : répandu - Évolution : ↘

V

Antonia

Antonienne, Antonine

Étymologie : du latin *antonius* : « inestimable ».
Fête : 27 octobre - Couleur : jaune - Chiffre : 4
Caractère : Antonia est une femme de tête et... de pouvoir. Brillante, influente, elle n'en reste pas moins capable de tendresse.
Personnages célèbres : Antonia Caetana de Pavia Maury, astronome américaine ; Antonia Major, fille de Marc Antoine.
Fréquence : rare - Évolution : ↗
Âge moyen : 78 ans

C

Apolline

Apoline, Apollina, Appoline, Appolonia, Apoline, Apollonie

Étymologie : du grec *apellos* : « qui inspire ». Ce prénom est la forme féminine d'Apollon, le dieu grec de la beauté, des arts et de la lumière.
Fête : 9 février - Couleur : rouge - Chiffre : 7
Caractère : Apolline est une femme à l'esprit critique développé, aimant les arts et les débats.
Personnages célèbres : Apolline Sabatier, égérie de Charles Baudelaire ; Apolline de Malherbe, journaliste TV.
Fréquence : rare - Évolution : ↗
Âge moyen : 14 ans

B

April

Étymologie : du latin *asperire* : « ouvrir ». Ce prénom renvoie au mois, en anglais, où les fleurs s'ouvrent. April s'inscrit dans la tendance anglo-saxonne du XIXe de donner aux filles des prénoms tels que April, May ou June, mois printaniers et romantiques.
Fête : 5 octobre - Couleur : bleu - Chiffre : 7
Caractère : April est généreuse, partageuse, très humaine.
Fréquence : rare - Évolution : ↗
Âge moyen : 10 ans

C

Ariane

Ariadné, Ariadne, Ariana, Arianna, Arianne,

Étymologie : de *Ariana*, nom latin de la fille du roi Minos de Crète.
Fête : 18 septembre - Couleur : bleu - Chiffre : 3
Caractère : Ariane peut sembler parfois excessive. Elle est imaginative, expressive, c'est une créature extravertie.
Personnages célèbres : la réalisatrice et metteur en scène de théâtre Ariane Mnouchkine ; la journaliste TV Ariane Massenet ; la comédienne et humoriste Ariane Brodier.
Fréquence : rare - Évolution : ↘
Âge moyen : 35 ans

P

Arielle

Ariel, Aeriele

Étymologie : de l'hébreu *ari* : « lion », ou *har* : « montagne » et *el* : « Dieu ».
Fête : 1er octobre - Couleur : bleu - Chiffre : 1
Caractère : active, émotive, susceptible, parfois même ombrageuse et égocentrique, Arielle est heureusement très affectueuse. Son besoin d'être

aimée la pousse à l'exhibition passionnée, ce qui l'entraîne souvent vers les arts dramatiques, le chant, la danse.
Personnages célèbres : Arielle Dombasle, comédienne ; le prénom de la Petite Sirène, dans le film d'animation de Disney sorti en 1989.
Fréquence : rare - Évolution : ↘
Âge moyen : 40 ans

B

Arlette

Arleen, Arlène, Arleta, Arletty, Arline, Harlette

Étymologie : du germanique *karl* : « fort, vigoureux ». Ce prénom est, en effet, le diminutif d'un ancien féminin de Charles, Charlette et fut porté par la mère de Guillaume le Conquérant.
Fête : 17 juillet - Couleur : rouge - Chiffre : 9
Caractère : Arlette est insouciante, ambitieuse et tient peu compte des avis d'autrui dans ses prises de décision.
Personnage célèbre : Arlette-Léonie Bathiat dite Arletty, comédienne.
Fréquence : répandu - Évolution : ↘

C

Armance

Armantia, Armence, Harmance

Étymologie : du germain *hart* : « fort » et *mann* : « homme », ou de *hari* : « armée » et *mand* : « joyeux ». Ce prénom, plus doux à l'oreille qu'Armande, correspond à une forme féminine d'Armand.
Fête : 23 décembre - Couleur : jaune - Chiffre : 1
Caractère : Armance est indépendante, volontaire, ambitieuse et charismatique.
Personnage célèbre : Armance, héroïne du roman éponyme de Stendhal.
Fréquence : rare - Évolution : ↗
Âge moyen : 69 ans

C

Armande

Armanda, Armandine, Armantine, Arminda

Étymologie : du germain *hart* : « fort » et *mann* : « homme », ou de *hari* : « armée » et *mand* : « joyeux ».
Fête : 23 décembre - Couleur : jaune - Chiffre : 2
Caractère : Armande est indépendante, sensible, exigeante, mais très fiable.
Personnage célèbre : Armande Béjart, comédienne française, qui après être entrée dans la troupe de Molière, épousa ce dernier en 1662.
Fréquence : répandu - Évolution : ↘

C

Armelle

Armeline, Armella, Armilla, Arzhela

Étymologie : du celte *arz* : « ours » et *mael* : « prince ».
Fête : 16 août - Couleur : orange - Chiffre : 3
Caractère : prénom de vieille souche celtique et bretonne, de l'esprit de finesse, du goût de l'indépendance, de la science qui envoûte. La voix claire, l'intuition, la connaissance : voilà le lot des Armelle.
Personnages célèbres : la comédienne Armelle Deutsch ; l'humoriste Armelle.
Fréquence : rare - Évolution : ↘
Âge moyen : 47 ans

V

Artémise

Artémisa, Artémis, Artémisia

Étymologie : du grec. Artémis est le pendant grec de la Diane romaine. Déesse de la chasse, elle protège les jeunes filles. Sœur d'Apollon, elle commandait la lumière lunaire. Pendant de nombreux siècles, son culte a été l'un des plus importants de la religion païenne.

Très répandu sous l'Antiquité, Artémise est tombé en désuétude pendant de nombreux siècles avant de revenir à la Renaissance s'épanouissant totalement sous l'Ancien Régime et au sein des classes nobles.
Couleur : violet - Chiffre : 4
Caractère : Artémise est vivace, curieuse et séductrice.
Personnage célèbre : l'un des personnages féminins dépeints par Molière dans sa pièce *Les Précieuses ridicules.*
Fréquence : rare - Évolution : ↘

(P)

Ashley

Ashlea, Ashlee, Ashleigh, Ashlie, Ashly

Étymologie : du celte *aescleah* : « le bois de frêne ». Ce prénom est d'abord un patronyme. On dit qu'il devint un prénom masculin, puis féminin suite à la gratitude de la classe ouvrière envers Lord Ashley, homme politique britannique qui fit réglementer le travail des enfants dans les usines en 1850.
Couleur : rouge - Chiffre : 8
Caractère : Ashley est énergique, dynamique et passionnée. Ce sont ses coups de cœur qui la portent.
Personnages célèbres : Ashlee Simpson, chanteuse américaine, sœur de Jessica Simson ; Ashley Judd, actrice américaine ; Ashley Olsen, la célèbre sœur jumelle de Mary-Kate.
Fréquence : rare - Évolution : ↗
Âge moyen : 10 ans

(V)

Assia

Assya

Étymologie : de l'arabe *âsiya* : « celle qui soigne ».
Couleur : vert - Chiffre : 2
Caractère : tendre, passionnée, douée et généreuse, Assia est semblable à celle qui rendit le prénom illustre, l'épouse du Pharaon égyptien qui recueillit Moïse encore bébé flottant sur le Nil dans un panier.
Personnage célèbre : Assia, chanteuse française de R&B.
Fréquence : répandu - Évolution : ↘
Âge moyen : 14 ans

(B)

Astrée

Astère, Astéria, Astérie, Astérina, Astérine, Astré, Astréa

Étymologie : du grec *astraia* : « vierge-étoile ». Ce prénom n'est autre que celui de la fille de Zeus qui vécut parmi les hommes durant l'âge d'or, mais, ne supportant pas leur façon de vivre, choisit de s'établir parmi les étoiles et devint elle-même la constellation de la Vierge.
Fête : 27 novembre - Couleur : bleu - Chiffre : 5
Caractère : Astrée est émotive, sensible, capable de beaucoup d'empathie, d'une délicatesse extrême, mais plus capable d'adaptation que celle qui rendit ce prénom illustre.
Personnage célèbre : l'héroïne éponyme d'une œuvre de la Renaissance qui influença la littérature et la galanterie française. Écrit par Honoré d'Urfé, il parut de 1607 à 1627 sous forme d'un roman fleuve de 5 000 pages.
Fréquence : rare - Évolution : ↗
Âge moyen : 10 ans

(P)

Athéna

Atenea, Athène, Athénéa

Étymologie : du grec *Athéna*, nom de la déesse de la sagesse.
Fête : 3 mars - Couleur : gris - Chiffre : 5
Caractère : Athéna est fine, fiable, méthodique et tenace. C'est un être d'engagement.

Fréquence : rare - Évolution : ↗
Âge moyen : 12 ans

C

Athénaïs

Arthellais, Athina, Athénaise

Étymologie : du grec *Athéna*, nom de la déesse de la sagesse.
Fête : 3 mars - Couleur : gris - Chiffre : 5
Caractère : Athénaïs est ingénieuse, intelligente et droite, à l'instar de la déesse qui l'a inspirée.
Personnage célèbre : la marquise de Montespan, maîtresse de Louis XIV.
Fréquence : rare - Évolution : ↗
Âge moyen : 12 ans

C

Astrid

Astri, Astrud, Astryd, Estrid

Étymologie : des Ases, divinités germaniques et du germain *trud* : « fidélité », ou du scandinave *frid* : « gracieuse, belle ».
Fête : 27 novembre - Couleur : bleu - Chiffre : 8
Caractère : on dit des Astrid qu'elles créent l'harmonie là où elles se trouvent et que ce sont de parfaites épouses. Prévenantes, intelligentes, pleines de charme, elles incarnent la force tranquille.
Personnages célèbres : Astrid Veillon, comédienne ; Astrid, princesse de Suède, épouse de Léopold III.
Fréquence : répandu - Évolution : ↘
Âge moyen : 32 ans

C

Aude

Auda, Audélia, Audélie, Audéline, Haude, Oda

Étymologie : du germain *ald* : « ancien ».
Fête : 18 novembre - Couleur : bleu - Chiffre : 4
Caractère : prénom de l'énergie profonde, de la rigueur aimante, il a une sonorité feutrée qui renvoie à l'image d'une femme accomplie, au psychisme riche, capable d'épouser des causes graves et fortes. Les fonctions ordinairement tenues pour masculines, elle sait se les approprier sans rien perdre de sa féminité. Aucune ambiguïté n'est de mise avec elle, qui n'a pas besoin du soutien des hommes pour pouvoir vivre, mais seulement et uniquement d'un homme pour pouvoir aimer.
Fréquence : répandu - Évolution : ↘
Âge moyen : 28 ans

P

Audrey

Audray, Audrea, Audréane, Audréanne, Audrée, Audrena, Audrène, Audren, Audreyanne, Audric, Audry, Ethehed, Etheaed

Étymologie : du celtique *roen* : « royal » et *alt* : « haut », ou du germain *adal* : « noble » et *horod* : « glorieux ». Ce prénom anglo-saxon est un dérivé de la forme ancienne Etheldreda.
Fête : 23 juin - Couleur : rouge - Chiffre : 2
Caractère : Audrey est aussi altière que modeste, c'est une femme fatale doté d'un sens inné de la séduction. Loyale, spontanée, elle est toujours en quête d'absolu.
Personnages célèbres : les actrices Audrey Hepburn, Audrey Tautou et Audrey Fleurot ; le mannequin Audrey Marnay ; la journaliste Audrey Pulvar.
Fréquence : répandu - Évolution : ↘
Âge moyen : 26 ans

V

Augusta

Agusta, Augustia, Gusta

Étymologie : du latin *augustus* : « vénérable », « majestueux », « consacré par les augures ».

Tout empereur portant ce titre, qui devint ainsi un nom, était sacré comme un égal des dieux. Ce prénom est une forme féminine d'Auguste.
Fête : 27 mars - Couleur : vert - Chiffre : 4
Caractère : Augusta est timide mais observatrice. Elle est aussi intègre qu'altruiste.
Personnage célèbre : Augusta Holmes, musicienne
Fréquence : très rare - Évolution : =

B

Augustine

Agustunia, Augustina

Étymologie : du latin *augustus* : « vénérable », « majestueux », « consacré par les augures ». Tout empereur portant ce titre, qui devint ainsi un nom, était sacré comme un égal des dieux. Ce prénom est une forme féminine d'Auguste.
Couleur : vert - Chiffre : 4
Caractère : Augustine ayant l'âme d'une aventurière, elle est peut-être d'une nature amoureuse quelque peu inconstante. En revanche, c'est une nature extrêmement charitable.
Personnages célèbres : Augustine, mère de l'écrivain Marcel Proust ; Augustine, une des plus célèbres patientes du Professeur Charcot, elle inspira un film sorti en 2012.
Fréquence : répandu - Évolution : ↗

B

Aure

Aura, Auriane

Étymologie : du latin *aurea* : « dorée ». Aure est un prénom considéré comme ancien et moins attribué que son dérivé Auriane.
Couleur : rouge - Chiffre : 5
Caractère : Aure est perspicace, d'une intelligence calme et froide, capable d'analyses d'une grande finesse.
Personnage célèbre : l'actrice Aure Atika.
Fréquence : rare - Évolution : ↗
Âge moyen : 13 ans

P

Aurélia

Aurica, Aurielle, Auriolle, Orell, Oriela, Oriel

Étymologie : incertaine. Du grec *aurios* : « matinée », d'où le latin *aureus* ou *aurum* : « or, mordoré, semblable à l'or » ; ou du latin *Aurelius* : une célèbre famille romaine qui donna son nom à une route allant de Rome à Arles : la via Aurelia.
Couleur : jaune - Chiffre : 5
Caractère : Aurélia est attachante, affectueuse, fantaisiste, d'une certaine légèreté, elle est pourtant d'une grande sensibilité. Elle parvient à concilier indépendance et loyauté.
Personnage célèbre : l'héroïne du livre de Gérard de Nerval : *Aurélia ou le rêve et la vie.*
Fréquence : répandu - Évolution : ↘
Âge moyen : 31 ans

C

Auréliane

Aurélienne

Étymologie : du latin *Aurelius* : une célèbre famille romaine qui donna son nom à une route allant de Rome à Arles : la via Aurelia. Le prénom Auréliane fut apparemment porté par une compagne de sainte Ursule, morte en cours de route vers Cologne au IVe siècle. L'obscurité de cette sainte patronne explique sans doute la quasi inexistence de ce prénom jusqu'en 1960. Ce prénom est une variante italianisante et formée sur le masculin Aurélien du prénom Aurélie.
Fête : 15 octobre - Couleur : rouge - Chiffre : 8
Caractère : Auréliane est courageuse, dynamique et déterminée.
Fréquence : rare - Évolution : ↘
Âge moyen : 16 ans

P

Aurélie

Aurèle, Aurély, Oreli, Orélie

Étymologie : incertaine : du grec *aurios* : « matinée », d'où le latin *aureus* ou *aurum* : « or, mordoré, semblable à l'or » ; ou du latin *Aurelius* : une célèbre famille romaine qui donna son nom à une route allant de Rome à Arles: la via Aurelia.

Fête : 15 octobre - Couleur : jaune - Chiffre : 5

Caractère : Aurélie est déterminée, ardente et pleine de vitalité.

Personnages célèbres : Aurélie Filippetti, ministre de la Culture ; Aurélie Dupont, danseuse étoile du ballet de l'Opéra de Paris ; Aurélie Bidermann, créatrice de bijoux.

Fréquence : répandu - Évolution : ↘

Âge moyen : 34 ans

V

Auria

Étymologie : du latin *aurea* : « dorée ». En France, c'est au Pays basque qu'il est le plus souvent attribué.

Fête : 19 juillet - Couleur : bleu - Chiffre : 6

Caractère : Auria est audacieuse et séductrice. Elle aime la découverte et l'originalité.

Fréquence : rare - Évolution : ↗

Âge moyen : 30 ans

C

Auriane

Aurianna, Aurianne, Oriana, Oriana

Étymologie : du latin *aurea* : « dorée ». Ce prénom correspond à une forme dérivée du prénom Aure.

Fête : 19 juillet - Couleur : vert - Chiffre : 6

Caractère : Auriane est sensible, affectueuse et a le sens des responsabilités.

Fréquence : rare - Évolution : =

C

Aurore

Auriola, Aurora

Étymologie : du latin *Aurora*. Nom original de la déesse du Jour dans la mythologie gréco-romaine.

Fête : 4 octobre - Couleur : bleu - Chiffre : 5

Caractère : curieuse, idéaliste, ardente et pleine de vitalité, Aurore est l'incarnation parfaite de son prénom.

Personnages célèbres : Aurore, *la Belle au Bois Dormant* de Perrault ; Aurore Clément, comédienne ; Aurore Dupin, véritable nom de George Sand.

Fréquence : répandu - Évolution : ↘

Âge moyen : 27 ans

C

Auxane

Euxane

Étymologie : du grec : « hospitalier ».

Couleur : vert - Chiffre : 7

Caractère : Auxane est sociable et aventureuse.

Fréquence : rare - Évolution : ↗

Âge moyen : 10 ans

B

Ava

Avah, Avelaine, Avelina, Aveline, Avia, Avit, Aviva

Étymologie : du latin *ava* : « aïeule », ou du latin *avis* : « oiseau ».

Fête : 29 avril (Saint-Avit) - Couleur : jaune Chiffre : 5

Caractère : Ava est un prénom chaud, la passion la dévore. Elle sait se donner aux causes ardues et à la défense des malheureux.

Personnage célèbre : l'actrice Ava Gardner.

Fréquence : rare - Évolution : ↗

Âge moyen : 7 ans

B

Avril

Avrile

Étymologie : du germanique *eofo* : « sanglier » et *hilde* : « combat ». Contrairement à l'anglo-saxon April, ce prénom ne prend pas directement sa source dans le nom du mois d'avril, mais dans le prénom masculin Everilde, dérivé en Everill puis en Averill.

Fête : 9 juillet - Couleur : bleu - Chiffre : 7

Caractère : Avril est pleine de gaieté, de tendresse et de bonne humeur, à l'image du mois qu'elle évoque.

Personnage célèbre : la chanteuse canadienne Avril Lavigne.

Fréquence : rare - Évolution : ↗

Âge moyen : 10 ans

C

Axelle

Akselle, Axele, Axelia, Axeliane, Axeline, Axella, Axellane

Étymologie : de l'hébreu *ab* : « père » et *shalom* : « paix ».

Fête : 21 mars - Couleur : jaune - Chiffre : 5

Caractère : tout en passion et grands élans, elle ne manque pas non plus d'opiniâtreté et sait se battre pour ce à quoi elle destine sa générosité. Sa beauté ne l'alanguit pas, mais la vivifie. Son romantisme ne l'éloigne pas du monde, mais le transfigure.

Personnages célèbres : la chanteuse Axelle Red ; l'humoriste et comédienne Axelle Lafont.

Fréquence : répandu - Évolution : ↘

Âge moyen : 16 ans

V

Awa

Étymologie : de l'hébreu *h'ava* : « la vivante ». Ce prénom correspond à une forme dérivée d'Hawa, qui est la transcription arabe d'Eva ou Ève, qui est citée dans le Coran.

Fête : 6 septembre - Couleur : bleu - Chiffre : 5

Caractère : Awa est spirituelle, intelligente et philosophe.

Fréquence : rare - Évolution : ↗

Âge moyen : 15 ans

V

Ayala

Ayla

Étymologie : de l'hébreu : « la biche », évoquant la beauté, la candeur, la grâce et la vivacité. Exprimant également l'idée de jeunesse et même d'enfance, Ayala rejoint Bambi.

Caractère : Ayala est pragmatique, créative, sociable et optimiste.

Fréquence : très rare - Évolution : =

Âge moyen : 10 ans

V

Aylin

Étymologie : du grec : « éclat du soleil ». Ce prénom correspond à la forme irlandaise d'Hélène.

Fête : 18 août - Couleur : jaune - Chiffre : 1

Caractère : Aylin est compatissante, intelligente, éprise de savoir et de médiation.

Fréquence : rare - Évolution : ↗

Âge moyen : 10 ans

B

Azalée

Azaléa, Azélie, Azeline, Azella

Étymologie : du latin. Se rapporte à la fleur du même nom.

Couleur : bleu - Chiffre : 6

Caractère : Azalée est douce, tendre et dynamique.

Fréquence : très rare - Évolution : =

Âge moyen : 4 ans

Azora

Azoréa, Azura, Azuréa

Étymologie : du perse : « ciel bleu ».
Couleur : jaune - Chiffre : 1
Caractère : Azora est intelligente et pleine de sagesse.
Fréquence : très rare - Évolution : =

B

Bachira

Bachra, Béchira

Étymologie : de l'arabe : « qui annonce une bonne nouvelle ». Le prénom Ange (p. 43), qui vient du grec *aggelos* : « messager », a le même sens. Ce prénom correspond à la forme féminine de Bachir, une des appellations coraniques du Prophète Mahomet.
Couleur : bleu clair - Chiffre : 5
Caractère : Bachira a le sens des responsabilités et de la famille, elle est organisée et équilibrée.
Fréquence : rare - Évolution : =
Âge moyen : 31 ans

Badra

Étymologie : de l'arabe : « éclatante ». Ce prénom correspond à la forme féminine de Badir, nom qui fut donné au Prophète lorsqu'il émigra de La Mecque à Médine. Dans l'arabe coranique, la lune est un symbole de la perfection du créateur. Attribué à une fille, ce prénom rend hommage à sa beauté en la comparant à l'astre.

TOP 20

Prénoms médiévaux

Des prénoms d'une même origine peuvent connaître un destin fort différent. Il y a les Irène, Béatrice, Élodie... Assez répandus, ils connaissent ou ont connu un certain succès populaire. Et puis il y a les Adelaïde, Mahaut.. Ceux qui font offices d'emblèmes d'une lignée ou d'une tradition familiale. Car ne l'oublions pas, c'est dans les prénoms médiévaux que les grandes familles de France viennent puiser leur inspiration.

Adélaïde
Agnès
Astrid
Aude
Aure
Béatrice
Brunehilde
Clotilde
Flore
Héloïse
Irène
Isabeau
Iseult
Mahaut
Margot
Mathilde
Mélisande
Rosemonde
Pétronille
Théodora

Couleur : jaune - Chiffre : 7
Caractère : Badra est attentionnée, déterminée et habile.
Fréquence : rare - Évolution : ↘
Âge moyen : 31 ans

P

Bambi

Bambina, Bambie, Bamby

Étymologie : de l'italien *bambino* : « enfant ». Ce prénom correspond au diminutif de Bambina, en français: « fillette ».
Fête : 25 décembre - Couleur : vert - Chiffre : 3
Caractère : Bambi est mutine, audacieuse et parfois impulsive.
Personnage célèbre : le héros éponyme du film de Walt Disney, un petit faon très célèbre.
Fréquence : très rare - Évolution : =
Âge moyen : 15 ans

V

Baptista

Batista

Étymologie : du grec : « immerger ». Ce prénom correspond à une forme féminine de Baptiste.
Fête : 24 juin - Couleur : jaune - Chiffre : 9
Caractère : Baptista est déterminée, aime la réflexion.
Fréquence : très rare - Évolution : =

B

Baptistine

Baptistina, Batistina, Batistine

Étymologie : du grec : « immerger ». Ce prénom correspond à une forme féminine de Baptiste, il était répandu au XIXe et au début du XXe siècle.
Fête : 24 juin - Couleur : jaune - Chiffre : 9
Caractère : Baptistine est sagace, spirituelle et a soif de connaissances.
Fréquence : rare - Évolution : ↗

C

Barbara

Babie, Babs, Barbary, Barbe, Bärbel, Barbie, Barberine, Barbra, Bärle

Étymologie : du latin *barbari* : « barbares », ou du grec *barbaros* : « étranger, barbare(s) ». Ce prénom fut porté, au IIIe siècle, par la fille d'un citoyen de Turquie, que son père enferma dans une tour. Elle y fit vœu de chasteté et se convertit au christianisme. Son père, pour se venger, décida de l'immoler par le feu. La foudre jaillit du ciel et le tua au moment où il la mit à mort. Barbara, devenue sainte Barbe, par abréviation, est devenue la patronne des pompiers, des mineurs et des artilleurs. Si son étymologie et son histoire sont chargées, Barbara est très répandue dans les pays anglo-saxons ; c'est son diminutif que Mattel a choisi pour baptiser sa célèbre poupée.
Fête : 4 décembre - Couleur : jaune - Chiffre : 7 -
Caractère : Barbara peut être très femme-enfant ou très femme fatale et parfois un peu des deux. Elle doit son côté star à son acharnement à aller toujours plus loin. Elle est toujours en quête et finalement assez extrême.
Personnages célèbres : Barbara, la chanteuse française ; Barbara Cartland, la romancière anglaise ; Barbara Stanwick, actrice américaine.
Fréquence : répandu - Évolution : ↘
Âge moyen : 33 ans

B

Bastianne

Bastiane

Étymologie : du grec : « honorée ». Ce prénom correspond à la forme féminine du diminutif de Sébastien.
Fête : 20 janvier - Couleur : bleu - Chiffre : 4
Caractère : Bastianne est sensible, intuitive et guidée par l'affection qu'elle éprouve pour autrui.
Fréquence : très rare - Évolution : =

C

Bastienne

Bastiène

Étymologie : du grec : « honorée ». Ce prénom correspond à la forme féminine du diminutif de Sébastien.

Fête : 20 janvier - Couleur : bleu - Chiffre : 4

Caractère : Bastienne est intuitive, loyale envers ses amis et très épicurienne.

Fréquence : très rare - Évolution : ↘

C

Bathilde

Batilde, Bathilda, Bapthilda, Bathylle

Étymologie : du germanique *bald* : « audacieux » et *hild* : « combat ».

Couleur : jaune - Chiffre : 8

Caractère : Bathilde a pour elle la sensibilité, la sagacité, la spiritualité.

Fréquence : rare - Évolution : ↘

Âge moyen : 67 ans

C

Béatrice

Bea, Beat, Beate, Beatrise, Beatriz, Beatie, Bebe, Bee, Biche

Étymologie : du latin *beatus* : « heureux, qui rend heureux ».

Fête : 13 février - Couleur : bleu - Chiffre : 6

Caractère : Béatrice est humaine et rêveuse, mais parvient à être organisée, ce qui n'est guère étonnant, puisqu'elle attache une certaine importance à la réussite sociale.

Personnages célèbres : Beatrice Portinari, la guide au paradis dans la *Divine Comédie* de Dante ; Béatrice Dalle, actrice ; Béatrice Schönberg, journaliste.

Fréquence : répandu - Évolution : ↘

Âge moyen : 49 ans

C

Béatrix

Béatrixe

Étymologie : du latin *beatus* : « heureux, qui rend heureux ». Cette forme peu attribuée en France correspond néanmoins à la forme couramment attribuée en Angleterre ou aux Pays-Bas.

Fête : 13 février - Couleur : bleu clair - Chiffre : 6

Caractère : Béatrix est toujours avide de connaissances et pleine de résolution.

Personnage célèbre : Béatrix, héroïne du roman éponyme de Balzac.

Fréquence : rare - Évolution : ↗

Âge moyen : 71 ans

V

Bélinda

Bélina, Bélynda

Étymologie : du germanique *lindi* : « le dragon ». Bélinda est un prénom anglais, très porté aux États-Unis, dès les années 50.

Fête : 8 septembre - Couleur : gris - Chiffre : 2

Caractère : Bélinda est intuitive et, comme tous les individus possédant un grand sens du relationnel, c'est une médiatrice hors pair.

Personnage célèbre : Belinda Carlisle, chanteuse britannique.

Fréquence : rare - Évolution : ↘

Âge moyen : 25 ans

P

Bella

Bela, Belle, Bellen

Étymologie : de l'hébreu *elicheva* : « Dieu est promesse ». Diminutif du prénom Isabelle, lui-même diminutif d'Élisabeth, Bella correspond à la forme italienne et hispanique du français Belle.

Fête : 17 novembre - Couleur : orange - Chiffre : 6

Caractère : Bella est vive, autoritaire, tenace et courageuse.

Personnages célèbres : la poupée créée par Lucie et Salvie Pi en 1946 ; l'héroïne de la chanson de Maître Gims ; l'héroïne de *Twilight*, incarnée par Kristen Stewart, qui a récemment contribué à mettre ce prénom au goût du jour.
Fréquence : rare - Évolution : ⬀
Âge moyen : 32 ans

C

Bénédicte

Benate, Bendita, Benedicta, Bénedictine, Benedita, Benedite

Étymologie : du latin *benedictus* : « protégé par Dieu, béni ». Ce prénom correspond à la forme première (et la plus répandue) de Benoîte. Une autre sainte Bénédicte (fêtée le 6 mai), religieuse dans un couvent romain, était invoquée pour calmer les jeunes enfants coléreux.
Fête : 16 mars - Couleur : jaune - Chiffre : 4
Caractère : Bénédicte éblouit, ravit autant qu'elle impressionne. Généralement, sa prestance et son port de tête en imposent assez. Elle est engagée, tonique, tenace et fiable.
Fréquence : répandu - Évolution : ⬂
Âge moyen : 40 ans

C

Benjamine

Beniamina, Benjamina, Bennia, Bennye

Étymologie : de l'hébreu *ben'yamin* : « fils de la main droite » ; autrement dit, Benjamine est du côté de la chance, du bon augure. Ce prénom correspond à la forme féminine de Benjamin et reste avant tout un choix des familles BCBG.
Fête : 31 mars - Couleur : vert - Chiffre : 5
Caractère : Benjamine est indépendante, déterminée autant qu'audacieuse, elle parvient toujours à ses fins.
Fréquence : rare - Évolution : ⬂
Âge moyen : 65 ans

C

Benoîte

Bena, Benedetta, Beniga, Benita, Benitri, Bennie, Binnie

Étymologie : du latin *benedictus* : « béni, protégé par Dieu ». Au XIXe siècle, c'est cette forme française et moins académique du Bénédicte d'origine latine qui remportait les suffrages.
Fête : 16 mars - Couleur : jaune - Chiffre : 4
Caractère : Benoîte est intelligente et chérit l'indépendance.
Personnage célèbre : Benoîte Groult, romancière, essayiste et jurée du prix Femina.
Fréquence : rare - Évolution : ⬂

B

Bérengère

Bérangère

Étymologie : du germain *ber* : « ours » et *gari* : « lance ».
Fête : 26 mai - Couleur : violet - Chiffre : 7
Caractère : prénom de rêverie, de délicatesse, de poésie et d'amour courtois, il semble tout entier ouvert à l'imaginaire.
Personnages célèbres : l'épouse du roi Richard Cœur de Lion (à l'origine princesse de Navarre) ; Bérengère Krief, humoriste et comédienne française.
Fréquence : rare - Évolution : ⬂
Âge moyen : 39 ans

C

Bérénice

Bernice, Berenike, Bernie, Berny, Beronika

Étymologie : Bereniké, nom de plusieurs cités grecques, qui se décompose en *phéré* : « porter, apporter » et *niké* : « victoire » ; « porteuse de victoire ». Ce prénom a la même origine étymologique que Véronique (p. 292).

Fête : 4 février - **Couleur** : vert - **Chiffre** : 7
Caractère : Ainsi Bérénice (comme Véronique) est-elle celle « qui porte la victoire ». Elle séduit sans nulle traîtrise, par sa droiture et sa rigueur. Elle a en horreur l'artifice, la tricherie, la vantardise. Elle émeut plus par sa grande allure que par sa beauté, qui est souvent loin d'être négligeable.
Personnages célèbres : celle qui séduisit Titus et dont Racine a fait l'héroïne de sa tragédie ; le personnage du roman *Aurélien* de Louis Aragon dont la première phrase est d'anthologie : « La première fois qu'Aurélien vit Bérénice, il la trouva franchement laide » ; l'actrice Bérénice Bejo.
Fréquence : rare - **Évolution** : =
Âge moyen : 18 ans

P

Bernadette

Bernarda, Bernarde, Bernadeta, Bernadeto, Bernadetta, Bernadette, Bernardine, Bernardita, Bernharda, Bernardina, Bernie, Nadette

Étymologie : du germanique *ber* : « ours » et *gari* : « lance ». Bernadette est un prénom assez typique des années 30 à 50. C'est surtout à la lisière des années 60 que le succès de Bernadette s'estompe.
Fête : 18 février - **Couleur** : bleu - **Chiffre** : 8
Caractère : Bernadette est spontanée, franche, rigoureuse et exigeante.
Personnages célèbres : Bernadette Soubirou, sainte célèbre pour avoir témoigné de 18 apparitions mariales à Lourdes ; Bernadette Chirac, femme politique et épouse du président Jacques Chirac ; l'actrice Bernadette Lafont.
Fréquence : répandu - **Évolution** : ↘
Âge moyen : 67 ans

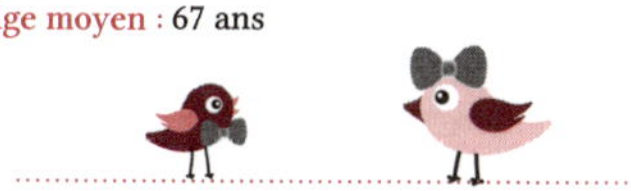

V

Bertha

Berta

Étymologie : du germanique *behrt* : « renommée ». Ce prénom correspond à la forme allemande de Berthe.
Fête : 11 mai ou 4 juillet - **Couleur** : orange
Chiffre : 4
Caractère : Bertha est intègre et fine.
Fréquence : rare - **Évolution** : =

B

Berthe

Berteline, Bertillon, Bertin, Bertl

Étymologie : du germanique *behrt* : « renommée ».
Fête : 11 mai ou 4 juillet - **Couleur** : orange
Chiffre : 4
Personnages célèbres : la fameuse Berthe au Grand Pied, mère de l'empereur Charlemagne ; Berthe Morisot, peintre impressionniste.
Fréquence : rare - **Évolution** : ↘

C

Bertille

Berthilde, Berthille, Bertile, Bertilie

Étymologie : du germanique *behrt* : « renommée » et *til* : « habile ». Ce prénom a la même origine étymologique que Berthe. Bertille est le prénom d'une jeune noble de l'Aisne au VIIIe siècle qui devint l'abbesse de Chelles, première abbaye fondée par la reine Bathilde.
Fête : 6 novembre - **Couleur** : vert - **Chiffre** : 3
Caractère : généreuse et tout en émotions, Bertille a, néanmoins, le goût du pouvoir. Précisément, sans doute, à cause de celles qu'il lui procure. Elle est aussi dotée d'un fort esprit critique.
Fréquence : rare - **Évolution** : ↗
Âge moyen : 22 ans

B

Béryl

Berylla, Berylle

Étymologie : du sanskrit *velulya* : « qui a engendré », ou du grec *berullas* ou latin *berylli*. Ce prénom-substantif se rapporte à une famille de pierres dont l'une est précieuse, la bien connue émeraude et les deux autres - l'aigue-marine et le béryl - semi-précieuses. Cette dernière, aux couleurs variées, du rose au bleu azur, en passant par le jaune, est plus précisément désignée. Ce prénom minéral, véritable phénomène de mode dans l'Angleterre du XIXe siècle, nomme quelques centaines de personnes en France aujourd'hui.
Fête : 10 mars (Sainte-Esmeralda)
Couleur : vert - Chiffre : 4
Caractère : Béryl est éclatante, comme la pierre à laquelle elle renvoie ! Elle est charmante mais diplomate. Son charisme n'a rien d'écrasant, car elle est généreuse et curieuse des autres.
Fréquence : rare - Évolution : ↗
Âge moyen : 20 ans

B

Bess

Besse, Bessie, Bessy, Beth

Étymologie : de l'hébreu *elischeba* : « Dieu est mon serment ». Ce prénom est un diminutif d'Élisabeth.
Fête : 17 novembre - Couleur : orange - Chiffre : 9
Caractère : Bess est altruiste, dévouée, intègre et idéaliste.
Personnage célèbre : Bess, l'héroïne de l'opéra de Gershwin, puis du film musical américain d'Otto Preminger sorti en 1959.
Fréquence : très rare - Évolution : =

P

Bethany

Bethanie, Bettany

Étymologie : de l'hébreu : « humble demeure ». Ce prénom est le nom du village près de Jérusalem où vécurent Marie et Lazare. Bethany est très en vogue aux États-Unis.
Couleur : bleu - Chiffre : 1
Caractère : Bethany est directive, ambitieuse, déterminée et travailleuse.
Fréquence : très rare - Évolution : =
Âge moyen : 4 ans

V

Bettina

Bettyna

Étymologie : de l'hébreu *elicheva* : « Dieu est promesse ». Ce prénom correspond à un dérivé de Betty, donc d'Élisabeth.
Fête : 17 novembre - Couleur : jaune - Chiffre : 9
Caractère : ouverte d'esprit, sensible, parfois trop, Bettina a beaucoup à exprimer : peinture, poésie et littérature lui ouvriront leurs portes, à l'envi.
Personnage célèbre : la photographe Bettina Rheims.
Fréquence : rare - Évolution : ↘
Âge moyen : 33 ans

V

Betty

Bettie, Betsy

Étymologie : de l'hébreu *elicheva* : « Dieu est promesse ». Cette forme correspond à un diminutif anglo-saxon d'Élisabeth. En revanche, ce n'est pas l'Élisabeth, mère de Jean-Baptiste, qui est la sainte patronne de Betty, mais Élisabeth de Hongrie, épouse, puis veuve de Louis IV de Thuringe. Ce diminutif est devenu un prénom à part entière aux États-Unis.

Couleur : jaune - Chiffre : 7
Caractère : Betty est aussi simple que serviable. Elle est véritablement gentille, car optimiste : elle croit, sans aucune naïveté, à la nature humaine.
Personnage célèbre : Betty Grabble, actrice américaine et première de toutes les pin-up ; l'inénarrable héroïne de la série *Ugly Betty*.
Fréquence : rare - Évolution : ↘
Âge moyen : 37 ans

P

Betty-Ann

Bettie-Ann, Bettie-Anne

Étymologie : forme composée de Betty (diminutif d'Élisabeth) et d'Ann. Ce prénom est celui de la première femme américaine canonisée. Convertie au catholicisme, cette jeune veuve de New York fonda une congrégation en 1812.
Fête : 4 janvier - Couleur : jaune - Chiffre : 7
Caractère : Betty-Ann est simple, gaie, d'une générosité immense.
Personnage célèbre : Betty-Ann Fitzgerald, héroïne féminine du film de Woody Allen, *Le Sortilège du scorpion de jade*.
Fréquence : très rare - Évolution : ↘

P

Beverly

Beverley

Étymologie : du vieil anglais *beaver stream* : « la rivière des castors ». Suivant une évolution assez connue, Beverley, ville du Yorkshire en Angleterre, est devenue un patronyme puis un prénom dès le XVIIIe siècle. Cette orthographe (sans le « e » avant le « y ») correspond à la forme américaine de Beverley, puisque l'hommage au célèbre faubourg de Los Angeles, Beverly Hills, semble avoir pris le pas sur la ville d'Angleterre. D'abord masculin, ce prénom est ensuite devenu féminin. Il prénomme aujourd'hui deux fois plus de filles que de garçons.
Couleur : blanc - Chiffre : 9
Caractère : Beverly est ambitieuse, laborieuse et consciencieuse.
Personnage célèbre : Beverly Knight, chanteuse.
Fréquence : rare - Évolution : ↘
Âge moyen : 16 ans

V

Bianca

Bianka, Blanca

Étymologie : du germanique *blanke* : « brillant ». Cette forme italienne de Blanche est également très répandue dans les pays slaves.
Fête : 3 octobre - Couleur : jaune - Chiffre : 3
Caractère : Bianca possède un caractère très enthousiaste, elle est douée d'un grand sens de la communication.
Personnages célèbres : Bianca Jagger, l'ex-épouse du chanteur des Stones ; la mignonne petite souris du film d'animation de Walt Disney.
Fréquence : rare - Évolution : ↗
Âge moyen : 24 ans

B

Billie

Billy

Étymologie : du germanique : « protectrice absolue ». Ce prénom est le diminutif de Wilhemine et Wilhemina, féminins de William.
Fête : 27 juillet - Couleur : orange - Chiffre : 8
Caractère : intuitive, séductrice, Billie a beaucoup d'énergie. Elle peut s'en nourrir sur un plan créatif, artistique, sportif, ce qui fait d'elle une personnalité d'exception.
Personnage célèbre : Billie Hollyday, la chanteuse de jazz.
Fréquence : rare - Évolution : ↗
Âge moyen : 9 ans

V

Bintou

Binta

Étymologie : de l'arabe *bint* : « fille ». Ce prénom est répandu en Afrique noire et en France au sein des familles françaises d'origine africaine et de confession musulmane.
Fréquence : répandu - Évolution : =
Âge moyen : 16 ans

V

Blair

Blaire

Étymologie : de l'anglais : « terre plate ». D'abord toponyme avant de devenir un nom de famille, puis un prénom masculin très répandu dans les années 50, Blair est à présent un incontournable féminin de l'upper class américaine.
Couleur : violet - Chiffre : 7
Caractère : Blair est réfléchie et ne laisse rien au hasard. Piquante et observatrice, rien ne renvoie à une quelconque platitude dans sa personnalité.
Personnage célèbre : Blair Waldorf de la série *Gossip Girl.*
Fréquence : rare - Évolution : =
Âge moyen : 9 ans

C

Blanche

Blanchette, Branca

Étymologie : du germanique *blanke* : « brillant ».
Fête : 3 octobre - Couleur : jaune - Chiffre : 9
Caractère : Blanche doit prendre garde à son affectivité. Cela étant, grande générosité de coeur, aptitude à l'harmonie, au rôle de mère et d'ange du foyer, Blanche est une bénédiction pour son entourage.
Personnages célèbres : Blanche de Castille (1188-1252), épouse du roi de France Louis VIII et mère de Saint Louis, deux fois régente du royaume ; l'héroïne du roman d'Aragon *Blanche ou l'oubli* ; Blanche Marcy, personnage de la série télévisée *Plus belle la vie.*
Fréquence : répandu - Évolution : ↗

C

Blandine

Blanda, Blandina, Blondine, Dina

Étymologie : du latin blandus : « caressant, flatteur ».
Fête : 2 juin - Couleur : bleu - Chiffre : 7
Caractère : on continue de lui prêter un visage d'ange, la fraîcheur d'esprit et la pure enfance, ainsi que l'art de se donner pleinement à de grandes et charitables causes. Chez elle, la morale est dépassée au profit d'une véritable éthique. Une très grande âme, une émotion vive.
Personnage célèbre : sainte Blandine, patronne de Paris.
Fréquence : rare - Évolution : ↘
Âge moyen : 38 ans

V

Bleuette

Bluette

Étymologie : du latin. Ce prénom se rapporte au nom du bleuet.
Fête : 5 octobre (Sainte-Fleur) - Couleur : bleu
Chiffre : 5
Caractère : Bleuette est tenace, méthodique, fiable. Elle a le sens du devoir.
Fréquence : rare - Évolution : =
Âge moyen : 78 ans

V

Blue

Étymologie : de l'anglais : « bleu ».
Caractère : Blue est efficace, patiente, structurée et honnête.
Couleur : bleu - Chiffre : 7

Personnages célèbres : Blue est l'une des composantes du prénom de la fille de Jay-Z et Beyoncé : Blue Ivy Carter.
Fréquence : très rare - Évolution : =
Âge moyen : 2 ans

V

Bleuenn

Bleuenienn, Bleuzenn

Étymologie : ce prénom correspond à l'équivalent breton du très ancien Blancheflor.
Fête : 5 octobre (Sainte-Fleur) - Couleur : blanc
Chiffre : 4
Caractère : Bleuenn est généreuse, charismatique, fidèle et rêveuse.
Fréquence : rare - Évolution : ↗
Âge moyen : 11 ans

P

Bonnie

Bonny, Bunny

Étymologie : du latin *buonus, buona* : « bon, bonne ». Le prénom Bonne est un prénom qui a remporté un franc succès dans l'Europe du XVe siècle. Bonnie correspond à la variante anglo-saxonne de l'époque, qui elle a survécu, contrairement à la forme initiale.
Fête : 29 mai - Couleur : jaune - Chiffre : 5
Caractère : franche, curieuse et passionnée, Bonnie a l'esprit aventureux et ne supporte pas la routine. Elle a du mal à se plier aux contraintes. Elle mènera à bien ce qu'elle entreprend.
Fréquence : rare - Évolution : ↗
Âge moyen : 14 ans

P

Brenda

Brandana, Brandy, Bredig, Brendana

Étymologie : du germanique. Ce prénom très ancien est souvent pris pour la forme féminine de Brandon, ce qu'il n'est absolument pas. En réalité, il est issu des croyances scandinaves. Il semble placé sous la protection de la déesse des combats.
Fête : 29 novembre - Couleur : jaune - Chiffre : 5
Caractère : Brenda est calme, intuitive et éprise d'harmonie entre les êtres et les choses. Elle aime les correspondances qu'elle trouve dans l'univers.
Personnage célèbre : la chanteuse Brenda Lee.
Fréquence : rare - Évolution : ↘
Âge moyen : 15 ans

V

Brianna

Breanne, Briaga, Briana, Brianne

Étymologie : du celte *brigo* : « dignité, élévation ». Cette forme féminine du prénom Brian est très utilisée aux États-Unis. Les Celtes ne l'utilisent pas, malgré son origine étymologique.
Fête : 17 décembre - Couleur : rouge - Chiffre : 3
Caractère : Brianna aime briller, est ardente, passionnée, fortement attirée par le monde intellectuel, mais peut se montrer impulsive.
Fréquence : rare - Évolution : =
Âge moyen : 11 ans

V

Bridget

Briega, Briegen, Brigit,

Étymologie : du celte *brigo* : « dignité, élévation ». Ce prénom correspond à la forme anglo-saxonne de Brigitte, l'équivalent celtique des déesses grecque Athéna ou romaine Minerve.
Fête : 23 juillet ou 1er février - Couleur : rouge
Chiffre : 9
Caractère : Bridget est drôle, forte, mais parfois imprévisible.
Personnage célèbre : Bridget Jones, héroïne des livres et adaptations cinématographiques du même nom.
Fréquence : répandu - Évolution : ↗
Âge moyen : 9 ans

TOP 20

Prénoms rares

Il est tout à fait légitime de vouloir donner à sa fille un prénom qui la distinguera. Voici quelques exemples de prénoms aux jolies sonorités qui sortent de l'ordinaire sans extravagance.

Abélinde
Adamante
Adonie
Cléore
Deva
Dumia
Eurielle
Fleurice
Gussie
Héliade
Inocencia
Irenée
Isidorine
Lidwina
Mirella
Mirose
Natalène
Pamphile
Parthenia
Roderica

C

Brigitte

Birgitta, Birgitte, Bride, Brigida, Britt

Étymologie : du celte *brigo* : « dignité, élévation ». Birgit, « la plus haute », n'est autre que la déesse de la guerre qui protège les arts, en Irlande. Elle est l'Athéna celte.

Fête : 23 juillet - Couleur : rouge - Chiffre : 9

Caractère : en ce qui concerne le caractère, Brigitte est, sous un aspect parfois distant au premier abord, la sociabilité même. Volontaire, intuitive, d'une intelligence prompte à la synthèse, lucide, rigoureuse et active.

Personnages célèbres : Brigitte Bardot et Brigitte Fossey, actrices ; la chanteuse Brigitte Fontaine.

Fréquence : répandu - Évolution : ↘

Âge moyen : 55 ans

V

Brittany

Brit, Brita, Britain, Britaney, Britanie, Britannia, Britany, Brittanie, Britanie, Britanny, Brithany, Britt, Brittanica, Brittanie, Brittany

Étymologie : du latin *Brittania* : « Bretagne », dans le sens de « Grande-Bretagne ». Ce prénom né en Grande-Bretagne au XVIIIe siècle est devenu très populaire aux États-Unis depuis les années 90.

Couleur : rouge - Chiffre : 1

Caractère : Brittany est généreuse, ambitieuse, volontaire et indépendante.

Fréquence : rare (en France) - Évolution : =

Âge moyen : 14 ans

P

Brooke

Broocke

Étymologie : de l'anglais *brook* : « ruisseau ».

Couleur : bleu - Chiffre : 8

Caractère : Brooke est impétueuse, sensible, insaisissable.
Personnage célèbre : Brooke Shields, actrice américaine.
Fréquence : très rare - Évolution : ↗
Âge moyen : 3 ans

B

Brune

Bruna, Brunella, Brunelle, Brunetta, Brunette

Étymologie : du germanique : « bouclier ». Ce prénom est le diminutif de Brunehilde.
Fête : 6 octobre - Couleur : bleu - Chiffre : 6
Caractère : généreuse, fidèle, Brune est combative et illustre à merveille son prénom.
Fréquence : rare - Évolution : ↗

V

Buffy

Étymologie : du vieil anglais *beaver stream* : « la rivière des castors ». Ce prénom correspond à une forme dérivée de Beverly.
Couleur : violet - Chiffre : 8
Caractère : Buffy est passionnée, combative, mais quelque peu tortueuse.
Personnage célèbre : la désormais célèbre héroïne de la série télévisée *Buffy contre les vampires*.
Fréquence : très rare - Évolution : ↘

C

V

Caitlin

Caitline, Catriona, Kaitlin, Riona

Étymologie : du grec *katharos* : « pur ». Ce prénom, forme irlandaise de Catherine, est très répandu dans les pays anglo-saxons.
Fête : 29 avril ou 25 novembre - Couleur : vert
Chiffre : 5
Caractère : sociable et passionnée, Caitlin est travailleuse et indépendante.
Personnage célèbre : Caitlin MacNamara, épouse du poète gallois Dylan Thomas.
Fréquence : rare en France - Évolution : =

P

Calista

Calisté, Calistée, Callistine, Calixta, Callista, Callixta, Calysta

Étymologie : du grec *kallistos* : « le plus beau ». Cette forme correspond à la version féminisée de Calixte, prénom longtemps mixte, à présent surtout donné aux garçons.
Fête : 14 octobre - Couleur : rouge - Chiffre : 5
Caractère : « le plus beau » selon l'étymologie devient désormais « la plus belle », sous les auspices de l'indépendance et de la vivacité d'esprit.
Personnage célèbre : l'actrice Calista Flockhart, interprète d'Ally Mc Beal.
Fréquence : rare - Évolution : =

C

Calixte

Callixte

Étymologie : du grec *kallistos* : « le plus beau ». Ce prénom est la forme mixte qui a engendré de nombreuses variantes féminines.

Fête : 14 octobre - Couleur : rouge - Chiffre : 5
Caractère : Calixte est sociable, éloquente et d'une loyauté à toute épreuve.
Fréquence : rare - Évolution : ⇗
Âge moyen : 56 ans

B

Calliope

Caliope, Kaliope, Kalliope

Étymologie : du grec *kalliope* : « qui a une belle voix ». Ce nom est celui de la Muse grecque de l'éloquence et de la poésie épique, représentée sous les traits d'une jeune femme tenant un stylet et des rouleaux de papyrus. On la dit fille de Zeus et Mnémosyne (la déesse de la mémoire), puis mère d'Orphée.
Fête : 7 avril - Couleur : bleu - Chiffre : 3
Caractère : Calliope est éloquente, comme son prénom l'indique. C'est une femme d'influence. Elle est sociable, a un grand sens de l'humour.
Fréquence : rare - Évolution : ⇘

B

Calypso

Calipso, Callypso

Étymologie : du grec *kaluptô* : « couvrir, cacher ». Ce prénom est celui de la nymphe qui recueillit Ulysse, naufragé sur son île. Elle l'y retint pendant 10 ans en lui proposant l'immortalité pour le garder indéfiniment. Elle finit par le laisser partir sur les ordres de Zeus
Fête : 10 novembre (Sainte-Nymphe) - Couleur : bleu - Chiffre : 1
Caractère : charmante autant que charmeuse, Calypso est dynamique, curieuse et obstinée, voire un brin capricieuse.
Personnages célèbres : une célèbre danse jamaïcaine ; le nom du navire océanographique du Commandant Cousteau.
Fréquence : rare - Évolution : =

P

Camélia

Camélie, Camellia, Kamélia

Étymologie : ce prénom désigne la fleur d'Asie tropicale baptisée ainsi en l'honneur du botaniste jésuite Joseph Kamel, explorateur du XVIIe siècle. Cette fleur étant très chère, elle était portée tel un bijou par les courtisanes du XIXe siècle. L'œuvre d'Alexandre Dumas en atteste.
Fête : 5 octobre (Sainte-Fleur) - Couleur : noir
Chiffre : 8
Caractère : Camélia aime l'harmonie et l'unité. Elle tente toujours d'éviter les conflits.
Personnage célèbre : la chanteuse Camélia Jordana.
Fréquence : rare - Évolution : ⇗
Âge moyen : 17 ans

B

Caméo

Caméa, Kaméa

Étymologie : du latin: « enchevêtrement de pierres précieuses ».
Couleur : rouge - Chiffre : 4
Caractère : Caméo aime l'innovation. Elle peut se le permettre : volonté, énergie, ambition, c'est une femme forte.
Fréquence : très rare - Évolution : =

P

Cameron

Camerone

Étymologie : du gaélique *camshron* : « nez crochu ». Ce nom était celui d'un clan écossais très connu. Très prisé aujourd'hui au sein des pays anglo-saxons, ce prénom n'est apparu en Écosse que dans les années 50, avant de se répandre en Australie. D'abord réservé aux garçons, il est aujourd'hui tout autant attribué aux filles.
Couleur : vert - Chiffre : 6

Caractère : Cameron est énergique, dynamique, dotée d'un bel esprit de camaraderie et très attentive aux autres.
Personnage célèbre : Cameron Diaz, célèbre actrice américaine.
Fréquence : rare - **Évolution :** ⇗
Âge moyen : 7 ans

V

Camilia

Camila, Kamilla

Étymologie : du latin *camilla*. Ce prénom commence à apparaître en France et mêle joliment Camilla (forme anglo-saxonne et italienne de Camille) à Camélia.
Fête : 14 juillet - **Couleur :** orange - **Chiffre :** 1
Caractère : Camilia est généreuse, enthousiaste et pourvue de fortes qualités d'adaptation.
Fréquence : rare - **Évolution :** ⇗
Âge moyen : 12 ans

C

Camille

Camélie, Camélina, Caméline, Camella, Camellia, Camila, Camilia, Camillia, Cammie, Kamille, Kamilka

Étymologie : du latin *camillus* : « jeune homme », qui, dans les sacrifices aux dieux de Rome, assistait le grand prêtre durant la cérémonie.
Fête : 14 juillet - **Couleur :** jaune - **Chiffre :** 1
Caractère : Camille est indépendante, réfléchie et a le sens des responsabilités et du travail. Sociable, généreuse et courageuse, elle peut aussi se montrer fougueuse !
Personnages célèbres : Camille Claudel, sculptrice et sœur de l'écrivain ; Camille, personnage féminin d'Horace de Corneille ; Camille, la chanteuse.
Fréquence : répandu - **Évolution :** =
Âge moyen : 26 ans

P

Candace

Étymologie : ce prénom, porté par une reine d'Éthiopie, dans l'Ancien Testament, était un titre de noblesse au début de notre ère. En raison de son apparition dans la Bible, du rang prestigieux auquel il fait référence, Candace est avant tout porté par l'upper class américaine.
Couleur : blanc - **Chiffre :** 3
Caractère : Candace est sociable, créative. Elle a parfois besoin d'être en retrait, sans doute pour laisser le temps à la créativité de croître. Elle est élégante et charismatique.
Personnage célèbre : Candace Bushnell, écrivain star aux États-Unis, à qui l'on doit *Sex and the City*, le roman qui inspira la série.
Fréquence : rare - **Évolution :** ⇘

P

Candice

Candyce, Candys, Kandys

Étymologie : du latin *candidus*, *candida* : « blanc ». Cette racine de l'adjectif qualificatif candide, prénom quasi inexistant aujourd'hui, semble s'être fondu avec le biblique et plus usité Candace et avoir donné ce prénom plus représenté en France que la version de la Bible.
Couleur : blanc - **Chiffre :** 5
Caractère : Candice est une vraie comédienne, virevoltante, pétillante et d'une énergie redoutable.
Personnage célèbre : Candice Bergen, actrice américaine.
Fréquence : rare - **Évolution :** ⇗
Âge moyen : 14 ans

V

Candie

Candia

Étymologie : du latin *candidus*, *candida* : « blanc ». Ce diminutif de Candace

et de Candice est devenu un prénom à part entière. Il correspond à la forme francisée de Candy.
Couleur : blanc - Chiffre : 5
Caractère : Candie est douce, tendre, malicieuse et a l'esprit aventurier.
Fréquence : rare - Évolution : ↘
Âge moyen : 31 ans

P

Candy

Étymologie : du latin *candidus*, *candida* : « blanc ». Ce diminutif de Candace et de Candice est devenu un prénom à part entière. Il correspond également au substantif anglo-saxon désignant un bonbon, une sucrerie. Il possède donc le double attrait du surnom avec signification et s'apparente à l'univers enfantin.
Couleur : blanc - Chiffre : 5
Caractère : Candy est sympathique, intuitive et aime le relationnel.
Personnage célèbre : Candy, l'héroïne de la série-dessin animé, star des années 80.
Fréquence : rare - Évolution : ↘
Âge moyen : 27 ans

B

Cannelle

Canelle

Étymologie : ce prénom désigne la substance aromatique extraite de l'écorce du cannelier. Les cannelles les plus réputées étant celles de Ceylan et de Guyane, ce prénom est empreint d'un petit air exotique.
Fête : 5 octobre - Couleur : rouge - Chiffre : 3
Caractère : Cannelle est vive, indépendante, aussi séductrice que séduisante.
Personnage célèbre : l'héroïne éponyme de la chanson d'Antoine sortie en 1967 : *Je l'appelle Cannelle.*
Fréquence : rare - Évolution : ↘
Âge moyen : 13 ans

B

Capucine

Capucina, Capucyne

Étymologie : du latin *caput* : « la tête », qui s'est transformé en italien en *capucino* : « capuchon ». Le capuchon du manteau de certains moines, en particulier les franciscains, donna son nom à cette plante importée du Pérou et cultivée au XVIIIe siècle. En effet, ces fleurs rouges et orangees, rappelaient, par leur forme, les capuches monastiques.
Fête : 5 octobre - Couleur : vert - Chiffre : 6
Caractère : Capucine est passionnée, émotive et sait faire preuve de pugnacité.
Personnage célèbre : Capucine Puerari, styliste.
Fréquence : rare - Évolution : ↗
Âge moyen : 12 ans

P

Carine

Cara, Carinne, Carina

Étymologie : du latin *carinus*, de *carus* : « gentil, aimé ». Ce prénom fut porté par une jeune chrétienne d'Asie Mineure, au IVe siècle, qui fut martyrisée avec son mari et son fils, lors des persécutions de Julien l'Apostat. Cette forme a marqué la fin des années 70, aussi répandue que sa variante en « k ».
Fête : 7 novembre - Couleur : rouge - Chiffre : 5
Caractère : Carine est courageuse et solide, parfois sévère, mais volontaire.
Personnage célèbre : Carine Roitfeld, ancienne rédactrice en chef du *Vogue Paris*, aujourd'hui à la tête du *CR Fashion Book* et « Global Fashion Director » du Harpers' Bazaar.
Fréquence : répandu - Évolution : ↘
Âge moyen : 39 ans

V

Carla

Carleen, Karla, Siarla

Étymologie : du germanique : « fort, viril ». Ce prénom correspond à la forme féminine italienne du Charles français, soit un dérivé latin de Charlotte. Inconnu en France avant les années 70, c'est surtout en Provence, en Corse et dans le Languedoc que ce prénom prend véritablement racine, en 1980, sans doute sous l'influence des pays d'origine de Carla, avec lesquels ces régions sont frontalières, mais aussi en résonnance à Clara, qui a connu un succès assez équivalent pendant la même période.
Fête : 17 juillet - Couleur : bleu - Chiffre : 8
Caractère : Carla est ambitieuse, travailleuse, sensuelle, mais capable de discrétion.
Personnage célèbre : Carla Bruni, chanteuse.
Fréquence : répandu - Évolution : ↘
Âge moyen : 14 ans

V

Carlotta

Carlota

Étymologie : du germanique : « fort, viril ». Carlotta est une forme italienne de Charlotte et croît doucement en France, sans doute entraîné par le succès de Charlotte et de Carla.
Fête : 17 juillet - Couleur : bleu - Chiffre : 8
Caractère : Carlotta est humaine, rêveuse, organisée et résolue.
Fréquence : rare - Évolution : ↘
Âge moyen : 12 ans

V

Carméla

Étymologie : de l'hébreu *carmel* : « voyager ». Ce prénom désigne le mont Carmel en Israël, à l'endroit où le prophète Elie se sacrifia. Au XIIe siècle, un Italien revenu des croisades s'installa avec d'autres ermites sur ce mont et fonda un nouvel ordre religieux qui se répandit dans toute l'Europe : les Carmes ; qui donna naissance au XVe siècle, à un ordre féminin : les Carmélites, encore connues aujourd'hui.
Fête : 16 juillet (consacrée à la Vierge Marie, sous son appellation Notre-Dame du Mont-Carmel)
Couleur : bleu - Chiffre : 7
Caractère : Carméla est pleine de vitalité. Elle est ardente, déterminée et sait élaborer des stratégies.
Fréquence : rare - Évolution : ↘
Âge moyen : 43 ans

V

Carmen

Carma, Carmencita, Carmina, Carmine

Étymologie : du latin : « chanson, hymne ».
Fête : 16 juillet - Couleur : jaune - Chiffre : 9
Caractère : Carmen est une idéaliste, altruiste et intègre.
Personnage célèbre : Carmen, l'héroïne de Prosper Mérimée et de l'opéra de Bizet.
Fréquence : rare - Évolution : ↗
Âge moyen : 70 ans

P

Carolane

Carolann, Carolanne, Karolane

Étymologie : prénom formé sur la contraction de Carole et d'Anne. Ce prénom a été inventé au Québec où il s'est très vite répandu. Il est évidemment inspiré de Caroline.
Fête : 17 juillet (Sainte-Carole) ou 26 juillet (Sainte-Anne) - Couleur : rouge - Chiffre : 9
Caractère : Carolane est équilibrée, déterminée, raisonnée et a le sens des responsabilités.
Fréquence : rare - Évolution : ↘
Âge moyen : 15 ans

C

Carole

Carol, Carola

Étymologie : du germanique : « fort, viril ». Ce doublet étymologique de Charlotte peut être considéré comme une autre forme féminine de Charles.

Fête : 17 juillet - Couleur : rouge - Chiffre : 9

Caractère : Carole possède la prudence, le charme, l'émotivité et la générosité.

Personnages célèbres : les actrices Carole Bouquet et Carole Lombard.

Fréquence : répandu - Évolution : ↘

Âge moyen : 40 ans

P

Carole-Anne

Carol-Ann

Étymologie : prénom composé de Carole et d'Anne. Cette forme se calque sur la contraction Carolane, tout en gardant son identité de prénom composé.

Fête : 17 juillet (Sainte-Carole) ou 26 juillet (Sainte-Anne) - Couleur : vert - Chiffre : 6

Caractère : Carole-Anne est patiente, possède un sens de l'ordre certain, mais peut aussi être fougueuse.

Fréquence : rare - Évolution : ↘

Âge moyen : 20 ans

C

Caroline

Carolie, Carolina, Carolyn, Karolina

Étymologie : du germanique : « fort, viril ». Ce prénom est, à l'origine, un diminutif affectueux de Carole, le doublet étymologique de Charlotte. Il est attesté dès le XVIIe siècle, date à laquelle, en hommage à Charles Ier et Charles II, une région d'Amérique est baptisée Caroline. Son usage se répand dans toute l'Europe au début du XVIIIe siècle et au XXe siècle et devient un prénom à la mode.

Fête : 18 novembre - Couleur : bleu - Chiffre : 6

Caractère : Caroline est éloquente, sensible, fiable et fidèle.

Personnages célèbres : Caroline Bonaparte, sœur de Napoléon ; Caroline de Monaco ; Caroline Bouvier-Kennedy, fille de JFK et Jackie Kennedy ; et des zones géographiques : les îles Carolines, la Caroline du Nord et la Caroline du Sud.

Fréquence : répandu - Évolution : ↘

Âge moyen : 36 ans

V

Carrie

Carry

Étymologie : du germanique : « fort, viril ». Carrie correspond à un diminutif (celui de Carolyn, ou celui plus rare de Carrietta) dans les pays anglo-saxon.

Fête : 18 novembre - Couleur : vert - Chiffre : 6

Caractère : Carrie est diplomate, sociable et loyale.

Personnages célèbres : Carrie, héroïne éponyme du roman de Stephen King et de son adaptation au cinéma par Brian de Palma ; Carrie Bradshaw, héroïne de la série *Sex and the City*.

Fréquence : rare - Évolution : ↘

P

Cassandra

Casandre, Cass, Cassendra, Cassy, Kassandra, Kassy

Étymologie : du grec *kassandra* : « celle (ou celui) qui aide les hommes ».

Couleur : noir - Chiffre : 6

Caractère : si, de nos jours, « jouer les Cassandre » est parfois devenu synonyme d'être de mauvais augure et de ne prévoir que des catastrophes, il n'en est rien dans la réalité. Les Cassandre et Cassandra sont de nature

résolument optimistes. Passionnées, fortes, elles sont, de fait, ambitieuses et aime communiquer, échanger...
Personnages célèbres : Cassandra Austen, mère de la romancière anglaise Jane Austen ; Cassandra Wilson, chanteuse de jazz américaine.
Fréquence : répandu - Évolution : ↘
Âge moyen : 13 ans

B

Cassandre

Kassandre

Étymologie : du grec *kassandra* : « celle (ou celui) qui aide les hommes ». Apollon, séduit par la grâce de la jeune femme, lui octroya, contre la promesse de se donner à lui, le don de voir dans l'avenir. Mais Cassandre, une fois cette voyance en sa possession, se refusa à Apollon. Celui-ci, dépité, la frappa d'un sort : elle continuerait à pouvoir prédire le futur, mais nul ne daignerait la croire. Ainsi, personne ne la crut lorsqu'elle annonça la prise de Troie. Cassandre est la version française de la forme internationale Cassandra, très répandue outre-Atlantique.
Couleur : bleu - Chiffre : 3
Caractère : Cassandre est optimiste, pragmatique, résolue et aime la communication.
Personnage célèbre : Cassandre Salviati, muse du poète Ronsard.
Fréquence : rare - Évolution : ↘
Âge moyen : 13 ans

V

Casey

Étymologie : du celte *cathasach* : « le vigilant ». Ce prénom doit son succès à John Luther Jones, surnommé « Casey », qui, après un terrible accident de chemin de fer en 1900, sauva une dizaine de vies avant de succomber à ses blessures. Il devint un héros dans l'inconscient collectif et son surnom fut récupéré comme prénom pour les filles (sans doute parce qu'il ressemble à Cassy, le diminutif de Cassandra).
Couleur : vert - Chiffre : 6
Fréquence : très rare - Évolution : ↗
Âge moyen : 5 ans

P

Cassidy

Kassidy

Étymologie : du patronyme irlandais O'Caside, formé sur la racine *cass* : « brillant, intelligent ». Ce patronyme est devenu un prénom masculin plus ou moins répandu au XIXe siècle parmi les familles irlandaises émigrées aux États-Unis. Il s'est ensuite féminisé.
Couleur : jaune - Chiffre : 8
Caractère : Cassidy est pleine de vitalité et d'ardeur. Elle aime aller au bout des choses et est prête à toutes les stratégies pour ça.
Fréquence : rare - Évolution : ↗
Âge moyen : 5 ans

P

Cassie

Casia, Kasia

Étymologie : du grec *kassandra*, « celle (ou celui) qui aide les hommes ». Ce prénom peut être considéré comme un diminutif attesté de Cassandra. Il se rapporte également à Cassidy, un patronyme irlandais, O'Caside, formé sur la racine cass : « brillant, intelligent », devenu un prénom masculin répandu parmi les familles irlandaises émigrées aux États-Unis. Il s'est ensuite féminisé de façon notoire. Cassie renvoie néanmoins plus souvent à Cassandra. Et à force d'être usitée, elle est devenue une forme pronominale à part entière.
Couleur : noir - Chiffre : 8
Caractère : intuitive, fidèle, encline à la méditation, Cassie aime repousser ses limites, sans que personne ne l'y pousse. Elle se défie et se réalise.

Personnage célèbre : Cassie, chanteuse américaine.

Fréquence : rare - Évolution : ↗

B

Cassiopée

Étymologie : dans la mythologie grecque, Cassiopée est la mère d'Andromède. Elle est reine d'Éthiopie. Prétendant que la beauté de sa fille surpassait celle des Néréides (nymphes marines d'une splendeur incontestable), elle attira leur colère et celle de Poséidon. Andromède fut jetée en pâture à Cétus, un dragon de mer qui ravageait les côtes d'Éthiopie. Elle fut sauvée par Persée, mais pour se souvenir qu'il n'est jamais bon de se vanter, les dieux décidèrent de nommer des constellations du nom des concernés, dont Cassiopée.

Couleur : vert - Chiffre : 6

Caractère : à l'image de la constellation qu'elle désigne, Cassiopée se remarque, ne laisse pas indifférent. Elle peut être timide, réservée, mais brille néanmoins d'un éclat qui la dépasse. Extrêmement réceptive et sensible, Cassiopée peut sembler parfois vulnérable.

Fréquence : rare - Évolution : ↗

Âge moyen : 9 ans

V

Catalina

Cataline

Étymologie : du grec *katharos* : « pur », en provenance du grec *Ékaté*, l'un des surnoms de la déesse Diane. Cette forme correspond à une variante de Catherine portée en Occitanie et au Pays basque.

Fête : 29 avril ou 25 novembre - Couleur : violet

Chiffre : 2

Caractère : Catalina est intelligente, organisée et résolue, à l'image d'une des saintes patronnes qui lui ont donné son nom, telle Catherine de Sienne, proclamée docteur de l'Église et patronne de l'Italie au siècle suivant sa canonisation. Auteur d'écrits remarquables, elle joua un rôle important dans le retour des papes d'Avignon à Rome.

Fréquence : rare - Évolution : ↗

Âge moyen : 33 ans

V

Catharina

Caterina, Catherina, Catrina, Katrina

Étymologie : du grec *katharos* : « pur ».

Fête : 29 avril ou 25 novembre - Couleur : rouge

Chiffre : 2

Caractère : Catharina est pragmatique, optimiste et attentive.

Fréquence : rare - Évolution : ↘

Âge moyen : 22 ans

V

Cathel

Cathelle

Étymologie : du grec *katharos* : « pur », en provenance du grec *Ékaté*, l'un des surnoms de la déesse Diane. Cathel est la forme alsacienne et non bretonne de Catherine.

Fête : 29 avril ou 25 novembre - Couleur : rouge

Chiffre : 2

Caractère : résolue comme sa variante basque, Cathel est aussi pleine d'énergie et un brin plus casse-cou. Elle est intelligente et fine.

Fréquence : rare - Évolution : =

Âge moyen : 28 ans

C

Catheline

Cateline, Cathelyne

Étymologie : du grec *katharos* : « pur ». Ce prénom correspond à une forme dérivée de Catherine.

Fête : 29 avril ou 25 novembre - Couleur : rouge

Chiffre : 2

Caractère : Catheline est énergique, fine, audacieuse et résolue.

Fréquence : rare - Évolution : ↘

Âge moyen : 21 ans

C

Catherine

Cationa, Kalleke, Katharine, Kathleen, Katinka, Katiouchka, Katje, Trina, Trine, Trinke

Étymologie : du grec *katharos* : « pur ». Nombre de saintes et de bienheureuses ont porté ce prénom, comme Catherine de Sienne (1347-1380), proclamée docteur de l'Église et patronne de l'Italie au siècle suivant sa canonisation. Le 25 novembre, on fête les catherinettes, les jeunes femmes non mariées à l'âge de 25 ans, tradition qui remonte au XVIe siècle. Cette fête trouverait son origine dans l'étymologie du prénom.

Fête : 29 avril ou 25 novembre - Couleur : rouge

Chiffre : 2

Caractère : avec son prénom riche et puissant, elle éveille de profonds échos dans la sensibilité. Intuition, sens conjoint du mystère et du naturel, elle sait mêler la féerie à la conviction. Pourtant, elle se rebelle contre l'excès d'intellectualité qui parfois la submerge. Ce psychisme complexe souffre çà et là de sa propre richesse et ses rééquilibrages intérieurs ne vont pas sans à-coups quelquefois violents et déconcertants. Mais son intelligence très analytique et son dynamisme la sauvent toujours.

Personnages célèbres : les actrices Catherine Frot, Catherine Zeta-Jones, Catherine Deneuve ; Catherine Ringer, chanteuse des Rita Mitsouko ; Catherine Millet, écrivain.

Fréquence : répandu - Évolution : ↘

Âge moyen : 53 ans

V

Cathia

Catia, Cathya

Étymologie : du grec *katharos* : « pur ». Ce prénom correspond à un diminutif traditionnel de Catherine épousant la sonorité de la forme russe.

Fête : 29 avril ou 25 novembre - Couleur : rouge

Chiffre : 2

Caractère : Cathia est organisée, équilibrée et a une certaine influence sur les gens.

Fréquence : rare - Évolution : ↘

Âge moyen : 36 ans

V

Cathleen

Étymologie : du grec *katharos* : « pur ». Ce prénom est un dérivé anglo-saxon de Catherine.

Fête : 29 avril ou 25 novembre - Couleur : violet

Chiffre : 2

Caractère : Cathleen est courageuse et curieuse.

Fréquence : rare - Évolution : ↘

Âge moyen : 19 ans

P

Cathy

Cathie, Cati, Catie, Catty

Étymologie : du grec *katharos* : « pur ». Diminutif le plus célèbre de Catherine, au point qu'il est devenu un prénom à part entière. Malgré sa terminaison anglo-saxonne, il a été très attribué durant les années 70 en France et reste répandu.

Fête : 29 avril ou 25 novembre - Couleur : rouge

Chiffre : 2

Caractère : pragmatique et organisée, Cathy est également enthousiaste et fantaisiste, mais on aurait tort de la réduire à cela.

Personnage célèbre : Cathy Guetta.

Fréquence : répandu - Évolution : ↘

Âge moyen : 37 ans

V

Catoun

Étymologie : du grec *katharos* : « pur ». Catoun correspond à la forme provençale de Catherine.
Fête : 29 avril ou 25 novembre - Couleur : rouge
Chiffre : 2
Caractère : Catoun est audacieuse, directive et attentive.
Fréquence : rare - Évolution : ↘

C

Cécile

Cäcilie, Cecil, Cecilius, Cecily, Ceese, Cicely, Sile, Sileas, Sisile, Sisley, Sissie, Tsilia, Zielge

Étymologie : du latin *Caecili*, nom d'une célèbre famille de l'aristocratie romaine. Cette famille aurait hérité du nom donné à un ancêtre, Caecus : « l'aveugle ». Cécile doit son statut de patronne des musiciens au fait qu'elle ne cessait de chanter les louanges du Seigneur. Cette jeune patricienne du IIe siècle fut contrainte par ses parents à épouser un païen, alors qu'elle avait fait vœu de chasteté après son baptême. Elle le convertit, mais il fut dénoncé, arrêté et exécuté. Cécile subit le même martyre, un peu plus tard.
Fête : 22 novembre - Couleur : bleu - Chiffre : 1
Caractère : Cécile est une réaliste complète, puisqu'elle sait reconnaître la secrète rêverie comme composante à part entière de la réalité sensible. Cécile est affectueuse, empathique, fantaisiste et généreuse.
Personnages célèbres : Cécile de Volanges, l'un des personnages du roman *Les Liaisons dangereuses* de Choderlos de Laclos ; Cécile Cassel, comédienne et chanteuse.
Fréquence : répandu - Évolution : ↘
Âge moyen : 51 ans

C

Cécilia

Cecillia

Étymologie : du latin *Caecili*, nom d'une célèbre famille de l'aristocratie romaine. Cette famille aurait hérité du nom donné à un ancêtre, Caecus : « l'aveugle ». Dans l'Antiquité, être aveugle signifiait avoir un pouvoir de vision différent : pouvoir lire dans l'avenir. Cécilia correspond à une forme anglo-saxonne, espagnole et italienne de Cécile. Elle est assez prisée en France également, en raison de sa sonorité.
Fête : 22 novembre - Couleur : bleu - Chiffre : 1
Caractère : Cécilia a le sens de la famille. De nature joyeuse, elle est parfois un brin impétueuse.
Personnage célèbre : Cécilia Attias, personnalité publique.
Fréquence : répandu - Évolution : ↘
Âge moyen : 29 ans

B

Céleste

Célesta

Étymologie : du latin *caelestis* : « d'origine céleste, venant du ciel ». Prénom mixte à l'origine, car porté par un saint et non une sainte, Céleste est aujourd'hui bien plus attribué aux filles.
Fête : 14 octobre - Couleur : jaune - Chiffre : 6
Caractère : Céleste est douce, a le sens des responsabilités, de l'harmonie et de la discrétion.
Personnages célèbres : Céleste de la Vigne, épouse de Chateaubriand ; Céleste, personnage du livre et du dessin animé pour enfants *Babar*.
Fréquence : rare - Évolution : ↗
Âge moyen : 38 ans

C

Célestine

Celtina

Étymologie : du latin *caelestis* : « d'origine céleste, venant du ciel ». Ce prénom correspond à la forme féminine de Célestin.

Fête : 19 mai - Couleur : jaune - Chiffre : 6

Caractère : Célestine est douce, calme, passionnée, exigeante.

Personnages célèbres : *La Célestine*, roman écrit par Fernando de Rojas, paru en 1499 ; personnage du livre pour enfants *Ernest et Célestine*, adapté en film d'animation et primé aux Césars.

Fréquence : rare - Évolution : ↗

V

Célia

Celya, Cilia, Selya

Étymologie : du latin *Caecili*, nom d'une célèbre famille de l'aristocratie romaine. Cette famille aurait hérité du nom donné à un ancêtre, Caecus : « l'aveugle ». Ce prénom est sans doute un dérivé de Cécile, né dans les pays anglo-saxons, mais rencontrant un certain succès en France.

Fête : 22 novembre - Couleur : bleu - Chiffre : 5

Caractère : Célia est généreuse, compatissante et elle sait faire preuve d'un fort esprit de décision. Elle est très enthousiaste.

Personnage célèbre : Célia Bertin, romancière.

Fréquence : répandu - Évolution : ↘

Âge moyen : 15 ans

C

Céliane

Céliana

Étymologie : ce prénom correspond à la contraction de Célia et d'Anne.

Couleur : bleu - Chiffre : 5

Caractère : Céliane est engagée et très tenace.

Fréquence : rare - Évolution : ↗

Âge moyen : 30 ans

TOP 20

Prénoms de contes de fées

Qu'il s'agisse des écrits de Grimm, de Perrault ou d'Andersen, les contes de fées ont leur lot d'héroïnes qui ont inspiré les rêveries animées de Disney, Dreamworks... Voici, mêlés, les prénoms de princesses et autres fées dont les destins, lus, écoutés ou visionnés constituent des jolies sources d'inspiration.

Alice
Anastasia
Aurore
Belle
Blanche *(Neige)*
Cinderella
(Cendrillon américaine)
Elsa
Fiona
Flora
Gretel
Jasmine
Loreleï
Pimprenelle
Rapunzel *(Raiponce)*
Rose *(sœur de Blanche-Neige)*
Sapience
Stella
Tiana
Ursula
Wendy

(C)

Célina

Célinia, Celinda, Celynda

Étymologie : du grec *séléné* : « la lune ».
Fête : 21 octobre - Couleur : bleu - Chiffre : 3
Caractère : Célina est habile, forte, ambitieuse et déterminée.
Fréquence : rare - Évolution : ↘
Âge moyen : 72 ans

(C)

Céline

Célimène, Célanie, Célénie, Célyne, Ceylin, Celinda, Cylinia

Étymologie : du grec *séléné* : « la lune ».
Fête : 21 octobre - Couleur : bleu - Chiffre : 3
Caractère : Céline est dite volontaire et tributaire de ses émotions parfois difficile à maîtriser. Mais elle sait se maîtriser et prendre du recul pour méditer.
Personnage célèbre : Céline Dion, chanteuse.
Fréquence : répandu - Évolution : ↘

(B)

Cerise

Étymologie : du latin *cerasium* : « la cerise, le fruit du cerisier ». Parce que ce petit fruit rond, rouge, gourmand et brillant évoque une certaine sensualité, Cerise est un prénom féminin en vogue mais encore rare.
Fête : 5 octobre (Sainte-Fleur)
Couleur : bleu - Chiffre : 5
Caractère : Cerise est imaginative, extrêmement dynamique, toujours en activité(s) qu'elle ne cesse, par ailleurs, de diversifier.
Fréquence : rare - Évolution : ↗
Âge moyen : 9 ans

(B)

Césarine

Césarie, Kecha, Kesari

Étymologie : de *Julius Caesar*, Jules César, le fondateur de l'Empire romain, mort en 44 avant J-C.
Fête : 26 août - Couleur : bleu - Chiffre : 2
Caractère : Césarine sait faire confiance à son intuition très développée. Elle est fidèle, déterminée et douée pour le relationnel.
Fréquence : rare - Évolution : =

(V)

Chaïma

Chayma, Cheïma

Étymologie : de l'arabe *chaïma* : « le grain de beauté ». Ce prénom fut porté par la sœur de lait du Prophète Mahomet.
Couleur : noir - Chiffre : 8
Caractère : Chaïma est discrète, serviable, généreuse et apaisante.
Fréquence : rare - Évolution : ↗
Âge moyen : 9 ans

(P)

Chanel

Chanael, Chanaelle, Chanele, Chanell, Chanelle, Shanel

Étymologie : du nom de Gabrielle « Coco » Chanel, la fondatrice de la maison de couture star. Ce nom est utilisé comme prénom d'abord aux États-Unis, puis en France depuis les années 2000.
Couleur : gris - Chiffre : 7
Caractère : Chanel est ambitieuse, passionnée et aventureuse.
Fréquence : rare - Évolution : ↗
Âge moyen : 10 ans

C

Chantal

Chantale

Étymologie : de l'occitan *cantal* : « pierre, roche ». Sainte Chantal (1572-1641) s'appelait en réalité Jeanne Frémyot, épouse du baron de Chantal. Elle fonda l'ordre de la Visitation avec Saint François de Sales et fut la grand-mère de Madame de Sévigné. L'Église la canonisa sous le nom de Jeanne de Chantal.

Fête : 12 décembre - Couleur : jaune - Chiffre : 5

Caractère : Chantal semble être l'archétype de la beauté passionnée. La fougue et l'enthousiasme sont les qualités les plus évidentes de cette idéaliste.

Personnages célèbres : Chantal Thomass, créatrice ; Chantal Ladesou, humoriste ; Chantal Goya, chanteuse ; Chantal Lauby, comédienne.

Fréquence : répandu - Évolution : ↘

Âge moyen : 57 ans

V

Charleen

Étymologie : du germanique *karl* : « viril ». Ce prénom est une forme féminine anglo-saxonne de Charles.

Fête : 17 juillet - Couleur : bleu - Chiffre : 3

Caractère : Charleen est pragmatique, enthousiaste et résolue.

Fréquence : rare - Évolution : ↗

Âge moyen : 10 ans

P

Charlène

Charlaine, Charleyne, Karlena, Karlène, Karline, Karlyn, Karlyne

Étymologie : du germanique *karl* : « viril ». Charlène est l'adaptation française de Charleen, forme féminine anglo-saxonne de Charles. C'est en Bourgogne et dans les Pays de Loire que Charlène s'est installé, en France. Le mariage du prince Albert de Monaco avec Charlène Wittstock lui a donné une certaine visibilité.

Fête : 17 juillet - Couleur : bleu - Chiffre : 3

Caractère : Charlène est créative et hypersensible. Elle peut se révéler être une compétitrice féroce tout en restant sur la réserve et en gardant ses pensées secrètes.

Personnage célèbre : la princesse Charlène de Monaco.

Fréquence : rare - Évolution : =

Âge moyen : 20 ans

V

Charlie

Charly

Étymologie : du germanique *karl* : « viril ». Charlie correspond au diminutif anglo-saxon de Charles qui est également attribué aux filles.

Fête : 4 novembre - Couleur : rouge - Chiffre : 3

Caractère : Charlie est sûre d'elle, son attitude et sa grâce en font un être adulé.

Fréquence : rare - Évolution : ↗

Âge moyen : 10 ans

P

Charline

Charlyne

Étymologie : du germanique *karl* : « viril ». Charline est l'adaptation française d'une forme féminine, créée dans les pays anglo-saxons, du prénom Charles.

Fête : 17 juillet - Couleur : bleu - Chiffre : 3

Caractère : Charline aime le savoir, l'indépendance et possède un goût certain pour la musique et la communication.

Fréquence : répandu - Évolution : ↘

Âge moyen : 19 ans

C

Charlotte

Carlyle, Charletta, Charlotta, Charlette, Charley, Karlouchka, Karlota, Karlotta, Lilita, Linchen, Lote, Lotta, Lotte, Lottie

Étymologie : du germanique *karl* : « viril ». Il existe un amusant paradoxe entre l'auréole mondaine de Charlotte et le caractère enfantin dont elle est également pourvue. En effet, Charlotte aux Fraises, poupée dont les cheveux portaient l'odeur du fruit en question, est devenue célèbre au point d'être l'héroïne d'un dessin animé dès les années 80. Ce prénom évoque donc, dans le même temps, un univers de distinction et celui, régressif, d'un dessert sucré et du personnage de petite fille qui s'y apparente.

Fête : 17 juillet - Couleur : rouge - Chiffre : 3

Caractère : sentimentalité, tendresse, versatilité, sont chez Charlotte les signes d'une vive émotivité. Elle se révèle volontiers extravertie et le besoin de séduire son entourage fait d'elle un être d'une grande sociabilité.

Personnages célèbres : Charlotte Corday, la jeune révolutionnaire qui assassina Marat, figure de la Révolution Française, en 1793 ; l'écrivaine Charlotte Brontë ; Charlotte Gainsbourg, actrice ; la princesse Charlotte Casiraghi.

Fréquence : répandu - Évolution : =

Âge moyen : 41 ans

P

Charmaine

Charmène

Étymologie : du grec *kharmonè* : « la joie ». Ce prénom fut très rare jusque dans les années 50, date à laquelle il commença à se répandre aux États-Unis. Il est particulièrement prisé par les afro-américains et par la communauté américano-asiatique.

Couleur : violet - Chiffre : 4

Caractère : Charmaine est douce, volontaire et attentionnée.

Fréquence : très rare - Évolution : ↗

Âge moyen : 5 ans

B

Chayma

Chaymaa, Chaymae

Étymologie : de l'arabe *chaïma* : « le grain de beauté ».

Couleur : noir - Chiffre : 8

Caractère : Chayma a le sens des responsabilités, de la famille, est équilibrée et assez influente.

Fréquence : rare - Évolution : ↗

Âge moyen : 8 ans

V

Cheïma

Cheïmaa, Cheyma

Étymologie : de l'arabe *chaïma* : « le grain de beauté ». Ce prénom fut porté par la sœur de lait du Prophète Mahomet. Cheïma correspond à une transcription plus rare du prénom tout en étant plus fidèle à la prononciation.

Couleur : noir - Chiffre : 8

Caractère : Cheïma est enthousiaste, a de grandes capacités d'adaptation, aime la communication et est assez directive.

Fréquence : rare - Évolution : ↘

Âge moyen : 10 ans

V

Chelsea

Étymologie : de l'anglais : « près du port ». Ce prénom correspond à l'évolution typique du patronyme devenu prénom. Il est d'autant plus attribué aux filles qu'à l'instar de Beverly, qui fait allusion aux prestigieux faubourgs de Los Angeles, Chelsea désigne un quartier très branché de New York.

Couleur : bleu - Chiffre : 3
Caractère : meneuse dans l'âme, Chelsea aime les stratégies et aller au bout des choses. Elle déteste l'inachevé.
Personnage célèbre : Chelsea Clinton, fille de l'ancien président des États-Unis.
Fréquence : rare - Évolution : ↗
Âge moyen : 8 ans

V

Cheryl

Étymologie : du germanique *karl* : « viril ». Ce prénom est un dérivé anglo-saxon assez courant outre-Atlantique de Charlotte. On l'assimile aussi à Cherry, diminutif de Charity dont il pourrait être dérivé.
Couleur : rouge - Chiffre : 3
Caractère : Cheryl est une affective, c'est son intuition et sa générosité qui la guident dans la vie.
Personnage célèbre : Cheryl Ladd, actrice américaine et ancienne « *Drôle de dame* ».
Fréquence : rare - Évolution : ↗
Âge moyen : 26 ans

P

Cherylin

Étymologie : de l'anglais *charity* : « la charité ». Cherilyn est un dérivé de Charity, prénom du XIXe siècle, qui comme Faith, reflétait les vertus théologiales et était attribué par les puritains protestants. Sa terminaison pourrait être due à une contraction avec Ellen.
Couleur : rouge - Chiffre : 3
Caractère : Cherilyn est réputée pour la pureté de son cœur, mais aussi pour son caractère actif et son ressort.
Fréquence : très rare - Évolution : =

V

Chiara

Étymologie : du latin *clarus, clara* : « illustre, brillant ». Ce prénom correspond à la forme italienne du prénom Claire.
Fête : 11 août - Couleur : vert - Chiffre : 2
Caractère : Chiara est créative, assez secrète. Personnalité fascinante et introvertie, elle aime la méthode et sait se montrer d'une grande pugnacité pour arriver à ses fins.
Personnage célèbre : Chiara Mastroianni.
Fréquence : rare - Évolution : ↗
Âge moyen : 8 ans

C

Chloé

Cloé, Chloée

Étymologie : du grec : « jeune pousse ». Chloé était, dans la mythologie grecque, la déesse des fleurs, fille de Démeter, protectrice des moissons. On la confond parfois avec Démeter elle-même. Ce prénom figure dans le top 20 des prénoms les plus attribués depuis 15 ans, s'inscrivant dans la mode des prénoms courts et marqués par les voyelles.
Fête : 9 juillet - Couleur : vert - Chiffre : 4
Caractère : Chloé est vive, active... mais dans son monde à elle. Brillante et créative, c'est une artiste.
Personnages célèbres : Chloé, héroïne du roman de Longus, *Daphnis et Chloé* ; l'héroïne de *L'Écume des jours* de Boris Vian ; la romancière Chloé Delaume ; l'actrice Chloé Sevigny.
Fréquence : répandu - Évolution : ↗
Âge moyen : 13 ans

C

Christelle

Christal, Christale, Christel, Christèle, Chrystal, Chrystel, Chrystelle

Étymologie : du latin *christianus* : « chrétien ». Christelle, que l'on considère comme une forme nouvelle de Christine, est apparue en même temps que Christiane au Ve siècle et est assez répandue dans les pays latins.

Fête : 24 mars - Couleur : vert - Chiffre : 4

Caractère : volontaire, rigoureuse, fiable, Christelle possède une grande conscience professionnelle. Tout en étant... séductrice.

Fréquence : répandu - Évolution : ↘

Âge moyen : 36 ans

C

Christiane

Carsta, Chrétienne, Christiana, Karsten, Kerst, Kerstin, Khristocha, Kristiane

Étymologie : du latin *christianus* : « chrétien ». Ce prénom correspond à la forme féminine de Christian.

Fête : 24 juillet - Couleur : vert - Chiffre : 7

Caractère : Christiane est toute droiture et intelligence ; très exigeante en amitié comme en amour, passionnée de justice et de perfection, elle est très dévouée à la lutte comme au pardon.

Fréquence : répandu - Évolution : ↘

Âge moyen : 69 ans

C

Christine

Christina, Kristina, Stijn, Stina, Stinke

Étymologie : du latin *christianus* : « chrétien ». Ce prénom correspond à la forme féminine de Christian.

Fête : 24 juillet - Couleur : vert - Chiffre : 6

Caractère : Christine est animée d'une certaine distinction. Sociable, elle est généreuse et a le sens des responsabilités.

Personnage célèbre : la journaliste Christine Ockrent.

Fréquence : répandu - Évolution : ↘

Âge moyen : 50 ans

V

Christie

Christy

Étymologie : du latin *christianus* : « chrétien ». Ce prénom correspond à un diminutif de Christina devenu prénom.

Fête : 24 juillet - Couleur : vert - Chiffre : 6

Caractère : Christie est sensible, intuitive et directive.

Fréquence : très rare - Évolution : ↘

Âge moyen : 23 ans

P

Cindy

Cyndi, Sindy

Étymologie : ce prénom est considéré comme le diminutif de Cynthia, du grec *kynthia*. Il correspond également au surnom de la déesse Diane chasseresse, que l'on disait née sur le mont Cynthos, dans l'île de Délos. Cindy est aussi un diminutif de Cinderella, le nom anglo-saxon de Cendrillon.

Fête : 10 novembre - Couleur : rose - Chiffre : 2

Caractère : Cindy est courageuse, chanceuse, volontaire et réfléchie.

Personnages célèbres : le top model Cindy Crawford ; la chanteuse Cyndi Lauper ; l'artiste Cindy Sherman.

Fréquence : répandu - Évolution : ↘

Âge moyen : 24 ans

C

Claire

Clair, Claira, Clairette, Clarence, Clarent, Clare, Clarinda, Clarine, Clarita, Claro, Clarrie, Klaar, Klara, Claatje, Sorcha

Étymologie : du latin *clarus*, *clara* : « illustre, brillant ».
Fête : 11 août - Couleur : vert - Chiffre : 3
Caractère : Claire a une haute conscience de soi. Elle est l'image de celle qui résiste et ne cède pas. Intelligente, elle est jusqu'au-boutiste car passionnée.
Personnages célèbres : Claire, héroïne de *La Nouvelle Héloïse* de Jean-Jacques Rousseau ; Claire Keim, comédienne et chanteuse ; Claire Chazal, présentatrice télé ; Claire Danes, actrice américaine.
Fréquence : répandu - Évolution : ↘
Âge moyen : 46 ans

C

Claire-Marie

Claire-Mary

Étymologie : ce prénom est composé de Claire et de Marie, unissant deux figures bibliques, symboles de pureté.
Fête : 11 ou 15 août - Couleur : vert Chiffre : 3
Caractère : Claire-Marie est engagée, méthodique et tenace.
Personnage célèbre : Claire-Marie Le Guay, pianiste française.
Fréquence : rare - Évolution : ↘
Âge moyen : 28 ans

V

Clara

Klara

Étymologie : du latin *clarus*, *clara* : « illustre, brillant ». Ce prénom correspond à la forme originelle de Claire. Elle est aussi la plus cosmopolite. Très prisé en France (on compte chaque année, deux fois plus de Clara que de Claire).
Fête : 11 août - Couleur : vert - Chiffre : 3
Caractère : très éprise de justice, la douceur l'envahit dès qu'il s'agit des malheureux, des opprimés, des faibles et elle révèle d'ardentes qualités de compassion et de dévouement. C'est une personnalité racée, volontaire et exigeante.
Personnages célèbres : Clara Barton, une des fondatrices de la Croix-Rouge américaine (1821-1912) ; l'artiste plasticienne Clara Halter.
Fréquence : répandu - Évolution : ↗
Âge moyen : 14 ans

C

Clarisse

Clarissa

Étymologie : du latin *clarissimus* : « le plus brillant, le plus illustre ».
Fête : 12 août - Couleur : blanc - Chiffre : 2
Caractère : Clarisse est émotive, joueuse, fantaisiste et fidèle.
Personnage célèbre : Clarisse Harlow, héroïne du roman du même nom écrit par Richardson.
Fréquence : rare - Évolution : ↘
Âge moyen : 29 ans

B

Claude

Claudette

Étymologie : du latin *claudus* : « le boiteux », substantif qui semble avoir engendré Claudius, le nom de l'illustre famille romaine dont furent issus Néron, Claude et Caligula. Claude est un prénom mixte, même s'il a été nettement moins attribué aux filles qu'aux garçons. En contrepartie, diverses formes dérivées et féminisées du prénom ont vu le jour.
Fête : 6 juin - Couleur : orange - Chiffre : 1
Caractère : généreuse, élégante et autoritaire,

Claude a le goût de l'indépendance et de la liberté d'esprit.

Personnages célèbres : Claude Bessy, ancienne danseuse étoile et directrice du ballet de l'Opéra de Paris ; Claude Sarraute, journaliste et écrivain.

Fréquence : répandu - Évolution : ↘

Âge moyen : 67 ans

P

Claudia

Claudiane, Clodia, Gladie, Klaudia, Klavdei, Klavdia

Étymologie : du latin *claudus* : « le boiteux », substantif qui semble avoir engendré Claudius, le nom de l'illustre famille romaine dont furent issus Néron, Claude et Caligula. Ce prénom correspond à la version germanique, italienne et hispanique de Claude.

Fête : 6 juin - Couleur : jaune - Chiffre : 1

Caractère : Claudia est sage, bienveillante et bonne conseillère.

Personnages célèbres : le top model Claudia Schiffer ; l'actrice Claudia Cardinale.

Fréquence : rare - Évolution : =

B

Claudie

Claudy

Étymologie : du latin *claudus* : « le boiteux », substantif qui semble avoir engendré Claudius, le nom de l'illustre famille romaine dont furent issus Néron, Claude et Caligula. Claudie est un diminutif féminisé de Claude.

Fête : 6 juin - Couleur : orange - Chiffre : 1

Caractère : Claudie est ambitieuse, énergique, directive, mais a des moments d'une grande fantaisie.

Personnages célèbres : Claudie André-Deshays (épouse Haigneré), scientifique, spationaute et femme politique française ; l'écrivain Claudie Gallet ; la créatrice Claudie Pierlot.

Fréquence : répandu - Évolution : =

Âge moyen : 55 ans

C

Claudine

Claudelle, Claudina, Clodelle.

Étymologie : du latin *claudus* : « le boiteux », substantif qui semble avoir engendré Claudius, le nom de l'illustre famille romaine dont furent issus Néron, Claude et Caligula.

Fête : 30 septembre - Couleur : jaune - Chiffre : 1

Caractère : Claudine est dynamique, généreuse, aime le partage et le don de soi. Assumant une complète liberté de parole, les problématiques sociales l'attirent incontestablement.

Personnage célèbre : Claudine, l'héroïne éponyme de la série de romans écrite par Colette et Willy au début du XXe siècle.

Fréquence : répandu - Évolution : ↘

Âge moyen : 62 ans

B

Cléa

Chléa, Cléane.

Étymologie : du grec *kleos* : « la bonne renommée ». Cette étymologie reste incertaine, mais ce prénom féminin est, dans tous les cas, attesté depuis l'Antiquité. Surfant sur le succès de Chloé, dont la sonorité est du même type, Cléa connaît actuellement une période de croissance.

Couleur : bleu - Chiffre : 3

Caractère : Cléa a de grandes capacités d'adaptation et l'esprit pratique. Toujours pleine d'enthousiasme, elle est aussi très généreuse.

Fréquence : rare - Évolution : ↗

Âge moyen : 9 ans

B

Clélia

Étymologie : du latin *Cloelia*, du nom d'une grande famille romaine dont l'un des membres, une femme, est une héroïne de l'histoire romaine.

Fête : 13 juillet - Couleur : rouge - Chiffre : 6

Caractère : prénom de rêverie et de mélancolie, Clélia est porté par des femmes bienveillantes, réservées, mais très prisées pour leurs excellents conseils.

Personnage célèbre : Clélia, héroïne de *La Chartreuse de Parme*, roman de Stendhal.

Fréquence : rare - Évolution : ⬀

Âge moyen : 16 ans

C

Clélie

Clély

Étymologie : du latin *Cloelia*, du nom d'une grande famille romaine dont l'un des membres, une femme, est une héroïne de l'histoire romaine.

Fête : 13 juillet - Couleur : rouge - Chiffre : 6

Caractère : Clélie est dynamique, audacieuse et pleine d'assurance.

Personnage célèbre : Clélie, l'héroïne de *Clélie, histoire romaine*, roman de Mlle de Scudéry.

Fréquence : rare - Évolution : ⬀

Âge moyen : 28 ans

C

Clémence

Clémente, Clémentia, Clemmie, Clemmy, Clim, Klémens, Klimka

Étymologie : du latin *clemens* : « douceur, bonté ».

Fête : 21 mars - Couleur : bleu - Chiffre : 6

Caractère : Clémence porte bien son prénom, puisqu'elle possède toutes les qualités qu'il exprime : douceur, calme, prudence, générosité.

Personnage célèbre : Clémence Poésy, actrice.

Fréquence : répandu - Évolution : ⬂

Âge moyen : 33 ans

B

Clémentine

Clémentina

Étymologie : du latin *clemens* : « douceur, bonté ». Ce diminutif de Clémence est attesté dès le XVIIIe siècle, avant donc que le fruit du même nom ne soit créé.

Fête : 21 mars - Couleur : bleu - Chiffre : 8

Caractère : Clémentine est travailleuse, perfectionniste, fidèle et sociable.

Personnage célèbre : Clémentine Célarié, comédienne.

Fréquence : répandu - Évolution : ⬂

Âge moyen : 43 ans

B

Cléo

Chléo

Étymologie : du grec *kleos* : « la gloire » et du latin *pater* : « le père ». Ce prénom est un diminutif de Cléopâtre. Il peut aussi se rapporter à Cléophée. Pendant sonore aux voyelles inversées de Chloé, Cléo bénéficie d'un succès naissant et est reconnu aujourd'hui comme un prénom mixte.

Fête : 19 octobre - Couleur : noir - Chiffre : 8

Caractère : dynamique, franche et généreuse, Cléo est aussi charismatique, séduisante et déterminée. Comme l'illustre reine dont elle porte une partie du prénom.

Personnages célèbres : Cléo de Mérode, danseuse et modèle du XIXe siècle, qui fut élue Reine de Beauté par les lecteurs de *L'Illustration* parmi d'autres célébrités, dont Sarah Bernhardt ; Cléo, l'héroïne du film d'Agnès Varda, *Cléo de 5 à 7*.

Fréquence : rare - Évolution : ⬀

Âge moyen : 10 ans

TOP 20

Prénoms exotiques

Les prénoms venus d'ailleurs ne sont plus l'apanage de parents originaires des Îles ou de contrées éloignées. Ils se démocratisent et séduisent. Sonorités harmonieuses, évasion, métissage... autant de douces raisons de céder à cette tendance ensoleillée.

Azora
Esha
Indira
Kany
Leela
Luana
Maely
Maeva
Mairé
Maliny
Mareva
Mily
Poé
Poéma
Téora
Téva
Tiaré
Tissia
Vaiana
Vanina

C

Cléophée

Étymologie : du grec *kleiô* : « commémorer, célébrer ».

Fête : 19 octobre - Couleur : rose - Chiffre : 5

Caractère : Cléophée est compatissante, bienveillante. C'est un être d'empathie et de sensibilité.

Fréquence : rare - Évolution : ↗

Âge moyen : 7 ans

B

Clio

Clyo

Étymologie : du grec *kleiô* : « commémorer, célébrer ». Clio est l'aînée des neuf Muses et préside *l'Histoire et la Poésie Épique*.

Fête : 10 novembre (Sainte-Nymphe) - Couleur : bleu - Chiffre : 3

Caractère : assurément curieuse, Clio est piquante. Elle est intellectuelle et avide de connaissances, qu'elles se rapportent aux faits, aux choses ou aux personnes.

Personnage célèbre : Clio Goldsmith, comédienne italienne.

Fréquence : rare - Évolution : ↗

Âge moyen : 26 ans

C

Clothilde

Chlothilde, Clotilda, Clotilde, Klothilde, Tilda, Tilde

Étymologie : du germanique *hlod* : « gloire » et *hilde* : « combat ». Clothilde a la même racine étymologique que Louise. Sainte Clotilde (470-545), fille du roi des Burgondes, fut la femme de Clovis, qu'elle finit par convertir au christianisme.

Fête : 4 juin - Couleur : orange - Chiffre : 8

Caractère : Clothilde est fine, spirituelle, toujours dans l'analyse. Elle est forte et volontaire. On la dit amoureuse du couple réussi, de l'équilibre et

manifeste de l'opiniâtreté dans l'effort.
Personnage célèbre : Clotilde Courau, actrice française et princesse de Savoie, de Venise et de Piémont.
Fréquence : répandu - Évolution : =
Âge moyen : 64 ans

B

Colette

Étymologie : du grec *nikê* : « la victoire » et *laos* : « le peuple ». Colette est un diminutif de Nicole, devenu prénom à part entière.
Fête : 6 mars - Couleur : bleu - Chiffre : 7
Caractère : Colette est courageuse, travailleuse et ambitieuse.
Personnages célèbres : Colette, célèbre romancière française ; la chanteuse Colette Renard ; Colette est aussi le nom d'une boutique branchée parisienne.
Fréquence : répandu - Évolution : ↘
Âge moyen : 71 ans

C

Coline

Colinette, Colline, Collyne, Colyne, Nicoline

Étymologie : du grec *nikê* : « la victoire », et *laos* : « le peuple ». Ce prénom correspond à la forme féminine de Colin et est, comme Colette, un diminutif de Nicole.
Fête : 6 mars - Couleur : bleu - Chiffre : 7
Caractère : Coline est travailleuse, prudente et persévérante.
Personnage célèbre : Coline Serreau, cinéaste.
Fréquence : rare - Évolution : ↘
Âge moyen : 13 ans

V

Colleen

Coleen, Coleene

Étymologie : de l'irlandais *cailin* : « fille ».
Couleur : bleu - Chiffre : 7
Caractère : Colleen est pragmatique, optimiste et créative.
Fréquence : rare - Évolution : ↗
Âge moyen : 10 ans

V

Connie

Conny

Étymologie : du latin : « la fidélité, la constance ». Connie est un dérivé anglo-saxon de Constance.
Fête : 8 avril - Couleur : vert - Chiffre : 4
Caractère : Connie a le sens des responsabilités et est assez sensible aux traditions.
Fréquence : très rare - Évolution : ↘
Âge moyen : 42 ans

C

Constance

Constancia, Constancy, Constanta, Constante, Constantina, Constantine, Constanza, Costante, Dina, Dine, Konstantsia, Sta

Étymologie : du latin : « la fidélité, la constance ». Ce prénom fut porté par une reine d'Aragon du XIIIe siècle qui gouverna son royaume avec sagesse et bonté.
Fête : 8 avril - Couleur : vert - Chiffre : 4
Caractère : Constance est généreuse, toujours en quête d'harmonie. Perspicace, intelligente, c'est souvent une optimiste.
Personnage célèbre : Constance Bonacieux, personnage féminin de l'œuvre d'Alexandre Dumas *Les Trois Mousquetaires*.
Fréquence : rare - Évolution : =
Âge moyen : 38 ans

C

Coralie

Coralia, Corélia, Corélie, Koralie

Étymologie : du grec *korê* : « la jeune fille » et *als, alos* : « la mer ». Son étymologie est la même que celle du substantif « corail ».

Fête : 18 mai - Couleur : rouge - Chiffre : 9

Caractère : Coralie est charmante, sensible, prudente autant que courageuse. Elle peut se montrer très obstinée.

Personnages célèbres : Coralie Clément, chanteuse française (sœur de Benjamin Biolay) ; Coralie Balmy, nageuse.

Fréquence : répandu - Évolution : ↘

Âge moyen : 22 ans

C

Coraline

Coralise, Cora, Coralyne

Étymologie : du grec *korê* : « la jeune fille » et *als, alos* : « la mer ». Son étymologie est la même que celle du substantif « corail ».

Fête : 18 mai - Couleur : rouge - Chiffre : 9

Caractère : Coraline est courageuse, curieuse et déterminée.

Fréquence : rare - Évolution : ↗

Âge moyen : 27 ans.

C

Cordélia

Cordélie

Étymologie : du grec *cor, cordis* : « le cœur ».

Couleur : bleu - Chiffre : 4

Caractère : Cordélia est créative, fantaisiste et rêveuse.

Personnage célèbre : Cordélia, l'une des filles du roi Lear, dans la pièce de Shakespeare.

Fréquence : rare - Évolution : ↘

Âge moyen : 15 ans

B

Corentine

Corantine, Corantina, Corentina, Corantyne, Corentyne

Étymologie : du celte : « ami ».

Fête : 12 décembre - Couleur : vert - Chiffre : 4

Caractère : Corentine est affectueuse, charmeuse et ambitieuse.

Fréquence : rare - Évolution : ↗

Âge moyen : 57 ans

P

Corinne

Coria, Corie, Cory, Corianne, Corinna, Corrinne, Korine

Étymologie : du grec *korê* : « la jeune fille ». Corinne est un prénom qui a été très répandu entre les années 50 et les années 80.

Fête : 18 mai (Saint-Dioscore) - Couleur : bleu Chiffre : 6

Caractère : Corinne allie le charme à la rigueur, la sensibilité à la clarté de l'esprit, la persévérance à la finesse de l'intuition.

Personnages célèbres : Corinne, héroïne de *Corinne ou l'Italie,* roman de Madame de Staël ; la chanteuse Corinne Charby ; la comédienne Corinne Le Poulain.

Fréquence : répandu - Évolution : ↘

Âge moyen : 46 ans

B

Cornélia

Cornélie, Cornélya

Étymologie : du nom d'une grande famille romaine à laquelle se rattachaient notamment les Scipion et les Tacites. L'emblème primitif de cette famille devait sans doute être une corneille, d'où son nom.

Fête : 16 septembre (Saint-Corneille)

Couleur : rouge - Chiffre : 6

Caractère : intelligente, passionnée, Cornélia a un grand sens de l'amitié. Ses amis prennent une place que famille et amants envient.
Fréquence : rare - **Évolution :** ↘
Âge moyen : 31 ans

B

Cosima

Cosma, Kosma

Étymologie : du grec *cosmos* : « le bon ordre, l'ordre de l'univers ». Ce prénom correspond à la forme féminine de Côme. C'est en Italie qu'il est le plus attribué.
Fête : 26 septembre - **Couleur :** violet - **Chiffre :** 4
Caractère : Cosima est raisonnable, équilibrée. Elle a le sens des responsabilités et de la famille.
Personnages célèbres : deux enfants de star portent ce prénom : la fille de Sofia Coppola et celle de Claudia Schiffer.
Fréquence : rare - **Évolution :** ↗
Âge moyen : 24 ans

P

Cristel

Crystel

Étymologie : du latin *christianus* : « chrétien ». Cristel est une variante de Christelle qui épouse au plus près le substantif cristal.
Fête : 24 mars - **Couleur :** vert - **Chiffre :** 4
Caractère : Cristel est audacieuse, énergique, organisée et a l'esprit de découverte.
Fréquence : rare - **Âge moyen :** 38 ans
Évolution : ↘

P

Cristale

Cristal, Crystal

Étymologie : du latin *christianus* : « chrétien ».
Fête : 24 mars - **Couleur :** vert - **Chiffre :** 4
Caractère : Cristale est déterminée et a l'esprit d'aventure.
Fréquence : rare - **Évolution :** =
Âge moyen : 31 ans

P

Cylia

Cyliane

Étymologie : du latin *Caecili*, nom d'une célèbre famille de l'aristocratie romaine. Cette famille aurait hérité du nom donné à un ancêtre, Caecus : « l'aveugle ». Ce prénom est sans doute un dérivé de Cécile, né dans les pays anglo-saxons..
Couleur : bleu - **Chiffre :** 5
Caractère : Cylia est énergique, audacieuse et c'est une vraie séductrice.
Fréquence : rare - **Évolution :** ↘

P

Cynthia

Étymologie : du grec *kynthia*, surnom de la déesse Diane la chasseresse, que l'on disait née sur le mont Cynthos, dans l'île de Délos.
Fête : 10 novembre (Sainte-Nymphe)
Couleur : blanc - **Chiffre :** 8
Caractère : Cynthia est ambitieuse, courageuse, persévérante et volontaire.
Personnage célèbre : Cynthia Nixon, l'actrice américaine qui incarna Miranda dans *Sex and the City*.
Fréquence : rare - **Évolution :** ↘

C

Cyrielle

Cyriel, Cyriège

Étymologie : du grec *kurios* : « le seigneur ». Cyrielle est la forme féminine de Cyril.
Fête : 16 juin - **Couleur :** jaune - **Chiffre :** 8
Caractère : Cyrielle est franche, réaliste, autoritaire et volontaire. Elle a, comme on dit, un « sacré tempérament ».
Fréquence : rare - **Évolution :** ↘
Âge moyen : 19 ans

D

V

Dagmar

Daggmar

Étymologie : du scandinave : « servante de jour ».

Couleur : rouge - Chiffre : 3

Caractère : Dagmar est forte, ambitieuse, habile et passionnée.

Fréquence : très rare - Évolution : =

Âge moyen : 60 ans

C

Dagoberte

Dacberta, Dacberte, Dagberta, Dagoberta, Daiberta

Étymologie : du germain *dag* : « jour » et *bert* : « brillant ».

Fête : 23 décembre - Couleur : bleu - Chiffre : 5

Caractère : Dagoberte aime la découverte. C'est un être de volonté et d'énergie.

Fréquence : très rare - Évolution : ↘

P

Dahlia

Dalhia, Dalia, Dalya

Étymologie : cette fleur doit son nom au botaniste suédois du XVIIIe siècle : Dahl. Le nom de cette plante originaire du Mexique prénomme les jeunes filles anglo-saxonnes depuis le XIXe siècle. C'est à partir de 1920 qu'il a connu en France ses premières percées.

Fête : 5 octobre (Sainte-Fleur) - Couleur : rouge

Chiffre : 8

Caractère : passionnée, habile, ambitieuse, Dahlia aime la vie et les surprises qu'elle lui réserve.

Fréquence : rare - Évolution : ↗

V

Daisy

Daisie

Étymologie : de l'anglais *day's eye* : « l'œil du jour ». Ce prénom n'est autre que l'appellation anglaise de la Marguerite. Elle doit son nom au fait qu'elle s'ouvre à la lumière du jour et se referme le soir à la tombée de la nuit.

Fête : 16 novembre (Sainte-Marguerite)

Couleur : jaune - Chiffre : 4

Caractère : Daisy est bien la jeune femme tendre et douce que son prénom désigne. Mais qu'on ne s'y méprenne pas : cela ne l'empêche guère d'être active et de revendiquer son indépendance.

Personnages célèbres : Daisy, le personnage crée par Walt Disney pour incarner la femme de Donald ; Daisy Duke, personnage de la série télévisée *Shérif, fais-moi peur* !

Fréquence : rare - Évolution : ↗

Âge moyen : 38 ans

C

Dalila

Delila, Delilah

Étymologie : de l'hébreu *delilah* : « soumise, coquette ».

Couleur : rouge - Chiffre : 9

Caractère : Dalila n'a rien à voir avec sa réputation historique. En réalité, elle honore son sens étymologique : elle est douce, tendre, discrète… et coquette.

Personnage célèbre : personnage biblique du Livre des Juges, Dalila fut chargée par les Philistins de séduire le juge Samson, qui s'opposait à eux, pour découvrir le secret de sa force. Elle réussit à percer son secret : sa force venait de ses longs cheveux. Payée par l'ennemi, Dalila lui coupa les cheveux et le livra aux Philistins. Fait prisonnier, Samson attendit que ses cheveux repoussent pour renverser, sur ses ennemis, le temple païen dans lequel ils priaient.

Fréquence : rare - Évolution : =

P

Damia

Dami, Damiane, Damielle, Damienne, Damiette, Damy

Étymologie : du latin *Damia* : surnom donné à la déesse romaine de la fertilité et des moissons, Cybèle. Ce prénom correspond à une forme féminine de Damien.

Fête : 25 septembre - Couleur : rouge - Chiffre : 1

Caractère : Damia est dynamique, audacieuse, indépendante et ne manque pas d'assurance.

Fréquence : rare - Évolution : ↘

Âge moyen : 19 ans

P

Damina

Damiana

Étymologie : du latin *Damia* : surnom donné à la déesse romaine de la fertilité et des moissons, Cybèle. Ce prénom correspond à une forme féminine de Damien.

Fête : 25 septembre - Couleur : rouge - Chiffre : 1

Caractère : Damina est indépendante et intelligente. Elle est résolue et ne se lasse jamais d'apprendre.

Fréquence : très rare - Évolution : ↘

V

Dana

Danna, Dannaëlle

Étymologie : de l'hébreu : « Dieu fait justice ». C'est aussi une variante possible de Danu, déesse celte de l'eau, qui inspira le nom du fleuve Danube en Europe.

Couleur : bleu - Chiffre : 9

Caractère : Dana est réceptive, loyale et pleine de bonté.

Fréquence : rare - Évolution : ↘

Âge moyen : 12 ans

B

Danaé

Danaée, Danaëlle

Étymologie : Danaé est la fille du roi d'Argos dans la mythologie grecque. Celui-ci, dans la crainte de périr comme un oracle le lui avait prédit, la fit enfermer pour qu'elle ne puisse jamais concevoir d'enfant. Mais Danaé, enceinte de Zeus qui s'était changé en pluie d'or pour la visiter, enfanta Persée. Lorsque le roi fit jeter Persée et Danaé dans l'eau, ils furent tous deux sauvés.

Fête : 10 novembre - Couleur : bleu - Chiffre : 9

Caractère : Danaé est passionnée, réservée, énergique et mue par l'affectivité.

Fréquence : rare - Évolution : ↗

Âge moyen : 13 ans

V

Daniella

Daniela

Étymologie : de l'hébreu *dayân, dan* : « juge » et *el* (de *Elohim*, l'un des noms de Dieu), ce qui signifie « Dieu est seul juge ».

Fête : 11 décembre - Couleur : violet - Chiffre : 9

Caractère : Daniella est persévérante, structurée et très efficace.

Fréquence : rare - Évolution : ↘

Âge moyen : 31 ans

P

Danielle

Danièle, Danielou, Danila, Danitza

Étymologie : de l'hébreu *dayân, dan* : « juge » et *el* (de *Elohim*, l'un des noms de Dieu), ce qui signifie « Dieu est seul juge ». Ce prénom correspond à la forme féminine de Daniel. Les années 40 marquèrent son heure de gloire.

Fête : 11 décembre - Couleur : violet - Chiffre : 9

Caractère : sociable, dévouée, d'une intelligence efficace et sélective, Danielle est souple sur le plan moral et possessive sans en avoir l'air.

Personnages célèbres : Danielle Darrieux, l'actrice ; Danielle Mitterand, épouse de l'ancien président français.
Fréquence : répandu - Évolution : ↘
Âge moyen : 63 ans

P

Dany

Dani, Danie, Danya, Danye, Danny, Dany, Danyla, Danyele, Danyelle

Étymologie : de l'hébreu *dayân, dan* : « juge » et *el* (de *Elohim*, l'un des noms de Dieu), ce qui signifie « Dieu est seul juge ».
Fête : 11 décembre - Couleur : violet - Chiffre : 9
Caractère : Dany est pleine de vitalité. C'est un tempérament ardent et combatif, attiré par la réussite.
Personnage célèbre : la chanteuse Dani.
Fréquence : rare - Évolution : ↘
Âge moyen : 52 ans

C

Daphné

Daffy, Dafné, Daphnée, Daphney

Étymologie : du grec *daphné* : « laurier ». Ce prénom fut porté par une nymphe chasseresse, qu'Apollon, très amoureux, poursuivit de ses ardeurs. Daphné demanda à son père, le dieu-fleuve Pénée, de la sauver. Il la changea donc en laurier. Apollon, en souvenir de celle qu'il aimait, accrocha du laurier à sa lyre et à son carquois.
Fête : 10 novembre - Couleur : vert - Chiffre : 4
Caractère : on la dit acharnée, courageuse, farouche, passionnée ; elle défend ce qu'elle aime avec passion et même ruse, n'hésitant pas à mettre son charme dans la balance.
Personnages célèbres : Daphné du Maurier, romancière ; les journalistes Daphné Roulier et Daphné Bürki ; Daphne Guinness, héritière des bières du même nom, icône de mode et compagne de BHL.
Fréquence : rare - Évolution : ↗
Âge moyen : 18 ans

P

Darlène

Darlane, Darlaine, Darleen, Darline

Étymologie : de *darling* : « chérie ». Ce prénom est un dérivé du mot « doux », utilisé aux États-Unis dans les années 30.
Couleur : bleu - Chiffre : 5
Caractère : Darlène est tendre, éprise de douceur et d'amitié.
Personnage célèbre : Darlène Conley, actrice américaine (*Les Oiseaux*, d'Alfred Hitchcock).
Fréquence : rare - Évolution : ↘

P

Daria

Dari, Dariane

Étymologie : de l'arabe : « instruite, cultivée » ; du grec : « détentrice du bien ». Daria est un prénom assez bien représenté en Italie, en Russie, en Corse et dans les pays anglophones ou slaves.
Couleur : bleu - Chiffre : 5
Caractère : Daria est bienveillante et sage. Elle allie un esprit posé à une conscience aiguisée et pacifiste.
Personnages célèbres : le top model Daria Werbowy ; l'héroïne du dessin animé éponyme sarcastique.
Fréquence : rare - Évolution : =
Âge moyen : 34 ans

P

Davina

Davia, Daviane, Davida

Étymologie : de l'hébreu : « aimée, chérie ».
Couleur : vert - Chiffre : 7
Caractère : Davina a le sens de la famille et des responsabilités. Elle est équilibrée et c'est une femme d'influence.
Personnage célèbre : Davina, conceptrice et coanimatrice avec Véronique de l'émission *Gym Tonic* entre 1980 et 1987.

Fréquence : rare - Évolution : ↘
Âge moyen : 21 ans

P

Dawn

Étymologie : de l'anglais : « aube ».
Couleur : jaune - Chiffre : 8
Caractère : Dawn est équilibrée, mais très exigeante.
Fréquence : rare - Évolution : =
Âge moyen : 40 ans

B

Day

Étymologie : de l'anglais : « journée ».
Couleur : rouge - Chiffre : 1 - Caractère : Day est optimiste, pragmatique et très créative.
Fréquence : très rare - Évolution : =

V

Daya

Étymologie : de l'hébreu : « oiseau » ; du sanskrit : « compassion, empathie ». C'est en Inde que Daya est le plus attribué.
Couleur : orange - Chiffre : 5
Caractère : d'une nature prudente, elle se montre méfiante avec les inconnus et se livre très peu. Par la suite, elle se révèle rieuse, sympathique et très fidèle.
Fréquence : très rare - Évolution : ↗
Âge moyen : 4 ans

V

Dayana

Dayane

Étymologie : de l'arabe : « lumière éclatante ».
Couleur : orange - Chiffre : 5
Caractère : Dayana est énergique. Elle est quelque peu autoritaire, mais très ambitieuse.
Fréquence : rare - Évolution : =
Âge moyen : 14 ans

B

Déa

Étymologie : du scandinave : « déesse ».
Couleur : blanc - Chiffre : 5
Caractère : Déa est autonome et tient farouchement à son indépendance. Elle est ambitieuse et aime l'innovation dans sa vie professionnelle.
Fréquence : très rare - Évolution : ↗
Âge moyen : 29 ans

P

Deanna

Déana, Déanne

Étymologie : du vieil anglais : « doyen ». Ce prénom peut aussi être considéré comme une variante anglophone de Diane.
Couleur : blanc - Chiffre : 5
Caractère : Deanna aime la communication. Elle est très sociable et c'est une nature optimiste et pragmatique.
Fréquence : très rare - Évolution : ↘
Âge moyen : 49 ans

P

Debbie

Debby, Debra

Étymologie : de l'hébreu *deborah* : « abeille ». Ce diminutif de Déborah est si courant aux États-Unis qu'il est considéré comme un prénom aujourd'hui.
Fête : 21 septembre - Couleur : orange - Chiffre : 3
Caractère : Debbie est pleine de vitalité, elle peut faire preuve d'un fort caractère, mais elle est très attentionnée.
Personnage célèbre : Debbie Harry, nom sous lequel était connue la chanteuse de Blondie.
Fréquence : rare - Évolution : =
Âge moyen : 35 ans

P

Déborah

Deb, Debir, Debora

Étymologie : de l'hébreu *deborah* : « abeille ». Ce prénom est celui d'une prophétesse et juge d'Israël qui conduisit l'armée des Hébreux à la victoire sur les Cananéens.

Fête : 21 septembre - Couleur : orange

Chiffre : 3

Caractère : Déborah est ambitieuse, rapide, opportuniste et douée d'un grand sens des affaires.

Personnage célèbre : Déborah Kerr, star d'Hollywood dans les années 50.

Fréquence : répandu - Évolution : =

Âge moyen : 23 ans

V

Deirdre

Étymologie : de l'irlandais : « jeune fille ».

Couleur : bleu - Chiffre : 9

Caractère : Deirdre est intègre, altruiste et idéaliste.

Fréquence : très rare - Évolution : ↘

Âge moyen : 5 ans

V

Délia

Délya

Étymologie : du grec *delios* : « originaire de l'île de Delos ». Ce prénom renvoie à la déesse Diane, née sur cette île. C'est aussi un diminutif de Bedelia, forme irlandaise de Brigitte et l'abréviation de plusieurs prénoms tels que Cordélia.

Fête : 9 juin - Couleur : rouge - Chiffre : 1

Caractère : Délia est persévérante, structurée et sécurisante.

Fréquence : rare - Évolution : ↗

Âge moyen : 25 ans

C

Delphine

Adelphine, Delfina, Delfine, Delphe, Delphina

Étymologie : du grec *delfis* : « dauphin (de mer) ».

Fête : 26 novembre - Couleur : jaune - Chiffre : 1

Caractère : Delphine, cette travailleuse infatigable, est dotée d'une instinct infaillible. Comme l'animal auquel son nom renvoie, elle sait faire preuve d'une grande intuition qui se révèle souvent avérée.

Personnages célèbres : *Delphine* (1802), le roman de Madame de Staël ; le lied de Schubert *Delphine* ; l'actrice Delphine Seyrig.

Fréquence : répandu - Évolution : ↘

Âge moyen : 35 ans

P

Denise

Danisa, Denia, Deniz, Denize, Denyse, Dionysa, Dionyse

Étymologie : du grec *Dionysos* : nom du dieu du vin, de la vigne et de l'inspiration poétique, dans la mythologie grecque. Ce prénom correspond à la forme féminine de Denis. Denise est un prénom quelque peu démodé en France, alors qu'aux États-Unis, comme le prénom Nicole, il prénomme des jeunes femmes de 25 à 40 ans.

Fête : 15 mai - Couleur : jaune - Chiffre : 2

Caractère : Denise est intuitive, aime le relationnel et la médiation, mais elle possède également une énergie pragmatique mêlée à une soif d'entreprendre.

Personnages célèbres : la speakerine Denise Fabre ; l'actrice Denise Richards.

Fréquence : répandu - Évolution : ↘

Âge moyen : 82 ans

B

Desideria

Étymologie : du latin *desideratus* : « désirée, attendue ».

Fête : 8 mai - Couleur : vert - Chiffre : 6

Caractère : Desideria est diplomate, sociable et loyale. Sa sensibilité la rend très réceptive.

Fréquence : très rare - Évolution : ↘

Âge moyen : 8 ans

P

Désirée

Dees, Desiderata

Étymologie : du latin *desideratus* : « désirée, attendue ». Ce prénom correspond à la forme féminine du prénom Désiré.

Fête : 8 mai - Couleur : vert - Chiffre : 6

Caractère : Désirée est courageuse, charismatique, volontaire et possède un esprit d'analyse extrêmement pointu. Elle est résolue, fidèle et bonne médiatrice.

Fréquence : rare - Évolution : ↘

V

Diana

Deana, Dee, Dianna

Étymologie : du latin *diana*, du nom de la déesse de la nature, de la chasse et de la lune, dans la mythologie romaine. Diana correspond à la forme internationale de Diane : anglo-saxonne, italienne, hispanique...

Fête : 9 juin - Couleur : rouge - Chiffre : 6

Caractère : Diana est fidèle, intuitive et attache une grande importance au relationnel et à la méditation.

Personnages célèbres : Lady Diana, la très célèbre princesse de Galles ; Diana Ross, chanteuse américaine.

Fréquence : rare - Évolution : ↘

Âge moyen : 26 ans

C

Diane

Dian

Étymologie : du latin *diana*, du nom de la déesse de la nature, de la chasse et de la lune, dans la mythologie romaine. Diane était un prénom très porté à la Renaissance, notamment par plusieurs princesses de France, de Sicile et d'Écosse.

Fête : 9 juin - Couleur : rouge - Chiffre : 6

Caractère : Diane est une séductrice, dont la quête d'harmonie et le sens artistique sont très développés. Elle conserve la naïveté et la fraîcheur de l'enfance.

Personnages célèbres : Diane de Poitiers (1499-1566), la favorite d'Henri II ; la cinéaste Diane Kurys ; les actrices Diane Kruger et Diane Keaton.

Fréquence : répandu - Évolution : ↘

Âge moyen : 26 ans

P

Dina

Dinah, Dinna, Dyna

Étymologie : de l'hébreu *din* : « le jugement, la loi ». Ce prénom est, dans l'Ancien Testament, celui de la dernière des filles de Jacob et de Léa.

Couleur : vert - Chiffre : 9

Caractère : Dina est douce, mais peut se révéler d'une grande impulsivité lorsque sa fierté est mise à mal. Elle reste fort sympathique.

Personnage célèbre : Dina Vierny, muse d'Aristide Maillol et modèle de plusieurs peintres. Elle est à l'origine du musée Maillol à Paris, ouvert en 1995.

Fréquence : rare - Évolution : ↗

Âge moyen : 32 ans

B

Dionne

Étymologie : du grec *Dionée*, nom d'une nymphe de la mythologie grecque. Ce prénom semble

TOP 20

Prénoms d'enfants de stars

Adrienne *(la Princesse de Suède et Christopher O'Neill)*
Amazonie *(Tina Kunakey et Vincent Cassel)*
Ava *(Mélanie Doutey et Gilles Lellouche)*
Billie *(Natasha Andrews et Pierre Niney)*
Blue Ivy *(Beyoncé et Jay-Z)*
Birdie *(Jessica Simpson et Eric Johnson)*
Capri *(Vanessa et Kobe Bryant)*
Chicago *(Kim Kardashian et Kanye West)*
Claudia *(Karine Ferry et Yoann Gourcuff)*
Colette *(Ayda et Robbie Williams)*
Cosima *(Sofia Coppola et Thomas Mars)*
Gabriella *(Charlène et Albert de Monaco)*
Joe *(Charlotte Gainsbourg et Yvan Attal)*
Louise *(Marion Cotillard et Guillaume Canet)*
Mia *(Isabelle Ithurburu et Maxime Nucci)*
Nina *(Adriana Karambeu et Aram Ohanian)*
Nora *(Géraldine Pillet et Nikola Karabatic)*
North *(Kim Kardashian et Kanye West)*
Rose *(Charlotte et Jeff Panacloc)*
Tam *(Ludivine Sagnier et Kim Shapiron)*

être un dérivé féminin de Dionysos, équivalent grec de Bacchus. Dionne est un prénom peu courant en France, mais que l'on rencontre aux États-Unis où sa proximité sonore avec Diane semble avoir un certain attrait.

Couleur : rouge - Chiffre : 6

Caractère : Dionne est appliquée, créative, douée... Entière, elle aime aller au bout des choses.

Personnage célèbre : la chanteuse Dionne Warwick.

Fréquence : rare - Évolution : ↘

V

Djamila

Djemila

Étymologie : de l'arabe : « d'une grande beauté ». Ce prénom correspond à la forme féminine de Djamel. Il fut rendu illustre par une esclave de Médine au VIIe siècle, qui, grâce à ses talents musicaux stupéfiants, s'enrichit au point de parvenir à s'affranchir.

Couleur : blanc - Chiffre : 8

Caractère : Djamila est indépendante, positivement curieuse et dotée d'un grand sens de l'aventure.

Personnage célèbre : Djamila Bouared, héroïne de l'indépendance algérienne.

Fréquence : rare - Évolution : ↘

Âge moyen : 39 ans

P

Dolly

Dollie

Étymologie : prénom dérivé de Dolorès, il vient du latin *dolor* qui signifie « douleur ». Il renvoie également à l'anglais *doll* : « poupée ». À l'instar de Candy, cette forme dérivée de Dolorès mêle le mot doux au diminutif.

Fête : 15 septembre - Couleur : jaune - Chiffre : 9

Caractère : Dolly est tendre, douce, mais parfois influençable.

Personnage célèbre : la chanteuse de country Dolly Parton.
Fréquence : rare - Évolution : ↘
Âge moyen : 61 ans

V

Dolorès

Delora, Delores, Deloris, Dolorita, Lola, Lolita

Étymologie : de l'espagnol Maria de los Dolores : « Marie des douleurs », qui personnifie la Vierge Marie au pied de la croix pendant l'agonie de son fils.
Fête : 15 septembre - Couleur : bleu - Chiffre : 7
Caractère : Dolorès mêle des caractéristiques enfantines à une ardeur de lutteuse. Si son prénom place Dolorès sous le signe des douleurs, elle parvient cependant à s'en éloigner et privilégie sa liberté.
Personnages célèbres : Dolorès del Río, actrice mexicaine ; Dolorès Ibárruri, surnommée La Pasionaria, qui joua un grand rôle durant la guerre civile espagnole ; Dolorès Chaplin, petite-fille de Charlie Chaplin.
Fréquence : rare - Évolution : ↘
Âge moyen : 55 ans

C

Dominique

Domeka, Domenga, Domenge, Domenica, Dominga, Dominka, Domenica, Doma, Nika, Nikoucha

Étymologie : du latin dominicus : « qui appartient au Seigneur ». Dominique est à l'origine un prénom masculin que le XXe siècle a rendu mixte.
Fête : 8 août - Couleur : jaune - Chiffre : 8
Caractère : Dominique est rigoureuse, responsable et solide. Mais cela ne la rend pas austère pour autant et l'on recherche activement sa compagnie. Elle est drôle et pleine de fantaisie. Avec elle, on ne s'ennuie jamais !
Personnages célèbres : Dominique Voynet, responsable politique ; Dominique Lavanant, la comédienne.
Fréquence : répandu - Évolution : ↘
Âge moyen : 51 ans

C

Domitille

Domicia, Domitia, Domitiane, Domitie, Domitienne

Étymologie : du latin *domitilla* : « petite maison ». Ce nom est issu d'un patronyme romain, celui de la famille *Domitius*, à laquelle appartenait l'empereur Domitien, frère de Titus.
Fête : 28 décembre - Couleur : vert - Chiffre : 9
Caractère : Domitille est émotive, idéaliste, exigeante, mais extrêmement généreuse.
Fréquence : rare - Évolution : ↘
Âge moyen : 20 ans

V

Donia

Donya

Étymologie : du latin *domina* : « maîtresse de maison », qui a donné l'italien *donna* : « madame ». Ce sont les hispanophones des États-Unis qui l'ont ressuscité au XXe siècle, en employant souvent l'orthographe Donia, qui reflète une prononciation espagnole. Donia se rapproche également, par sa transcription, du prénom arabe Dounia, d'où son attribution plus fréquente que la forme originelle Donna.
Fête : 28 décembre - Couleur : rouge - Chiffre : 9
Caractère : Donia est volontaire, intelligente et résolue.
Fréquence : rare - Évolution : ↘
Âge moyen : 30 ans

V

Donna

Étymologie : du latin *domina* : « maîtresse de maison », qui a donné l'italien *donna* : « madame ». Répandue depuis 1950 en Grande-Bretagne et en Australie, Donna est apparu en France dans les années 90.

Fête : 28 septembre - **Couleur** : rouge - **Chiffre** : 9

Caractère : Donna est une femme de caractère, qui possède pourtant de fortes capacités d'adaptation. Elle a l'esprit pratique et possède un bel enthousiasme communicatif.

Personnage célèbre : Donna Summer, chanteuse américaine.

Fréquence : rare - **Évolution** : ↘

Âge moyen : 30 ans

P

Dora

Doreen, Dorette, Dorey

Étymologie : du grec *doron* : « don, présent » et *theos* : « dieu » ; « cadeau de Dieu ». Ce prénom est un diminutif de Dorothée ou de Théodora (l'étymologie étant la même, mais inversé).

Fête : 6 février - **Couleur** : jaune - **Chiffre** : 2

Caractère : Dora est réaliste et indépendante.

Personnages célèbres : Dora, l'héroïne du roman *David Copperfield* de Charles Dickens ; Dora, la petite exploratrice des dessins animés.

Fréquence : rare - **Évolution** : ↘

Âge moyen : 49 ans

B

Doria

Dorie, Dorit, Dorrie, Dorry, Dory

Étymologie : Doria peut être considéré comme un diminutif de Dorothée ou comme une forme féminine de Dorian.

Fête : 6 février - **Couleur** : bleu - **Chiffre** : 1

Caractère : Doria est une bien fougueuse personne. Son tempérament est passionné, elle mêle ardeur au travail et volonté farouche. Prête à tout pour parvenir à ses fins ? Elle n'en est pas loin.

Personnage célèbre : Doria Tillier, miss Météo de Canal +.

Fréquence : rare - **Évolution** : =

Âge moyen : 26 ans

C

Doriane

Doriana, Dorianna, Dorianne, Doryane

Étymologie : du grec *doron* : « don ». Ce prénom peut être considéré comme un diminutif de Dorothy, uni au prénom Ann, mais aussi comme une forme féminine de Dorian.

Couleur : bleu - **Chiffre** : 1

Caractère : Doriane aime la communication, est pragmatique, mais fait parfois preuve d'un caractère prononcé.

Fréquence : rare - **Évolution** : ↘

Âge moyen : 23 ans

B

Dorine

Dorinda, Dorinne, Doryne

Étymologie : du grec *doron* : « don, présent ».

Fête : 6 février - **Couleur** : orange - **Chiffre** : 2

Caractère : Dorine est sociable et loyale.

Personnage célèbre : Dorine, l'un des personnages de *Tartuffe*, la célèbre pièce de Molière.

Fréquence : rare - **Évolution** : ↘

Âge moyen : 27 ans

B

Doris

Dorees, Dorise, Dorris, Dorrys, Dorys

Étymologie : nom, dans la mythologie grecque, de la fille d'Océan et de Thétys, qui devint, par la suite, l'épouse de Nérée, dont elle eut cinquante filles : les Néréides, personnifications des vagues.

Couleur : rouge - **Chiffre** : 2

Caractère : Doris a le vrai courage des altruistes,

la passion des humanistes.
Personnages célèbres : l'actrice Doris Day ; la romancière anglais Doris Lessing.
Fréquence : rare - Évolution : ↘
Âge moyen : 51 ans

B

Dorothéa

Dorote, Dorotea, Dorthea, Drotea

Étymologie : du grec *doron* : « don, présent » et *theos* : « dieu » ; « cadeau de Dieu ». L'étymologie de ce prénom est identique à celle de Théodora ou de son masculin Théodore, mais inversée. C'est au Pays basque que ce prénom est le plus attribué.
Fête : 6 février - Couleur : jaune - Chiffre : 9
Caractère : Dorothéa est pourvue d'une saine curiosité. La vie l'intéresse, l'émerveille. C'est sans doute la cause de son courage admirable, de son dynamisme et de sa volonté à toute épreuve.
Fréquence : très rare - Évolution : =
Âge moyen : 74 ans

B

Dorothée

Doralicia, Dorchen, Doortje, Dorke, Dorocha, Dorofei, Doroteo, Dörte, Dot, Duredle, Durl

Étymologie : du grec *doron* : « don, présent » et *theos* : « dieu » ; « cadeau de Dieu ». L'étymologie de ce prénom est identique à celle de Théodora ou de son masculin Théodore, mais inversée.
Fête : 6 février - Couleur : jaune - Chiffre : 9
Caractère : Dorothée est féminine en diable et dotée d'une redoutable sagacité. Nature piquante et sélective, elle est parfois ambivalente.
Personnages célèbres : la chanteuse pour enfants et animatrice télé, Dorothée ; Dorothée, l'héroïne éponyme de Goethe dans *Hermann et Dorothée*.
Fréquence : rare - Évolution : ↘
Âge moyen : 51 ans

V

Dorothy

Dorthy, Dorty

Étymologie : du grec *doron* : « don, présent » et *theos* : « dieu » ; « cadeau de Dieu ». Ce prénom correspond à la forme anglo-saxonne de Dorothée.
Fête : 6 février - Couleur : jaune - Chiffre : 9
Caractère : Dorothy a une personnalité dynamique et très bienveillante.
Personnage célèbre : Dorothy Gale, l'héroïne du *Magicien d'Oz*.
Fréquence : rare - Évolution : ↘
Âge moyen : 49 ans

P

Dounia

Dounya

Étymologie : de l'arabe : « le monde ».
Couleur : rouge - Chiffre : 9
Caractère : Dounia est ambitieuse, forte et rêveuse comme son prénom le laisse à penser. En effet, le substantif *Dounia* désigne la Terre, dans sa globalité, avec les richesses matérielles qu'elle offre.
Fréquence : rare - Évolution : ↗
Âge moyen : 18 ans

V

Drusilla

Étymologie : du grec *drosos* : « fructueux ». Dans l'Hexagone, c'est au Pays basque que ce prénom est le plus couramment attribué.
Couleur : rouge - Chiffre : 7
Caractère : Drusilla est bienveillante, sage et bonne conseillère.
Personnages célèbres : Julia Drusilla, la sœur de Caligula ; Drusilla, un des personnages des séries télévisées américaines *Buffy contre les vampires* et *Angel*.
Fréquence : très rare - Évolution : =

V

Dulce

Dulcie, Dulcina

Étymologie : du latin : « douce ». Ce prénom italien est assez rare.
Couleur : orange - Chiffre : 3
Caractère : Dulce est ouverte d'esprit, généreuse et rêveuse.
Fréquence : rare - Évolution : =
Âge moyen : 37 ans

B

Dune

Étymologie : du français qui désigne une colline de sable formée par le vent et qui s'étend le long des bords de mer ou dans le désert. Ce prénom peut également être relié au roman de science-fiction de Franck Herbert publié en 1965, qui a été adapté au cinéma par David Lynch en 1984.
Couleur : jaune - Chiffre : 5
Caractère : Dune est pourvue d'un tempérament ardent. Très stratège, elle aime faire régner l'ordre autour d'elle.
Fréquence : rare - Évolution : ↗
Âge moyen : 8 ans

P

Dyana

Dyan, Dyane

Étymologie : du latin *diana*, du nom de la déesse de la nature, de la chasse et de la lune, dans la mythologie romaine. Dyana est une variante de Diana.
Fête : 9 juin - Couleur : rouge - Chiffre : 6
Caractère : Dyana est altruiste, idéaliste et intègre.
Fréquence : très rare - Évolution : ↗
Âge moyen : 15 ans

P

Dylane

Étymologie : du nom d'un dieu du pays de Galles, *Dylan*, « le fils des vagues ».
Fête : 4 septembre - Couleur : bleu - Chiffre : 2
Caractère : Dylane est compatissante, spirituelle. C'est une femme de cœur.
Fréquence : très rare - Évolution : ↘
Âge moyen : 13 ans

E

V

Ebony

Ebonie

Étymologie : de l'anglais : « ébène ». Du nom du bois au grain noir qui en fait un matériau précieux. Attesté comme prénom dès les années 70 au sein de la population afro-américaine, ce prénom est à la fois gage de beauté et de revendication.
Couleur : blanc - Chiffre : 7
Caractère : Ebony est confiante, fière et responsable.
Fréquence : très rare - Évolution : =
Âge moyen : 5 ans

C

Eda

Étymologie : du germanique *ed* : « richesses » et *idh* : « l'effort, le combat ». Ce prénom correspond sans doute à un diminutif d'Edith.
Fête : 16 septembre - Couleur : jaune - Chiffre : 5
Caractère : Eda est audacieuse, indépendante et pleine d'assurance.
Fréquence : rare - Évolution : ↗
Âge moyen : 16 ans

V

Éden

Étymologie : de l'hébreu *eden* : « délices, plaisir ». Ce nom est considéré aujourd'hui comme celui du paradis. Il désigne dans la Bible le jardin où Dieu a placé Adam et Ève. Éden est un prénom attesté dès le XVIIe siècle dans les pays anglophones où il est également attribué à des garçons. En France, il est plutôt féminin.

Couleur : jaune - Chiffre : 1

Caractère : Éden est optimiste, douce, déterminée et combative.

Personnage célèbre : Eden Capwell, héroïne de la série des années 80 *Santa Barbara*, série qui fit connaître Robin Wright.

Fréquence : rare - Évolution : ↗

Âge moyen : 8 ans

C

Édith

Edith, Edita, Edda, Editta

Étymologie : du germanique *ed* : « richesses » et *idh* : « l'effort, le combat ».

Fête : 16 septembre - Couleur : bleu - Chiffre : 1

Caractère : Édith est charmante, spontanée et impulsive.

Personnage célèbre : la chanteuse Édith Piaf.

Fréquence : répandu - Évolution : ↘

Âge moyen : 64 ans

C

Edmée

Edma, Edmé, Edméa

Étymologie : du germanique *ed* : « richesses » et *mond* : « protection ».

Fête : 20 novembre - Couleur : violet - Chiffre : 3

Caractère : Edmée est autoritaire, curieuse et indépendante.

Personnage célèbre : Edmée de La Rochefoucauld, femme de lettres du début du XXe siècle.

Fréquence : très rare - Évolution : =

V

Edmonde

Edemonda, Edmonda

Étymologie : du germanique *ed* : « richesses » et *mond* : « protection ».

Fête : 20 novembre - Couleur : violet - Chiffre : 1

Caractère : brillante, entreprenante, réalisant impeccablement ses projets, elle fait l'unanimité quant à la reconnaissance de son envergure intellectuelle.

Personnage célèbre : Edmonde Charles-Roux, romancière.

Fréquence : très rare - Évolution : =

C

Edna

Étymologie : de l'hébreu *edna* : « le plaisir, la jouissance ». Ce prénom est celui de la femme de Mathusalem dans l'*Apocalypse* d'Enoch, un livre biblique non reconnu dans le canon religieux. Ce prénom est également celui d'une fille d'Abraham.

Couleur : vert - Chiffre : 6

Caractère : Edna est affectueuse, calme, généreuse et loyale.

Fréquence : rare - Évolution : =

Âge moyen : 24 ans

C

Edwige

Edvige

Étymologie : du germain *ed* : « biens, richesses » et *wig* : « combat » (ou wiha : « sacré »).

Fête : 16 octobre - Couleur : vert - Chiffre : 8

Caractère : Edwige est une combattante, déterminée et tenace. Parfois impétueuse et fière, elle reste d'une compagnie très agréable.

Personnage célèbre : l'actrice française Edwige Feuillère.

Fréquence : répandu - Évolution : ↘

Âge moyen : 49 ans

B

Églantine

Eglé, Egléa, Eglantina, Eglentyne

Étymologie : du latin *aquilatum* : « porteur d'aiguilles ». L'églantine est la fleur de l'églantier, rosier sauvage pouvant vivre jusqu'à mille ans.
Fête : 5 octobre (Sainte-Fleur) ou 23 août (Sainte-Rose) - Couleur : vert - Chiffre : 6
Caractère : Églantine est charmante et charmeuse, sensible et douce.
Personnage célèbre : Églantine Éméyé, présentatrice de télévision.
Fréquence : rare - Évolution : ↗
Âge moyen : 56 ans

V

Eileen

Étymologie : du grec *helénê* : « le flambeau », de la famille d'*helios* : « le soleil ».
Fête : 5 août - Couleur : jaune - Chiffre : 5
Caractère : Eileen est courageuse, ambitieuse et dynamique.
Fréquence : rare - Évolution : ↗
Âge moyen : 11 ans

C

Éléa

Elléa

Étymologie : du grec *eleos* : « compassion ». Ce prénom est un diminutif d'Eleanor.
Fête : 25 juin - Couleur : orange - Chiffre : 8
Caractère : Eléa est indépendante, courageuse, curieuse et charismatique.
Fréquence : rare - Évolution : ↗
Âge moyen : 8 ans

C

Éléana

Héléana

Étymologie : du grec *helénê* : « le flambeau », de la famille d'*helios* : « le soleil ». Ce prénom est une variante d'Hélène.
Fête : 5 août - Couleur : jaune - Chiffre : 5
Caractère : Éléana est une excellente médiatrice. Elle est de plus intuitive et fidèle.
Fréquence : rare - Évolution : ↗
Âge moyen : 6 ans

C

Éléanor

Eleanor, Eléanora,
Elenora, Elénore, Liénor

Étymologie : du grec *eleos* : « compassion ». Plus rare en France que la forme en « o », Éléanor, par sa terminaison, se rapproche de sa variante médiévale Aliénor et d'un dérivé d'Hélène. C'est aussi la forme la plus attribuée aux États-Unis.
Fête : 25 juin - Couleur : orange - Chiffre : 8
Caractère : Éléanor est spirituelle, résolue et a l'esprit d'analyse.
Personnage célèbre : Eleanor Roosevelt, femme politique américaine et épouse du président Roosevelt.
Fréquence : 4 - Évolution : ↗
Âge moyen : 6 ans

V

Elen

Ellen

Étymologie : du grec *helénê* : « le flambeau », de la famille d'*helios* : « le soleil ». Ce prénom est une variante d'Hélène qui, en France, a pris le pas sur la version originelle.
Fête : 5 août - Couleur : jaune - Chiffre : 5
Caractère : Elen est humaine, généreuse et ouverte d'esprit.
Fréquence : rare - Évolution : ↗
Âge moyen : 23 ans

V

Éléna

Elene, Ellena

Étymologie : du grec *helénê* : « le flambeau », de la famille d'*helios* : « le soleil ». Éléna correspond à la forme italienne et hispanophone d'Hélène. En France, c'est en Occitanie et au Pays basque qu'elle est le plus couramment usitée.

Fête : 5 août - Couleur : jaune - Chiffre : 5

Caractère : Éléna aime innover, est ambitieuse, autonome et énergique.

Fréquence : rare - Évolution : ↗

Âge moyen : 23 ans

C

Éléonore

Héléonoe, Ellinore, Elenore, Eleonora, Elianore, Elienor, Elinore, Elinor, Léonor, Eleonora,

Étymologie : du grec *eleos* : « compassion ».

Fête : 5 août - Couleur : jaune - Chiffre : 8

Caractère : il est dit qu'Éléonore est sujette à la versatilité. Imprévisible, son goût pour le caprice se mêle à un charme que ses proches jugent irrésistible… et subissent comme tel.

Personnages célèbres : Éléonore d'Aquitaine (1122-1204) ; Éléonore de Provence.

Fréquence : rare - Évolution : ↗

Âge moyen : 23 ans

P

Élia

Éliet, Éliette, Lélia

Étymologie : de l'hébreu *el* et *yah* : « Yahvé est mon Dieu ». Élia est une variante d'Élie.

Fête : 20 juillet (Saint-Élie) - Couleur : vert

Chiffre : 3

Caractère : Élia est idéaliste, altruiste et intègre.

Fréquence : rare - Évolution : ↗

Âge moyen : 47 ans

P

Élian

Eliana, Liane

Étymologie : de l'hébreu *el* et *yah* : « Yahvé est mon Dieu ». Éliane serait une variante d'Élie. Ce prénom est un succès attesté de l'entre-deux-guerres.

Fête : 20 juillet (Saint-Élie) - Couleur : vert

Chiffre : 1

Caractère : pour Éliane, femme indépendante et libre, s'impose, avec une nuance de rêverie et de nostalgie, un certain culte de l'enfance.

Fréquence : répandu - Évolution : ↘

Âge moyen : 69 ans

P

Élina

Eline, Elinoa, Elinor

Étymologie : du grec *helénê* : « le flambeau », de la famille d'*helios* : « le soleil ».

Fête : 5 août - Couleur : jaune - Chiffre : 5

Caractère : Élina est déterminée et audacieuse.

Fréquence : rare - Évolution : ↗

Âge moyen : 21 ans

C

Élisa

Elicia, Eliza

Étymologie : de l'hébreu *elischeba* : « Dieu est mon serment ». Élisa est un diminutif d'Élisabeth fortement représenté en France.

Fête : 17 novembre - Couleur : orange

Chiffre : 9

Caractère : Élisa est énergique, dotée d'une saine curiosité intellectuelle, elle sait prendre les bonnes décisions.

Personnages célèbres : Élisa Tovati, la chanteuse et actrice française ; l'héroïne éponyme de la chanson de Serge Gainsbourg.

Fréquence : répandu - Évolution : ↘

Âge moyen : 31 ans

C

Élisabeth

Elisabet, Elisabete, Elisabetta, Elizabeth, Elsbeth, Babette, Belita, Liesl

Étymologie : de l'hébreu *elischeba* : « Dieu est mon serment ».

Fête : 17 novembre - Couleur : orange

Chiffre : 9

Caractère : Élisabeth est élégante, sensible, tenace et courageuse. Elle doit à son intelligence un sens aigu de l'analyse et à son intuition un flair à toute épreuve.

Personnages célèbres : Élisabeth Ire d'Angleterre, surnommée « la Reine Vierge » ; l'écrivain Élisabeth Badinter ; l'impératrice Élisabeth d'Autriche, surnommée Sissi ; Élisabeth Guigou, ancienne ministre de la Justice.

Fréquence : répandu - Évolution : ↘

Âge moyen : 60 ans

C

Élise

Elisée, Elseline, Elsie, Elsje, Elslin, Elysa, Elyse, Ilsabe

Étymologie : de l'hébreu *elischeba* : « Dieu est mon serment ».

Fête : 17 novembre - Couleur : orange

Chiffre : 9

Caractère : sa curiosité, notamment dans le domaine artistique, son dynamisme conquérant et sa séduction, font partie de ses atouts sur le plan social, où elle excelle.

Personnage célèbre : la destinataire de la fameuse *Lettre à Élise* de Beethoven.

Fréquence : répandu - Évolution : ↘

Âge moyen : 55 ans

B

Ella

Étymologie : du germanique *alle* : « tout, entièrement » ou de l'hébreu *el* et *yah* : « Yahvé est mon Dieu ». Ce prénom fut porté par la belle-sœur de Richard Cœur de Lion qui perdit son époux, Guillaume Longue-Épée, en 1226 et fonda une abbaye.

Fête : 1er février - Couleur : blanc - Chiffre : 1

Caractère : Ella, la belle, veut «tout», entièrement et toujours ! C'est une diva... irrésistible ! Elle sait, en effet, ensorceller celui qu'elle rencontre, et ce qu'elle veut, elle l'obtient. Elle est piquante, audacieuse et d'une énergie folle.

Personnage célèbre : Ella Fitzgerald, la célèbre chanteuse de jazz. La chanson de France Gall en hommage à cette dernière, *Ella, elle l'a*, aura inévitablement contribué à rendre son prénom encore plus familier en France.

Fréquence : rare - Évolution : ↗

Âge moyen : 20 ans

B

Ellie

Élie, Ellia, Elly

Étymologie : de l'hébreu *el* et *yah* : « Yahvé est mon Dieu ».

Fête : 20 juillet (Saint-Élie) - Couleur : vert

Chiffre : 1

Caractère : Ellie est intelligente, sage et portée sur la méditation.

Personnage célèbre : la chanteuse anglaise Ellie Goulding.

Fréquence : rare - Évolution : ↗

Âge moyen : 9 ans

P

Éloane

Eloana

Étymologie : du celte : « lumière ». Ce prénom est très usité en Bretagne.

Fête : 28 août - Couleur : jaune - Chiffre : 4

Caractère : Éloane aime l'originalité, la spiritualité et la philosophie.

Fréquence : rare - Évolution : ↗

Âge moyen : 4 ans

P

Élodie

Alodia, Alodie, Alodi, Elodia, Elody, Lodi

Étymologie : du grec *elodié* : « fleur fragile ».
Fête : 22 octobre - Couleur : bleu - Chiffre : 5
Caractère : Élodie est une travailleuse acharnée, capable de fermeté tout en étant à l'écoute.
Personnages célèbres : la chanteuse Élodie Frégé ; l'actrice Élodie Bouchez.
Fréquence : répandu - Évolution : ↘
Âge moyen : 25 ans

P

Élona

Ellona, Elonna

Étymologie : de l'hébreu : « chêne ».
Couleur : vert - Chiffre : 2
Caractère : Élona est fidèle et intuitive.
Fréquence : rare - Évolution : =
Âge moyen : 7 ans

V

Élora

El Horra, Horra

Étymologie : de l'arabe *el horra* : « libre ».
Couleur : blanc - Chiffre : 2
Caractère : Élora est tendre, gaie et d'une générosité sans faille.
Fréquence : rare - Évolution : ↗
Âge moyen : 10 ans

B

Elsa

Else, Elseline , Elza

Étymologie : de l'hébreu *elischeba* : « Dieu est mon serment ».
Fête : 17 novembre - Couleur : orange - Chiffre : 1
Caractère : Elsa est réservée, exigeante, mais aussi créative et rigoureuse.
Personnages célèbres : Elsa Triolet, écrivain français, épouse de Louis Aragon ; Elsa, chanteuse française.
Fréquence : répandu - Évolution : ↗
Âge moyen : 21 ans

V

Elsie

Elsy

Étymologie : de l'hébreu *elischeba* : « Dieu est mon serment ». Ce diminutif d'Élisabeth est très répandu au Royaume-Uni et outre-Atlantique.
Fête : 17 novembre - Couleur : orange - Chiffre : 1
Caractère : Elsie est curieuse, courageuse, dynamique et indépendante.
Fréquence : rare - Évolution : =
Âge moyen : 25 ans

V

Elvira

Elvia, Elvie, Elvine, Elvire

Étymologie : du germain *adal* : « noble » et *wart* : « gardien ».
Fête : 16 juillet - Couleur : jaune - Chiffre : 8
Caractère : Elvira se caractérise par sa grande classe : haute tenue, allure racée, charme et port royaux ; elle est directe et volontaire.
Personnage célèbre : Donna Elvira, l'épouse de Don Juan dans le *Don Juan* de Mozart (1787).
Fréquence : rare - Évolution : ↗
Âge moyen : 45 ans

B

Émeline

Aimeline, Aimelyne, Emelie, Emelyne, Emmaline, Emmeline, Emmelyne

Étymologie : du germanique *amal* : « travail ».
Fête : 27 octobre - Chiffre : 4 - Couleur : vert
Caractère : Émeline a le sens de l'honneur. Elle est droite, calme, douce. Ses colères sont froides,

si bien qu'elle peut se révéler parfois intimidante.
Fréquence : répandu - Évolution : ↘
Âge moyen : 19 ans

(V)

Émie

Emmie, Emmy, Emy

Étymologie : du germanique *amal* : « travail ».
Fête : 27 octobre - Couleur : vert - Chiffre : 4
Caractère : Émie est courageuse, dynamique et charismatique. Fréquence : rare - Évolution : ↗
Âge moyen : 8 ans

(P)

Émilie

Emily, Emilia, Emiliana, Emiliane

Étymologie : du latin *aemulus* : « rival » ; du nom d'une grande famille romaine qui, pendant plus de huit siècles, exerça de hautes responsabilités.
Fête : 19 septembre - Couleur : bleu - Chiffre : 8
Caractère : il est dit qu'Émilie rêve sa vie plus qu'elle ne la construit, quitte à s'inventer un univers de légende. Son dynamisme très introverti demande donc à s'épanouir dans le dévouement à autrui ou dans une activité artistique.
Personnages célèbres : Émilie Jolie, héroïne du conte musical de Philippe Chatel ; Émilie Dequenne, actrice française.
Fréquence : répandu - Évolution : ↘
Âge moyen : 34 ans

(B)

Émilienne

Analie, Emiliana, Émillianne, Émmilienne

Étymologie : du latin *aemulus* : « rival », ou du grec *haimulos* : « ruse » ; du nom d'une grande famille romaine qui, pendant plus de huit siècles, exerça de hautes responsabilités.
Fête : 5 janvier - Couleur : bleu - Chiffre : 4
Caractère : Émilienne est énergique, séductrice et originale.
Fréquence : répandu - Évolution : ↘

(V)

Emma

Ema

Étymologie : du germain *ermin* : « la puissance ». Ce prénom fut porté par une jeune et riche veuve allemande, cousine de l'empereur germanique Henri II, qui fonda églises et monastères en Westphalie. Contrairement à l'opinion commune, Emma n'est donc pas le diminutif d'Emmanuelle. C'est donc dans les pays anglophones d'Europe qu'Emma est en passe de devenir un succès tout en se maintenant dans le top 20 français depuis 15 ans.
Fête : 19 avril - Couleur : bleu - Chiffre : 6
Caractère : Emma est volontaire, active, travailleuse et autonome.
Personnages célèbres : Emma Peel, héroïne de la série *Chapeau melon et bottes de cuir* ; les actrices Emma de Caunes, Emma Thompson et Emma Watson ; Emma, héroïne éponyme du roman de Jane Austen, paru en 1815 ; l'héroïne du roman de Gustave Flaubert, *Madame Bovary*.
Fréquence : répandu - Évolution : ↗
Âge moyen : 25 ans

(C)

Emmanuelle

Emmanuele, Emanuelle, Emmanuelle, Manuella, Manuelita

Étymologie : de l'hébreu *imanu-el* : « Dieu est avec nous ».
Fête : 25 décembre - Couleur : orange - Chiffre : 3
Caractère : Emmanuelle est attirée par l'originalité, la spiritualité et la philosophie.
Personnages célèbres : les actrices Emmanuelle Béart, Emmanuelle Seigner, Emmanuelle Devos ; l'héroïne des romans et films du même nom ; Sœur Emmanuelle, la célèbre religieuse.

Fréquence : répandu - Évolution : ↘
Âge moyen : 35 ans

V

Énimie

Enimi, Enimy, Ennimie, Enimmie

Étymologie : du grec *eunomia* : « les justes causes ». Ce prénom fut porté par la fille du roi Clotaire II. Atteinte par la lèpre, elle alla s'isoler dans une léproserie du Gévaudan et fut miraculeusement guérie. Elle décida donc d'entrer au couvent pour remercier Dieu.
Fête : 6 octobre - Couleur : rouge - Chiffre : 9
Caractère : Énimie est une femme de tête.
Fréquence : très rare - Évolution : ↗

P

Énola

Inola

Étymologie : du vieux français : « celle qui est noble ».
Caractère : Énola est fidèle, intuitive. C'est une excellente médiatrice.
Fréquence : rare - Évolution : ↗
Âge moyen : 7 ans

V

Énora

Enaura, Enorah, Hénora

Étymologie : du breton *enor* : « l'honneur ».
Fête : 14 octobre - Couleur : noir - Chiffre : 8
Caractère : Énora est passionnée, entière, indépendante et pleine d'énergie.
Personnage célèbre : Énora Malagré, l'animatrice radio et TV.
Fréquence : rare - Évolution : ↗
Âge moyen : 10 ans

TOP 20

Prénoms marins

La mer et ses légendes déploient tout un imaginaire. Qu'il s'agisse des noms des Néréides (nymphes de la mer dans la mythologie) ou de prénoms moins rares directement associés dans nos esprits aux éléments marins (Marine, Océane), l'impact poétique est grand.

Actée *(le Rivage)*
Alizée
Ariel(le)
Delphine
Doris
Endora / Eudora
Galatée
Kallinira *(nymphe désignant la beauté des eaux)*
Marina / Marine
Marinella
Morgane
Nausicaa
Océane
Ondine
Perle
Sao *(nymphe qui sauve les marins)*
Séraphie
Sirena
Thalie
Thoè *(nymphe représentant la vitesse de l'eau)*

V

Endora

Eudora

Étymologie : du grec : « beau cadeau ». Ce prénom peut correspondre à un dérivé d'Eudora, nom de la fille d'Océan et de Thétys, dans la mythologie grecque.

Couleur : rouge - Chiffre : 3

Caractère : Endora aime la communication, est optimiste et active.

Personnage célèbre : la célébrissime mère de Samantha, dans *Ma Sorcière bien-aimée.*

Fréquence : très rare - Évolution : =

V

Énya

Ena, Enia

Étymologie : de l'irlandais : « amande ».

Caractère : Énya est humaine, généreuse et rêveuse.

Personnage célèbre : Enya, chanteuse irlandaise connue pour son tube *Orinoco Flow (Sail Away).*

Fréquence : rare - Évolution : ↗

Âge moyen : 8 ans

V

Enza

Étymologie : du germanique *heim* : « maison » et *rik* : « puissant ». Enza est une création récente, correspondant au féminin d'Enzo (forme hybride d'Henri composée de sa version italienne, Enrico et de sa version allemande, Heinz).

Fête : 13 juillet - Couleur : vert - Chiffre : 6

Caractère : Enza aime l'innovation, est énergique et ambitieuse.

Fréquence : rare - Évolution : ↗

Âge moyen : 14 ans

P

Érica

Erika, Erykah, Rika

Étymologie : du germain *aina* : « unique, total » et *rik* : « roi » ; ou bien de *ehre* : « honneur ».

Fête : 18 mai - Couleur : rouge - Chiffre : 8

Caractère : Érica ajoute à une intelligence profonde, aiguë, volontaire, l'art de la séduction et le sens de la décision prompte.

Fréquence : rare - Évolution : ↗

Âge moyen : 43 ans

B

Erin

Erina, Erine

Étymologie : du celtique *eireann* : « l'île de l'ouest ». Erin désigne l'Irlande et est donc usité comme prénom pour les jeunes irlandaises. Il se répand en France, en raison de sa jolie sonorité.

Couleur : vert - Chiffre : 1

Caractère : Erin est une bonne conseillère. Résolue autant que sage, elle est très appréciée.

Personnages célèbres : Erin Brockovich, qui s'illustra dans un scandale industriel aux États-Unis et fut interprétée au cinéma par Julia Roberts. Ce film, entraîna certainement l'engouement pour ce prénom en France.

Fréquence : rare - Évolution : ↗

Âge moyen : 7 ans

B

Ernestine

Étymologie : du germanique : « sérieuse ».

Fête : 7 novembre - Couleur : jaune - Chiffre : 9

Caractère : Ernestine est sérieuse, volontaire, travailleuse.

Fréquence : rare - Évolution : ↗

V

Esmeralda

Elsméralda, Emerald, Emeralda, Émeraude, Esma, Esmeralde, Smeralda

Étymologie : du grec *smaragdos* : « l'émeraude ». Esmeralda est, à l'instar de sainte Fleur pour les prénoms floraux, la patronne de tous les prénoms de pierres précieuses.

Fête : 10 mars - Couleur : vert - Chiffre : 2

Caractère : de tempérament indépendant, très imaginative et créative, elle s'adapte facilement à des situations nouvelles.

Personnage célèbre : Esmeralda, l'héroïne de *Notre-Dame de Paris* de Victor Hugo.

Fréquence : rare - Évolution : ↘

Âge moyen : 29 ans

B

Espérance

Hope, Espéranza, Spéranza

Étymologie : du latin *sperare* : « espérer ». Avec la foi et la charité, Espérance représente une des trois vertus théologales.

Fête : 26 avril - Couleur : bleu - Chiffre : 5

Caractère : Espérance est optimiste, énergique. Combattante, elle est tournée vers l'avenir.

Fréquence : très rare - Évolution : ↗

Âge moyen : 72 ans

P

Estelle

Essie, Estela, Estella, Estelon, Estrella.

Étymologie : du latin *stella* : « étoile ».

Fête : 11 mai - Couleur : bleu - Chiffre : 6

Caractère : Estelle est douce, pleine de charme, généreuse et possède un certain art de vivre.

Personnages célèbres : le mannequin Estelle Lefébure ; la présentatrice TV Estelle Denis.

Fréquence : répandu - Évolution : ↘

Âge moyen : 31 ans

P

Esther

Eister, Essa, Ester, Ettie, Hester, Hesther

Étymologie : du perse *ester* : « étoile » ; du nom de la déesse babylonienne Astarté (qui a engendré le substantif français « astre ») qui était incroyablement belle. Esther est un personnage biblique, femme du roi de Perse Assuérus (Xerxès), qui obtint de son époux la vie sauve pour le peuple juif.

Fête : 1er juillet - Couleur : rouge - Chiffre : 3

Caractère : l'intellect et la culture viennent seconder la séduction et l'opiniâtreté d'Esther.

Personnages célèbres : l'actrice Esther Williams ; la tragédie de Racine *Esther* (1689).

Fréquence : rare - Évolution : ↗

Âge moyen : 44 ans

V

Éthel

Étymologie : du germanique *athal* : « noble ». Ce prénom pourrait être le diminutif de plusieurs prénoms médiévaux disparus aujourd'hui. D'autres le considèrent comme un dérivé anglo-saxon d'Adèle, comme son étymologie semble l'indiquer. Éthel est un prénom prisé par les milieux BCBG anglais depuis le XIXe siècle.

Couleur : bleu - Chiffre : 5

Caractère : Éthel est charmante et charmeuse, énergique, indépendante et autoritaire.

Fréquence : rare - Évolution : ↗

Âge moyen : 18 ans

B

Eudeline

Eudia, Eudine

Étymologie : du grec *eod* : « preux, noble, fortuné ». Ce prénom correspond à la forme féminine d'Eudes.

Fête : 19 novembre - Couleur : orange - Chiffre : 9

Caractère : Eudeline est généreuse et sait s'adapter à toutes les situations. Elle possède un enthousiasme communicatif.
Fréquence : très rare - **Évolution :** ↘
Âge moyen : 18 ans

B

Eudoxie

Eudocie, Eudoxi, Eudoxia

Étymologie : du grec : « qui est estimée ».
Fête : 1er mars - **Couleur :** rouge - **Chiffre :** 5
Caractère : Eudoxie possède une certaine aisance relationnelle. Elle est intuitive et possède un solide esprit d'analyse.
Fréquence : rare - **Évolution :** =
Âge moyen : 87 ans

B

Eugénie

Eugenia, Evguecha, Evguenia

Étymologie : du grec *eugenios* : « bien né ».
Fête : 7 février - **Couleur :** bleu - **Chiffre :** 3
Caractère : Eugénie est pourvue d'un esprit de recherche et d'indépendance, auquel elle ajoute un certain goût pour l'ordre et le travail soutenu.
Personnages célèbres : l'héroïne éponyme du roman de Balzac : *Eugénie Grandet* ; l'épouse de Napoléon III, Eugénie de Montijo.
Fréquence : répandu - **Évolution :** ↘

B

Eulalie

Eulali, Eulalia, Lallie, Lia

Étymologie : du grec : « bonne parole ».
Fête : 12 février - **Couleur :** rouge - **Chiffre :** 1
Caractère : Eulalie est calme, émotive, fantaisiste et pleine de douceur.
Fréquence : rare - **Évolution :** =

P

Eunice

Étymologie : du grec *nikè* : « la victoire ».
Couleur : rouge - **Chiffre :** 9
Caractère : Eunice est généreuse, enthousiaste et ne s'épanouit qu'en communiquant avec autrui.
Personnage célèbre : Eunice Barber, athlète.
Fréquence : rare - **Évolution :** =

B

Éponine

Eponyne

Étymologie : se rapporte à Epona, déesse gauloise des chevaux.
Caractère : Éponine a le sens de la famille et des responsabilités. C'est une femme d'influence assez exigeante.
Personnage célèbre : Éponine, l'une des héroïnes des *Misérables* de Victor Hugo.
Fréquence : rare - **Évolution :** ↘
Âge moyen : 13 ans

P

Éva

Eva, Haoua, Evita,
Evka, Ewa, Ewe, Ieva

Étymologie : de l'hébreu *h'ava* : « la vivante ». Éva correspond à la forme internationale d'Ève et est, même en France, bien plus attribuée.
Fête : 6 septembre - **Couleur :** bleu - **Chiffre :** 5
Caractère : Éva est indépendante, volontaire, autonome et ambitieuse.
Personnages célèbres : Eva Herzigova, top model et comédienne ; les actrices Eva Green, Eva Mendes et Eva Longoria.
Fréquence : répandu - **Évolution :** ↗
Âge moyen : 25 ans

V

Évaëlle

Étymologie : de l'hébreu *h'ava* : « la vivante ». Ce prénom est une forme dérivée d'Ève combinée avec Maëlle. Sa présence est attestée en France depuis 1998.

Fête : 6 septembre - Couleur : vert - Chiffre : 8

Caractère : Évaëlle aime la réflexion, est intuitive et indépendante.

Fréquence : rare - Évolution : ↗

Âge moyen : 6 ans

C

Évangéline

Evangelina, Evangelista

Étymologie : du grec eu *aggelion* : « bonne nouvelle ».

Couleur : bleu - Chiffre : 4

Caractère : Évangéline est curieuse, vive, parfois opportuniste.

Personnage célèbre : l'actrice canadienne Evangeline Lilly.

Fréquence : rare - Évolution : ↗

Âge moyen : 20 ans

C

Ève

Evchen, Évi, Évie, Evy

Étymologie : de l'hébreu *h'ava* : « la vivante ». Ce prénom est celui de la mère du genre humain, que Dieu fit naître de la côte d'Adam. Épouse de celui-ci, elle eut des filles et trois fils : Caïn, Abel et Seth. Ayant cédé à la tentation infligée par le serpent en goûtant, avec Adam, au fruit de l'arbre de la connaissance, elle fut, avec son époux, chassée du Paradis terrestre.

Fête : 6 septembre - Couleur : bleu - Chiffre : 5

Caractère : Ève est indépendante, volontaire, voire opportuniste. Ève a tendance à faire preuve d'un certain amour du pouvoir et d'un goût évident pour la domination.

Personnages célèbres : l'Ève originelle, trop célèbre pour ne pas être citée ; Ève Ensler, auteur de la pièce *Les Monologues du vagin* ; Ève Ruggiéri.

Fréquence : rare - Évolution : ↗

Âge moyen : 31 ans

P

Évelyne

Evelina, Eveline, Evelyne, Evelyn, Evlyn

Étymologie : de l'hébreu *h'ava* : « la vivante », ou du gothique *awi* : « grâce, merci ».

Fête : 6 septembre - Couleur : bleu - Chiffre : 7

Caractère : Evelyne est une idéaliste, fougueuse et impétueuse. Elle est généreuse et à la quête d'un absolu. Il lui est difficile de renoncer à ses idéaux.

Personnage célèbre : l'actrice Évelyne Bouix.

Fréquence : répandu - Évolution : ↘

Âge moyen : 56 ans

F

P

Fabienne

Fabiane, Fabiana, Fabianna, Fabianne

Étymologie : du latin *Fabia*, nom d'une illustre famille romaine, sans doute issu de l'étrusque *fabia* : « la fève ».

Fête : 27 décembre - Couleur : jaune - Chiffre : 2

Caractère : Fabienne est affectueuse, sensible, charmante et intuitive.

Personnage célèbre : Fabienne Égal, ancienne speakerine et animatrice de télévision française.

Fréquence : répandu - Évolution : ↘

Âge moyen : 46 ans

(C)

Fabiola

Faba, Fabia, Fabie, Fava

Étymologie : du latin *Fabia*, nom d'une illustre famille romaine, sans doute issu de l'étrusque *fabia* : « la fève ».

Fête : 27 décembre - Couleur : jaune - Chiffre : 5

Caractère : Fabiola est ambitieuse, rigoureuse, travailleuse et autoritaire.

Personnages célèbres : Fabiola, veuve du roi Baudoin et ex-reine de Belgique ; Fabiola, héroïne éponyme du roman écrit par le cardinal Wiseman.

Fréquence : rare - Évolution : ↘

Âge moyen : 31 ans

(V)

Faith

Étymologie : de l'anglais : « foi ». Ce prénom renvoie à celui d'une martyre d'Agen : Foy. Avec la charité et l'espérance, la foi représente une des trois vertus théologales.

Couleur : vert - Chiffre : 3

Caractère : Faith est, à l'image de son prénom, poussée par la foi. Mais celle-ci ne se rapporte pas nécessairement à Dieu. Elle a foi en elle, en ses capacités et dans la vie, tout simplement.

Fréquence : très rare - Évolution : ↘

Âge moyen : 5 ans

(V)

Faïza

Feïza

Étymologie : de l'arabe *fa'iz, fâ'iza* : « victorieux, victorieuse ».

Couleur : gris - Chiffre : 7

Caractère : Faïza est obstinée, très souvent sûre d'avoir raison, ce qui, dans le fond, lui donne une confiance que beaucoup lui envient. Elle est néanmoins d'une générosité et d'une loyauté hors du commun avec ceux qu'elle aime.

Personnage célèbre : l'écrivain Faïza Guene.

Fréquence : rare - Évolution : ↘

Âge moyen : 25 ans

(B)

Fanchon

Étymologie : du germanique *francus* : « homme libre ». Ce prénom correspond à un diminutif ancien de Françoise.

Fête : 9 mars - Couleur : rouge - Chiffre : 6

Caractère : Fanchon est fine, dotée d'une certaine sagacité. Attirée par la philosophie, elle n'a de cesse d'acquérir des connaissances nouvelles.

Fréquence : rare - Évolution : =

Âge moyen : 19 ans

(B)

Fanette

Fanète, Fanetta, Fanita, Phanette

Étymologie : du germanique *francus* : « homme libre ».

Fête : 9 mars - Couleur : jaune - Chiffre : 6

Caractère : Fanette est ardente, pleine de vitalité et charismatique.

Fréquence : rare - Évolution : ↗

Âge moyen : 20 ans

(P)

Fanny

Fanie, Fannie, Fany

Étymologie : Fanny n'est pas un diminutif de Stéphanie, mais de Frances, un dérivé anglo-saxon de Françoise.

Fête : 9 mars - Couleur : blanc - Chiffre : 6

Caractère : Fanny est avant tout caractérisée par son esprit aventureux.

Personnages célèbres : les actrices Fanny Ardant et Fanny Cottençon ; l'héroïne éponyme du roman de Pagnol.

Fréquence : répandu - Évolution : ↘

Âge moyen : 27 ans

Farah

Fara, Farrah

Étymologie : de l'arabe *farah* : « la joie, la gaieté ». Ce prénom est mixte, même si en France on le considère avant tout comme un prénom féminin.

Couleur : blanc - **Chiffre :** 7

Caractère : Farah est courageuse, digne, fière et studieuse.

Personnages célèbres : Farah Diba, épouse du chah d'Iran ; l'actrice Farrah Fawcett.

Fréquence : rare - **Évolution :** ↗

Âge moyen : 14 ans

Farida

Fariza

Étymologie : de l'arabe : « incomparable, sans pareil ». Ce prénom fait de celle qui le porte l'élue divine. Il est assez courant au masculin comme au féminin.

Caractère : Farida est intuitive, fidèle et possède un certain sens du relationnel.

Fréquence : rare - **Évolution :** ↘

Âge moyen : 40 ans

Fatiha

Fatia

Étymologie : de l'arabe : « celle qui est victorieuse ». Fatiha est le nom traditionnel de la première sourate du *Coran*, celle qui ouvre le Livre saint.

Couleur : noir - **Chiffre :** 8

Caractère : Fatiha est ouverte d'esprit, rêveuse et généreuse.

Fréquence : rare - **Évolution :** ↘

Âge moyen : 37 ans

Fatima

Fatim, Fatime

Étymologie : de l'arabe : « petite chamelle qui vient d'être sevrée ». Ce prénom fut porté par la dernière fille de Mahomet et Khadija, qui passe pour avoir été sa préférée. Fatima est donc un classique des prénoms musulmans.

Couleur : vert - **Chiffre :** 2

Caractère : indépendante, charismatique, Fatima a le goût de l'aventure.

Fréquence : répandu - **Évolution :** ↗

Âge moyen : 33 ans

Fatimata

Fatimatou

Étymologie : de l'arabe : « petite chamelle qui vient d'être sevrée ». Ce prénom correspond à une variante de Fatima attribuée en Afrique noire.

Couleur : vert - **Chiffre :** 2

Caractère : Fatimata est énergique et pleine de vitalité. Elle aime aller au bout des choses.

Fréquence : rare - **Évolution :** ↗

Âge moyen : 20 ans

Fatou

Fatouma

Étymologie : de l'arabe : « petite chamelle qui vient d'être sevrée ». Diminutif fréquent de Fatoumata ou Fatimata, il correspond à la Fatima d'Afrique noire et est un classique.

Couleur : vert - **Chiffre :** 2

Caractère : Fatou est altruiste, idéaliste et intègre.

Fréquence : répandu - **Évolution :** ↗

Âge moyen : 16 ans

V

Fatoumata

Étymologie : de l'arabe : « petite chamelle qui vient d'être sevrée ». Fatoumata est un classique des prénoms musulmans d'Afrique noire. Néanmoins, il reste moins attribué que sa variante Fatou.
Couleur : vert - **Chiffre** : 2
Caractère : Fatoumata est organisée, fine et dynamique.
Fréquence : rare - **Évolution** : =

C

Faustine

Fausta, Faustina

Étymologie : D'origine latine, Faustine vient de l'adjectif faustus qui signifie « serein, heureux ».
Fête : 15 janvier - **Couleur** : jaune - **Chiffre** : 5
Caractère : Faustine est curieuse, intuitive et résolue.
Fréquence : rare - **Évolution** : ↗
Âge moyen : 15 ans

V

Fédora

Féodora, Fjodora

Étymologie : du grec *theios deros* : « don des dieux ». Ce prénom est une forme slave de Théodora.
Fête : 28 avril - **Couleur** : jaune - **Chiffre** : 4
Caractère : Fédora est travailleuse, rigoureuse, organisée et stable
Fréquence : rare - **Évolution** : ↗
Âge moyen : 65 ans

V

Félicia

Félice, Féliciana, Féliciane, Félicianna, Félicianne

Étymologie : du latin *felicia* : « heureuse, protégée par la chance ».
Fête : 10 mai - **Couleur** : orange - **Chiffre** : 4
Caractère : Félicia est réservée, prudente, sensible et généreuse.
Fréquence : rare - **Évolution** : ↘
Âge moyen : 49 ans

B

Félicie

Félici, Félicé

Étymologie : du latin *felicia* : « heureuse, protégée par la chance ». Ce prénom correspond à la forme orthographique française de la latine Felicia.
Fête : 10 mai - **Couleur** : orange - **Chiffre** : 4
Caractère : Félicie est persévérante, structurée et sécurisante.
Personnage célèbre : Félicie, héroïne de la chanson de Fernandel.
Fréquence : rare - **Évolution** : ↗
Âge moyen : 80 ans

B

Félicité

Felicidad, Felicitas, Felicita, Felicity

Étymologie : du latin *felicia* : « heureuse, protégée par la chance ».
Fête : 7 mars - **Couleur** : orange - **Chiffre** : 6
Caractère : Félicité est sensible, diplomate, généreuse et calme. Elle porte son prénom à la perfection.
Personnage célèbre : Félicité, personnage des *Trois Contes* de Flaubert.
Fréquence : très rare - **Évolution** : =

V

Fénella

Finella, Fionnula

Étymologie : du celte : « jeune fille aux épaules blanches ».
Couleur : vert - **Chiffre** : 1
Caractère : Fénella est ambitieuse, travailleuse,

persévérante et parfois un peu autoritaire.
Fréquence : très rare - Évolution : =

V

Fernanda

Fernande, Fernandine, Ferrera,

Étymologie : du germanique *fried* : « protecteur » et *nanh* : « hardi ». Fernanda est très attribué au Portugal et dans les pays d'Amérique latine.
Fête : 30 mai (Saint-Fernand) - Couleur : jaune
Chiffre : 4
Caractère : Fernanda est rêveuse, volontaire, humaine et résolue.
Personnage célèbre: Fernanda Tavares, top model brésilienne.
Fréquence : rare - Évolution : =
Âge moyen : 46 ans

B

Fideline

Fidélia, Fidélina

Étymologie : du latin : « foi ».
Couleur : vert - Chiffre : 8
Caractère : Fidéline est audacieuse, dynamique et directive. Elle possède un fort esprit logique.
Fréquence : rare - Évolution : ↘
Âge moyen : 84 ans

V

Filippina

Filipinna, Fillipinna

Étymologie : du grec *phillos* : « ami » et *hippos* : « cheval ». Ce prénom correspond à une variante de Philippine.
Fête : 3 mai (Saint-Philippe) - Couleur : vert
Chiffre : 1
Caractère : Filippina est réceptive au monde qui l'entoure. Encline à la compassion, elle est diplomate et sociable.
Fréquence : très rare - Évolution : =

B

Fine

Fina

Étymologie : de l'hébreu *yosseph* : « Dieu ajoutera ».
Fête : 9 février - Couleur : rouge - Chiffre : 8
Caractère : Fine est tendre, prévenante et d'une intelligence faisant honneur à son prénom. Sa sensibilité n'est pas en reste, évidemment.
Fréquence : très rare - Évolution : =

P

Fiona

Fionna, Fyona, Fyonna

Étymologie : du gaulois : « blanc, pur, éclatant », qui a engendré le gaélique fionn.
Fête : 18 octobre (Sainte-Gwenn)
Couleur : rouge - Chiffre : 9
Caractère : Fiona peut sembler extravertie mais cache une certaine vulnérabilité. Douée et fine, elle doit prendre garde à ne pas être brûlée par son feu intérieur.
Personnage célèbre : Fiona, personnage féminin du film d'animation Shrek.
Fréquence : rare - Évolution : =
Âge moyen : 15 ans

V

Fiorella

Fiora, Fiorina

Étymologie : du latin : « floraison ».
Couleur : vert - Chiffre : 4
Caractère : elle est douce, secrète et peut parfois manquer d'assurance ; elle a un grand besoin d'affection.
Fréquence : rare - Évolution : =
Âge moyen : 30 ans

. TOP 20 .

Prénoms bibliques

Le prénom biblique a bien des facettes : il est parfois un classique intemporel (Marie), se prête à des engouements populaires (Léa), et reste une valeur sûre dans le monde judaïque ou chrétien (Anne, ici retranscrit sous sa forme Hannah). Même la population bobo semble y puiser des idées...

Abigaël
Anne
Dalila
Déborah
Esther
Eve
Hannah
Jeanne
Judith
Léa
Marie
Myriam
Noémie
Rachel
Rebecca
Ruth
Salomé
Sarah
Suzanne
Yaël

B

Firmine

Firma, Firmina

Étymologie : du latin : « fermeté, rigueur ». Firmine est la forme féminine de Firmin.
Couleur : bleu - Chiffre : 8
Caractère : Firmine est intuitive et fidèle.
Fréquence : rare - Évolution : =
Âge moyen : 81 ans

C

Flavie

Flavia, Flavienne, Flavy

Étymologie : du latin *flavius* : « blond », qui a donné son nom à deux grandes familles romaines illustrées chacune par une dynastie impériale.
Fête : 7 mai - Couleur : jaune - Chiffre : 1
Caractère : Flavie est élégante, déterminée, ambitieuse et perfectionniste.
Personnage célèbre : Flavie Flament, animatrice TV.
Fréquence : répandu - Évolution : ↘
Âge moyen : 22 ans

B

Fleur

Fleurine, Fleurentine, Fleurestine, Fleuriane, Floriale

Étymologie : du latin *flos, floris* : « la fleur ». Fleur, tout en étant fêtée pour elle-même, est aussi la patronne de tous les saints floraux.
Fête : 5 octobre - Couleur : jaune - Chiffre : 6
Caractère : Fleur est ambitieuse, passionnée, habile, fine et voluptueuse, à l'image du nom commun auquel son prénom se rapporte.
Personnages célèbres : Fleur Delacour, personnage du célèbre roman adapté au cinéma, *Harry Potter* ; Fleur Pellerin, ministre.
Fréquence : rare - Évolution : ↗
Âge moyen : 20 ans

P

Flora

Florie, Flori, Floréale

Étymologie : du latin *flos, floris* : « la fleur ». Ce nom est celui de la déesse des Fleurs, dans la mythologie romaine, qui était aussi l'épouse de Zéphyr.
Fête : 24 novembre - Couleur : blanc - Chiffre : 7
Caractère : Flora est passionnée, généreuse et disponible et, fidèle à son prénom, très attirée par la nature et les grands espaces.
Personnages célèbres : Flora Tristan, initiatrice du féminisme français ; Flora Twort, célèbre artiste britannique.
Fréquence : répandu - Évolution : ↘
Âge moyen : 29 ans

B

Floraine

Florane

Étymologie : du latin *flos, floris* : la fleur.
Fête : 24 novembre - Couleur : blanc - Chiffre : 7
Caractère : Floraine est habile et ambitieuse. C'est une femme forte.
Fréquence : très rare - Évolution : ↘
Âge moyen : 20 ans

B

Flore

Flor, Florella, Florenzia, Florès, Florette, Fleurie, Flori, Floriane

Étymologie : du latin *flos, floris* : « la fleur ». Flore est la forme francisée de Flora.
Fête : 24 novembre - Couleur : blanc - Chiffre : 7
Caractère : Flore est diplomate, réceptive, sociable, loyale et éprise de nature.
Fréquence : rare - Évolution : ↘
Âge moyen : 40 ans

B

Florelle

Florella

Étymologie : ce prénom est une forme dérivée de Flora, nom de la déesse des Fleurs, dans la mythologie romaine.
Fête : 24 novembre - Couleur : rouge - Chiffre : 4
Caractère : Florelle est affectueuse, généreuse, a le sens des responsabilités et celui des traditions.
Fréquence : rare - Évolution : ↘
Âge moyen : 38 ans

C

Florence

Florencia, Florinde, Florange, Florencianne, Florentine

Étymologie : du latin *flos, floris* : « la fleur ».
Fête : 1er décembre - Couleur : orange - Chiffre : 6
Caractère : Florence a le sens de la famille et des responsabilités, elle est tenace et pondérée, mais s'avère parfois versatile.
Personnages célèbres : Florence Foresti, humoriste ; Florence Nightingale, la cofondatrice de la Croix-Rouge ; la reporter Florence Aubenas ; Florence Arthaud, navigatrice.
Fréquence : répandu - Évolution : ↘
Âge moyen : 43 ans

C

Floriane

Floriana , Florianne

Étymologie : du latin *flor* : « fleur ». Ce prénom correspond à la forme féminine de Florian et semble avoir été créé dans les années 80.
Fête : 4 mai (Saint-Florian) - Couleur : rouge
Chiffre : 8
Caractère : Floriane est ambitieuse, rapide et énergique.
Fréquence : répandu - Évolution : ↘
Âge moyen : 23 ans

B

Florine

Flora, Florinne, Florie

Étymologie : du latin *flor* : « fleur ». Ce prénom est un diminutif de Flora qui peut être traduit par « petite fleur ».

Fête : 1er mai - Couleur : rouge - Chiffre : 7

Caractère : Florine est réservée, réfléchie, intuitive et sociable.

Fréquence : rare - Évolution : ↘

Âge moyen : 24 ans

P

Flower

Flowere

Étymologie : de l'anglais : « fleur ».

Fête : 24 novembre - Couleur : rose - Chiffre : 7

Caractère : Flower est pétillante, pleine de vie et très à l'écoute des autres.

Fréquence : très rare - Évolution : =

B

Fortunée

Fortuna, Fortunaé

Étymologie : du latin *Fortuna*, nom de la déesse de la chance.

Fête : 23 avril - Couleur : blanc- Chiffre : 2

Caractère : Fortunée est élégante, diplomate et perfectionniste.

Fréquence : rare - Évolution : =

V

Franca

Ciska

Étymologie : du latin *francus*, *franca* : « homme, femme libre ». Ce prénom est une variante méditerranéenne de Françoise, très portée en Italie. Ce prénom fut porté par une abbesse qui réforma des couvents de cisterciennes en Italie au XIIe siècle.

Fête : 26 avril - Couleur : orange - Chiffre : 2

Caractère : Franca est résolue, intelligente et toujours en quête de savoir.

Fréquence : rare - Évolution : =

Âge moyen : 53 ans

P

France

Frannie, Francette, Franny

Étymologie : du latin *francus*, *franca* : « homme, femme libre ». France peut être considérée comme un des féminins de François et correspond à la forme francisée de Franca.

Fête : 26 avril - Couleur : orange - Chiffre : 2

Caractère : France est sociable, diplomate et directive.

Personnage célèbre : France Gall, la chanteuse.

Fréquence : répandu - Évolution : ↘

Âge moyen : 70 ans

B

Franceline

Francelina, Francelline, Francelinne

Étymologie : du latin *francus*, *franca* : « homme, femme libre ». Il fut porté par celle qui est aujourd'hui considérée comme la patronne de Rome. Épouse et mère chrétienne du XIVe siècle, elle fonda les oblates bénédictines : un groupe de femmes non religieuses, mais dont la vie était un exemple de charité et de piété.

Fête : 9 mars - Couleur : rouge - Chiffre : 9

Caractère : Franceline est volontaire et se réalise dans l'action. Sa combativité a besoin d'être régulièrement éprouvée.

Fréquence : rare - Évolution : ↘

Âge moyen : 76 ans

V

Frances

Fran, Frannie, Franny

Étymologie : du latin *francus*, *franca* : « homme,

femme libre ». Frances est la forme anglophone de Franca.
Fête : 26 avril - Couleur : orange - Chiffre : 2
Caractère : Frances sait plier la finesse de l'intuition à la rigueur de l'analyse méthodique.
Fréquence : très rare - Évolution : =
Âge moyen : 58 ans

V

Francesca

Franceska

Étymologie : du latin *francus, franca* : « homme, femme libre ». Francesca correspond à la forme italienne et (originelle) de Françoise.
Fête : 9 mars - Couleur : rouge - Chiffre : 9
Caractère : Francesca est déterminée, aime les raisonnements et la spiritualité.
Personnage célèbre : Francesca da Rimini, personnage de *Dante*.
Fréquence : rare - Évolution : ↘
Âge moyen : 31 ans

P

Francine

Franciane, Francinette

Étymologie : du latin *francus, franca* : « homme, femme libre ».
Fête : 9 mars - Couleur : rouge - Chiffre : 9
Caractère : Francine a un certain goût du pouvoir, est parfois autoritaire, mais est résolue.
Fréquence : répandu - Évolution : ↘
Âge moyen : 70 ans

P

Françoise

Cesca, Franceza, Franciska, Frančiška, Franciszka, Françoese, Frañseza, Františka, Frantziska, Pantxika, Paquita, Franja, Seza

Étymologie : du latin *francus, franca* : « homme, femme libre ».
Fête : 9 mars - Couleur : rouge - Chiffre : 9
Caractère : douce, calme, Françoise est aussi altruiste et sociable.
Personnages célèbres : Françoise d'Aubigné, marquise de Maintenon, maîtresse de Louis XIV ; Françoise Hardy, chanteuse ; la romancière Françoise Sagan ; l'actrice Françoise Dorléac ; Françoise Dolto, psychanalyste.
Fréquence : répandu - Évolution : ↘
Âge moyen : 64 ans

V

Frédérica

Fédérica

Étymologie : du germain *fried* : « protecteur » et *ric* : « puissant », ou *rik* : « roi ».
Fête : 18 juillet - Couleur : jaune - Chiffre : 9
Caractère : Frédérica est charismatique, généreuse, aime communiquer avec autrui et est attachée aux traditions.
Fréquence : rare - Évolution : ↗

C

Frédérique

Frédérika, Frérika, Frigga, Frika, Frikka

Étymologie : du germain *fried* : « protecteur » et *ric* : « puissant », ou *rik* : « roi ».
Fête : 18 juillet - Couleur : jaune - Chiffre : 9
Caractère : Frédérique est raisonnable, humaine, rêveuse et volontaire.
Fréquence : répandu - Évolution : ↘
Âge moyen : 44 ans

V

Freya

Freja, Freyia, Friea

Étymologie : du nom de l'ancienne déesse germanique Freyja, fille de Njödhr, dieu du vent, de la pluie et des eaux.
Fête : 21 avril - Couleur : vert - Chiffre : 7

Caractère : Freya a une forte personnalité. Intelligente, elle est un brin rebelle.
Personnage célèbre : Freja Beja, mannequin.
Fréquence : très rare - Évolution : ↗
Âge moyen : 4 ans

V

Frida

Frieda

Étymologie : du germain *fried* : « protecteur » et *ric* : « puissant », ou *rik* : « roi ».
Fête : 18 juillet - Couleur : jaune - Chiffre : 9
Caractère : Frida est intuitive, fidèle et possède de grandes facultés d'adaptation.
Personnage célèbre : Frida Kahlo, célèbre artiste peintre.
Fréquence : rare - Évolution : ↗

G

C

Gabrielle

Gabriela, Gabriele, Gabriella, Gabrielo, Gabie

Étymologie : de l'hébreu *gavar* : « force » et *el* : « Dieu » ; « Dieu est ma force ».
Fête : 26 juin - Couleur : bleu - Chiffre : 7
Caractère : Gabrielle a l'esprit d'entreprise, est exigeante, organisée, tenace et méthodique.
Personnages célèbres : Gabrielle Chanel, dite « Coco » ; Gabrielle Solis, l'une des quatre *Desperate Housewives* ; Gabrielle d'Estrées, favorite d'Henri IV.
Fréquence : répandu - Évolution : ↗
Âge moyen : 70 ans

P

Gaby

Gabbie, Gabby

Étymologie : de l'hébreu *gavar* : « force » et *el* : « Dieu » ; « Dieu est ma force ».
Fête : 26 juin - Couleur : bleu - Chiffre : 8
Caractère : Gaby est opiniâtre, tenace, d'une grande envergure d'esprit.
Personnage célèbre : Gaby Morlay, l'actrice française.
Fréquence : rare - Évolution : ↗
Âge moyen : 61 ans

C

Gaëlle

Gaëla, Gaëlla, Gaëlane, Gaële, Gaelig, Gale, Gayle

Étymologie : du germain *walah* : « étranger », désignant plus spécialement les peuples celtiques établis dans les îles britanniques au Ve siècle avant J.-C. Les Germains utilisaient ce mot pour désigner tout ce qui n'était pas eux : Celtes surtout, mais aussi Galates, Gaulois, Galiciens, Wallons, Gallois... Ce prénom correspond à la forme féminine de Gaël. En Bretagne, il s'orthographie la plupart du temps sans tréma.
Fête : 17 décembre - Couleur : jaune - Chiffre : 2
Caractère : intelligente, intuitive, Gaëlle est aussi indépendante, ambitieuse et exigeante.
Fréquence : répandu - Évolution : ↘
Âge moyen : 29 ans

B

Gaëtane

Gaëtanne, Gaëtana, Gaëtanna, Kajetane

Étymologie : du latin *caietanus* : habitant de la ville de Gaete, près de Naples.
Fête : 7 août - Couleur : jaune - Chiffre : 3
Caractère : Gaëtane est une rêveuse idéaliste qui sait faire preuve de stratégie.

Fréquence : rare - Évolution : ↗
Âge moyen : 49 ans

P

Gaïa

Algaïa, Gaya, Gaïlla

Étymologie : dans la mythologie grecque, ce nom est celui de la déesse issue du chaos originel qui personnifie la terre nourricière.
Couleur : vert - Chiffre : 9
Caractère : Gaïa est ambitieuse, volontaire, opiniâtre et dotée de grandes facultés d'adaptation.
Fréquence : rare - Évolution : =
Âge moyen : 2 ans

V

Gaïane

Gayanne

Étymologie : ce prénom est une variante de Gaïa qui, dans la mythologie grecque, est la déesse qui personnifie la terre nourricière.
Couleur : vert - Chiffre : 9
Caractère : Gaïane est quelque peu autoritaire. C'est aussi une personnalité au cœur rare, capable de mettre toute son énergie au service des autres.
Fréquence : rare - Évolution : ↘
Âge moyen : 10 ans

B

Gala

Galane

Étymologie : c'est un diminutif de Galina, forme féminine de Galen. Galen renvoie à Claudius Galenus, docteur romain au IIe siècle av. J.-C.
Couleur : orange - Chiffre : 2
Caractère : Gala est sociable, optimiste et créative.
Personnage célèbre : Gala Dalí, femme du peintre.
Fréquence : rare - Évolution : ↘
Âge moyen : 14 ans

B

Galatée

Galatéa

Étymologie : du grec : « couleur de lait ». Dans la mythologie grecque, Galatée est le prénom d'une statue d'ivoire dont Pygmalion tombe fou amoureux. Il la fait transformer en femme, en priant instamment les dieux. Galatée est également le prénom d'une des néreides qui était éprise d'Acis, un jeune berger, alors que le cyclope Polyphème était, lui, amoureux d'elle. Polyphème tua Acis en faisant tomber un rocher sur lui. Galatée pria les dieux de transformer le sang de son amant mort en fleuve, afin qu'il puisse la rejoindre, elle qui habitait l'océan.
Fête : 10 novembre (sainte-Nymphe)
Couleur : blanc - Chiffre : 6
Caractère : Galatée est sensible, a le sens de l'harmonie et des responsabilités.
Fréquence : très rare - Évolution : =
Âge moyen : 14 ans

B

Garance

Garancia, Garantia

Étymologie : du bas latin *warantia*. Nom d'une plante à fleurs jaunes poussant dans les bois et les buissons et dont les racines servent à fabriquer une teinture rouge foncée.
Fête : 5 octobre (sainte-Fleur)
Couleur : rouge Chiffre : 4
Caractère : réservée, réfléchie, Garance n'est pas aussi douce qu'elle en a l'air. Charismatique et créative, elle sait faire montre d'un leadership incontestable.
Personnages célèbres : Garance Doré, star des blogueuses mode ; Garance, personnage interprété par Arletty dans *Les Enfants du paradis*.
Fréquence : rare - Évolution : ↗
Âge moyen : 11 ans

(V)

Garnet

Garnett

Étymologie : de l'anglais : « grenat ». Ce prénom est le nom anglo-saxon de la pierre fine.
Fête : 10 mars (sainte Esmeralda est patronne de tous les prénoms issus de pierres précieuses)
Couleur : vert - Chiffre : 3
Caractère : Garnet a pour elle l'intelligence, le cœur et la bravoure. C'est aussi quelqu'un d'optimiste.
Fréquence : très rare - Évolution : ↘

(B)

Gasparine

Étymologie : du sanskrit *gath aspa* : « le voyant ».
Fête : 28 décembre - Couleur : bleu - Chiffre : 1
Caractère : Gasparine est déterminée, ouverte d'esprit et très humaine.
Fréquence : très rare - Évolution : =

(B)

Gastonne

Gastone, Gastonnette

Étymologie : du germanique *gast* ou *vast* : « l'hôte ».
Fête : 6 février - Couleur : vert - Chiffre : 4
Caractère : Gastonne est réfléchie, idéaliste, altruiste et dévouée.
Fréquence : rare - Évolution : =
Âge moyen : 91 ans

(B)

Gatienne

Gatiène, Rogatienne

Étymologie : du latin *gatinus* : « originaire du Gâtinais ». Ce prénom est la forme féminine de Gatien.
Fête : 18 décembre - Couleur : jaune - Chiffre : 5
Caractère : Gatienne est sociable, réceptive et diplomate.
Fréquence : très rare - Évolution : =
Âge moyen : 80 ans

(B)

Gauthière

Étymologie : du germanique *walden* : « diriger » et *heri* : « l'armée ».
Fête : 4 mai - Couleur : orange - Chiffre : 9
Caractère : Gauthière est active, persévérante. C'est quelqu'un de très structuré.
Fréquence : très rare - Évolution : ↘

(P)

Gemma

Gema, Jema, Jemma,

Étymologie : du latin : « pierre précieuse ».
Fête : 11 avril - Couleur : bleu - Chiffre : 3
Caractère : Gemma est farouchement indépendante. Certains la trouvent difficile d'accès, d'autres, immédiatement sympathique. Son ambivalence va de pair avec son intuition.
Personnages célèbres : Gemma Donati, épouse de Dante ; Jemma Kidd, mannequin ; Gemma Arterton, actrice anglaise.
Fréquence : rare - Évolution : ↗
Âge moyen : 54 ans

(C)

Geneviève

Genevièvre, Genovera, Geva, Guenovefa, Guenovera

Étymologie : du germain *gen* : « jeune », ou *geno* : « race » et *wifa* : « femme ».
Fête : 3 janvier - Couleur : rouge - Chiffre : 4
Caractère : travailleuse, brave, perfectionniste, sensible et fidèle, Geneviève est aussi en quête de sa propre autorité et de son assurance.
Personnage célèbre : Geneviève de Brabant (VIIIe

siècle), à l'origine de *Genoveva* (1850), l'opéra de Robert Schumann.
Fréquence : répandu - **Évolution :** ↘
Âge moyen : 75 ans

C

Génovéfa

Génovéva

Étymologie : du germain *gen* : « jeune », ou *geno* : « race » et *wifa* : « femme ».
Fête : 3 janvier - **Couleur :** rouge - **Chiffre :** 4
Caractère : Génovéfa aime la réussite. Elle aime la communication. De nature enthousiaste, c'est aussi une femme de caractère.
Fréquence : rare - **Évolution :** ↘
Âge moyen : 81 ans

B

Georgette

Georgetta

Étymologie : du grec *giorgios* : « celui qui travaille la terre ».
Fête : 15 février - **Couleur :** jaune - **Chiffre :** 3
Caractère : Georgette est sensible, aime la communication. Quelque peu autoritaire, elle a le goût du pouvoir.
Personnages célèbres : la chanteuse réaliste Georgette Lemaire ; Georgette Leblanc, la sœur de l'écrivain Maurice Leblanc, créateur d'Arsène Lupin.
Fréquence : répandu - **Évolution :** ↘

V

Georgina

Georgène, Jorgina

Étymologie : du grec *giorgios* : « celui qui travaille la terre ». Georgina est le diminutif de Georgia, forme féminine de Georges.
Fête : 15 février - **Couleur :** jaune - **Chiffre :** 8
Caractère : Georgina est persévérante, structurée, sécurisante et efficace.
Personnages célèbres : Georgina Dufoix, femme politique française ; Georgina, petite sœur de M. Darcy, personnage du roman de Jane Austen *Orgueil et Préjugés*.
Fréquence : rare - **Évolution :** ↘
Âge moyen : 82 ans

V

Georgia

Geirgia, Georgine, Gora, Göra

Étymologie : du grec *giorgios* : « celui qui travaille la terre ». Georgia est l'une des formes féminines de Georges.
Fête : 15 février - **Couleur :** jaune - **Chiffre :** 8
Caractère : Georgia est ambitieuse, travailleuse et réservée.
Personnage célèbre : l'héroïne de la magnifique chanson popularisée par Ray Charles.
Fréquence : rare - **Évolution :** ↘
Âge moyen : 25 ans

C

Géraldine

Géralda, Géraldina

Étymologie : du germanique *ger* : « la lance » (symbole du guerrier) et *hart* : « fort ».
Fête : 29 mai - **Couleur :** bleu - **Chiffre :** 3
Caractère : Géraldine est enthousiaste, éloquente, curieuse et possède de grandes capacités d'adaptation.
Personnages célèbres : Géraldine Pailhas, actrice française ; Geraldine Chaplin, fille de Charlie Chaplin et actrice elle-même.
Fréquence : répandu - **Évolution :** ↘
Âge moyen : 38 ans

B

Gérardine

Gérarda, Gérarde

Étymologie : du germanique *ger* : « la lance » (symbole du guerrier) et *hart* : « fort ». Ce prénom correspond à la forme féminine de Gérard.

Fête : 29 mai - Couleur : bleu - Chiffre : 3

Caractère : Gérardine est altruiste, intègre et idéaliste.

Fréquence : rare - Évolution : =

Âge moyen : 58 ans

B

Germaine

Germana, Germanie, Germina, Guermana, Guermane, Guermoussia

Étymologie : du latin *germen* : « progéniture, du même sang », qui a engendré l'adjectif « naturel ». Cette forme féminine de Germain fut portée par une fille de ferme, maltraitée par son père et sa marâtre, qui passa sa vie à garder des troupeaux en récitant son chapelet. Elle mourut de misère à l'âge de vingt-deux ans.

Fête : 15 juin - Couleur : bleu - Chiffre : 6

Caractère : Germaine est réservée, sensible, combative et courageuse.

Personnage célèbre : Germaine de Staël, romancière.

Fréquence : répandu - Évolution : ↘

Âge moyen : 96 ans

C

Gertrude

Gertrud, Gertruda, Gertrui, Trudi

Étymologie : du germanique *ger* : « la lance » et *druda* : « l'amitié ».

Fête : 16 novembre - Couleur : bleu - Chiffre : 8

Caractère : Gertrude est ambitieuse, opiniâtre et volontaire.

Personnages célèbres : Gertrude, l'une des Walkyries ; l'actrice Gertrude Lawrence.

Fréquence : très rare - Évolution : ↘

Âge moyen : 86 ans

B

Gervaise

Gerva

Étymologie : du grec *gherazein* : « honorer ».

Fête : 19 juin - Couleur : rouge - Chiffre : 5

Caractère : Gervaise est vive, franche et curieuse.

Personnage célèbre : Gervaise, le personnage de *L'Assommoir*, de Zola.

Fréquence : rare - Évolution : ↘

Âge moyen : 86 ans

P

Ghislaine

Gislaine, Guillaine, Guislaine, Guylaine

Étymologie : du germain *ghil* : « otage » et *hard* : « dur ».

Fête : 10 octobre - Couleur : bleu - Chiffre : 7

Caractère : Ghislaine est élégante, volontaire, elle manifeste parfois une certaine soif de reconnaissance. C'est une esthète affirmée.

Fréquence : répandu - Évolution : ↘

Âge moyen : 57 ans

B

Gia

Étymologie : de l'hébreu *yohânân* : « Dieu pardonne ». Gia est un diminutif de Gianna, lui-même forme italienne de Giovanna, la Jeanne italienne.

Fête : 30 mai - Couleur : jaune - Chiffre : 5

Caractère : Gia est lyrique, inspirée, créative et rêveuse.

Personnage célèbre : Gia Coppola, réalisatrice.

Fréquence : très rare - Évolution : ↗

B

Giacomina

Étymologie : de l'hébreu *yaacov* : « il a talonné ». Ce prénom correspond à la forme italienne de Jacqueline.

Fête : 8 février - Couleur : bleu - Chiffre : 7

Caractère : Giacomina est une rêveuse qui ne manque pas d'ambition. Logique et humaine, elle fait preuve parfois d'une certaine rectitude.

Fréquence : très rare - Évolution : =

Âge moyen : 82 ans

V

Gianna

Giana

Étymologie : de l'hébreu *yohânân* : « Dieu pardonne ». Gianna est le diminutif de Giovanna, forme italienne de Jeanne.

Fête : 30 mai - Couleur : jaune - Chiffre : 5

Caractère : Gianna est audacieuse, dynamique, directive et indépendante.

Fréquence : rare - Évolution : ↗

Âge moyen : 26 ans

C

Gilberte

Gilleberte, Gisberte, Gilberta, Wilberte

Étymologie : du germain *gisil* : « descendant (de haute race) » et *bert* : « brillant ».

Fête : 11 août - Couleur : orange - Chiffre : 6

Caractère : Gilberte est sensible, active, indépendante et a le sens des responsabilités.

Personnage célèbre : Gilberte, personnage féminin de l'œuvre de Marcel Proust, *À la recherche du temps perdu*.

Fréquence : répandu - Évolution : ↘

P

Gilda

Étymologie : du germanique *heri* : « armée » et *ghil* : « l'engagement, la promesse ». Gilda est le diminutif italien du prénom Herménégilde, qui fut longtemps attribué aux deux sexes avant de devenir exclusivement féminin au XVIe siècle.

Fête : 14 avril - Couleur : rouge - Chiffre : 1

Caractère : malgré sa prudence et son sens aigu des responsabilités, Gilda est un être d'affection, qui doit prendre garde à se préserver.

Personnage célèbre : l'héroïne du film du même nom, interprétée par Rita Hayworth ; Gilda, fille de Rigoletto dans l'opéra de Verdi.

Fréquence : rare - Évolution : ↘

Âge moyen : 58 ans

P

Gillian

Gilian, Giliane, Gill, Gilliane

Étymologie : du latin *iulius*, dérivé de *jovilios* : « descendant de Jupiter ». Ce nom désignait à l'origine un fils d'Énée avant de devenir le patronyme de ses descendants. Gillian est un dérivé anglo-saxon de Julie.

Fête : 8 avril - Couleur : rouge - Chiffre : 3

Caractère : énergique, résolue, sympathique, Gillian est une amie très recherchée, dotée d'une positivité à toute épreuve.

Personnage célèbre : l'actrice Gillian Anderson.

Fréquence : rare - Évolution : ↘

Âge moyen : 16 ans

V

Gina

Ginna, Ginetta

Étymologie : du germain *hold* : « glorieux » et *wig* : « le combattant ». Gina est un diminutif de Luigina, lui-même diminutif de Luigia, la forme italienne de Louise.

Fête : 15 mars - Couleur : vert - Chiffre : 4
Caractère : Gina est une séductrice, vonlontaire, stable et pleine de charme.
Personnage célèbre : l'actrice Gina Lollobrigida.
Fréquence : rare - Évolution : ↗
Âge moyen : 45 ans

C

Ginette

Ginnette

Étymologie : du germanique *geno* : « la race » et *wifa* : « la femme ». Ginette est un diminutif de Geneviève.
Fête : 3 janvier - Couleur : jaune - Chiffre : 8
Caractère : Ginette est courageuse, ambitieuse et énergique.
Personnage célèbre : la comédienne Ginette Garcin.
Fréquence : répandu - Évolution : ↘
Âge moyen : 76 ans

V

Giovanna

Jovana, Jovanna

Étymologie : de l'hébreu *yohânân* : « Dieu pardonne ». Giovanna est la forme italienne de Jeanne.
Fête : 30 mai - Couleur : jaune - Chiffre : 5
Caractère : Giovanna est diplomate et sociable. Elle a soif de réussite, mais reste très réceptive, car elle dotée d'une grande sensibilité.
Fréquence : rare - Évolution : ↗
Âge moyen : 41 ans

B

Gisèle

Giselle, Gisela, Gisella, Gisla, Gleitje, Silke

Étymologie : du germain *ghil* : « otage » et *hard* : « dur ».
Fête : 7 mai - Couleur : jaune - Chiffre : 3
Caractère : Gisèle est rêveuse et spontanée, mais parfois un peu anxieuse. Ce qu'elle se plaît à masquer par des trésors de bonne humeur.
Personnage célèbre : Gisele Bündchen, la star des top models.
Fréquence : répandu - Évolution : ↗
Âge moyen : 73 ans

P

Gladys

Glad, Gladdie, Gleda, Gwladys

Étymologie : du gallois *gwladys* : « qui règne sur l'espace ».
Fête : 29 mars - Couleur : bleu - Chiffre : 2
Caractère : Gladys est indépendante, volontaire et ambitieuse.
Personnages célèbres : les héroïnes de romans populaires de l'Angleterre du XIXe siècle, *Gladys* d'Edith M. Dauglish et *Gladys of Harlech* d'Anne Beale ; Gladys Knight, la chanteuse américaine.
Fréquence : rare - Évolution : ↘
Âge moyen : 33 ans

P

Glenda

Étymologie : du celtique gallois *glan* : « pur » et *dago* : « bon ».
Couleur : violet - Chiffre : 4
Caractère : indépendante, altruiste, Glenda est aussi généreuse et fantaisiste.
Personnages célèbres : Glenda Jackson, actrice oscarisée et femme politique anglaise ; Glenda Bailey, rédactrice en chef du magazine *Harper's Bazaar*.
Fréquence : très rare - Évolution : =
Âge moyen : 27 ans

V

Glenn

Glène, Glen

Étymologie : du celte *glean* : « vallée encaisée ». Ce prénom de garçon s'est peu à peu féminisé.

Fête : 11 septembre - Couleur : bleu - Chiffre : 2
Caractère : Glenn a du cœur, est encline à la méditation et toujours en quête de savoir.
Personnage célèbre : Glenn Close, actrice américaine.
Fréquence : très rare - Évolution : =
Âge moyen : 4 ans

V

Gloria

Gloriane

Étymologie : du latin *gloria* : « la gloire de Dieu ».
Fête : 11 mars - Couleur : vert - Chiffre : 7
Caractère : Gloria est volontaire, efficace, exigeante et opportuniste.
Personnage célèbre : l'actrice américaine Gloria Swanson ; l'héroïne éponyme du film de Cassavetes.
Fréquence : rare - Évolution : ↗
Âge moyen : 29 ans

C

Grace/Grâce

Gracia, Graciane, Gracianne, Gracieuse, Grazia

Étymologie : du latin *gratia* : « la grâce, la faveur ».
Fête : 21 août - Couleur : bleu - Chiffre : 7 -
Caractère : Grace est raffinée, élégante, affectueuse et rigoureuse.
Personnages célèbres : Grace Kelly, actrice devenue la princesse Grace de Monaco ; la chanteuse, mannequin et actrice Grace Jones.
Fréquence : peu commun - Évolution : ↗
Âge moyen : 19 ans

V

Graziella

Grazilla

Étymologie : du latin *gratia* : « la grâce, la faveur ». Ce prénom correspond à la forme

TOP 20

Prénoms diminutifs

Un diminutif n'a pas nécessairement vocation à réduire un prénom jugé trop long : il lui ajoute une valeur affective, une douce nuance. Nombre de ces diminutifs, à force d'être prononcés affectueusement en lieu et place du prénom original, ont fini par leur être préférés et sont devenus des prénoms à part entière.

Bettie / Betty
Cathy
Chris / Christie
Cindy
Colette
Dora / Doria
Elsa
Fanchon
Fanny
Kim
Lili / Lily
Lisa / Lise
Lola
Louison
Mia
Nelly
Sandra / Sandie / Sandy
Thea
Tess
Suzie / Suzon / Suzy

italienne de Grace.

Fête : 21 août - Couleur : bleu - Chiffre : 7

Caractère : Graziella a du ressort, est sympathique, audacieuse et dynamique.

Fréquence : rare - Évolution : ↘

Âge moyen : 40 ans

V

Greta

Greda, Gredel, Greet, Gretchen, Grete, Gretel, Grethel

Étymologie : du grec *margaritès* : « la perle ». Greta est un diminutif allemand de Marguerite.

Fête : 16 novembre - Couleur : vert - Chiffre : 9

Caractère : Greta est consciencieuse, bienveillante et résolue.

Personnage célèbre : l'actrice Greta Garbo.

Fréquence : peu commun - Évolution : ↗

Âge moyen : 32 ans

V

Griselda

Grisélidis, Grishilda, Grishilde, Grizelda, Grizzel

Étymologie : du germanique : « la guerrière grise ».

Couleur : vert - Chiffre : 6

Caractère : Griselda est douce, fidèle et optimiste.

Personnage célèbre : l'héroïne d'un conte du poète italien Boccace.

Fréquence : très rare - Évolution : ↘

Âge moyen : 26 ans

C

Gudrun

Guda, Gunda, Gundula, Guntrun, Kutrun

Étymologie : du germain *gund* : « combat » et *runo* : « magie, secret ». Gudrun était l'oracle que les Germains allaient consulter avant les combats ; elle consultait alors les écritures magiques, les runes et donnait le verdict. Ce très ancien prénom est encore très utilisé de nos jours en Allemagne.

Couleur : violet - Chiffre : 7

Caractère : Gudrun est extrêmement combative, comme le sens de son prénom l'indique.

Personnage célèbre : l'héroïne éponyme d'un récit épique du XIIIe siècle, très célèbre outre-Rhin, qui dans la tradition populaire engendrera la légende de Cendrillon.

Fréquence : très rare - Évolution : =

Âge moyen : 69 ans

V

Guenièvre

Étymologie : du germanique *geno* : « la race » et *wifa* : « la femme ». Guenièvre est une forme dérivée de Geneviève.

Fête : 3 janvier - Couleur : rouge - Chiffre : 4

Caractère : Guenièvre est rêveuse, douce et réfléchie.

Personnages célèbres : la reine Guenièvre, symbole de l'amour courtois dans le cycle des *Chevaliers de la Table ronde*.

Fréquence : très rare - Évolution : ↘

Âge moyen : 22 ans

C

Guillemette

Guilelmina, Guillaumette, Wilhelmina, Wilhemine

Étymologie : du germanique *wille* : « la volonté » et *helm* : « protection ».

Fête : 10 janvier - Couleur : vert - Chiffre : 6

Caractère : Guillemette est pragmatique, créative et optimiste.

Fréquence : très rare - Évolution : ↘

Âge moyen : 48 ans

B

Guyenne

Étymologie : de l'ancien nom de la province d'Aquitaine lorsqu'elle était une possession anglaise.
Fête : 12 juin - Couleur : violet - Chiffre : 7
Caractère : Guyenne est habile, sensible et passionnée. C'est une personnalité très attachante.
Fréquence : très rare - Évolution : ↘

B

Guyonne

Étymologie : du germanique : « forêt ».
Fête : 12 juin - Couleur : bleu - Chiffre : 9
Caractère : Guyonne est loyale. L'amitié et la fidélité sont des valeurs importantes pour cet être sensible et intuitif.
Fréquence : très rare - Évolution : ↘
Âge moyen : 54 ans

P

Gwenaëlle

Gwenaële, Gwenaëla, Gwanaelle

Étymologie : du celte *gwenn* : « blanc, pur » et *haël* : « généreux ». Gwenaëlle correspond à la forme féminine de Gwenaël. En raison de sa sonorité, Gwenaëlle a toujours connu un succès plus vif que sa version masculine.
Fête : 3 novembre - Couleur : bleu - Chiffre : 7
Caractère : Gwenaëlle a l'esprit pratique, est compatissante et enthousiaste.
Fréquence : répandu - Évolution : ↘
Âge moyen : 28 ans

C

Gwendoline

Guendolen, Gwenda, Gwendaline, Gwendolen, Gwendolyn, Gwenna

Étymologie : du celtique *gwenn* : « blanc, heureux » et *dolyn* : « cercle ». Ainsi l'ancienne divinité de la lune se nommait-elle « Cercle blanc », Gwendoline. Ce fut l'un des prénoms irlandais les plus populaires.
Fête : 14 octobre - Couleur : blanc - Chiffre : 8
Caractère : Gwendoline est intelligente, a du caractère et du cœur. C'est une grande intuitive.
Personnages célèbres : dans la légende, le roi Arthur s'éprit d'une fée nommée Gwendoline (Guendolen) ; Gwendolyn, la femme de Merlin l'Enchanteur.
Fréquence : répandu - Évolution : ↘
Âge moyen : 19 ans

V

Gwenn

Gwen, Gwennaig, Gwennen, Gwennez, Gwennig

Étymologie : du celtique *gwenn* : « blanc, heureux ».
Fête : 18 octobre - Couleur : blanc - Chiffre : 1
Caractère : très active, rayonnante et sociable, elle est d'une rigueur morale évidente et sa simplicité est protectrice.
Fréquence : rare - Évolution : ↘
Âge moyen : 20 ans

B

Gwyneth

Étymologie : du celtique *gwenn* : « blanc, heureux ».
Fête : 18 octobre - Couleur : blanc - Chiffre : 1
Caractère : ardeur, vitalité, application et implication: telles sont les qualités de Gwyneth, qui ne fait jamais les choses à moitié.
Personnage célèbre : l'actrice Gwyneth Paltrow.
Fréquence : très rare - Évolution : ↘

B

Gypsie

Gypsy

Étymologie : de l'anglais : « bohémienne ».
Couleur : rouge - Chiffre : 8
Caractère : Gypsie est altruiste, intègre et réfléchie.
Fréquence : très rare - Évolution : =
Âge moyen : 32 ans

H

V

Habiba

Habibata, Habibatou, Habibe

Étymologie : de l'arabe : « louange ». Ce prénom correspond à la forme féminine d'Habib.
Fête : 27 mars (Saint-Habib) - Couleur : jaune
Chiffre : 1
Caractère : Habiba est curieuse, charismatique et courageuse.
Fréquence : rare - Évolution : ↗
Âge moyen : 32 ans

V

Hagar

Agar, Agare, Haggar, Hagarr

Étymologie : dans la Bible, ce prénom est celui de la servante de Sarah. Cette dernière, pensant qu'elle ne pourrait jamais enfanter, donna Hagar pour compagne à son époux, de manière à ce qu'il ait une descendance. Mais, grâce à l'intervention divine, Sarah eut elle-même un fils, Isaac et renvoya Hagar et son fils Ismaël. Tous deux furent sauvés par Dieu de leur errance dans le désert et Ismaël devint l'ancêtre du peuple arabe.
Couleur : blanc - Chiffre : 2
Caractère : Hagar est maternelle, affectueuse, protectrice et dévouée.
Fréquence : très rare - Évolution : ↘
Âge moyen : 11 ans

V

Hajar

Hadjar, Hajare, Hajer, Hajere

Étymologie : de l'hébreu : « l'effusion ». Ce prénom correspond à la variante arabe d'Hagar.
Couleur : blanc - Chiffre : 2
Caractère : Hajar possède une nature sensible, même si elle ne montre pas toujours ses émotions. Éprise d'équilibre et d'harmonie, c'est une esthète.
Fréquence : rare - Évolution : ↗
Âge moyen : 11 ans

V

Hakima

Étymologie : de l'arabe : « le docteur, le sage ». Ce prénom correspond à la forme féminine d'Hakim.
Couleur : orange - Chiffre : 2
Caractère : Hakima est originale dans ses goûts, ses réactions... juste ce qu'il faut. Elle est piquante, mais très philosophe.
Fréquence : rare - Évolution : ↘
Âge moyen : 31 ans

V

Halima

Halimata, Halimatou, Halime

Étymologie : de l'arabe : « patiente, indulgente ». Ce prénom correspond à la forme féminine de Halim. Il correspond au pendant arabe de Clémence. Il fut porté par la nourrice du Prophète Mahomet, qui aurait appartenu à une tribu nomade réputée pour la pureté et la qualité littéraire de l'arabe qu'on y parlait.

Couleur : noir - Chiffre : 8
Caractère : Halima est forte, ambitieuse et passionnée. Elle est habile et possède un leadership incontestable.
Fréquence : rare - Évolution : ↗
Âge moyen : 26 ans

P

Hanaé

Anaé, Annaé, Hanaa, Hannaé

Étymologie : du japonais : « fleur ». Selon les kanjis utilisés, ce prénom peut être écrit de trois façons différentes. Il signifie couramment « fleur majestueuse », « branche fleurie » ou « à l'image de la fleur », la variation de sens autour de la fleur étant contenue dans le « e » final.
Fête : 26 juillet (Sainte-Anne, Sainte-Anaïs)
Couleur : bleu - Chiffre : 7
Caractère : Hanaé a de fortes capacités d'adaptation et un grand sens du relationnel. Elle est fidèle, intuitive, c'est une créative acharnée.
Personnage célèbre : Hanae Mori, créatrice de mode, faite chevalier de la Légion d'honneur en 1989.
Fréquence : rare - Évolution : ↗
Âge moyen : 7 ans

V

Hannah

Annah

Étymologie : de l'hébreu *hannah* : « la grâce ». Ce prénom correspond à la forme originelle du prénom Anne. C'est cette forme qui est la plus répandue aux États-Unis. Ce prénom est celui de la mère de Marie. Elle était mariée au saint homme Joachim et, longtemps stérile, devint mère sur le tard. Elle est donc la grand-mère du Christ. Une légende veut qu'elle soit née en Bretagne et allée en Judée portée par les anges. Ce prénom est la forme du prénom Anne la plus prisée dans les pays scandinaves ou en Allemagne.
Couleur : bleu - Chiffre : 1
Caractère : Hannah est ambitieuse, indépendante, dynamique, parfois autoritaire. Elle est fidèle aux êtres qu'elle aime comme à ses idées.
Personnage célèbre : Hannah Arendt, philosophe allemande naturalisée américaine.
Fréquence : rare - Évolution : ↗
Âge moyen : 12 ans

V

Hanane

Étymologie : de l'arabe : « la compassion, la tendresse ». Ce prénom évoquant les qualités que l'on attribue à la mère est typique des prénoms attribués au Moyen-Orient.
Couleur : gris - Chiffre : 7
Caractère : Hanane est fidèle, loyale, charitable. Elle semble ne s'intéresser qu'à autrui.
Fréquence : rare - Évolution : ↘
Âge moyen : 24 ans

B

Harmonie

Armonie, Armony, Harmony

Étymologie : du grec *armonia* : « l'assemblage, la juste proportion », qui a engendré le substantif que nous connaissons : harmonie. Ce prénom fut porté par une divinité grecque, la fille d'Arès et d'Aphrodite.
Couleur : blanc - Chiffre : 7
Caractère : Harmonie est intuitive, elle aime le relationnel. C'est une médiatrice née dotée cependant d'un « certain caractère ».
Fréquence : rare - Évolution : ↘
Âge moyen : 21 ans

V

Hawa

Hava

Étymologie : de l'hébreu *h'ava* : « la vivante ». Ce prénom correspond à la forme arabe d'Eva

ou Ève, qui est citée dans le Coran. Hawa est un prénom spécialement prisé des musulmans d'Afrique noire.
Fête : 6 septembre - Couleur : bleu - Chiffre : 5
Caractère : Hawa est bienveillante, sage et bonne conseillère.
Fréquence : rare - Évolution : ↗
Âge moyen : 16 ans

V

Hazel

Hazal

Étymologie : de l'anglais : « noisetier ». Ce prénom est assez fréquent en Angleterre.
Couleur : vert - Chiffre : 7
Caractère : Hazel est réservée, aime la réflexion et le travail.
Fréquence : très rare - Évolution : ↗
Âge moyen : 4 ans

P

Heather

Étymologie : de l'anglais : « bruyère ».
Fête : 5 octobre (Sainte-Fleur)
Couleur : bleu - Chiffre : 2
Caractère : Heather est diplomate et sensible et possède de grandes qualités d'adaptation.
Personnages célèbres : Heather Locklear et Heather Thomas, actrices de séries américaines.
Fréquence : rare - Évolution : 4
Âge moyen : 10 ans

P

Heaven

Étymologie : de l'anglais : « paradis ». Heaven est aussi parfois attribué à des garçons, il peut donc être considéré comme un prénom mixte.
Couleur : violet - Chiffre : 9
Caractère : Heaven est rêveuse et sensible.
Fréquence : très rare - Évolution : ↗
Âge moyen : 4 ans

B

Hectorine

Hectoria, Hectorienne

Étymologie : du grec *hectoros* : « celui qui détient ».
Couleur : jaune - Chiffre : 6
Caractère : finesse, esprit analytique, intelligence... Hectorine semble née pour les études et la réussite. Ses capacités intellectuelles la rendent quelque peu intimidante.
Fréquence : très rare - Évolution : ↘

V

Hedwige

Hedvige, Hedwig, Hedwiga, Hewig

Étymologie : du germanique *ed* : « richesse » et *wig* : « combat ». Cette forme typiquement allemande de notre Edwige française prénomma la femme du roi Henri Ier de Pologne, au XIIIe siècle. Elle se retira, à la mort de son époux, dans un monastère qu'elle avait elle-même fondé et dont sa fille (la future reine Gertrude) était l'abbesse.
Fête : 16 octobre - Couleur : vert - Chiffre : 8
Caractère : Hedwige est animée par la spiritualité et la soif de connaissances. Elle aime l'originalité, a l'esprit sagace et est pleine de ressort.
Fréquence : rare - Évolution : =

V

Heidi

Heidie, Heidy

Étymologie : du germanique *adalheit* : « noble ». Ce prénom correspond à un diminutif courant d'Adélaïde. À cause de la popularité d'une petite héroïne suisse portant ce nom, Heidi est très représenté en Suisse, en Allemagne, aux États-Unis et commence à apparaître en France.
Fête : 16 décembre - Couleur : bleu - Chiffre : 3
Caractère : Heidi est charmante, énergique, indépendante et autoritaire.

Personnages célèbres : Heidi, l'héroïne des romans pour la jeunesse de Johanna Spyri ; Heidi Klum, top model et présentatrice TV.
Fréquence : rare - Évolution : ↗
Âge moyen : 23 ans

P

Héléa

Étymologie : de l'hébreu : « femme d'atours ».
Couleur : vert - Chiffre : 4
Caractère : Héléa est patiente, perfectionniste, calme et raffinée.
Fréquence : rare - Évolution : ↗
Âge moyen : 5 ans

V

Helen

Hélénia, Héliéna, Hélin, Helonna

Étymologie : du grec *helénê* : « le flambeau », de la famille d'*helios* : « le soleil ». Helen correspond à la forme anglo-saxonne d'Hélène.
Fête : 18 août - Couleur : jaune - Chiffre : 4
Caractère : Helen est pleine de vitalité, d'ardeur et de gentillesse.
Personnage célèbre : Helen Hunt, actrice américaine.
Fréquence : très rare - Évolution : =
Âge moyen : 60 ans

P

Héléna

Helena, Hélina

Étymologie : du grec *helénê* : « le flambeau », de la famille d'*helios* : « le soleil ». Ce prénom correspond aux formes espagnole, portugaise et germanique d'Hélène, mais est également attribué en France.
Fête : 18 août - Couleur : jaune - Chiffre : 4
Caractère : Héléna est humaine, ouverte d'esprit, généreuse et rêveuse.
Personnages célèbres : Helena Noguerra, chanteuse et comédienne française ; Helena Rubinstein, créatrice de cosmétiques.
Fréquence : rare - Évolution : ↗
Âge moyen : 43 ans

C

Hélène

Hélaine, Helenia, Helenius, Hilchen

Étymologie : du grec *helénê* : « le flambeau », de la famille d'*helios* : « le soleil ».
Fête : 18 août - Couleur : jaune - Chiffre : 4
Caractère : Hélène est sensible, idéaliste, émotive et exigeante.
Personnage célèbre : Hélène de Troie, sœur de Castor et Pollux, qui épousa Ménélas avant d'être séduite et enlevée par le troyen Pâris. C'est cet enlèvement qui provoqua la guerre de Troie.
Fréquence : répandu - Évolution : ↘
Âge moyen : 66 ans

V

Helga

Elga, Helge, Helgo, Helko, Hella, Helle

Étymologie : du slave : « consacrée aux dieux ».
Fête : 11 juillet - Couleur : rouge - Chiffre : 6
Caractère : Helga est fidèle, stable et a le sens des responsabilités.
Fréquence : rare - Évolution : =
Âge moyen : 61 ans

C

Héloïse

Étymologie : du germanique *hold* : « glorieux » et *wild* : « le combattant ». Ce prénom vient d'Aloysa qui correspond à la forme latine médiévale de Louise.
Fête : 15 mars - Couleur : blanc - Chiffre : 2
Caractère : Héloïse est déterminée, autoritaire et pleine d'énergie.
Personnage célèbre : *La Nouvelle Héloïse*, titre du célèbre roman de Jean-Jacques Rousseau ;

Héloïse qui entretint avec Abélard une correspondance restée célèbre.
Fréquence : répandu - Évolution : ↗
Âge moyen : 26 ans

C

Henria

Henrya

Étymologie : du germanique *heim* : « la maison » et *rik* : « le chef ». Ce prénom correspond à la forme féminine d'Henri.
Fête : 17 juillet - Couleur : rouge - Chiffre : 5
Caractère : Henria est dynamique, résolue. C'est une audacieuse qui tient à son indépendance.
Fréquence : rare - Évolution : =

B

Henriette

Enrica, Enriqueta, Harriet, Hettie, Hetty, Nettie, Riquita

Étymologie : du germanique *heim* : « la maison » et *rik* : « le chef ». Ce prénom correspond à la forme féminine d'Henri.
Fête : 17 juillet - Couleur : rouge - Chiffre : 5
Caractère : Henriette est courageuse, autoritaire, indépendante et curieuse.
Fréquence : répandu - Évolution : ↘

C

Herberte

Herbertine

Étymologie : du germanique *hari* : « l'armée » et *bert* : « brillant ».
Fête : 20 mars - Couleur : rouge - Chiffre : 1
Caractère : Herberte est sensible. C'est une rêveuse très ouverte d'esprit.
Fréquence : très rare - Évolution : ↘

C

Hermance

Hermence, Hermanna, Hermanne

Étymologie : du germain *hari* : « armée » et *mann* : « homme ». Ce prénom correspond à une des formes féminines du prénom Hermann. La féminisation latine, puis française a effacé l'origine et la sonorité germanique du prénom.
Fête : 25 septembre (Saint-Hermann)
Couleur : jaune - Chiffre : 4
Caractère : Hermance est prudente, opiniâtre, affectueuse et douée d'une grande conscience professionnelle.
Fréquence : rare - Évolution : ↗
Âge moyen : 80 ans

C

Hermeline

Étymologie : du germain *hari* : « armée » et *mann* : « homme ». Ce prénom correspond à une des formes féminines du prénom Hermann.
Fête : 25 septembre (Saint-Hermann)
Couleur : jaune - Chiffre : 4
Caractère : Hermeline est aussi combative que l'étymologie de son prénom le laisse entendre. Elle possède, de plus, un fort leadership.
Fréquence : rare - Évolution : ↘
Âge moyen : 21 ans

C

Hermine

Erminia, Herma, Hermien, Hermienne, Herminie, Irma, Irmine, Hermina.

Étymologie : du latin *armenius mus* : « le rat d'Arménie, l'hermine ». La fourrure de cet animal ornait jadis les blasons des familles nobles et la robe des magistrats. En raison de sa signification, ce prénom est doté d'un certain prestige et reste un choix des classes chic.
Fête : 9 juillet - Couleur : blanc - Chiffre : 4

Caractère : Hermine est franche, exigeante, sensible et rêveuse.
Personnage célèbre : la jet-setteuse Hermine de Clermont-Tonnerre.
Fréquence : rare - Évolution : =
Âge moyen : 62 ans

C

Hermione

Étymologie : du grec : « terrestre ». Dans la mythologie grecque, ce prénom était celui de la fille de Ménélas et de la fameuse Hélène de Troie.
Couleur : rouge - Chiffre : 6
Caractère : Hermione est affectueuse, charismatique, a le sens des responsabilités et de l'harmonie.
Personnage célèbre : Hermione, personnage des romans *Harry Potter*.
Fréquence : rare - Évolution : ↗
Âge moyen : 7 ans

C

Herveline

Hervea, Hervée, Hervelina, Herveva, Hervine

Étymologie : du celte : « fort, combattant ».
Caractère : Herveline est une stratège, pleine de vitalité. C'est une leader dans l'âme.
Fréquence : rare - Évolution : ↘
Âge moyen : 75 ans

V

Hilary

Hilarie, Hillary, Hillery, Ilari, Ilaria, Ilarione, Ilariouchka, Ilarka, Lariocha

Étymologie : du latin *hilarus* : « celui qui est gai ». Ce prénom correspond à la forme féminine et anglo-saxonne d'Hilaire.
Fête : 13 janvier - Couleur : orange Chiffre : 1
Caractère : Hilary est ambitieuse, indépendante, lucide et efficace.
Personnages célèbres : Hilary Clinton, femme politique américaine ; Hilary Duff, actrice et chanteuse américaine ; Hilary Swank, actrice américaine oscarisée en 2000 (*Boys Don't Cry*) et en 2005 (*Million Dollar Baby*).
Fréquence : rare - Évolution : ↘
Âge moyen : 12 ans

V

Hilda

Hild, Hilde, Hildelita, Hildie, Hylda

Étymologie : du germanique *hilde* : « le combat ».
Fête : 15 juin - Couleur : orange - Chiffre : 7
Caractère : Hilda est réservée, élégante, vive et exigeante. Elle est la beauté robuste même : rurale, bucolique et spontanée.
Fréquence : rare - Évolution : =
Âge moyen : 69 ans

C

Hildegarde

Étymologie : du germain *hild* : « armée, combat » et *gardan* : « savoir ».
Fête : 17 septembre - Couleur : rouge - Chiffre : 1
Caractère : Hildegarde exprime la santé triomphante, le débordement direct et simple de la vitalité
Personnage célèbre : Hildegarde, l'épouse de Charlemagne.
Fréquence : rare - Évolution : ↗
Âge moyen : 87 ans

C

Hildegonde

Étymologie : du germain *hild* : « armée, combat » et *gund* : « combat ».
Fête : 20 avril - Couleur : rouge - Chiffre : 1
Caractère : Sainte Hildegonde (XIIe siècle) se déguisa en homme pour pouvoir passer ainsi plusieurs années en prière incognito chez les

TOP 20

Prénoms en chanson

Ces prénoms ont inspiré des titres pop et rock légendaires, des raps mélancoliques, des cris d'amour déçu ou de bonheur paternel intense. Directement liés à la vie des artistes qui les ont chantés ou simples causes de rêveries musicales, ces prénoms pourraient bien inspirer vos vies.

Alexandra - *Claude François (Alexandri, Alexandra)*
Aline – *Christophe*
Angie – *The Rolling Stones*
Bélinda – *Claude François*
Caroline – *MC Solaar*
Cécile – *Claude Nougaro*
Élisa – *Serge Gainsbourg*
Ella – *France Gall*
Gabrielle – *Johnny Halliday*
Hélène – *Roch Voisine*
Joséphine – *Alain Bashung (Osez Joséphine)*
Laetitia – *Serge Gainsbourg*
Laura – *Johnny Halliday*
Laurette – *Michel Delpech*
Lucie - *Pascal Obispo, Daniel Balavoine*
Mathilde – *Jacques Brel*
Mélissa – *Julien Clerc*
Michèle – *Gérard Lenormand*
Roxanne – *The Police*
Vanina – *Dave*

frères cisterciens d'Allemagne, à Schönau.
Fréquence : très rare - Évolution : ↘

(C)

Himelinda

Étymologie : du germanique *amal* : « travail ».
Fête : 27 octobre - Couleur : vert - Chiffre : 4
Caractère : Himelinda est une personne d'une détermination sans faille, enthousiaste et résolue.
Fréquence : très rare - Évolution : ↘

(C)

Himeline

Étymologie : du germanique *amal* : « travail ».
Fête : 27 octobre - Couleur : vert - Chiffre : 4
Caractère : Himeline sait s'adapter à toutes les situations. D'une grande générosité, son enthousiasme est communicatif.
Fréquence : très rare - Évolution : =

(V)

Holly

Holie, Hollie, Holy

Étymologie : de l'anglais : « houx ». Ce prénom est d'abord apparu aux États-Unis, avant de s'étendre à tous les pays anglo-saxons.
Fête : 5 octobre (Sainte-Fleur) - Couleur : jaune
Chiffre : 9
Caractère : Holly est altruiste, rêveuse, charismatique et persévérante.
Fréquence : très rare - Évolution : =
Âge moyen : 4 ans

(V)

Honey

Étymologie : de l'anglais : « miel ». Ce substantif est aussi un mot doux équivalent à « chérie ». Comme Candy et Daisy, il fait partie des surnoms tendres devenus des prénoms traduisant l'affection des parents.

Couleur : orange - **Chiffre** : 9
Caractère : Honey est douce, affectueuse, parfois impulsive.
Personnage célèbre : Honey, héroïne éponyme d'un film sorti en 2003, interprétée par Jessica Alba.
Fréquence : très rare - **Évolution** : ↘
Âge moyen : 4 ans

(C)

Honorine

Honora, Honorée

Étymologie : du latin *honoratus* : « digne d'honneurs ». Ce prénom correspond au diminutif d'Honorée, forme féminine directe d'Honoré. Sainte Honorine, martyre du IVe siècle, périt noyée dans la Seine. Ses reliques, portées à Conflans, transformèrent le nom de la cité en Conflans-Sainte-Honorine. Elle est devenue la patronne des travailleurs des fleuves, les bateliers.
Fête : 27 février - **Couleur** : orange - **Chiffre** : 8
Caractère : Honorine est généreuse, dynamique, passionnée et ambitieuse.
Fréquence : rare - **Évolution** : =
Âge moyen : 56 ans

(C)

Hortense

Hortensja, Hortenzia, Ortens, Ortensia, Ourtense

Étymologie : du latin *hortus* : « le jardin ». Ce substantif semble avoir engendré le patronyme Hortensius. Il devint prénom bien avant d'être attribué à la fleur. En effet, lorsque Philippe Commerson, le naturaliste, découvrit, en 1771 la plante qui devint l'hortensia, il choisit de la baptiser ainsi en hommage à Mme Lepaute, son amie astronome, qui se faisait appeler Hortense dans l'intimité.
Fête : 5 octobre (Sainte-Fleur) ou 11 janvier (Saint-Hortens) - **Couleur** : bleu - **Chiffre** : 5
Caractère : Hortense est courageuse, passionnée, discrète et enthousiaste.
Personnages célèbres : Hortense Mancini (1646-1699), duchesse de Mazarin ; Hortense de Beauharnais, dite « la Reine Hortense », reine de Hollande et mère de Napoléon III.
Fréquence : rare - **Évolution** : ↗
Âge moyen : 63 ans

(B)

Hubertine

Huberta, Huberte

Étymologie : du germain *hug* : « intelligence » et behrt : « brillant ».
Fête : 3 novembre - **Couleur** : bleu - **Chiffre** : 7
Caractère : Huberte est brillante. Elle est possède un esprit sagace. Elle sait faire preuve de beaucoup d'attention.
Fréquence : rare - **Évolution** : =
Âge moyen : 80 ans

(B)

Huguette

Huga

Étymologie : du germanique *hug* : « l'intelligence ». Ce prénom correspond à la forme féminine de Hugues. Il fut assez en vogue au début du XXe siècle, s'inscrivant dans la tendance des prénoms en « ette ».
Fête : 1er avril - **Couleur** : violet - **Chiffre** : 8
Caractère : Huguette est volontaire, ambitieuse, travailleuse et opportuniste.
Fréquence : répandu - **Évolution** : ↘
Âge moyen : 75 ans

(V)

Humberta

Humbertina, Humbertine

Étymologie : du germanique *un* : « très » et *behrt* : « brillant ». Ce prénom correspond à la

forme féminine d'Humbert.
Fête : 25 mars - Couleur : bleu - Chiffre : 2
Caractère : Humberta porte fort bien son nom. Très spirituelle, elle a l'esprit sagace et sa soif de connaissances est sans limites.
Fréquence : très rare - Évolution : ↘

B

Hyacinthe

Giacinto, Jacinto, Yacinthe, Yacintha

Étymologie : du grec *Hyacinthé*, du nom du jeune homme qu'Apollon tua par accident alors qu'il en était épris. C'est de son sang que naquit la la fleur que l'on connaît sous le nom de Jacinthe.
Fête : 30 janvier - Couleur : blanc - Chiffre : 8
Caractère : Hyacinthe est d'une finesse qui égale son enthousiasme. Elle possède un ressort certain.
Fréquence : rare - Évolution : =
Âge moyen : 73 ans

I

C

Ida

Idaia, Idda, Idalia, Idaline, Idy

Étymologie : du germanique *idh* : « celle ou celui qui travaille ». Ce prénom fut porté par une princesse du Moyen Âge, comtesse de Boulogne et mère de Godefroy de Bouillon. Après la mort de son mari, elle vendit ses biens pour fonder des hospices et des monastères.
Fête : 13 avril - Couleur : bleu - Chiffre : 5
Caractère : Ida est curieuse, audacieuse, énergique et indépendante.
Personnages célèbres : Ida Pfeiffer, exploratrice autrichienne (1797-1858) ; Ida Rubinstein, danseuse et mécène russe, icône de la Belle Époque.
Fréquence : rare - Évolution : ↗
Âge moyen : 5

V

Ielena

Étymologie : du grec *helénê* : « le flambeau », de la famille d'*helios* : « le soleil ». Ce prénom est une variante russe d'Hélène.
Fête : 18 août - Couleur : jaune - Chiffre : 4
Caractère : Ielena est audacieuse, dynamique et indépendante.
Fréquence : très rare - Évolution : ↘
Âge moyen : 5 ans

V

Ikram

Ikrame

Étymologie : de l'arabe *ikrâm* : « déférence, respect ».
Couleur : blanc - Chiffre : 7
Caractère : Ikram est douce, optimiste et enthousiaste.
Fréquence : rare - Évolution : ↗
Âge moyen : 14 ans

V

Ilana

Elana, Ilanna

Étymologie : de l'hébreu : « arbre ». Forme féminine de Ilan, ce prénom renvoie au nouvel an des arbres. Le 15 du mois de Chevath, soit à la mi-février, on doit consommer chacun des produits qui caractérisent la terre d'Israël : blé, orge, raisin, figues, olives, grenade et miel.
Couleur : rouge - Chiffre : 9
Caractère : Ilana est directive, audacieuse et indépendante.
Fréquence : rare - Évolution : ↗
Âge moyen : 10 ans

B

Ilanka

Étymologie : du grec *helénê* : « le flambeau », de la famille d'helios : « le soleil ». Ilanka correspond à une version russe d'Hélène.
Fête : 18 août - **Couleur** : jaune - **Chiffre** : 4
Caractère : Ilanka est douce, gaie et optimiste.
Fréquence : très rare - **Évolution** : =

V

Ileana

Illoa, Iloa

Étymologie : du grec *helénê* : « le flambeau », de la famille d'helios : « le soleil ».
Fête : 18 août - **Couleur** : jaune - **Chiffre** : 4
Caractère : Ileana est bienveillante, bonne conseillère et résolue.
Fréquence : rare - **Évolution** : ⇗
Âge moyen : 9 ans

V

Iliana

Iléane, Iliona, Ilyana, Ilyane

Étymologie : de l'arabe : « grandeur, élévation de l'esprit ». Ce prénom correspond à la forme féminine d'Ilian.
Couleur : bleu - **Chiffre** : 5
Caractère : Iliana est idéaliste, aime la réflexion. Elle est altruiste et intègre.
Fréquence : rare - **Évolution** : ⇗
Âge moyen : 7 ans

V

Ilma

Étymologie : Ce prénom est un dérivé féminin de William.
Fête : 10 janvier - **Couleur** : vert - **Chiffre** : 4
Caractère : Ilma est sensible, intelligente et communicative.
Âge moyen : 7 ans

P

Ilona

Illhona, Ilouna, Llona

Étymologie : du grec *helénê* : « le flambeau », de la famille d'helios : « le soleil ». Ilona correspond à la version hongroise d'Hélène.
Fête : 18 août - **Couleur** : jaune - **Chiffre** : 6
Caractère : Ilona est élégante, sensible, discrète et dotée d'un grand sens artistique.
Personnage célèbre : Ilona Mitrecey, chanteuse française pour enfants.
Fréquence : rare - **Évolution** : ⇘
Âge moyen : 10 ans

V

Iman

Étymologie : de l'arabe *imân* : « la foi ». Ce prénom relève d'un substantif qui renvoyait, en premier lieu, à la notion de guide. Ce mot a ensuite pris un sens religieux en évoquant la prière.
Couleur : jaune - **Chiffre** : 1
Caractère : Iman est simple, candide et généreuse.
Personnage célèbre : Iman Bowie, l'épouse de David Bowie, ancienne top model, devenue présidente d'une marque de cosmétiques portant son prénom.
Fréquence : rare - **Évolution** : ⇘
Âge moyen : 14 ans

V

Imane

Imene, Imanne, Ymane

Étymologie : de l'arabe *imân* : « la foi ». Ce prénom relève d'un substantif qui renvoyait, en premier lieu, à la notion de guide. Ce mot a ensuite pris un sens religieux en évoquant la prière. Il est à rapprocher du mot imam. Imane correspond à une variante orthographique d'Iman féminisée par un « e » final.

Couleur : jaune - Chiffre : 1
Caractère : Imane est directive, consciencieuse et bonne conseillère.
Fréquence : rare - Évolution : ↘
Âge moyen : 13 ans

V

Imen

Étymologie : de l'arabe *imân* : « la foi ». Ce prénom relève d'un substantif qui renvoyait, en premier lieu, à la notion de guide. Ce mot a ensuite pris un sens religieux en évoquant la prière. Il est à rapprocher du mot « imam ». Imen correspond à une variante orthographique d'Iman.
Couleur : jaune - Chiffre : 1
Caractère : Imen est curieuse, dynamique, charismatique et courageuse.
Fréquence : rare - Évolution : ↘
Âge moyen : 15 ans

C

Imma

Étymologie : de l'hébreu *imanu-el* : « Dieu est avec nous ».
Fête : 25 décembre - Couleur : orange - Chiffre : 3
Caractère : Imma est altruiste, intègre, idéaliste et dévouée.
Fréquence : rare - Évolution : ↘

V

Ina

Étymologie : du grec : « pure », ou diminutif des prénoms se terminant par « ina » : Angélina, Carolina, Christina.
Couleur : vert - Chiffre : 4
Caractère : Ina a de l'humour et peut être moqueuse mais elle est surtout une grande affectueuse.
Fréquence : rare - Évolution : ↗
Âge moyen : 13 ans

B

India

Indie, Indy

Étymologie : du sanskrit *sinduh* : « le fleuve ». Ce prénom s'inscrit dans la tendance américaine qui est d'attribuer aux filles des noms de villes ou d'États.
Couleur : blanc - Chiffre : 9
Caractère : India a le sens de la justice, de l'écoute et du travail. C'est quelqu'un de réservé.
Personnage célèbre : India.Arie, chanteuse américaine.
Fréquence : rare - Évolution : ↘
Âge moyen : 12 ans

V

Indiana

Étymologie : du sanskrit *sinduh* : « le fleuve ». Ce prénom s'inscrit dans la tendance américaine qui est d'attribuer aux filles des noms de villes ou d'États.
Couleur : vert - Chiffre : 7
Caractère : Indiana est douce, spirituelle et sociable.
Personnage célèbre : l'Indiana le plus célèbre est masculin : Indiana Jones, le héros des films du même nom.
Fréquence : rare - Évolution : ↘
Âge moyen : 20 ans

B

Indigo

Étymologie : du latin : « couleur bleue sombre ». Ce prénom se rapporte à la couleur de l'arc-en-ciel.
Couleur : bleu - Chiffre : 5
Caractère : Indigo est efficace, persévérante et structurée.
Fréquence : très rare - Évolution : ↘

V

Indira

Étymologie : du sanskrit : « beauté, splendeur ». Dieu de la Pluie et du Tonnerre dans la mythologie hindoue.

Couleur : blanc - Chiffre : 9

Caractère : Indira est directive, résolue et dynamique.

Personnage célèbre : Indira Gandhi, Première ministre de l'Inde de 1966 à 1977 et de 1980 à 1984.

Fréquence : rare - Évolution : ↗

Âge moyen : 14 ans

V

Indra

Indrani, Indrany

Étymologie : du sanskrit : « beauté, splendeur ». Dieu de la Pluie et du Tonnerre dans la mythologie hindoue.

Couleur : blanc - Chiffre : 9

Caractère : Indra est directive, résolue et dynamique.

Personnage célèbre : Indra, chanteuse suédoise.

Fréquence : rare - Évolution : ↘

Âge moyen : 14 ans

C

Inès

Iness, Inesse, Yness, Ynesse

Étymologie : du grec *agnê* : « chaste, pure » ; de l'arabe *ines, inas* : « sympathique, sociable ». Inès est un prénom très populaire qui doit sans nul doute son succès à sa double origine. Forme espagnole d'Agnès, il fut porté par une jeune et noble veuve japonaise, Inès Takeya, convertie au christianisme par les jésuites.

Fête : 10 septembre - Couleur : rouge - Chiffre : 2

Caractère : calme, affectueuse, rêveuse, elle se révèle souvent conquérante.

Personnages célèbres : Inès de Castro, maîtresse du roi Pierre de Portugal ; la mannequin et créatrice Inès de La Fressange ; la mannequin et comédienne Inès Sastre.

Fréquence : répandu - Évolution : =

Âge moyen : 14 ans

V

Inge

Inga, Ingo, Ingoucha, Inoussia

Étymologie : du germanique *ing* : « fils de, issu de ». Prénom du nord de l'Europe, très usité en Allemagne et dans les pays scandinaves sous les formes Inge, Ingo, Inga, il se confond parfois avec les diminutifs d'Ingmar ou d'Ingeborg.

Fête : 2 septembre - Couleur : bleu - Chiffre : 4

Caractère : Inge est pleine de vitalité. Elle possède un fort leadership.

Personnages célèbres : la soprano suisse Inge Borkh.

Fréquence : rare - Évolution : ↘

Âge moyen : 67 ans

V

Ingeborg

Bolla, Imbor, Ingborg, Ingebor, Ingeburg

Étymologie : du nom de la déesse germanique Inge et de *burg* : « château ».

Fête : 2 septembre - Couleur : rouge - Chiffre : 5

Caractère : Ingeborg est une combattante. Déterminée, brave, c'est une idéaliste.

Personnages célèbres : plusieurs princesses de Suède et du Danemark ont porté ce prénom. Notamment la fille de Valdemar Ier, Ingeborg de Danemark, qui épousa le roi de France de l'époque, Philippe Auguste.

Fréquence : rare - Évolution : =

Âge moyen : 84 ans

P

Ingrid

Inger, IngerId, IngrI, IngrIda

Étymologie : du germanique *ingfridh* : « aimée du dieu Ing ».

Fête : 2 septembre - Couleur : vert - Chiffre : 7

Caractère : Ingrid est réservée, sensible et a l'esprit logique.

Personnage célèbre : l'actrice Ingrid Bergman.

Fréquence : répandu - Évolution : ↘

Âge moyen : 32 ans

V

Intissar

Étymologie : de l'arabe : « triomphante ».

Couleur : jaune - Chiffre : 8

Caractère : Intissar est directive, dynamique et audacieuse.

Fréquence : rare - Évolution : ↗

Âge moyen : 14 ans

B

Iola

Étymologie : du grec : « aube », du latin : « violette ».

Couleur : violet - Chiffre : 6

Caractère : Iola est énergique, ambitieuse. Elle aime l'innovation.

Fréquence : rare - Évolution : ↘

Âge moyen : 11 ans

V

Iolanda

Violanda

Étymologie : du grec *iôn* : « la violette ».

Fête : 11 juin - Couleur : jaune - Chiffre : 4

Caractère : Iolanda est sociable, diplomate, dotée d'un esprit logique. C'est une femme de caractère, réceptive au monde qui l'entoure.

Fréquence : très rare - Évolution : =

Âge moyen : 80 ans

B

Iolanthe

Étymologie : du grec *iôn* : « la violette ».

Fête : 11 juin - Couleur : jaune - Chiffre : 4

Caractère : Iolanthe est fantaisiste, rêveuse et éprise, toujours, d'orginalité.

Fréquence : très rare - Évolution : =

B

Iphigénie

Ifigénie, Iphigéni

Étymologie : du latin : « courageuse, ayant l'esprit de sacrifice ». Nom de la fille d'Agamemnon et de Clytemnestre, dans la mythologie grecque. Alors qu'elle devait être sacrifiée à la déesse Artémis, cette dernière la prit en pitié et en fit sa grande prêtresse.

Fête : 9 juillet - Couleur : blanc - Chiffre : 1

Caractère : Iphigénie est autoritaire, énergique et ambitieuse.

Fréquence : très rare - Évolution : ↗

Âge moyen : 28 ans

C

Irène

Iren, Irenaeus, Irénée, Irénion, Ireneo, Irinei, Reni, Renia, Renie

Étymologie : du grec *eirênê* : « la paix ».

Fête : 5 avril - Couleur : jaune - Chiffre : 6
Caractère : Irène est émotive, sensible, diplomate et perfectionniste.
Personnages célèbres : la dernière tragédie de Voltaire, *Irène* (1778) ; l'actrice Irène Papas ; la grande scientifique Irène Joliot-Curie ; l'écrivain Irène Frain.
Fréquence : répandu - Évolution : ↘
Âge moyen : 78 ans

V

Irina

Eirena, Erena, Ira,
Irena, Irenca, Irounia

Étymologie : du grec *eirênê* : « la paix ». Ce prénom correspond à une variante slave d'Irène.
Fête : 5 avril - Couleur : orange - Chiffre : 6
Caractère : Irina est influente, a le sens des responsabilités et peut se montrer directive.
Personnages célèbres : Irina Bokova, femme politique bulgare, directrice générale de l'Unesco ; Irina Shayk, mannequin russe et fiancée du footballeur Cristiano Ronaldo.
Fréquence : rare - Évolution : ↗
Âge moyen : 12 ans

B

Iris

Iriss, Irys

Étymologie : du grec *iris* : « l'arc-en-ciel ». Ce prénom est le nom d'une nymphe de la mythologie grecque qui était la messagère des dieux et qui était connue pour porter l'arc-en-ciel en écharpe.
Fête : 4 septembre - Couleur : vert - Chiffre : 1
Caractère : Iris est autoritaire, exigeante, indépendante... mais aussi incroyablement généreuse.
Personnage célèbre : Iris Murdoch, romancière britannique.
Fréquence : rare - Évolution : ↗
Âge moyen : 19 ans

P

Irma

Emela, Imela, Irmchen, Irme, Irmela,
Irmeline, Irmine, Irmo, Irmouchka

Étymologie : du germain *irmin* : « énorme, majestueux ».
Fête : 9 juillet - Couleur : bleu - Chiffre : 5
Caractère : Irma est curieuse, indépendante, vive et a le goût de l'aventure.
Personnage célèbre : Irma, chanteuse, révélée en 2008 par les internautes à travers un label communautaire.
Fréquence : rare - Évolution : ↘

P

Isa

Étymologie : de l'hébreu *elicheva* : « Dieu est promesse ». Ce prénom correspond au diminutif consacré des prénoms commençant par Isa, plus particulièrement Isabelle.
Fête : 22 février - Couleur : orange - Chiffre : 4
Caractère : Isa est sociable, réceptive, loyale et diplomate.
Fréquence : rare - Évolution : ↘
Âge moyen : 19 ans

C

Isabelle

Ilse, Isabel, Isabela,
Isabella, Isobel, Izabel, Ysabel

Étymologie : de l'hébreu *elicheva* : « Dieu est promesse ». Ce prénom correspond à une variante d'Élisabeth, venue d'Espagne.
Fête : 22 février - Couleur : jaune - Chiffre : 2
Caractère : Isabelle est généreuse, sensible, idéaliste et imaginative.
Personnages célèbres : les comédiennes Isabelle Adjani, Isabelle Huppert, Isabelle Carré et Isabelle Nanty.
Fréquence : répandu - Évolution : ↘

P

Isadora

Isidora, Isidaura

Étymologie : du grec *isidôres* : « cadeau, présent d'Isis ». Ce prénom correspond à la forme féminine d'Isidore.

Fête : 4 avril - Couleur : vert - Chiffre : 7

Caractère : Isadora est franche, autoritaire, courageuse et déterminée.

Personnage célèbre : Isadora Duncan, danseuse.

Fréquence : rare - Évolution : ↗

Âge moyen : 17 ans

P

Isaline

Isalia, Isalyne, Isolina, Izaline, Ysalia

Étymologie : ce prénom est formé sur la contraction d'Isabelle et de Line. Il est néanmoins à considérer comme un dérivé d'Isabelle, le suffixe « belle » aurait été remplacé par « line » issu de l'espagnol (le pays d'origine d'Isabelle) : *linda*, qui signifie « jolie ».

Fête : 22 février - Couleur : vert - Chiffre : 6

Caractère : Isaline est émotive, charismatique, passionnée et idéaliste.

Fréquence : rare - Évolution : ↗

Âge moyen : 15 ans

B

Isalis

Étymologie : ce prénom est formé sur la contraction d'Isabelle et de Lise.

Fête : 22 février - Couleur : mauve - Chiffre : 3

Caractère : Isaline est douce, pleine d'humour et de détachement.

Fréquence : très rare - Évolution : ↘

Âge moyen : 5 ans

C

Isaure

Isaura

Étymologie : du grec *isaura*, du nom d'une ville d'une ancienne province d'Asie Mineure.

Fête : 17 juin - Couleur : rouge - Chiffre : 6

Caractère : Isaure est autoritaire, exigeante, volontaire et perfectionniste.

Personnage célèbre : Isaure de Saint-Pierre, romancière.

Fréquence : rare - Évolution : ↗

Âge moyen : 23 ans

C

Iseult

Iseut, Yseult, Yseulte, Yseut

Étymologie : du germanique *ethylda* : « le noble serpent »

Fête : 14 juillet - Couleur : blanc - Chiffre : 2

Caractère : Iseult est audacieuse, énergique et toujours en quête de découverte.

Personnages célèbres : Iseult la Blonde, la tragique amante de Tristan, qui, en buvant avec lui par erreur le philtre d'amour qu'elle devait partager avec le roi Marc, son futur époux, tomba indéfectiblement amoureuse de Tristan. Dans *Tristan et Iseult*, deux autres personnages féminins portent ce prénom : Iseult aux Blanches Mains, la promise de Tristan et la reine Iseult.

Fréquence : rare - Évolution : ↗

Âge moyen : 14 ans

B

Isciane

Iscia, Isciana

Étymologie : ce prénom correspond à une variante d'Isis, du nom de la divinité égyptienne, sœur et épouse d'Osiris, mère d'Horus et incarnant le principe de la féminité.

Couleur : violet - Chiffre : 3

Caractère : Isciane est équilibrée, déterminée et a le sens des responsabilités.
Fréquence : rare - Évolution : ↘
Âge moyen : 11 ans

P

Isia

Isïa, Izïa

Étymologie : ce prénom correspond à une variante d'Isis, du nom de la divinité égyptienne, sœur et épouse d'Osiris, mère d'Horus et incarnant le principe de la féminité.
Couleur : rouge - Chiffre : 3
Caractère : Isia est sociable, loyale, réceptive et pleine de bonté.
Personnage célèbre : Izïa Higelin, actrice et chanteuse française.
Fréquence : rare - Évolution : ↗
Âge moyen : 9 ans

B

Isis

Isice

Étymologie : du nom de la divinité égyptienne, sœur et épouse d'Osiris, mère d'Horus et incarnant le principe de la féminité. Avec la tendance née dans les années 90 des prénoms mythologiques, Isis est de plus en plus représenté.
Couleur : rouge - Chiffre : 3
Caractère : Isis est sincère, loyale et généreuse.
Fréquence : rare - Évolution : ↗
Âge moyen : 11 ans

C

Isolde

Isolt, Isotta, Izild, Izold, Izolda

Étymologie : du germanique *ethylda* : « le noble serpent ». Ce prénom semble correspondre à la forme ancienne d'Iseult.
Fête : 14 juillet - Couleur : blanc - Chiffre : 2
Caractère : Isolde est affectueuse, volontaire, aime l'innovation et l'analyse.
Personnage célèbre : l'écrivain Isolde Heyne.
Fréquence : très rare - Évolution : ↘
Âge moyen : 23 ans

V

Ivana

Iva, Ivanie, Ivanna, Ivanne, Ivanka, Ivannie, Ivanny, Yvana, Yvanna

Étymologie : de l'hébreu *yohanân* : « Dieu fait grâce ». Forme féminine d'Ivan et donc forme slave de Jeanne.
Fête : 30 mai - Couleur : vert - Chiffre : 5
Caractère : altruiste et passionnée, elle donne le meilleur d'elle-même pour rendre son entourage heureux.
Personnage célèbre : Ivana Trump, ex-femme du célèbre milliardaire Donald Trump.
Fréquence : rare - Évolution : ↗
Âge moyen : 17 ans

V

Ivona

Ivonna, Yvonna

Étymologie : du celte : « if ».
Fête : 19 mai - Couleur : bleu - Chiffre : 3
Caractère : Ivona est déterminée, volontaire et sage.
Fréquence : très rare - Évolution : ↘
Âge moyen : 5 ans

V

Ivonne

Iveline, Ivelyne, Ivone, Ivona, Ivonig

Étymologie : du celte : « if ».
Fête : 19 mai - Couleur : bleu - Chiffre : 3
Caractère : Ivonne est intelligente, indépendante et volontaire.
Fréquence : rare - Évolution : =

V

Ivy

Ivie

Étymologie : de l'anglais : « lierre ».
Couleur : orange - Chiffre : 4
Caractère : Ivy est intuitive et fidèle. C'est un être d'empathie et de sensibilité.
Fréquence : rare - Évolution : ↗
Âge moyen : 15 ans

J

B

Jacinthe

Giacinta, Jacinta

Étymologie : du grec *Hyacinthé*, du nom du jeune homme qu'Apollon tua par accident alors qu'il en était épris. C'est de son sang que naquit la célèbre fleur parfumée que l'on connaît sous le nom de Jacinthe.
Fête : 30 janvier - Couleur : blanc - Chiffre : 8
Caractère : Jacinthe aime la spiritualité, la réflexion, est généreuse et réservée.
Fréquence : rare - Évolution : ↗
Âge moyen : 32 ans

P

Jackie

Jacky

Étymologie : de l'hébreu *yaacov* : « il a talonné ».
Fête : 8 février - Couleur : bleu - Chiffre : 7
Caractère : Jackie est pragmatique, optimiste et déterminée.
Fréquence : rare - Évolution : ↘
Âge moyen : 47 ans

P

Jacqueline

Jack, Jackaleen, Jackalene, Jackalyn, Jacquette, Jacquine, Jackleen, Jacquelène, Jacquelyne, Jacquemine, Jacquine, Jaqueline

Étymologie : de l'hébreu *yaacov* : « il a talonné ».
Fête : 8 février - Couleur : bleu - Chiffre : 7
Caractère : Jacqueline est active, dynamique, travailleuse et sociable.
Personnages célèbres : Jacqueline Kennedy, surnomée Jackie, première dame des U.S.A. ; Jacqueline Bisset, comédienne.
Fréquence : répandu - Évolution : ↘
Âge moyen : 74 ans

P

Jade

Giada

Étymologie : de l'espagnol *piedra de hijada* : « pierre des flancs ». Pierre royale en Chine, il y a 5000 ans, le jade était un symbole d'amour et de vertu, lié au taoïsme et à ses rites.
Fête : 10 mars - Couleur : vert - Chiffre : 2
Caractère : Jade est passionnée, travailleuse, perfectionniste, mais aussi très sensuelle.
Personnage célèbre : Jade Jagger, fille de Mick et créatrice de bijoux.
Fréquence : répandu - Évolution : ↗
Âge moyen : 8 ans

P

Jamie

Jaimie

Étymologie : de l'hébreu *yaacov* : « il a talonné ». Ce prénom est la forme féminine de James (version anglo-saxonne de Jacques).
Fête : 25 juillet - Couleur : rouge - Chiffre : 4

Caractère : Jamie est fidèle et intuitive, elle aime le relationnel et la médiation.
Fréquence : très rare - **Évolution :** ↗
Âge moyen : 23 ans

V

Jamila

Djemila, Djamila, Jémila

Étymologie : de l'arabe : « d'une grande beauté ». Ce prénom correspond à la forme féminine de Jamel.
Couleur : blanc - **Chiffre :** 8
Caractère : Jamila est audacieuse, indépendante et dynamique.
Fréquence : rare - **Évolution :** ↘
Âge moyen : 34 ans

V

Jan

Étymologie : de l'hébreu *yohanân* : « Dieu fait grâce ».
Fête : 30 mai - **Couleur :** jaune - **Chiffre :** 4
Caractère : Jan a de grandes facultés d'adaptation. C'est un être social et sociable qui a besoin de la compagnie d'autrui pour s'épanouir.
Fréquence : très rare - **Évolution :** ↘

V

Janan

Janane

Étymologie : de l'arabe : « inspirée ».
Couleur : rose - **Chiffre :** 4
Caractère : Janan est volontaire, droite et impliquée. C'est une femme qui n'écoute que sa raison.
Fréquence : très rare - **Évolution :** =
Âge moyen : 2 ans

TOP 20

Prénoms de la mythologie

Les mythologies égyptiennes, grecques ou romaines sont génératrices de rêve. Quoi de plus normal que de vouloir donner à sa fille le prénom d'une déesse d'une muse, d'une nymphe ou d'une héroïne ? À vos yeux, ne sera-t-elle pas tout cela à la fois ?

Aglaë
Ariane
Astrée
Athéna / Athénaïs
Cassandre
Cassiopée
Calypso
Chloé
Clio
Danaé
Daphné
Diane
Gaïa
Electra
Hélène
Isis
Maïa
Olympe
Pénélope
Thalia

B

Jane

Janaé

Étymologie : de l'hébreu *yohanân* : « Dieu fait grâce ». Jane est une forme anglo-saxonne de Jeanne.

Fête : 30 mai - Couleur : jaune - Chiffre : 4

Caractère : Jane est généreuse, enthousiaste et aime la communication.

Personnages célèbres : Jane Austen, la romancière anglais ; Jane Fonda, actrice américaine ; Jane Birkin, chanteuse.

Fréquence : rare - Évolution : ↗

Âge moyen : 74 ans

P

Janelle

Jannel, Jannelle

Étymologie : de l'hébreu *yohanân* : « Dieu fait grâce ». Ce prénom est un dérivé de Jeanne. Assez rare jusque dans les années 90, sa terminaison « bretonnante » en « elle » le rend aujourd'hui plus séduisant.

Fête : 30 mai - Couleur : jaune - Chiffre : 4

Caractère : Janelle est audacieuse, énergique et éprise d'originalité.

Fréquence : rare - Évolution : ↗

Âge moyen : 6 ans

P

Janet

Étymologie : de l'hébreu *yohanân* : « Dieu fait grâce ». Janet correspond à la forme anglo-saxone de Jeannette, diminutif de Jeanne.

Fête : 30 mai - Couleur : jaune - Chiffre : 4

Caractère : Janet est émotive, travailleuse et opiniâtre.

Personnage célèbre : Janet Jackson, la chanteuse.

Fréquence : rare - Évolution : =

Âge moyen : 35 ans

V

Janice

Jannice

Étymologie : de l'hébreu *yohanân* : « Dieu fait grâce ». Ce prénom correspond à une variante anglo-saxonne de Jeanne.

Fête : 30 mai - Couleur : jaune - Chiffre : 5

Caractère : Janice est bienveillante, consciencieuse et bonne conseillère.

Personnage célèbre : Janice Dickinson, actrice.

Fréquence : rare - Évolution : ↗

Âge moyen : 17 ans

P

Janick

Janick

Étymologie : de l'hébreu *yohanân* : « Dieu fait grâce ». Janick est une variante bretonne de Jeanne.

Fête : 30 mai - Couleur : jaune - Chiffre : 5

Caractère : Janick est enthousiaste, déterminée et a l'esprit pratique.

Fréquence : rare - Évolution : ↘

Âge moyen : 54 ans

P

Janie

Janig

Étymologie : de l'hébreu *yohanân* : « Dieu fait grâce ». Janie est une forme dérivée de Jeanne.

Fête : 30 mai - Couleur : jaune - Chiffre : 5

Caractère : Janie est optimiste, créative, déterminée et pragmatique.

Fréquence : rare - Évolution : ↘

Âge moyen : 57 ans

P

Janine

Janina, Janinna, Janyne

Étymologie : de l'hébreu *yohanân* : « Dieu fait grâce ». Janine est une forme dérivée de Jeanne.
Fête : 30 mai - Couleur : jaune - Chiffre : 5
Caractère : Janine est pleine de vitalité et d'ardeur, mais également résolue.
Fréquence : répandu - Évolution : ↘
Âge moyen : 74 ans

P

Janita

Étymologie : de l'hébreu *yohanân* : « Dieu fait grâce ». Janita est une variante de la Janet anglo-saxonne ou de la Jeannette française.
Fête : 30 mai - Couleur : jaune - Chiffre : 4
Caractère : Janita est émotive, travailleuse et opiniâtre.
Fréquence : rare - Évolution : =

P

Janna

Janka, Jovanka, Juana

Étymologie : de l'hébreu *yohanân* : « Dieu fait grâce ».
Fête : 30 mai - Couleur : jaune - Chiffre : 4
Caractère : franche, Jana n'aime pas la dissimulation. Elle a beaucoup d'humour et la répartie facile.
Fréquence : rare - Évolution : ↗
Âge moyen : 7 ans

V

Jannick

Jannik, Jannis, Jeannick

Étymologie : de l'hébreu *yohanân* : « Dieu fait grâce ».
Fête : 30 mai - Couleur : jaune - Chiffre : 5
Caractère : Jannick est enthousiaste, déterminée et a l'esprit pratique.
Fréquence : rare - Évolution : =
Âge moyen : 54 ans

P

Janny

Jany

Étymologie : de l'hébreu yohanân : « Dieu fait grâce ».
Fête : 30 mai - Couleur : jaune - Chiffre : 5
Caractère : Janny est autoritaire, ambitieuse et énergique.
Fréquence : rare - Évolution : =
Âge moyen : 65 ans

V

Jardena

Étymologie : de l'hébreu : « descendre ». Ce prénom correspond à une des formes féminines de Jordan.
Fête : 15 février (Saint-Jordan) - Couleur : bleu
Chiffre : 4
Caractère : Jardena est indépendante, féministe, séductrice et fidèle.
Fréquence : très rare - Évolution : =

P

Jasmine

Jasmée, Jasmina

Étymologie : du perse *yâsamin* : « jasmin ». Malgré son origine, Jasmine n'est pas véritablement considéré comme un prénom musulman, c'est son caractère floral que l'on retient.
Fête : 5 octobre (Sainte-Fleur) - Couleur : blanc
Chiffre : 5

Caractère : Jasmine est ardente, déterminée, d'un tempérament passionné.
Personnage célèbre : Jasmine, l'héroïne du dessin animé de Disney *Aladdin*.
Fréquence : rare - **Évolution :** ↗
Âge moyen : 23 ans

V

Javiera

Étymologie : du basque *etchaberri* : « maison neuve ». Javiera est la forme hispanique de Xavière.
Fête : 3 décembre - **Couleur :** bleu - **Chiffre :** 3
Caractère : Javiera est réceptive, diplomate, sociable et loyale.
Fréquence : très rare - **Évolution :** =

P

Jaylene

Étymologie : de l'anglais : « geai bleu ».
Couleur : jaune - **Chiffre :** 6
Caractère : Jaylene a le sens du devoir, elle est fiable et place l'amitié au dessus de toute valeur.
Fréquence : très rare - **Évolution :** =
Âge moyen : 6 ans

V

Jean

Étymologie : de l'hébreu *yohanân* : « Dieu fait grâce ». Jean est une forme anglo-saxonne de Jeanne.
Fête : 30 mai - **Couleur :** jaune - **Chiffre :** 5
Caractère : Jean est fiable, méthodique et tenace.
Personnages célèbres : Jean Harlow et Jean Seberg, actrices.
Fréquence : très rare - **Évolution :** ↘
Âge moyen : 7 ans

P

Jeanine

Jeannine

Étymologie : de l'hébreu *yohanân* : « Dieu fait grâce ». Ce prénom est un diminutif de Jeanne qui fut très à la mode durant les Années folles.
Fête : 30 mai - **Couleur :** jaune - **Chiffre :** 5
Caractère : Jeanine est tenace, méthodique et fiable.
Fréquence : courant - **Évolution :** ↘
Âge moyen : 76 ans

C

Jeanne

Jeannick, Jeannie, Jehanne, Jenne, Nanette

Étymologie : de l'hébreu *yohanân* : « Dieu fait grâce ». Il fut rendu illustre par Jeanne d'Arc, bergère au début du XVe siècle à Domrémy, qui n'avait que treize ans lorsqu'elle entendit des voix divines l'encourageant à « bouter » les Anglais hors de France. Elle parvint, quelques années plus tard, à délivrer Orléans en combattant à la tête d'une armée et permit à Charles VII d'être consacré roi en 1429. Vendue aux Anglais, elle fut ensuite jugée à Rouen par un tribunal ecclésiastique présidé par Pierre Cauchon, alors évêque de Beauvais, qui la condamna à mort pour hérésie. Elle fut donc brûlée vive en public. Si d'autres saintes Jeanne (six au total) figurent dans le calendrier de l'Église catholique, c'est incontestablement Jeanne d'Arc qui reste la plus célèbre.
Fête : 30 mai - **Couleur :** jaune - **Chiffre :** 5
Caractère : Jeanne est émotive, affective, travailleuse et opiniâtre.
Personnages célèbres : Jeanne, courtisane qui devint la maîtresse favorite de Louis XV et fut titrée comtesse du Barry ; Jeanne Lanvin, fondatrice de la maison de couture ; Jeanne Moreau et Jeanne Balibar, actrices françaises.

Fréquence : répandu - Évolution : ↗
Âge moyen : 70 ans

(C)

Jeanne-Marie

Jane-Mary, Jeanne-Mary, Jane-Marie

Étymologie : prénom composé de Jeanne et de Marie, Jeanne-Marie réunit les deux prénoms féminins les plus populaires. Ce prénom fut porté par une veuve de Touraine du XIVe siècle, qui se retira dans une hôtellerie de Tours pour y servir les pauvres et les pèlerins.
Fête : 28 mars - Couleur : orange - Chiffre : 5
Caractère : Jeanne-Marie est audacieuse et très énergique. Elle est attirée par les choses et les êtres originaux.
Fréquence : rare - Évolution : ↘

(B)

Jeannette

Jane, Jeanette

Étymologie : de l'hébreu *yohanân* : « Dieu fait grâce ».
Fête : 30 mai - Couleur : jaune - Chiffre : 5
Caractère : Jeannette est tenace, fiable et a le sens du devoir.
Personnage célèbre : Jeannette, héroïne du film *Marius et Jeannette* de Robert Guédiguian.
Fréquence : rare - Évolution : ↘
Âge moyen : 73 ans

(B)

Jehanne

Jehane

Étymologie : de l'hébreu *yohanân* : « Dieu fait grâce ».
Fête : 30 mai - Couleur : jaune - Chiffre : 5
Caractère : Jehanne est créative, pragmatique, sociable et optimiste.
Fréquence : rare - Évolution : ↘
Âge moyen : 44 ans

(P)

Jenna

Jena

Étymologie : de l'hébreu *yohanân* : « Dieu fait grâce ».
Fête : 30 mai - Couleur : jaune - Chiffre : 5
Caractère : Jenna est forte, ambitieuse et passionnée.
Personnage célèbre : Jenna de Rosnay, championne de planche à voile et mannequin.
Fréquence : rare - Évolution : ↗
Âge moyen : 14 ans

(V)

Jemila

Étymologie : de l'arabe : « d'une grande beauté ». Ce prénom correspond à la forme féminine de Jamel et est une variante de Jamila. Orthographiée ainsi, elle retranscrit fidèlement la prononciation du prénom.
Couleur : blanc - Chiffre : 8
Caractère : Jemila est audacieuse, indépendante et dynamique.
Fréquence : très rare - Évolution : =
Âge moyen : 37 ans

(P)

Jennifer

Djennifer, Jennyfer

Étymologie : du celte *gwen* : « blanc » et *hwyfar* : « doux, souple, caressant ». Jennifer correspond à une version de Guenièvre originaire des Cornouailles. Jennifer est un prénom international extrêmement populaire.
Fête : 18 octobre (Sainte-Gwenn)
Couleur : blanc - Chiffre : 2

Caractère : Jennifer est rêveuse, réfléchie et douce.
Personnages célèbres : Jennifer Aniston, Jennifer Connelly et Jennifer Lawrence, actrices ; Jennifer Lopez, actrice et chanteuse.
Fréquence : répandu - Évolution : ↘
Âge moyen : 25 ans

P

Jenny

Djennie, Djenny, Jennie

Étymologie : de l'hébreu *yohanân* : « Dieu fait grâce ».
Fête : 30 mai - Couleur : jaune - Chiffre : 5
Caractère : Jenny est dynamique, curieuse, courageuse et charismatique.
Personnages célèbres : Jenny McCarty, présentatrice télé américaine ; Jenny Garth, actrice.
Fréquence : rare - Évolution : ↘
Âge moyen : 47 ans

C

Jéromine

Geromina, Gerry, Girometta, Jeromia, Jeromina

Étymologie : du grec *hieros* : « sacré » et *onoma* : « nom ». Ce prénom correspond à une forme féminine de Jérôme.
Fête : 30 septembre - Couleur : rouge - Chiffre : 3
Caractère : Jéromine est une fine stratège, résolue et très déterminée.
Fréquence : rare
Âge moyen : 53 ans

P

Jessica

Jess, Jesse, Jessi, Jessia, Jessalyn, Jessye, Djessy, Djessica, Djessie, Jessyka, Jessyca

Étymologie : de l'hébreu *yichaï* : « il y a un cadeau ». Ce prénom correspond à la forme féminine du prénom biblique Jessé et est très répandu dans les pays anglo-saxons. Jessica est elle-même mentionnée dans la Bible en tant que belle-sœur d'Abraham.
Fête : 29 décembre - Couleur : bleu - Chiffre : 3
Caractère : Jessica est charmante, éloquente, intuitive et a le sens de l'observation.
Personnages célèbres : Jessica, fille de Shylock dans *Le Marchand de Venise*, de Shakespeare ; les actrices Jessica Parker, Jessica Lange et Jessica Biel.
Fréquence : répandu - Évolution : ↘
Âge moyen : 24 ans

P

Jessie

Jessi, Jessy, Jessye

Étymologie : de l'hébreu *yichaï* : « il y a un cadeau ». Ce prénom est le diminutif de Jessica.
Fête : 29 décembre - Couleur : bleu - Chiffre : 3
Caractère : Jessie est persévérante, sécurisante et efficace.
Fréquence : rare - Évolution : ↘
Âge moyen : 24 ans

P

Jill

Djill, Jil, Jilliane, Jilly

Étymologie : du latin *iulius*, dérivé de *jovilios* : « descendant de Jupiter ». Ce nom désignait un fils d'Énée avant de devenir le patronyme des descendants de celui-ci. La gens Jiulia a pour membre célèbre l'empereur César. Jill est un diminutif de Jillian, dérivé anglo-saxon de Julie.

Fête : 8 avril - **Couleur** : rouge - **Chiffre** : 3
Caractère : Jill est intelligente, indépendante et très curieuse.
Fréquence : rare - **Évolution** : ⇗
Âge moyen : 23 ans

B

Jo

Étymologie : diminutif des prénoms commençant par « Jo » et plus particulièrement de Joséphine.
Fête : 9 février - **Couleur** : rouge - **Chiffre** : 8
Caractère : Jo est indépendante, sage et toujours en quête de savoir.
Fréquence : très rare - **Évolution** : ⇘
Âge moyen : 49 ans

C

Joachime

Étymologie : de l'hébreu *yehoyagim* : « Iahvé (Dieu) met debout ».
Fête : 26 juillet - **Couleur** : bleu - **Chiffre** : 5
Caractère : Joachime est dynamique, curieuse, indépendante et courageuse.
Fréquence : très rare - **Évolution** : =
Âge moyen : 89 ans

B

Joakima

Giacchina, Gioacchina, Joaquina

Étymologie : de l'hébreu *yehoyagim* : « Iahvé (Dieu) met debout ».
Fête : 26 juillet - **Couleur** : bleu - **Chiffre** : 5
Caractère : Joakima est dynamique, curieuse et courageuse.
Fréquence : très rare - **Évolution** : =

B

Joaquina

Étymologie : de l'hébreu *yehoyagim* : « Iahvé (Dieu) met debout ». Ce prénom correspond à la forme féminine de Joaquin, très répandu dans les pays hispanophones.
Fête : 26 juillet - **Couleur** : blanc - **Chiffre** : 3
Caractère : Joaquina possède un sens aigu de l'analyse ; elle est bienveillante et déterminée.
Fréquence : rare - **Évolution** : =
Âge moyen : 59 ans

V

Joan

Joane

Étymologie : de l'hébreu *yohanân* : « Dieu fait grâce ». Joan est la forme médiévale anglophone de Jeanne et un prénom traditionnel catalan et occitan.
Fête : 30 mai - **Couleur** : jaune - **Chiffre** : 5
Caractère : Joan est créative, pragmatique, sociable et optimiste.
Personnages célèbres : Joan Baez et Joan Jett, chanteuses.
Fréquence : rare - **Évolution** : ⇗
Âge moyen : 37 ans

V

Joana

Étymologie : de l'hébreu *yohanân* : « Dieu fait grâce ». Joana est usité plus particulièrement dans les pays lusophones. C'est un prénom traditionnel basque et occitan.
Fête : 30 mai - **Couleur** : rouge - **Chiffre** : 9
Caractère : Joana est audacieuse, aime la découverte et l'originalité. Elle est énergique et dans la séduction.
Fréquence : rare - **Évolution** : ⇗
Âge moyen : 15 ans

B

Joanie

Joannie, Joanny, Johanie,

Étymologie : de l'hébreu *yohanân* : « Dieu fait grâce ».
Fête : 30 mai - Couleur : rouge - Chiffre : 9
Caractère : Joanie a le sens de la justice, est charismatique et rigoureuse.
Fréquence : rare - Évolution : ↘
Âge moyen : 17 ans

V

Joanna

Étymologie : de l'hébreu *yohanân* : « Dieu fait grâce ». En dehors de l'Hexagone, ce prénom est répandu dans les pays anglo-saxons.
Fête : 30 mai - Couleur : rouge - Chiffre : 9
Caractère : Joanna est audacieuse, indépendante et directive.
Fréquence : rare - Évolution : ↘
Âge moyen : 25 ans

P

Joanne

Joane, Joann, Johane

Étymologie : de l'hébreu *yohanân* : « Dieu fait grâce ».
Fête : 30 mai - Couleur : rouge - Chiffre : 9 -
Caractère : Joanne est curieuse, courageuse, indépendante et charismatique.
Fréquence : rare - Évolution : ↘
Âge moyen : 24 ans

P

Joceline

Étymologie : du celtique *iad* : « prince » et lind : « doux ».
Fête : 13 décembre (Saint-Jocelyn)
Couleur : bleu - Chiffre : 3
Caractère : Joceline est énergique, autoritaire et raisonnable.
Fréquence : rare - Évolution : ↘
Âge moyen : 61 ans

P

Jocelyne

Joscelaine, Joseline, Joselyne

Étymologie : du celtique *iad* : « prince » et lind : « doux ».
Fête : 13 décembre (Saint-Jocelyn)
Couleur : bleu - Chiffre : 3
Caractère : Jocelyne est sympathique, ardente et pleine de vitalité.
Fréquence : rare - Évolution : ↘
Âge moyen : 61 ans

V

Jodie

Djodie, Jody

Étymologie : de l'hébreu *yehudit* : « le juif ». Jodie est un diminutif américain de Judith.
Fête : 5 mai - Couleur : blanc - Chiffre : 7
Caractère : Jodie est intelligente, résolue et volontaire.
Personnage célèbre : l'actrice Jodie Foster.
Fréquence : rare - Évolution : ↘
Âge moyen : 15 ans

P

Joëlle

Joéla, Joële, Joélina, Joélie, Joéline, Joélyne.

Étymologie : de l'hébreu *yo*, abréviation de Yahvé et *el* : « Dieu » ; « Dieu est Dieu ».
Fête : 13 juillet - Couleur : bleu - Chiffre : 6
Caractère : Joëlle est énergique, originale, séductrice et audacieuse.
Fréquence : rare - Évolution : ↘
Âge moyen : 55 ans

B

Joély

Étymologie : de l'hébreu *yo*, abréviation de Yahvé et *el* : « Dieu » ; « Dieu est Dieu ».
Fête : 13 juillet - **Couleur** : bleu - **Chiffre** : 6
Caractère : Joély a un certain sens de l'éthique. Femme d'influence, elle est exigeante avec les autres comme avec elle-même.
Fréquence : très rare - **Évolution** : ↘
Âge moyen : 5 ans

V

Joéva

Étymologie : du latin *jupiter* : « jeune ». Joéva est la forme féminine de Joévin.
Couleur : bleu - **Chiffre** : 6
Caractère : Joéva est ambitieuse, forte et habile. C'est un tempérament passionné.
Fréquence : très rare - **Évolution** : ↘
Âge moyen : 15 ans

V

Johanna

Ohanna

Étymologie : de l'hébreu *yohanân* : « Dieu fait grâce ». Johanna correspond à une forme anglicisée de Jeanne, proche de sa version médiévale : Jehanne.
Fête : 30 mai - **Couleur** : rouge - **Chiffre** : 9
Caractère : Johanna est humaine, ouverte d'esprit, rêveuse et généreuse.
Fréquence : rare - **Évolution** : ↘
Âge moyen : 22 ans

B

Johanne

Johane, Johann, Johannie, Johanny

Étymologie : de l'hébreu *yohanân* : « Dieu fait grâce ».
Fête : 30 mai - **Couleur** : rouge - **Chiffre** : 9
Caractère : Johanne est persévérante, structurée, honnête et efficace.
Fréquence : rare - **Évolution** : ↘
Âge moyen : 27 ans

V

Jolanda

Étymologie : du grec *iôn* : « la violette ».
Fête : 11 juin - **Couleur** : jaune - **Chiffre** : 4
Caractère : Jolanda est optimiste, volontaire et pragmatique. Elle aime créer et communiquer.
Fréquence : très rare - **Évolution** : =

V

Jolanta

Étymologie : du grec *iôn* : « la violette ». Ce prénom correspond à la forme tchèque de Violette.
Fête : 11 juin - **Couleur** : jaune - **Chiffre** : 4
Caractère : Jolanta est autoritaire, énergique et ambitieuse. Elle aime l'innovation.
Fréquence : très rare - **Évolution** : =

P

Jonelle

Étymologie : de l'hébreu *yohanân* : « Dieu fait grâce ». Jonelle est une variante de Jeanne.
Fête : 30 mai - **Couleur** : rouge - **Chiffre** : 9
Caractère : Jonelle est honnête, efficace et persévérante.
Fréquence : très rare - **Évolution** : =

TOP 20

Prénoms doux

La vague actuelle est aux prénoms courts et aux voyelles juxtaposées qui permettent de jouer avec les harmonies. On rencontre aujourd'hui des Cléa comme des Chloé ou des Cléo. Cet attrait pour une quasi-musicalité agrémentée d'une douceur, révèle peut-être l'envie d'attribuer un prénom-doudou, qui, sans être régressif, remplira élégamment son office.

Calissia
Clarisse
Cassie
Cléa
Clélia/e
Délia
Ellie
Léa
Léna
Lilou
Lina
Livia
Louna
Maé
Maéva
Méryl
Nell
Soléna
Tessa
Zoé

B

Jonquille

Étymologie : de l'espagnol. De la fleur du même nom.
Fête : 5 octobre (Sainte-Fleur) - Couleur : orange
Chiffre : 4
Caractère : Jonquille est intuitive, fidèle et possède de fortes capacités d'adaptation.
Fréquence : très rare - Évolution : ↗

V

Jorane

Étymologie : du grec *gheorgia* : « qui travaille la terre ». Forme bretonne de Georgia.
Fête : 15 février - Couleur : jaune - Chiffre : 8
Caractère : Jorane est encline à la méditation. Intelligente, sage, elle est toujours en quête de savoir.
Fréquence : très rare - Évolution : ↘
Âge moyen : 14 ans

V

Jordane

Jordana, Jordaine, Jordanne

Étymologie : de l'hébreu *yarden* : « Jourdain », du nom du fleuve qui arrose la Palestine et borde la frontière de la Jordanie, avant de se jeter dans la mer Morte. C'est dans ces eaux que Jean-Baptiste baptisa le Christ. Jordane est la forme féminine de Jordan.
Fête : 15 février (Saint-Jordan) - Couleur : bleu
Chiffre : 4
Caractère : Jordane est persévérante, sécurisante.
Fréquence : rare - Évolution : ↘
Âge moyen : 19 ans

B

Josée

José

Étymologie : de l'hébreu *yosseph* : « Dieu ajoutera ». Josée est la forme féminine de José, lui-même version espagnole de Joseph.

Fête : 19 mars - Couleur : vert - Chiffre : 2

Caractère : Josée est sensible, idéaliste, rêveuse et créative.

Personnage célèbre : Josée Dayan, réalisatrice.

Fréquence : rare - Évolution : =

Âge moyen : 60 ans

B

Josépha

Joséfa, Joséphane, Josèphe

Étymologie : de l'hébreu *yosseph* : « Dieu ajoutera ».

Fête : 4 octobre - Couleur : rouge - Chiffre : 4

Caractère : Josépha est intuitive et s'adapte avec facilité à toutes les situations. Elle est fidèle et aime le relationnel.

Fréquence : rare - Évolution : ↘

Âge moyen : 62 ans

C

Joséphine

Fifi, Joséfina, Joséfine, Joséphina, Giuseppina

Étymologie : de l'hébreu *yosseph* : « Dieu ajoutera ».

Fête : 9 février - Couleur : rouge - Chiffre : 8

Caractère : Joséphine est indépendante, travailleuse et a le sens des responsabilités.

Personnages célèbres : Joséphine de Beauharnais, épouse de Napoléon ; Joséphine Baker, chanteuse.

Fréquence : répandu - Évolution : =

Âge moyen : 86 ans

B

Josette

Étymologie : de l'hébreu *yosseph* : « Dieu ajoutera ». Josette correspond au féminin de Joseph.

Fête : 4 octobre - Couleur : rouge - Chiffre : 4

Caractère : Josette est honnête, persévérante. Elle aime la sécurité et l'efficacité.

Personnage célèbre : Josette Day, actrice de cinéma des années 30.

Fréquence : répandu - Évolution : ↘

Âge moyen : 71 ans

P

Josiane

Josane, Josanne, Josine, Josune, Josyane

Étymologie : de l'hébreu *yosseph* : « Dieu ajoutera ». Josiane est un diminutif du XXe siècle de Josèphe ou Josépha, formes féminines directes de Joseph.

Fête : 19 mai - Couleur : rouge - Chiffre : 1

Caractère : Josiane est vive, curieuse et charismatique.

Personnage célèbre : Josiane Balasko, actrice.

Fréquence : répandu - Évolution : ↘

Âge moyen : 63 ans

P

Josianne

Étymologie : de l'hébreu *yosseph* : « Dieu ajoutera ».

Fête : 19 mai - Couleur : rouge - Chiffre : 1

Caractère : Josianne est équilibrée, a le sens des responsabilités. Elle est déterminée, c'est une femme d'influence.

Fréquence : rare - Évolution : =

Âge moyen : 68 ans

B

Josie

Josia,
Jossie, Josy

Étymologie : de l'hébreu *yosseph* : « Dieu ajoutera ». Josie est une forme dérivée de Josiane.
Fête : 19 mai - Couleur : rouge - Chiffre : 1
Caractère : Josie aime l'engagement, est fiable et tenace.
Fréquence : rare - Évolution : ↘
Âge moyen : 51 ans

P

Josseline

Étymologie : du celtique *iad* : « prince » et lind : « doux ».
Fête : 13 décembre (Saint-Jocelyn) - Couleur : bleu - Chiffre : 3 - Caractère : Josseline est humaine, rêveuse et déterminée.
Fréquence : rare - Évolution : ↘
Âge moyen : 65 ans

P

Josselyne

Josce

Étymologie : du celtique *iad* : « prince » et lind : « doux ».
Fête : 13 décembre (Saint-Jocelyn)
Couleur : bleu - Chiffre : 3
Caractère : Josselyne est sympathique, spirituelle et éprise d'originalité.
Fréquence : rare - Évolution : =
Âge moyen : 61 ans

V

Joy

Joye

Étymologie : du latin *gaudium* : « joie ». Joy est un prénom attesté dès le XVIIe siècle. Il exprime la joie de parents reconnaissants de la naissance de l'enfant.
Fête : 18 août (Sainte-Laetitia) - Couleur : vert
Chiffre : 7
Caractère : Joy est audacieuse, énergique et séductrice.
Fréquence : rare - Évolution : ↗
Âge moyen : 16 ans

V

Joyce

Étymologie : du vieux breton *iud* : « le prince ». Joyce est un dérivé de Josse, qui retranscrit sans doute la prononciation anglaise de l'époque du prénom Josse. D'abord masculin, Joyce est presque exclusivement féminin aujourd'hui.
Fête : 13 décembre (Saint-Josse)
Couleur : bleu - Chiffre : 5
Caractère : Joyce est tenace, méthodique et compatissante.
Fréquence : rare - Évolution : ↗
Âge moyen : 19 ans

V

Juana

Étymologie : de l'hébreu *yohanân* : « Dieu fait grâce ». Juana est la forme espagnole de Jeanne. C'est aussi un prénom traditionnel basque.
Fête : 30 mai - Couleur : jaune - Chiffre : 5
Caractère : Juana sait faire confiance à son intuition. Son appétit de vivre est communicatif. C'est une amie fidèle et loyale.
Fréquence : très rare - Évolution : ↗
Âge moyen : 50 ans

V

Juanita

Juane

Étymologie : de l'hébreu *yohanân* : « Dieu fait grâce ». Juanita est l'équivalent espagnol de

« petite Jeanne » : c'est un diminutif de Juana, forme espagnole de Jeanne.
Fête : 30 mai - Couleur : jaune - Chiffre : 5
Caractère : Juanita est fidèle, intuitive et possède de grandes capacités d'adaptation.
Fréquence : rare - Évolution : ↘
Âge moyen : 50 ans

B

Judicaëlle

Jezekela, Judicaël

Étymologie : du breton *iud* : « prince » et hael : « généreux ».
Fête : 17 décembre - Couleur : blanc - Chiffre : 2
Caractère : Judicaëlle est indépendante, audacieuse et directive.
Fréquence : rare - Évolution : ↘
Âge moyen : 22 ans

C

Judith

Judit, Judita, Juditha, Judite, Judithe, Juditte, Jutta

Étymologie : de l'hébreu *yehudit* : « le juif ».
Fête : 5 mai - Couleur : bleu - Chiffre : 9
Caractère : Judith est diplomate, sensible et dévouée.
Personnages célèbres : Judith de Bavière, impératrice d'Occident au IXe siècle ; les actrices Judith Magre, Judith Henry, Judith Godrèche.
Fréquence : rare - Évolution : ↗
Âge moyen : 39 ans

B

Judy

Jude, Judie, Judite

Étymologie : de l'hébreu *yohanân* : « Dieu fait grâce ».
Fête : 5 mai - Couleur : bleu - Chiffre : 9
Caractère : Judy est consciencieuse, bienveillante et bonne conseillère.
Personnage célèbre : Judy Garland, actrice américaine.
Fréquence : rare - Évolution : =
Âge moyen : 21 ans

P

Julia

Julya

Étymologie : du latin *iulius*, dérivé de jovilios : « descendant de Jupiter ». Ce nom désignait à l'origine un fils d'Énée avant de devenir le patronyme de ses descendants. La gens Jiulia a pour membre célèbre le grand César lui-même.
Fête : 8 avril - Couleur : rouge - Chiffre : 3
Caractère : Julia est sociable, charismatique, aime la communication et le leadership.
Personnages célèbres : l'actrice Julia Roberts ; Julia Child, animatrice TV et chef cuisinier américaine.
Fréquence : répandu - Évolution : ↗
Âge moyen : 45 ans

P

Juliana

Étymologie : du latin *iulius*, dérivé de *jovilios* : « descendant de Jupiter ». Ce nom désignait un fils d'Énée avant de devenir le patronyme de ses descendants. La gens Jiulia a pour membre célèbre l'empereur César.
Fête : 5 avril - Couleur : rouge - Chiffre : 3
Caractère : Juliana est indépendante, courageuse, dynamique et curieuse.
Personnage célèbre : la reine Juliana de Hollande.
Fréquence : rare - Évolution : ↗
Âge moyen : 28 ans

P

Juliane

Jolianne, Julene, Juli, Julianie, Julianna

Étymologie : du latin *iulius*, dérivé de *jovilios* : « descendant de Jupiter ». Ce nom désignait à l'origine un fils d'Énée avant de devenir le patronyme de ses descendants.

Fête : 5 avril - Couleur : rouge - Chiffre : 9

Caractère : Juliane est humaine, ouverte d'esprit et rêveuse.

Fréquence : rare - Évolution : ↘

Âge moyen : 33 ans

P

Julianne

Julie-Anne

Étymologie : du latin *iulius*, dérivé de *jovilios* : « descendant de Jupiter ». Ce nom désignait à l'origine un fils d'Énée avant de devenir le patronyme de ses descendants.

Fête : 5 avril - Couleur : rouge - Chiffre : 9

Caractère : Julianne est déterminée, courageuse et dynamique.

Personnage célèbre : l'actrice Julianne Moore.

Fréquence : rare - Évolution : ↘

Âge moyen : 25 ans

C

Julie

Étymologie : du latin *iulius*, dérivé de *jovilios* : « descendant de Jupiter ». Ce nom désignait à l'origine un fils d'Énée avant de devenir le patronyme de ses descendants.

Fête : 8 avril - Couleur : rouge - Chiffre : 3

Caractère : Julie est réaliste, sociable et pleine de charme.

Personnages célèbres : Julie de Lespinasse, figure littéraire du XVIIIe siècle ; Julie, l'héroïne de *La Nouvelle Héloïse* de Rousseau ; les comédiennes Julie Depardieu, Julie Christie et Julie Andrews ; l'actrice et réalisatrice Julie Delpy.

Fréquence : répandu - Évolution : ↘

Âge moyen : 29 ans

C

Julienne

Julène, Juline

Étymologie : du latin *iulius*, dérivé de *jovilios* : « descendant de Jupiter ». Ce nom désignait à l'origine un fils d'Énée avant de devenir le patronyme de ses descendants.

Fête : 8 avril - Couleur : rouge - Chiffre : 3

Caractère : Julienne est ouverte d'esprit, humaine et déterminée

Fréquence : rare - Évolution : ↘

C

Juliette

Giulietta, Juliet, Julietta

Étymologie : du latin *iulius*, dérivé de *jovilios* : « descendant de Jupiter ». Ce nom désignait à l'origine un fils d'Énée avant de devenir le patronyme de ses descendants. La gens Jiulia a pour membre célèbre le grand César lui-même. Juliette est, en réalité, un diminutif de Julie qui fut très prisé entre la fin du XIXe siècle et le début du XXe siècle. Pendant les Années folles, il ressurgit après un court déclin. Il disparaît quelque peu jusqu'à la fin des années 70, où il revient, revêtu plus que jamais de l'auréole poétique et passionnée de la jeune héroïne shakespearienne.

Fête : 30 juillet - Couleur : rouge - Chiffre : 5

Caractère : Juliette est une charmeuse, pourvue d'une grande sensibilité qui peut parfois lui jouer des tours.

Personnages célèbres : Juliette Capulet, héroïne de *Roméo et Juliette* de Shakespeare ; Juliette Récamier, femme d'esprit et figure célèbre à l'époque du Directoire ; Juliette Drouet, maîtresse de Victor Hugo ; Juliette Binoche, actrice.

Fréquence : répandu - **Évolution** : ↗

Âge moyen : 60 ans

P

July

Étymologie : du latin *iulius*, dérivé de *jovilios* : « descendant de Jupiter », ou de l'anglais « le mois de juillet ». Ce prénom correspond à une variante de Julie et à la forme anglaise d'un mois estival.

Fête : 8 avril - **Couleur** : rouge - **Chiffre** : 3

Caractère : July est indépendante et charismatique. C'est une femme de caractère qui ne laisse pas indifférent.

Fréquence : rare - **Évolution** : ↘

P

June

Juna, Junie

Étymologie : de l'anglais : « le mois de juin ». Le prénom June doit son existence à la mode anglo-saxonne du XIXe siècle, très en accord avec le courant romantique, de donner aux petites filles des prénoms désignant des fleurs ou ou des mois printaniers comme April, May ou June.

Couleur : rouge - **Chiffre** : 5

Caractère : June est indépendante, charismatique et a le goût de l'aventure.

Fréquence : rare - **Évolution** : ↗

Âge moyen : 8 ans

C

Justine

Giustina, Justa, Justina, Justyne, Juxta

Étymologie : du latin *justinius* : « juste, raisonnable ».

Fête : 12 mars - **Couleur** : vert - **Chiffre** : 8

Caractère : Justine est passionnée, courageuse, déterminée, franche, même si elle est parfois capricieuse. Certains la trouvent parfois cruelle, mais sa cruauté n'est qu'enfantine.

Personnages célèbres : l'héroïne du roman du marquis de Sade *Justine ou les Malheurs de la vertu* ; Justine Lévy, romancière française et fille de Bernard-Henri Lévy.

Fréquence : répandu - **Évolution** : ↘

Âge moyen : 23 ans

K

V

Kaci

Kacia, Kacey, Kacy

Étymologie : de l'irlandais : « courageuse », ou du grec *kassandra* : « celle (ou celui) qui aide les hommes » ; dans ce cas, ce prénom peut être considéré comme un diminutif attesté de Kassandre.

Couleur : noir - **Chiffre** : 8 janvier

Caractère : Kaci a le sens de l'engagement. Méthodique, tenace, fiable, elle sait gérer les chiffres, les hommes et les conflits.

Fréquence : rare - **Évolution** : ↗

Âge moyen : 29 ans

V

Kadidia

Kadia, Kadiah, Kadiatou, Kadidiatou, Khadia

Étymologie : de l'arabe *radija* : « précoce, prématurée ». L'une des quatre saintes de l'Islam et la première épouse du Prophète Mahomet, la première à se soumettre à l'Islam.

Couleur : blanc - Chiffre : 5
Caractère : Kadidia est ambitieuse, passionnée et habile.
Fréquence : rare - Évolution : ↗
Âge moyen : 15 ans

V

Kahina

Kahéna

Étymologie : dérivé d'un substantif sémitique : « la prêtresse, la devineresse ».
Couleur : noir - Chiffre : 8
Caractère : Kahina est sensible, forte, ambitieuse et déterminée.
Fréquence : rare - Évolution : ↗
Âge moyen : 14 ans

V

Kaïla

Kayla, Kaïlane, Kaylane, Kaylia, Keylia

Étymologie : de l'hébreu : « couronne ».
Couleur : bleu - Chiffre : 9
Caractère : Kaïla est fine. Elle sait faire preuve de sagacité. C'est aussi une excellente gestionnaire.
Fréquence : rare - Évolution : ↗
Âge moyen : 6 ans

V

Kaïna

Kayna

Étymologie : de l'hébreu : « rebelle ».
Couleur : blanc - Chiffre : 8
Caractère : Kaïna est directive, humaine, mais fait parfois preuve de rectitude.
Fréquence : rare - Évolution : ↗
Âge moyen : 9 ans

P

Kaitlin

Étymologie : du grec *katharos* : « pur ». Ce prénom correspond à un dérivé à la fois de l'anglo-saxon Kathleen et de l'irlandais Caitlin.
Fête : 29 avril ou 25 novembre
Couleur : bleu - Chiffre : 5
Caractère : Kaitlin est audacieuse, déterminée et aime les découvertes.
Fréquence : très rare - Évolution : ↘
Âge moyen : 7 ans

V

Kali

Kalia, Kalie

Étymologie : du sanskrit : « énergie ». Ce prénom est celui de l'épouse de Shiva, dans la mythologie hindoue. Il symbolise la force vitale universelle.
Couleur : bleu - Chiffre : 2
Caractère : Kali est équilibrée, a le sens de la famille, est responsable et bonne gestionnaire.
Fréquence : rare - Évolution : ↗
Âge moyen : 4 ans

V

Kalina

Étymologie : du grec *nikê* : « la victoire » et *laos* : « le peuple ». Ce prénom a la même étymologie que Nicole mais... inversée.
Couleur : bleu - Chiffre : 2
Caractère : Kalina est pragmatique, organisée, déterminée et optimiste.
Fréquence : très rare - Évolution : ↗
Âge moyen : 7 ans

V

Kamilia

Kamélia, Kamélya

Étymologie : du latin *camillus* : « jeune homme », qui, dans les sacrifices aux dieux de Rome, assistait le grand prêtre durant la cérémonie.

Fête : 14 juillet - Couleur : jaune - Chiffre : 1

Caractère : Kamilia est diplomate, loyale et sociable.

Fréquence : rare - Évolution : ↗

Âge moyen : 13 ans

P

Karen

Karène, Karenn, Karenne , Kareen, Kariane, Karianne

Étymologie : du grec *katharos* : « pur ».

Fête : 25 novembre - Couleur : rouge - Chiffre : 4

Caractère : Karen est sensible, réservée, volontaire et travailleuse.

Personnages célèbres : Karen Cheryl, chanteuse ; Karen Allen, actrice ; Karen Mulder, mannequin.

Fréquence : rare - Évolution : ↘

Âge moyen : 29 ans

V

Karima

Karama, Karem, Karema

Étymologie : de l'arabe : « généreuse ». Cet adjectif est souvent accolé au nom d'Allah dans le Coran. Ce prénom correspond à la forme féminine de Karim.

Couleur : vert - Chiffre : 3

Caractère : Le leadership de Karima est incontestable. D'un tempérament ardent, c'est une stratège pleine de vitalité.

Fréquence : rare - Évolution : ↘

Âge moyen : 32 ans

P

Karine

Karina

Étymologie : ce prénom correspond à la forme suédoise de Karen, le Catherine danois.

Fête : 29 avril ou 25 novembre

Couleur : bleu - Chiffre : 5

Caractère : Karine est volontaire, ambitieuse, courageuse et pourtant capable d'une certaine légèreté et d'un grand sens de l'humour.

Personnages célèbres : Karine Ferri et Karine Le Marchand, animatrices TV.

Fréquence : répandu - Évolution : ↘

Âge moyen : 37 ans

P

Karyn

Karyne

Étymologie : du grec : « pure ». Cette forme correspond à la forme anglo-saxonne de Karine.

Fête : 29 avril ou 25 novembre

Couleur : bleu - Chiffre : 5

Caractère : Karyn est ouverte d'esprit, humaine et rêveuse.

Fréquence : rare - Évolution : ↘

Âge moyen : 37 ans

B

Kate

Cate, Käthe, Keet

Étymologie : du grec *katharos* : « pur ».

Fête : 29 avril ou 25 novembre

Couleur : rouge - Chiffre : 7

Caractère : Kate est généreuse, extrêmement créative, mais parfois impulsive.

Personnages célèbres : Kate Winslet, actrice ; Kate Moss, mannequin ; Kate Middleton, duchesse de Cambridge.

Fréquence : rare - Évolution : ↗

Âge moyen : 17 ans

P

Kateline

Étymologie : du grec katharos : « pur ». C'est la forme anglo-saxonne de Catherine.
Fête : 29 avril ou 25 novembre
Couleur : rouge - Chiffre : 7
Caractère : Kateline est dynamique, curieuse et courageuse.
Fréquence : rare - Évolution : ↘
Âge moyen : 16 ans

V

Katell

Katel, Kathel, Kathell

Étymologie : du grec *katharos* : « pur ». Forme bretonne de Catherine, ce prénom commence à connaître un joli succès ailleurs qu'en Bretagne.
Fête : 29 avril ou 25 novembre
Couleur : rouge - Chiffre : 7
Caractère : Katel est encline à la méditation. Volontaire, intelligente, elle est bienveillante.
Personnage célèbre : Katell Quillévéré, réalisatrice française.
Fréquence : rare - Évolution : ↘
Âge moyen : 26 ans

C

Katherine

Katherina, Katti,
Katty, Ketty

Étymologie : du grec *katharos* : « pur ».
Fête : 29 avril ou 25 novembre
Couleur : rouge - Chiffre : 7
Caractère : Katherine est audacieuse, dynamique, directive et sensible.
Personnages célèbres : Katherine Mansfield et Katherine Pancol, romancières.
Fréquence : rare - Évolution : ↘
Âge moyen : 49 ans

V

Katia

Kathia, Kathya, Kattia

Étymologie : du grec *katharos* : « pur ». Ce prénom, correspondant à une forme slave de Catherine, a remporté un certain succès en France durant les années 70, profitant du déclin de Catherine.
Fête : 29 avril ou 25 novembre - Couleur : rouge
Chiffre : 7
Caractère : Katia est équilibrée, mais fonctionne beaucoup à l'affectif.
Fréquence : répandu - Évolution : ↘
Âge moyen : 36 ans

V

Kaki

Étymologie : du grec katharos : « pur ».
Fête : 29 avril ou 25 novembre - Couleur : rouge
Chiffre : 5
Caractère : Kaki est audacieuse, aime la découverte et l'originalité.
Fréquence : très rare - Évolution : ↘

V

Katinka

Étymologie : du grec katharos : « pur ». Ce prénom correspond à une forme slave de Catherine.
Fête : 29 avril ou 25 novembre - Couleur : rouge
Chiffre : 7
Caractère : Katinka est audacieuse, dynamique mais aussi d'une grande sensibilité.
Fréquence : très rare - Évolution : =

V

Katou

Étymologie : du grec *katharos* : « pur ». Ce prénom correspond à une forme celte de Catherine.
Fête : 29 avril ou 25 novembre
Couleur : rouge - Chiffre : 7

Caractère : Katou a le sens de la famille. Elle est équilibrée mais c'est une femme d'influence qui a ses exigences et son éthique.
Fréquence : très rare - Évolution : =

B

Kay

Étymologie : du grec *katharos* : « pur ». À l'instar de Kate, ce prénom correspond à un diminutif de Katherine devenu prénom.
Fête : 29 avril ou 25 novembre
Couleur : rouge - Chiffre : 7
Caractère : Kay est audacieuse, dynamique, indépendante et directive.
Fréquence : très rare - Évolution : ↘

V

Kayla

Étymologie : du grec *katharos* : « pur ». Ce prénom correspond à un des nombreux dérivés anglo-saxons de Katherine.
Fête : 29 avril ou 25 novembre
Couleur : rouge - Chiffre : 7
Caractère : Kayla est énergique, audacieuse et organisée.
Fréquence : rare - Évolution : ↗
Âge moyen : 4 ans

V

Keira

Kerry, Kiara, Kiera, Kiria, Kiriah, Kyara

Étymologie : de l'irlandais : « brune ».
Caractère : Keira est forte, ambitieuse, passionnée. Elle est très habile.
Personnage célèbre : l'actrice Keira Knightley.
Fréquence : rare - Évolution : ↗
Âge moyen : 19 ans

V

Kelly

Kaylee, Keily, Kiley

Étymologie : du celtique *ceallagh*, de *ceall* : « le monastère, le couvent ». Prénom masculin à l'origine, Kelly s'est féminisé dès les années 30, d'abord aux États-Unis, puis en Grande-Bretagne, avant de figurer au palmarès des cinq prénoms féminins dès les années 80. Kelly s'est ensuite répandu en France, sans doute sous l'effet du succès de séries américaines.
Fête : 1er mai - Couleur : bleu - Chiffre : 2
Caractère : Kelly est énergique, créative, franche et ambitieuse.
Personnages célèbres : Kelly Capwell, l'une des héroïnes de la série TV Santa Barbara ; Kelly Taylor, personnage de la série Beverly Hills 90210 ; Kelly Rowland, chanteuse.
Fréquence : rare - Évolution : ↘
Âge moyen : 18 ans

V

Kenza

Kanza

Étymologie : de l'arabe: « trésor ».
Couleur : bleu - Chiffre : 3
Caractère : Kenza sait communiquer l'enthousiasme et est pleine de finesse.
Personnage célèbre : la chanteuse Kenza Farah.
Fréquence : rare - Évolution : =
Âge moyen : 10 ans

V

Keren

Étymologie : du grec *katharos* : « pur ». Ce prénom correspond à la forme danoise de Catherine.
Fête : 29 avril ou 25 novembre
Couleur : rouge - Chiffre : 4
Caractère : Keren est sensible, réservée, travailleuse et volontaire.

TOP 20

Prénoms composés

Choisir un prénom double n'est pas forcément réservé aux B.C.B.G., on peut créer un prénom très tendance pour sa fille. Une certaine liberté étant offerte aux parents, il est également possible de retirer le trait d'union si on le désire et créer ainsi un nouveau prénom. Et dans le fond, est-ce un réflexe si récent ? C'est ainsi qu'est né le prénom Annabelle...

Alexane
Annabelle
Anne-Charlotte
Anne-Lise
Auréline
Carolane
Clarabelle
Coraline
Floriane
Laureline
Léa-Marie
Lily-Jade
Louise-Marie
Lou-Ann(ne)
Marie-Pia
Marie-Lys
Marilou
Mary-Kay
Robanne
Rosamée

Personnage célèbre : la chanteuse Keren Ann.
Fréquence : rare - Évolution : ↗
Âge moyen : 12 ans

V

Khadija

Khadijatou, Khadidja, Khadija, Kadidja, Khedidja

Étymologie : de l'arabe *radija* : « précoce, prématurée ». L'une des quatre saintes de l'Islam, la première épouse du Prophète Mahomet, la première à croire en sa mission et la première à se soumettre à l'Islam.
Couleur : noir - Chiffre : 8
Caractère : Khadija est équilibrée, douce, chaleureuse et dévouée.
Fréquence : rare - Évolution : ↗
Âge moyen : 21 ans

V

Kim

Kimi, Kimie, Kimmie

Étymologie : du celte *cyneburk* : « le château fort » et leah : « la prairie ». Ce prénom correspond à un diminutif de Kimberley devenu prénom à part entière. Il est très attribué aux Pays-Bas.
Couleur : orange - Chiffre : 6
Caractère : Kim aime communiquer et attache une grande importance à l'affection dans sa vie.
Personnage célèbre : Kim Basinger, actrice américaine.
Fréquence : rare - Évolution : ↗
Âge moyen : 16 ans

V

Kimberley

Kimberlay

Étymologie : du celte *cyneburk* : « le château fort » et *leah* : « la prairie ». Ce prénom, mascu-

lin à la base, est aujourd'hui un prénom féminin très populaire dans les pays anglo-saxons. Ce prénom est, à l'origine, un nom de lieu devenu un nom de famille, celui de lord Kimberley.
Couleur : blanc - Chiffre : 7
Caractère : Kimberley a beaucoup de cœur, est audacieuse et indépendante.
Fréquence : rare - Évolution : ↘
Âge moyen : 13 ans

V

Kimberly

Étymologie : du celte *cyneburk* : « le château fort » et *leah* : « la prairie ». Ce prénom, masculin à la base, est aujourd'hui un prénom féminin très populaire dans les pays anglo-saxons. C'est ce nom qu'on attribua ensuite à une ville d'Afrique du Sud connue pour sa richesse en kimberlites.
Couleur : blanc - Chiffre : 7
Caractère : Kimberly est indépendante, courageuse, curieuse et sympathique.
Fréquence : rare - Évolution : ↘
Âge moyen : 15 ans

V

Kimy

Kimmy

Étymologie : de l'afrikaans : « plaine royale », formé sur le celte cyneburk : « le château fort » et leah : « la prairie ». C'est un diminutif de Kimberly.
Couleur : orange - Chiffre : 6
Caractère : Kimy est perfectionniste et charmeuse.
Fréquence : rare - Évolution : ↗
Âge moyen : 5 ans

V

Kirsten

Étymologie : ce prénom correspond à une forme scandinave de Christine.
Fête : 24 juillet - Couleur : vert - Chiffre : 6
Caractère : Kirsten est distinguée, sociable, généreuse et a le sens des responsabilités.
Personnage célèbre : Kirsten Dunst, actrice.
Fréquence : très rare - Évolution : ↗
Âge moyen : 4 ans

V

Kitty

Kitti

Étymologie : du grec *katharos* : « pur ». Ce prénom correspond à un diminutif de Katherine devenu prénom à part entière. Aux États-Unis, l'expression *kitty cat* désigne un chaton.
Fête : 29 avril ou 25 novembre
Couleur : rouge - Chiffre : 4
Caractère : Kitty est dévouée, pétillante et réfléchie.
Personnage célèbre : Hello Kitty, personnage créé en 1976 par la marque Sanrio
Fréquence : très rare - Évolution : =
Âge moyen : 25 ans

P

Kristel

Kristhal, Kristhel, Kristel, Kristelle, Kristele, Krystel, Krystèle

Étymologie : du latin *christianus* : « chrétien ». Kristel est une variante bretonne de Christelle.
Fête : 24 mars - Couleur : vert - Chiffre : 4
Caractère : Kristell est structurée, persévérante..
Fréquence : rare - Évolution : ↘
Âge moyen : 31 ans

V

Kristen

Kristenn

Étymologie : du latin *christianus* : « chrétien ». Ce prénom correspond à une forme scandinave de Christine.

Fête : 24 juillet - Couleur : vert - Chiffre : 6
Caractère : Kristen est distinguée, sociable, généreuse et a le sens des responsabilités.
Fréquence : rare - Évolution : ↗
Âge moyen : 14 ans

P

Kylie

Kiley, Kylia, Kyliana, Kyliane

Étymologie : du celtique *ceallagh*, de *ceall* : « le monastère, le couvent ». Ce prénom est une variante de Kelly et la forme féminine de Kyle.
Fête : 1er mai - Couleur : bleu - Chiffre : 2
Caractère : Kylie est forte, ambitieuse, habile et passionnée.
Personnage célèbre : la chanteuse Kylie Minogue.
Fréquence : rare - Évolution : ↗
Âge moyen : 7 ans

L

P

Laeticia

Laetoria, Laetus, Lalou, Léétice, Leticia

Étymologie : du latin *laetitia* : « la joie ». Laeticia est une variante de Laetitia.
Fête : 18 août. En raison de la signification de ce prénom, on fête Laeticia le même jour que Notre-Dame-de-Liesse. - Couleur : bleu - Chiffre : 6
Caractère : Laeticia est organisée, équilibrée et méthodique.
Fréquence : rare - Évolution : ↘
Âge moyen : 21 ans

C

Laëtitia

Laésianne, Laetitianne, Laetitienne, Laititia, Letitia, Letizia, Leto, Lettice, Lettie, Letty, Liesse, Tish, Tisha

Étymologie : du latin *laetitia* : « la joie ».
Fête : 18 août. En raison de la signification de ce prénom, on fête Laeticia le même jour que Notre-Dame-de-Liesse.
Couleur : bleu - Chiffre : 6
Caractère : Laetitia est sage, réfléchie, discrète et douce.
Personnages célèbres : Lætitia Bonaparte, mère de Napoléon Ier ; Laetitia Casta, actrice.
Fréquence : répandu - Évolution : ↘
Âge moyen : 29 ans

V

Laïla

Étymologie : de l'arabe : « la nuit ». Ce prénom est une variante de Leïla.
Couleur : bleu - Chiffre : 4
Caractère : Laïla est pleine de vitalité, aime aller jusqu'au bout des choses et prendre des iniatives
Fréquence : rare - Évolution : ↗
Âge moyen : 28 ans

V

Lalie

Lallie

Étymologie : du latin : « belle parole ».
Couleur : jaune - Chiffre : 8
Caractère : Lalie aime la communication, est résolue et a l'esprit pratique.
Fréquence : rare - Évolution : ↗
Âge moyen : 6 ans

V

Lalita

Étymologie : du sanskrit : « la charmante ». Ce prénom est un des surnoms de la déesse indienne Sakti, représentée comme une vierge âgée de 15 ans.
Couleur : vert - Chiffre : 7
Caractère : Lalita est fine, douce et déterminée.
Fréquence : très rare - Évolution : ⇗
Âge moyen : 4 ans

P

Laly

Lallie, Lally

Étymologie : du latin : « belle parole ».
Couleur : jaune - Chiffre : 8
Caractère : Laly est audacieuse, aime l'originalité et la séduction.
Fréquence : rare - Évolution : ⇗
Âge moyen : 6 ans

V

Lamia

Lama, Lamiae, Lamiha, Lamya

Étymologie : de l'adjectif arabe *lâmi'a* : « étincelante, chatoyante ».
Couleur : rouge - Chiffre : 9
Caractère : Lamia est généreuse, charismatique, rêveuse et sociable.
Fréquence : rare - Évolution : ⇗
Âge moyen : 19 ans

P

Lana

Lanna, Layna

Étymologie : du grec *helénê* : « le flambeau », de la famille d'helios : « le soleil ». Lana est un diminutif d'Hélène.
Fête : 18 août - Couleur : jaune - Chiffre : 4
Caractère : Lana est ambitieuse, autoritaire et énergique.
Fréquence : rare - Évolution : ⇗
Âge moyen : 5 ans

P

Lara

Étymologie : du grec *laros* : « la mouette ». Lara est une nymphe du Tibre. C'est elle qui serait la mère des dieux lares, divinités protectrices du foyer qui communiquaient avec les âmes des ancêtres défunts.
Couleur : jaune - Chiffre : 5
Caractère : Lara est sociable, affectueuse, fantaisiste et séductrice.
Personnages célèbres : l'héroïne du roman de Boris Pasternak, *Le Docteur Jivago*, devenu un film extrêmement célèbre et dont la chanson dite « chanson de Lara » l'est restée tout autant ; la chanteuse Lara Fabian.
Fréquence : rare - Évolution : ⇗
Âge moyen : 15 ans

P

Larissa

Étymologie : du grec. Nom d'une grande ville de Thessalie, qui passait pour être la patrie d'Achille, héros de *l'Iliade*.
Fête : 18 août - Couleur : vert - Chiffre : 7
Caractère : Larissa est réfléchie, aime l'étude, est spirituelle et réservée.
Fréquence : rare - Évolution : ⇘
Âge moyen : 20 ans

V

Latifa

Latifah

Étymologie : de l'arabe : « tendre, gentille ».
Couleur : bleu - Chiffre : 8
Caractère : Latifa est généreuse, tendre, mais

aussi volontaire et déterminée.
Fréquence : rare - Évolution : ↘
Âge moyen : 30 ans

V

Laora

Étymologie : du latin *laurus, laura* : « laurier ».
Fête : 19 octobre - Couleur : vert - Chiffre : 3
Caractère : Laora est réceptive, diplomate. Elle est sociable et loyale.
Fréquence : rare - Évolution : ↗
Âge moyen : 8 ans

P

Laura

Lauréate, Lavra, Lavria, Louwra

Étymologie : du latin *laurus, laura* : « laurier ». Laura est un des grands prénoms féminins des années 90.
Fête : 19 octobre - Couleur : vert - Chiffre : 3
Caractère : Laura aime le leadership, est assez entière et jusqu'au-boutiste.
Personnages célèbres : Laura Ingalls, héroïne de la célèbre série *La Petite Maison dans la prairie* ; la styliste Laura Ashley ; l'actrice Laura Smet.
Fréquence : répandu - Évolution : ↘
Âge moyen : 18 ans

P

Laurane

Laurana, Lauriana, Laurina, Laurinda

Étymologie : du latin *laurus, laura* : « laurier ». Laurane est une des multiples variantes de Laure.
Fête : 19 octobre - Couleur : vert - Chiffre : 4
Caractère : Laurane est rêveuse, ouverte d'esprit et humaine.
Fréquence : rare - Évolution : ↘
Âge moyen : 14 ans

P

Lauranne

Lauranna

Étymologie : du latin *laurus, laura* : « laurier ». Lauranne est une des multiples variantes de Laure et peut être considéré comme une forme contractée de Laure-Anne.
Fête : 19 octobre - Couleur : vert - Chiffre : 3
Caractère : Lauranne est déterminée, audacieuse et aime la découverte.
Fréquence : rare - Évolution : ↘
Âge moyen : 19 ans

C

Laure

Laur, Laurée, Lauréane, Lauréanne, Lore,

Étymologie : du latin *laurus, laura* : « laurier ». Le laurier est un feuillage synonyme de victoire. En effet, il composait les couronnes que revêtaient les généraux victorieux sous la Rome antique. Laure est la forme féminine de Laurent la plus anciennement attribuée en France. Laure est un prénom qui fut très attribué dans les années 70 et 80.
Fête : 19 octobre - Couleur : vert - Chiffre : 3
Caractère : Laure est sensible, éloquente et aime charmer.
Personnages célèbres : Laure Junot, duchesse d'Abrantès ; Laure de Sade, muse de Pétrarque ; l'historienne et animatrice culturelle Laure Adler ; la nageuse Laure Manaudou.
Fréquence : répandu - Évolution : ↘
Âge moyen : 42 ans

C

Laure-Anne

Étymologie : prénom composé de Laure et d'Anne.
Fête : 19 octobre ou 26 juillet - Couleur : vert

Chiffre : 3
Caractère : Laure-Anne est autoritaire, mais parce que très énergique. Évidemment, elle est ambitieuse.
Fréquence : rare - Évolution : ↘
Âge moyen : 23 ans

P

Laureen

Laureena

Étymologie : du latin *laurus, laura* : « laurier ». Laureen est le diminutif anglo-saxon de Laura.
Fête : 19 octobre - Couleur : vert - Chiffre : 3
Caractère : Laureen est efficace, persévérante et résolue.
Fréquence : rare - Évolution : ↘
Âge moyen : 16 ans

P

Laureline

Lauralee, Lauralie, Lauraline, Lauraly, Laurela, Laureleen, Laurelène, Laurelenn, Laurélia, Laurélie, Laurelina, Laurelyne, Lauraline, Laure-Line

Étymologie : ce prénom correspond à la forme contractée de Laure-Adeline.
Fête : 19 octobre ou 20 octobre
Couleur : vert - Chiffre : 3
Caractère : Laureline est spirituelle, toujours en quête de connaissances, déterminée et pleine d'originalité.
Fréquence : rare - Évolution : ↘
Âge moyen : 18 ans

P

Lauren

Lauraine, Laurena, Laurenn, Laurenne

Étymologie : du latin *laurus, laura* : « laurier ». Lauren est une forme anglo-saxonne de Laure.
Fête : 19 octobre - Couleur : vert - Chiffre : 3
Caractère : Lauren est passionnée, ambitieuse et forte.
Personnages célèbres : Lauren Bacall, célèbre actrice ; Lauren Weisberger, romancière américaine à qui l'on doit le best-seller *Le diable s'habille en Prada.*
Fréquence : rare - Évolution : ↘
Âge moyen : 19 ans

P

Laurence

Laurenca, Laurens, Laurentienne, Laurentine, Lawrance, Lawrence, Lawry, Lewerentz, Lorentz, Lorenza,

Étymologie : du latin *laurus, laura* : « laurier ».
Fête : 8 octobre - Couleur : vert - Chiffre : 2
Caractère : Laurence est sociable, réfléchie, ambitieuse et exigeante.
Personnages célèbres : l'écrivain-journaliste Laurence Pernoud ; l'actrice Laurence Côte ; la journaliste Laurence Ferrari.
Fréquence : répandu - Évolution : ↘
Âge moyen : 47 ans

P

Laurène

Étymologie : du latin *laurus, laura* : « laurier ». Laurène est la forme française dominante adaptée de l'anglais Lauren.
Fête : 19 octobre - Couleur : vert - Chiffre : 3
Caractère : Laurène est humaine, rêveuse et résolue.
Fréquence : rare - Évolution : ↘
Âge moyen : 19 ans

B

Laurette

Laureto

Étymologie : du latin *laurus, laura* : « laurier ». Laurette est un diminutif très français de Laure.

Fête : 19 octobre - Couleur : vert - Chiffre : 3
Caractère : Laurette est enthousiaste, déterminée et organisée.
Personnages célèbres : l'héroïne de la chanson de Michel Delpech, *Chez Laurette*.
Fréquence : rare - Évolution : ↘
Âge moyen : 55 ans

P

Lauriane

Lauria, Laurie-Anne, Lauriana, Laurianne, Laurina, Laurinda, Lauryane, Lauro

Étymologie : du latin *laurus, laura* : « laurier ». Lauriane correspond à la forme contractée du prénom composé anglo-saxon Laurie-Ann. Lauriane est devenu un prénom à part entière et remporte aujourd'hui un succès assez conséquent.
Fête : 19 octobre ou 26 juillet
Couleur : rouge - Chiffre : 9
Caractère : Lauriane est réfléchie, altruiste, intègre et déterminée.
Fréquence : rare - Évolution : ↘
Âge moyen : 20 ans

P

Laurie

Laury, Lorrie

Étymologie : du latin *laurus, laura* : « laurier ». Curieusement, Laurie, ou Lorrie, fut d'abord un prénom masculin, comme Laurent. Son usage au féminin nous vient des États-Unis, où il s'est imposé comme une variante de Laura et de Laure, dans les années 40-45.
Fête : 19 octobre ou 26 juillet
Couleur : rouge - Chiffre : 9
Caractère : Laurie sait s'adapter, elle est enthousiaste, pragmatique et résolue.
Fréquence : courant - Évolution : ↘
Âge moyen : 20 ans

B

Laurine

Laurina, Laurinda, Laurinne

Étymologie : du latin *laurus, laura* : « laurier ». Laurine est la forme francisée du diminutif anglo-saxon de Laura : Laureen.
Fête : 19 octobre - Couleur : vert - Chiffre : 3
Caractère : Laurine est une stratège, pleine d'ardeur et de vitalité.
Fréquence : répandu - Évolution : ↘
Âge moyen : 14 ans

P

Lauryne

Lauryn

Étymologie : du latin *laurus, laura* : « laurier ». Lauryne est la variante de Laurine.
Fête : 19 octobre - Couleur : vert - Chiffre : 3
Caractère : Lauryne est équilibrée, a le sens des respnsabilités et de la famille. Elle a beaucoup de cœur.
Fréquence : rare - Évolution : ↘
Âge moyen : 10 ans

P

Léa

Léah, Léala, Léane

Étymologie : de l'hébreu *lea* : « fatiguée ». Léa ne correspond donc pas au féminin de Léo. Ce prénom est porté, dans la Bible, par l'épouse de Jacob, avec qui elle eut six fils qui devinrent les ancêtres des tribus d'Israël. On dit qu'elle fut surnommée la « fatiguée » car, destinée à épouser Esaü qu'elle n'aimait pas, elle en aurait eu « les yeux fatigués de larmes ». Sur sa demande, Laban, son père, obligea donc Jacob à épouser Léa.
Fête : 22 mars - Couleur : rouge - Chiffre : 5

Caractère : Léa est fantaisiste, déterminée, intuitive et sensible.
Personnages célèbres : Léa, héroïne des romans *Chéri* et *La Fin de Chéri*, de Colette ; Léa, héroïne du roman de Régine Deforges *La Bicyclette bleue*.
Fréquence : courant - Évolution : ↘
Âge moyen : 26 ans

P

Léa-Marie

Étymologie : prénom composé de Léa et de Marie.
Fête : 22 mars ou 15 août - Couleur : rouge
Chiffre : 5
Caractère : Léa-Marie est audacieuse, dynamique et déterminée.
Fréquence : rare - Évolution : ↘
Âge moyen : 10 ans

B

Léana

Étymologie : ce prénom peut être issu de l'hébreu *lea* ou correspondre à la forme contractée de l'anglo-saxon Lee-Ann.
Fête : 22 mars - Couleur : rouge - Chiffre : 5
Caractère : Léana est sage, bienveillante et consciencieuse.
Fréquence : rare - Évolution : ↗
Âge moyen : 7 ans

P

Léandra

Léandre, Léandria

Étymologie : du grec *lêon* : « le lion » et andros : « l'homme » ; « l'homme lion ».
Fête : 27 février - Couleur : bleu - Chiffre : 2
Caractère : Léandra est énergique, ambitieuse, résolue et aime l'innovation.
Fréquence : rare - Évolution : ↗
Âge moyen : 11 ans

V

Léanne

Léane, Léanna

Étymologie : de l'hébreu *lea*. Léanne est considéré comme une variante de Léa qui possède les deux « n » du prénom Anne.
Fête : 22 mars - Couleur : rouge - Chiffre : 5
Caractère : Léanne est équilibrée, exigeante et a le sens de la famille.
Fréquence : rare - Évolution : ↗
Âge moyen : 7 ans

B

Lee

Li

Étymologie : de l'anglais : « clairière » ; de l'irlandais : « poétique » ; ou du chinois : « beauté, force, debout ». Ce prénom est intéressant par la diversité de ses origines et par le lyrisme de ses diverses significations
Couleur : rose - Chiffre : 6
Caractère : Lee est tenace. Elle a le sens de l'engagement. Elle est fiable et possède un certain sens du devoir.
Fréquence : très rare - Évolution : =
Âge moyen : 5 ans

P

Leelou

Lee-Lou, Leeloo

Étymologie : Leelou semble composé de l'anglophone Lee (de l'anglais : « clairière », ou de l'irlandais : « poétique ») et de Lou, le diminutif de Louise, mais est, en même temps, une variante de Lilou, fort prisé récemment.
Couleur : violet - Chiffre : 6
Caractère : Leelou est originale, spirituelle et assez philosophe.
Fréquence : rare - Évolution : ↗
Âge moyen : 6 ans

V

Leïla

Laila, Layla, Leilah, Leyla

Étymologie : de l'arabe : « la nuit ».
Couleur : bleu - Chiffre : 4
Caractère : Leïla est sociable, a l'esprit de communication et possède un grand sens artistique.
Personnages célèbres : Leïla, l'héroïne de nombreux contes poétiques qui relatent ses aventures avec son amant bien-aimé, Majnûn.
Fréquence : courant - Évolution : ↘
Âge moyen : 24 ans

V

Lélia

Léliane

Étymologie : du latin *lilium* : « lys ».
Fête : 28 juillet - Couleur : orange - Chiffre : 8
Caractère : Lélia est enthousiaste, a l'esprit pratique et sait s'adapter.
Fréquence : rare - Évolution : ↗
Âge moyen : 21 ans

P

Léna

Lehna, Leina, Lenna

Étymologie : du grec *helénê* : « le flambeau », de la famille d'helios : « le soleil ». Léna est un diminutif de l'international Héléna.
Fête : 18 août - Couleur : jaune - Chiffre : 6
Caractère : Léna est dynamique, courageuse, curieuse et charismatique.
Fréquence : rare - Évolution : ↗
Âge moyen : 10 ans

V

Lénaïc

Lénaïck

Étymologie : du vieux breton *elen* : « troupeau de bétail ». Lénaïc passe à tort pour un diminutif d'Hélène. Ce prénom fut porté par un moine du VIIe siècle qui a donné son nom à un village des Côtes-d'Armor : Saint-Helen.
Fête : 7 septembre - Couleur : gris - Chiffre : 8
Caractère : Lenaïc est une stratège, pleine de vitalité et d'ardeur.
Fréquence : rare - Évolution : ↘
Âge moyen : 22 ans

V

Lénaïg

Étymologie : du grec *helénê* : « flambeau », de la famille d'*helios* : « soleil ». Lénaïg est la forme bretonne d'Hélène.
Fête : 18 août - Couleur : jaune - Chiffre : 6
Caractère : Lénaïg est résolue, sympathique et enthousiaste.
Fréquence : rare - Évolution : ↘
Âge moyen : 22 ans

V

Lennie

Léni

Étymologie : du latin *leo* : « lion ». Lennie passe pour une variante de Léonie.
Fête : 19 janvier - Couleur : vert - Chiffre : 6
Caractère : Lennie est charismatique, dynamique et curieuse.
Fréquence : rare - Évolution : ↗
Âge moyen : 8 ans

P

Léona

Léola

Étymologie : du latin *leo* : « lion ». Léona est une variante latine de Léone, forme féminine de Léon.
Fête : 6 décembre - Couleur : vert - Chiffre : 6
Caractère : Léona est sociable, réceptive, loyale et diplomate.

Personnage célèbre : Leona Lewis, chanteuse britannique.
Fréquence : rare - Évolution : ↗
Âge moyen : 62 ans

B

Léonce

Léoncia

Étymologie : du latin leo : « lion ». Le prénom Léonce, aujourd'hui surtout attribué au masculin, était, à l'origine, également attribué aux filles.
Fête : 18 juin - Couleur : orange - Chiffre : 3
Caractère : Léonce est intuitive, réfléchie, sensible et pourvue d'un grand sens critique.
Fréquence : rare - Évolution : =

B

Léonie

Eleonnie, Lénonie, Léonella, Léonelle, Léonne, Léone, Léonia, Léonine, Léonnie, Lonnie.

Étymologie : du latin *leo* : « lion ». Léonie est la première forme féminine de Léon.
Fête : 19 janvier - Couleur : vert - Chiffre : 6
Caractère : Léonie a le sens des responsabilités, est active et perfectionniste.
Fréquence : répandu - Évolution : ↗
Âge moyen : 70 ans

B

Léonille

Étymologie : du latin *leo* : « lion ». Léonille est un dérivé de Léonie.
Fête : 19 janvier - Couleur : vert - Chiffre : 6
Caractère : Léonille est optimiste, éloquente et charismatique.
Fréquence : très rare - Évolution : ↗
Âge moyen : 4 ans

B

Léonne

Léonna

Étymologie : du latin *leo* : « lion ». Léonne est une forme féminine de Léon qui fut attribuée au XXe siècle.
Fête : 19 janvier - Couleur : vert - Chiffre : 6
Caractère : Léonne est ambitieuse, active et perfectionniste.
Fréquence : rare - Évolution : =
Âge moyen : 89 ans

C

Léonore

Lénora, Léonora

Étymologie : du grec *eleos* : « compassion ». Léonore est un dérivé d'Éléonore, la forme française d'Eleanor.
Fête : 25 juin - Couleur : orange - Chiffre : 8
Caractère : Léonore est franche, compatissante et pourvue d'un grand sens de l'observation.
Fréquence : rare - Évolution : ↗
Âge moyen : 27 ans

B

Léontine

Léondine

Étymologie : du latin *leo* : « lion ». Avec Léonie, Léontine est la forme féminine de Léon la plus prisée.
Fête : 10 novembre - Couleur : jaune - Chiffre : 8
Caractère : Léontine est réservée, affectueuse, franche et aime la stabilité.
Fréquence : rare - Évolution : ↗

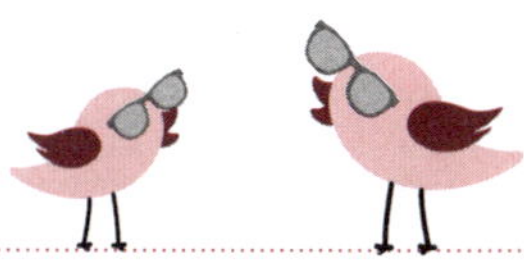

C

Léopoldine

Leopolda, Leopoldina, Polde, Poldie, Polte

Étymologie : du germanique *liut* : « le peuple » et bald : « audacieux ». Léopoldine est la forme féminine de Léopold.
Fête : 15 novembre (Saint-Léopold)
Couleur : jaune - Chiffre : 8
Caractère : Léopoldine est courageuse, déterminée et possède un grand sens pratique.
Personnage célèbre : Léopoldine Hugo, fille de Victor Hugo.
Fréquence : rare - Évolution : ↗
Âge moyen : 48 ans

V

Léora

Étymologie : de l'hébreu : « la lumière est en moi ».
Couleur : orange - Chiffre : 4
Caractère : Léora est équilibrée et a le sens des responsabilités. Elle possède un certain sens de l'analyse et est très résolue.
Fréquence : très rare - Évolution : ↗
Âge moyen : 5 ans

P

Leslie

Lesley, Leslye

Étymologie : de l'écossais : « forteresse grise ».
Couleur : vert - Chiffre : 2
Caractère : Leslie est habile, passionnée et ambitieuse.
Personnages célèbres : Leslie Caron, actrice franco-américaine ; Leslie, chanteuse française.
Fréquence : rare - Évolution : ↘
Âge moyen : 23 ans

P

Létitia

Létizia

Étymologie : du latin : « allégresse ».
Fête : 18 août. On fête Létitia le même jour que Notre-Dame-de-Liesse.
Couleur : bleu - Chiffre : 6
Caractère : Létitia est persévérante, structurée, organisée.
Fréquence : rare - Évolution : ↘
Âge moyen : 51 ans

V

Lévana

Lévanah

Étymologie : de l'hébreu : « la lune ».
Couleur : vert - Chiffre : 4
Caractère : Lévana est audacieuse, pleine d'assurance et indépendante.
Fréquence : rare - Évolution : ↗
Âge moyen : 12 ans

P

Lexane

Lexa, Lexi, Lexia, Lexina, Lexy

Étymologie : du grec : « défense de l'humanité ».
Fête : 20 mars - Couleur : vert - Chiffre : 8
Caractère : Lexane a l'esprit sagace. Elle est spirituelle et avide de connaissances.
Fréquence : rare - Évolution : ↘
Âge moyen : 9 ans

P

Lexie

Étymologie : du grec : « défense de l'humanité ».
Fête : 20 mars - Couleur : vert - Chiffre : 8
Caractère : Lexie est dynamique, audacieuse et indépendante. Elle est un brin directive.
Fréquence : rare - Évolution : ↗

V

Leyla

Étymologie : de l'arabe : « la nuit ». Leyla est une des variantes de la forme plus courante Leïla.
Couleur : bleu - Chiffre : 4
Caractère : Leyla est sociable, a l'esprit de communication et possède un grand sens artistique.
Fréquence : rare - Évolution : ↗
Âge moyen : 17 ans

B

Lia

Étymologie : du latin *natalis* : « le jour de naissance » (sous-entendu du Christ). Lia pourrait être un diminutif de Nathalie. Ce prénom, jusque-là peu connu, entame une période de forte croissance due à sa sonorité, à son orthographe et son nombre de syllabes réduit.
Couleur : vert - Chiffre : 8
Caractère : Lia est méthodique, fiable et a le sens du devoir.
Fréquence : rare - Évolution : ↗
Âge moyen : 16 ans

P

Liane

Liana, Lyana, Lyane

Étymologie : du latin *lilium* : « lys ». Liane est un diminutif de Liliane.
Fête : 28 juillet - Couleur : orange - Chiffre : 8
Caractère : Liane est énergique, audacieuse et originale.
Personnage célèbre : Liane Foly, chanteuse.
Fréquence : rare - Évolution : ↗
Âge moyen : 73 ans

TOP 20

Prénoms chics

Révélateur du milieu social auquel nous appartenons, le prénom laisse transparaître l'origine autant que certains codes vestimentaires. Ainsi certains prénoms qui semblent originaux, voire rarissimes à l'ensemble de la population, apparaissent en bonne place dans le Bottin Mondain.

Agathe
Albane
Aliénor
Apolline
Bertille
Charlotte
Constance
Dauphine
Domitille
Hermine
Héloïse
Hortense
Isaure
Ombline
Philippine
Ségolène
Sixtine
Sybille
Quitterie
Victoire

B

Libbie

Libbi, Libbye, Libby

Étymologie : de l'hébreu : « Dieu est serment ».
Couleur : jaune - Chiffre : 7
Caractère : Libbie est enthousiaste, généreuse et possède de grandes capacités d'adaptation.
Fréquence : très rare - Évolution : =

V

Lila

Lyla

Étymologie : de l'arabe : « la nuit », ou du nom de la fleur. À l'instar d'Inès, Lila doit son succès à sa double origine. En effet, Lila est considéré comme une variante de Leïla ou de Lilas.
Fête : 5 octobre (Sainte-Fleur)
Couleur : violet - Chiffre : 5
Caractère : Lila est attirée par l'originalité, aime la culture et la réflexion.
Fréquence : rare - Évolution : ↗
Âge moyen : 17 ans

B

Lilas

Lilac, Lylas

Étymologie : du latin, du nom de la plante connue pour ses grappes de fleurs extrêmement parfumées de couleur violette ou blanche. C'est en quelque sorte en son honneur qu'on utilise « lilas » comme adjectif de couleur violette tirant sur rose ou le mauve.
Fête : 5 octobre (Sainte-Fleur)
Couleur : rouge - Chiffre : 5
Caractère : Lilas est toujours en quête d'harmonie, mais elle est aussi passionnée et jusqu'au-boutiste.
Fréquence : rare - Évolution : ↗
Âge moyen : 14 ans

P

Lili

Étymologie : du latin *lilium* : « lys ». Lili est un diminutif de Liliane très connu.
Fête : 28 juillet - Couleur : orange - Chiffre : 8
Caractère : Lili est équilibrée, responsable et exigeante.
Fréquence : rare - Évolution : ↗
Âge moyen : 11 ans

V

Lilia

Lilias, Lilla, Lilya

Étymologie : de *lilia*, la forme pluriel du latin lilium, qui signifie donc : « les lys ».
Fête : 28 juillet - Couleur : orange - Chiffre : 8
Caractère : Lilia est une sage, qui sait relativiser et positiver. Toujours présente pour son entourage, elle rassure.
Fréquence : rare - Évolution : ↗
Âge moyen : 17 ans

P

Lilian

Étymologie : du latin *lilium* : « lys ». Lilian est la forme anglo-saxonne de Liliane.
Fête : 28 juillet - Couleur : orange - Chiffre : 8
Caractère : Lilian est intuitive, séduisante et énergique.
Fréquence : rare - Évolution : ↘
Âge moyen : 66 ans

P

Liliane

Lillia, Lillian, Lilliane, Lilianne

Étymologie : du latin *lilium* : « lys ».
Fête : 28 juillet - Couleur : orange - Chiffre : 8
Caractère : Liliane est énergique, intuitive et séduisante.

Fréquence : répandu - **Évolution** : ↘
Âge moyen : 68 ans

B

Lilly

Lilie, Lillie

Étymologie : du latin *lilium* : « lys ».
Fête : 28 juillet - **Couleur** : orange - **Chiffre** : 8
Caractère : Lilly est toujours en recherche de connaissances et de spiritualité.
Fréquence : rare - **Évolution** : ↗
Âge moyen : 17 ans

P

Lilo

Étymologie : ce prénom est une variante de Liselotte (contraction née en Allemagne d'Élizabeth et de Charlotte).
Couleur : bleu - **Chiffre** : 6 - **Caractère** : Lilo est optimiste. Elle parvient à compiler esprit logique et créativité.
Personnage célèbre : Lilo, la petite héroïne du film d'animation de Disney *Lilo et Stitch*.
Fréquence : rare - **Évolution** : ↗
Âge moyen : 4 ans

P

Lilou

Liloo, Liloue, Lylou

Étymologie : l'origine de ce prénom est incertaine : forme familière inventée, forme dérivée de la combinaison Lee-Lou, ou union de Lili et Lou, Lilou est un prénom prisé dont la première apparition date de 1994.
Couleur : rose - **Chiffre** : 5
Caractère : Lilou est équilibrée, assez influente et possède de grandes capacités d'analyse.
Fréquence : rare - **Évolution** : ↗
Âge moyen : 6 ans

P

Lily

Étymologie : du latin *lilium* : « lys ». Lily (avec cette orthographe) est le 67e prénom le plus attribué depuis le début du XXIe siècle.
Fête : 28 juillet - **Couleur** : orange - **Chiffre** : 8
Caractère : Lily est honnête, structurée, persévérante.
Personnages célèbres : Lily Boulanger, compositrice française (1893-1918) ; Lily Pons, soprano française (1898-1976) ; Lily Allen, la chanteuse britannique.
Fréquence : répandu - **Évolution** : ↗
Âge moyen : 9 ans

P

Lily-Rose

Lili-Rose, Lilirose, Lilyrose

Étymologie : c'est un couple alors très en vue (Vanessa Paradis et Johnny Depp) qui a crée cette intéressante combinaison pour prénommer leur fille. En 1999, cette association lyrique et un rien glamour du lys et de la rose en fait un des prénoms composés les plus attribués depuis les années 2000.
Couleur : violet - **Chiffre** : 5
Caractère : Lily-Rose est compatissante, intelligente, cultivée et raisonnable.
Fréquence : rare - **Évolution** : ↗
Âge moyen : 4 ans

P

Lina

Étymologie : du germanique *adal* : « noble » et *lind* : « doux » ; ou de l'arabe : « douceur, souplesse, tendresse ». Ce prénom peut être considéré comme un diminutif d'Adeline, comme un prénom oriental ou, dans les pays anglophones, comme un diminutif d'Angelina ou de Carolina.
Fête : 20 octobre - **Couleur** : jaune - **Chiffre** : 4

Caractère : Lina est réaliste, rigoureuse et a le sens des responsabilités.
Fréquence : répandu - Évolution : ↗
Âge moyen : 29 ans

P

Linda

Étymologie : du germanique *linde* : « serpent ». Le serpent est un symbole d'intelligence dans la mythologie nordique.
Fête : 28 août - Couleur : vert - Chiffre : 4
Caractère : Linda est volontaire, fière, travailleuse et ambitieuse.
Personnages célèbres : la chanteuse Linda de Suza ; le top model Linda Evangelista ; la miss France Linda Hardy ; la chanteuse Linda Lemay.
Fréquence : répandu - Évolution : ↘
Âge moyen : 32 ans

V

Lindsay

Lindsey, Lyndsay, Lyndsey

Étymologie : de l'anglais : « île aux tilleuls ». Ce nom de lieu devenu prénom était, à l'origine, essentiellement masculin. Il est aujourd'hui plus rare chez les garçons que chez les filles.
Couleur : bleu - Chiffre : 8
Caractère : Lindsay est sensible et quelque peu charmeuse.
Personnages célèbres : Lindsay Wagner et Lindsay Lohan, actrices américaines.
Fréquence : rare - Évolution : ↗
Âge moyen : 15 ans

P

Line

Linette

Étymologie : du germanique *adal* : « noble » et lind : « doux ». Line est un diminutif d'Adeline.
Fête : 20 octobre - Couleur : jaune - Chiffre : 4
Caractère : Line est persévérante, efficace et honnête.
Personnage célèbre : la chanteuse Line Renaud.
Fréquence : rare - Évolution : ↗
Âge moyen : 44 ans

V

Lio

Étymologie : du latin : « jour de la naissance ».
Fête : 27 juillet - Couleur : bleu - Chiffre : 7
Caractère : Lio est intègre, idéaliste et altruiste.
Personnage célèbre : la chanteuse du même nom.
Fréquence : rare - Évolution : ↗
Âge moyen : 10 ans

B

Lisa

Liesel, Lis, Lisanne, Lisenn

Étymologie : de l'hébreu : « Dieu est plénitude ». Lisa est un diminutif d'Élisabeth qui s'inscrit dans la tendance au point de figurer parmi les 50 prénoms les plus attribués.
Fête : 10 août - Couleur : orange - Chiffre : 9
Caractère : Lisa est déterminée, travailleuse et prudente.
Personnages célèbres : le modèle du portrait le plus connu du monde : Mona Lisa de Léonard de Vinci ; Lisa Kudrow, actrice rendue célère par son rôle de Phoebe dans *Friends*.
Fréquence : répandu - Évolution : =
Âge moyen : 14 ans

P

Lisandra

Alisandra, Alisandre, Lisandre, Lissandra, Lissandre, Lysandra

Étymologie : ce prénom correspond à la contraction de Lise et de Sandra.
Couleur : violet - Chiffre : 7
Caractère : Lisandra est bienveillante. Conseillère,

éprise de paix, elle aime écouter sa conscience.
Fréquence : rare - Évolution : ↗
Âge moyen : 8 ans

P

Lisanne

Étymologie : ce prénom correspond à la contraction de Lise et d'Anne. Il est plus particulièrement répandu aux Pays-Bas.
Couleur : orange - Chiffre : 8
Caractère : Lisanne aime le relationnel. Elle est fidèle et c'est une excellente médiatrice.
Fréquence : très rare - Évolution : =
Âge moyen : 5 ans

P

Lisa-Marie

Étymologie : prénom composé de Lisa et de Marie.
Caractère : Lisa-Marie est équilibrée, résolue et a le sens des responsabilités.
Personnage célèbre : Lisa Marie Presley, fille d'Elvis Presley a contribué à médiatiser ce prénom.
Fréquence : rare - Évolution : ↘
Âge moyen : 12 ans

V

Lisbeth

Lizbeth, Lysbeth

Étymologie : de l'hébreu : « Dieu est plénitude ». Lisbeth est un diminutif d'Élisabeth très répandu en Allemagne.
Fête : 10 août - Couleur : orange - Chiffre : 9
Caractère : Lisbeth est résolue, fine et aime la communication.
Personnage célèbre : Lisbeth Salander, l'héroïne de la saga *Millenium* de Stieg Larsson et adaptée au cinéma.
Fréquence : rare - Évolution : ↘

C

Lise

Lisette, Lisie,
Lisy, Liysie, Liz

Étymologie : de l'hébreu : « Dieu est plénitude ». Lise est un diminutif d'Élisabeth.
Fête : 10 août - Couleur : orange - Chiffre : 9
Caractère : Lise est réfléchie, intègre, idéaliste et altruiste.
Fréquence : répandu - Évolution : ↗
Âge moyen : 30 ans

B

Lison

Lyson

Étymologie : de l'hébreu : « Dieu est plénitude ». Lison est un diminutif d'Élisabeth.
Fête : 10 août - Couleur : orange - Chiffre : 9
Caractère : Lison est consciencieuse, déterminée et bienveillante.
Fréquence : rare - Évolution : ↗
Âge moyen : 10 ans

V

Livia

Livie

Étymologie : du latin *Livia*, nom d'une illustre famille romaine.
Fête : 13 novembre - Couleur : gris - Chiffre : 8
Caractère : Livia est entière, passionnée et pleine de vitalité.
Fréquence : rare - Évolution : =

V

Liza

Étymologie : de l'hébreu : « Dieu est plénitude ». Liza est une variante anglo-saxonne de Lisa, diminutif d'Élisabeth. En France, c'est en Bretagne que ce prénom est le plus souvent attribué.

Fête : 10 août - Couleur : orange - Chiffre : 9
Caractère : Liza est pragmatique, créative et optimiste. Elle aime la communication.
Personnage célèbre : Liza Minelli, actrice, chanteuse et danseuse américaine.
Fréquence : rare - Évolution : ↗
Âge moyen : 15 ans

P

Lizzie

Lizzy

Étymologie : de l'hébreu : « Dieu est plénitude ». Lizzie est un diminutif de Liz, lui-même diminutif d'Élisabeth chez les anglo-saxons.
Fête : 10 août - Couleur : orange - Chiffre : 9
Caractère : Lizzie est bienveillante, consciencieuse et bonne conseillère.
Personnage célèbre : Lizzie McGuire, héroïne de la série télévisée du même nom.
Fréquence : rare - Évolution : ↗
Âge moyen : 10 ans

V

Loan

Étymologie : du celte: « lumière ». Ce prénom est mixte à l'origine et dérivé d'Elouan, un moine irlandais qui évangélisa l'Armorique au début du VIe siècle. Très attribué d'abord aux garçons, puis aux filles, Loan se virilise à nouveau, mais demeure assimilé au féminin.
Fête : 28 août - Couleur : orange - Chiffre : 5
Caractère : Loan a le sens des responsabilités et de la famille, est très exigeante et exerce, comme tous les individus forts et charismatiques, une certaine influence sur les autres.
Fréquence : rare - Évolution : ↘
Âge moyen : 8 ans

P

Loana

Loanna, Lohana

Étymologie : du celte: « lumière ».
Fête : 28 août - Couleur : orange - Chiffre : 5
Caractère : Loana est attirée par le savoir, est sage et intelligente.
Personnage célèbre : son simple prénom suffit à la désigner : la finaliste du premier *Loft Story*.
Fréquence : rare - Évolution : =
Âge moyen : 10 ans

V

Loane

Loanne

Étymologie : du celte: « lumière ». Loane est la forme bretonne féminisée de Loan.
Fête : 28 août - Couleur : orange - Chiffre : 5
Caractère : Loane est fidèle. C'est une médiatrice qui aime le relationnel.
Fréquence : rare - Évolution : ↗
Âge moyen : 6 ans

V

Logane

Logan

Étymologie : du celte *log* : « le trou ». Ce substantif se rencontre en Irlande et en Écosse et aurait formé le toponyme Logan : petite caverne.
Couleur : blanc - Chiffre : 8
Caractère : Logane est structurée, persévérante, sympathique et efficace.
Fréquence : rare - Évolution : ↘
Âge moyen : 17 ans

P

Loïs

Étymologie : du germanique *hold* : « illustre » et *wig* : « combattant ». Loïs correspond à une forme ancienne de Louis, très représentée au XVe et XVIe siècle et dès la seconde moitié du XXe siècle. Loïs est considéré comme une variante de Louise.

Fête : 25 août - Couleur : jaune - Chiffre : 1

Caractère : Loïs aime l'innovation, est autoritaire, ambitieuse et aime l'analyse.

Fréquence : rare - Évolution : ↗

Âge moyen : 11 ans

P

Loïse

Étymologie : du latin *hold* : « glorieux » et *wig* : « le combattant ». Loïse est une variante de Louise, prénom qui correspond à la forme féminine de Louis.

Fête : 15 mars - Couleur : vert - Chiffre : 9

Caractère : Loïse est affectueuse, passionnée et déterminée.

Fréquence : rare - Évolution : ↗

Âge moyen : 13 ans

P

Lola

Loli, Lolie, Loly

Étymologie : du latin *dolor*. Ce prénom correspond au diminutif familier de Dolorès, prénom espagnol. Alors que Dolorès est peu attribué en France, Lola, son diminutif, subit une poussée très conséquente en France. L'influence espagnole peut s'y lire. En effet, c'est dans les régions françaises les plus proches de l'Espagne que Lola a commencé à fleurir. La chanson de Renaud datant des années 80 ayant sans doute contribué à le faire connaître au sein des milieux artistiques.

Fête : 16 juillet (Notre-Dame-des-Douleurs) ou 11 juin (Sainte-Dolorès)

Couleur : jaune - Chiffre : 4

Caractère : Lola est travailleuse, courageuse, tenace, sans doute parce qu'elle est amoureuse de la vie et de ses plaisirs.

Personnage célèbre : Lola Montez (1821-1861), courtisane célèbre qui devint la maîtresse du roi Louis Ier de Bavière, avant d'être, de ce fait, chassée du royaume et d'être recueillie par un cirque de la Nouvelle-Orléans.

Fréquence : répandu - Évolution : ↗

Âge moyen : 9 ans

P

Lolita

Étymologie : du latin *dolor*. Ce prénom correspond au diminutif familier de Dolorès, prénom espagnol (Maria de los Dolores : Marie des Douleurs). Ce diminutif, qui doit son succès à la littérature, est moins attribué comme prénom que Lola. Il faut dire qu'il est quasiment devenu un substantif, une Lolita désignant une jeune fille prépubère ou une adolescente adoptant une attitude plus « femme » que ne le voudrait son âge, ou bien une femme-enfant.

Fête : 16 juillet (Notre-Dame-des-Douleurs) ou 11 juin (Sainte-Dolorès)

Couleur : bleu - Chiffre : 6

Caractère : Lolita est fidèle, affective, a le sens des responsabilités et est toujours en quête d'harmonie

Personnage célèbre : l'héroïne du roman éponyme de Nabokov : *Lolita.*

Fréquence : rare - Évolution : ↘

Âge moyen : 23 ans

V

Lomane

Loman

Étymologie : du gaélique : « enfant nue ».

Couleur : rouge - Chiffre : 9

Caractère : Lomane est sage, consciencieuse et bienveillante.

Fréquence : très rare - Évolution : ↘

Âge moyen : 6 ans

B

Lorelei

Lorelie, Loreley

Étymologie : du germanique *luren* : « être en embuscade » et *lei* : « la roche », d'un nom de lieu, sur la rive droite du Rhin entre Bacharach et Saint-Goar. Ce nom fut inventé par le poète allemand Clémens Brentano, en 1801, dans son conte où une blonde et envoûtante sirène lissait sa chevelure en chantant au sommet du fameux rocher rhénan, provoquant la mort des navigateurs qui s'écrasaient sur les rochers, ne pouvant plus détacher leur regard d'elle.

Couleur : jaune - Chiffre : 4

Caractère : Lorelei est persévérante, structurée, efficace et sécurisante.

Fréquence : rare - Évolution : ↘

Âge moyen : 14 ans

P

Loren

Étymologie : du latin *laurus, laura* : « laurier ». Loren est un diminutif de Laura.

Fête : 19 octobre - Couleur : vert - Chiffre : 3

Caractère : Loren est passionnée, ambitieuse et forte.

Fréquence : rare - Évolution : ↘

Âge moyen : 19 ans

P

Lorena

Étymologie : du latin *laurus, laura* : « laurier ». Lorena est un diminutif de Laura.

Fête : 19 octobre - Couleur : vert - Chiffre : 3

Caractère : Lorena est intuitive, a l'esprit logique et est déterminée.

Fréquence : rare - Évolution : ↗

Âge moyen : 12 ans

P

Lorène

Loraine, Loreen, Lorenne

Étymologie : du latin *laurus, laura* : « laurier ». Lorène est une forme dérivée de Laura et correspond à la forme francisée de Lauren.

Fête : 19 octobre - Couleur : vert - Chiffre : 3

Caractère : Lorène est bienveillante, consciencieuse et raisonnable. Elle peut parfois être emportée par sa grande sensibilité.

Fréquence : rare - Évolution : ↘

Âge moyen : 21 ans

V

Lorenza

Étymologie : du latin *laurus, laura* : « laurier ». Lorenza est la forme italienne de Laurence.

Fête : 8 octobre - Couleur : vert - Chiffre : 2

Caractère : Lorenza est sociable, réfléchie, ambitieuse et exigeante avec les autres et avec elle-même.

Fréquence : rare - Évolution : ↗

Âge moyen : 17 ans

P

Loriane

Lorane, Lorianne, Loryane

Étymologie : du latin *laurus, laura* : « laurier ». Loriane est une variante de Lauriane qui correspond à la forme contractée du prénom composé anglo-saxon Laurie-Ann.

Fête : 19 octobre (Sainte-Laure) ou 26 juillet (Sainte-Anne).

Couleur : rouge - Chiffre : 9

Caractère : Loriane est réceptive, sociable, diplomate et résolue.

Fréquence : rare - Évolution : ↘

Âge moyen : 15 ans

C

Lorraine

Loraine, Lorrainne

Étymologie : l'origine de ce prénom est incertaine : du latin *laurus, laura* : « laurier » (en tant que variante de Lauren et dérivé de Laura), ou dérivé de Lotharingie, le nom d'origine de la province française qui fut créée par Lothaire II, petit-fils de Charlemagne. Lorraine est, en tous cas, très prisé par les habitants de la province du même nom.
Fête : 19 octobre (Sainte-Laure) ou 30 mai (Sainte-Jeanne, Jeanne d'Arc étant surnommée Jeanne la Lorraine)
Couleur : vert - Chiffre : 3
Caractère : Lorraine est résolue, intuitive, aime l'analyse et le relationnel.
Fréquence : rare - Évolution : ↘
Âge moyen : 31 ans

P

Lou

Étymologie : du germanique *hold* : « illustre » et wig : « combattant ». Lou est attesté comme un diminutif de Louise. Il peut l'être aussi pour Louis. Il est donc considéré comme un prénom mixte bien que nettement plus en vogue pour les filles que pour les garçons. Il figure parmi les 50 prénoms féminins les plus attribués du moment.
Fête : 15 mars - Couleur : rouge - Chiffre : 4
Caractère : Lou est créative, optimiste et sociable.
Personnage célèbre : l'actrice Lou Doillon.
Fréquence : répandu - Évolution : ↗
Âge moyen : 8 ans

P

Louane

Louann

Étymologie : du celte : « lumière », ou forme contractée du prénom Lou-Anne.
Fête : 15 mars (Sainte-Louise) ou 26 juillet (Sainte-Anne) - Couleur : bleu - Chiffre : 1
Caractère : Louane est dynamique, curieuse, charismatique et courageuse.
Fréquence : répandu - Évolution : ↗
Âge moyen : 5 ans

P

Lou-Ann

Lou-Anna

Étymologie : forme composée de Lou et Ann (Anne dans sa forme anglo-saxonne). Lou-Ann est une combinaison créée aux États-Unis dans les années 40.
Fête : 15 mars (Sainte-Louise) ou 26 juillet (Sainte-Anne)
Couleur : bleu - Chiffre : 1
Caractère : Lou-Ann aime la découverte, l'originalité, l'audace et la séduction. Elle sait trouver le positif dans toute situation.
Fréquence : rare - Évolution : ↗
Âge moyen : 7 ans

P

Louanne

Louann

Étymologie : du celte : « lumière », ou forme contractée du prénom Lou-Anne.
Fête : 15 mars (Sainte-Louise) ou 26 juillet (Sainte-Anne). Louanne est la contraction la plus fidèle à l'orthographe de la forme composée Lou-Anne.
Couleur : bleu - Chiffre : 1
Caractère : Louanne est ambitieuse, énergique et autonome. Elle a cependant besoin des autres autour d'elle pour s'épanouir pleinement.
Fréquence : rare - Évolution : ↗
Âge moyen : 7 ans

TOP 20

Prénoms bobos

Les bobos : bourgeois bohème, sont sans conteste les plus prescripteurs de tendances. Intellectuels branchés, ils puisent dans le classique « canaille », la référence « arty », le rétro assumé. Ce sont eux qui récupèrent les premiers les prénoms passés de mode, les jugeant anticonformistes.

Bambi
Céleste
Cléophée
Eulalie
Fantine
Faustine
Juliette
Léonie
Léontine
Léopoldine
Lise
Marcelline
Margotte
Marlow
Philomène
Pia
Romane
Suzanne
Vitalie
Zélie

P

Lou-Anne

Étymologie : prénom composé de Lou et Anne, version française de l'anglophone Lou-Ann. Il est devenu un des prénoms composés les plus attribués et les plus prisés en France, donnant lieu à de multiples variantes. Louanne est la contraction la plus fidèle à l'orthographe de la forme composée Lou-Anne.
Fête : 15 mars (Sainte-Louise) ou 26 juillet (Sainte-Anne) - Couleur : bleu - Chiffre : 1
Caractère : Lou-Anne est indépendante, audacieuse, dynamique et directive.
Fréquence : rare - Évolution : ↗
Âge moyen : 7 ans

V

Loubna

Lubna

Étymologie : de l'arabe *lubnâ* : « le benjoin », une résine aromatique utilisée en parfumerie.
Couleur : blanc - Chiffre : 2
Caractère : Loubna est fidèle, aime le relationnel, est intuitive et organisée.
Personnage célèbre : Loubna, héroïne de romans courtois du VIIe et VIIIe siècle, qui relatent son histoire d'amour avec Kaïs, son époux. Ces romans furent adaptés en musique ou au théâtre.
Fréquence : rare - Évolution : ↘
Âge moyen : 18 ans

B

Louisane

Louisana, Louisanna, Louisanne

Étymologie : ce prénom correspond à la contraction de Louise et d'Anne.
Fête : 15 mars - Couleur : vert - Chiffre : 9
Caractère : Louisane est intelligente. Dotée d'un esprit logique et toujours avide de savoir : c'est l'étudiante rêvée.

Fréquence : très rare - Évolution : =
Âge moyen : 5 ans

C

Louise

Louisa, Louiza

Étymologie : du germain *hold* : « glorieux » et *wig* : « le combattant ». Ce prénom correspond à la forme féminine de Louis. Grand classique du XVIe au XIXe siècle, il obtient même un fort succès dans les pays anglo-saxons, tomba ensuite en désuétude avant d'entamer une lente mais très sûre progression pendant vingt ans. Totalement en avance d'une tendance dès la fin des années 70, Louise est ensuite de plus en plus attribué, notamment dans les milieux bourgeois épris de prénoms nobles et classiques. Louise, conformiste dès les années 90, figure à présent dans le top 30 des prénoms féminins français.
Fête : 15 mars - Couleur : vert - Chiffre : 9
Caractère : Louise est discrète, animée d'une certaine rigueur qu'accompagne le sens du devoir.
Personnages célèbres : les poétesses Louise Labé et Louise de Vilmorin ; la militante révolutionnaire Louise Michel ; l'actrice Louise Brooks ; l'artiste Louise Bourgeois (1911-2010) ; Louise Ciccone, plus connue sous le nom de Madonna ; Louise Bourgoin, l'actrice française.
Fréquence : répandu - Évolution : ↗
Âge moyen : 77 ans

C

Louise-Anne

Étymologie : prénom composé de Louise et Anne.
Fête : 15 mars (Sainte-Louise) ou 26 juillet (Sainte-Anne) Couleur : vert - Chiffre : 9
Caractère : Louise-Anne est un esprit aussi déterminé que raisonné... et raisonnable.
Fréquence : rare - Évolution : ↘
Âge moyen : 16 ans

B

Louisette

Étymologie : du germain *hold* : « glorieux » et *wig* : « le combattant ». Louisette est un diminutif affectueux de Louise, attesté dès le XVIIe siècle.
Fête : 15 mars - Couleur : vert - Chiffre : 9
Caractère : Louisette est idéaliste, altruiste et intègre.
Fréquence : rare - Évolution : ↗
Âge moyen : 73 ans

B

Louisiane

Louisane, Louisianne

Étymologie : du germain *hold* : « glorieux » et *wig* : « le combattant ». Ce prénom renvoie également à l'État américain. En période de croissance, il suit la vague née outre-Atlantique des prénoms géographiques.
Couleur : vert - Chiffre : 9
Caractère : Louisiane allie esprit de décision et logique imparable.
Fréquence : rare - Évolution : ↗
Âge moyen : 41 ans

B

Louison

Étymologie : du germain *hold* : « glorieux » et *wig* : « le combattant ». Louison est un diminutif de Louise comme il peut l'être de Louis. À l'instar de Lou, il peut donc être considéré comme un prénom mixte.
Fête : 15 mars - Couleur : vert - Chiffre : 9
Caractère : Louison est bienveillante, consciencieuse et dotée d'un esprit logique.
Fréquence : rare - Évolution : ↗

P

Loula

Étymologie : ce prénom est formé sur la combinaison de Lou et de Lola.

Couleur : bleu - Chiffre : 5

Caractère : Loula est intelligente, indépendante et sage.

Fréquence : rare - Évolution : ↗

Âge moyen : 7 ans

V

Louna

Étymologie : de l'hawaïen : « heureuse, exaltée » et du latin luna : « lune ».

Couleur : noir - Chiffre : 6

Caractère : Louna est intègre, altruiste et dévouée.

Fréquence : rare - Évolution : ↗

Âge moyen : 6 ans

B

Loup

Étymologie : du latin *lupus* : « le loup ». Ce prénom, masculin à l'origine, est utilisé au féminin par quelques parents, séduits par son originalité. L'usage relaie alors celui de Lou et/ou de Louve.

Fête : 29 juillet - Couleur : rouge - Chiffre : 1

Caractère : Loup est énergique, ambitieuse, autonome. Elle honore positivement son prénom qui lui confère un certain mystère.

Fréquence : très rare - Évolution : =

Âge moyen : 3 ans

B

Lourdes

Lorda, Lurdes

Étymologie : ville située au sud-ouest de la France bien connue pour ses pèlerinages. Ce nom est rare, mais médiatisé depuis que Madonna l'a choisi pour sa fille.

Couleur : bleu - Chiffre : 4

Caractère : Lourdes est travailleuse, rigoureuse, courageuse et possède un grand sens de l'organisation.

Personnage célèbre : Lourdes Ciccone, fille de Madonna.

Fréquence : rare - Évolution : =

Âge moyen : 37 ans

P

Lovely

Étymologie : de l'anglais : « charmante, jolie ».

Couleur : rose - Chiffre : 6

Caractère : Lovely aime l'innovation. Elle est un brin autoritaire. L'amitié est une valeur importante.

Fréquence : rare - Évolution : ↗

Âge moyen : 17 ans

P

Lovita

Étymologie : du latin : « joie ».

Couleur : vert - Chiffre : 2

Caractère : Lovita est intelligente, organisée. Elle aime la méditation et possède un esprit analytique indéniable.

Fréquence : très rare - Évolution : =

P

Luana

Luane, Luanne, Luanna, Luanne

Étymologie : de l'hawaïen : « heureuse, exaltée ». Luana correspond également à la forme latine contractée de Lou-Anne.

Fête : 15 mars (Sainte-Louise) ou 26 juillet (Sainte-Anne)

Couleur : jaune - Chiffre : 4

Caractère : Luana a l'esprit tenace. Elle aime être méthodique. C'est un être engagé.

Personnage célèbre : Luana Belmondo, cuisinière

et épouse de Paul Belmondo.
Fréquence : rare - Évolution : ↗
Âge moyen : 13 ans

B

Luce

Étymologie : du latin *lux, lucis* : « la lumière ». Luce est une des formes féminines traditionnelle de Luc.
Fête : 13 décembre - Couleur : orange - Chiffre : 5
Caractère : Luce est sociable, diplomate et indépendante.
Fréquence : rare - Évolution : ↗
Âge moyen : 65 ans

V

Luciana

Luciane, Lucianne, Lucine

Étymologie : du latin *lux, lucis* : « la lumière ». Luciana est la forme italienne de Lucienne, forme féminine de Lucien.
Fête : 7 janvier - Couleur : orange - Chiffre : 2
Caractère : Luciana est indépendante, intelligente, toujours en quête de savoir. Luciana ne tergiverse pas, c'est une femme de tête qui sait prendre des décisions.
Fréquence : rare - Évolution : ↗
Âge moyen : 30 ans

B

Lucie

Luciana, Lucy, Luz, Lutzele, Loukia

Étymologie : ce prénom correspond à la forme féminine de Luc. Très à la mode à la fin du XIXe siècle, il revient à la fin des années 80, s'épanouissant totalement jusqu'en 1997, s'inscrivant alors dans la vogue des prénoms rétro. Alors que Lucette et Lucienne peuvent être considérés comme des formes féminines dérivées de Luc, Lucie, forme féminine plus directe et la plus traditionnelle de Luc, est pourtant la seule à être totalement à la mode aujourd'hui.
Fête : 13 décembre - Couleur : orange - Chiffre : 5
Caractère : Lucie est tout simplement lumineuse. Portant sur le monde un regard toujours neuf, elle ne cesse de s'émerveiller et son don d'empathie la rend plus que charitable.
Personnage célèbre : Lucie Aubrac, héroïne de la résistance.
Fréquence : répandu - Évolution : ↘
Âge moyen : 50 ans

B

Lucienne

Étymologie : du latin *lux, lucis* : « la lumière ». Lucienne correspond à la forme féminine de Lucien.
Fête : 7 janvier - Couleur : orange - Chiffre : 2
Caractère : Lucienne est calme, rigoureuse, réservée, mais capable de beaucoup d'affection.
Fréquence : répandu - Évolution : ↗
Âge moyen : 89 ans

P

Lucile

Lucilia, Lucilla, Lucylle

Étymologie : du latin *lux, lucis* : « la lumière ».
Fête : 16 février - Couleur : 8 - Chiffre : bleu
Caractère : Lucile est active, douce, volontaire et déterminée.
Fréquence : répandu - Évolution : ↘
Âge moyen : 34 ans

V

Lucinda

Lucina, Lucinde, Lucylle

Étymologie : du latin *lux, lucis* : « la lumière ».
Couleur : bleu - Chiffre : 5
Caractère : Lucinda aime l'innovation, est résolue et énergique.

Fréquence : rare - Évolution : ↘
Âge moyen : 21 ans

B

Lucine

Étymologie : du latin *lux, lucis* : « la lumière ». Ce prénom est un prénom arménien.
Couleur : orange - Chiffre : 7
Caractère : Lucine est intuitive. Elle est très autonome, un brin autoritaire. Pleine d'énergie, elle aime l'innovation.
Fréquence : rare - Évolution : ↘
Âge moyen : 40 ans

B

Lucrèce

Étymologie : du latin *lucrator* : « qui gagne ».
Fête : 15 mars - Couleur : rouge - Chiffre : 2
Caractère : Lucrèce est calme, sérieuse, travailleuse et studieuse.
Personnages célèbres : la cousine du roi Tarquin le Superbe, mariée à l'un de ses cousins, qui se poignarda après avoir avoué à son père et à son époux qu'elle s'était fait violer par le fils de Tarquin. Cet épisode fut repris par de nombreux peintres (Titien, Le Tintoret, Dürer, Véronèse, Rembrandt) ; la sulfureuse Lucrèce Borgia, fille du pape Alexandre VI et sœur de César Borgia.
Fréquence : rare - Évolution : ↘
Âge moyen : 57 ans

B

Ludivine

Ludivina

Étymologie : du germanique *liut* et *win* : « l'amie ».
Fête : 15 mars - Couleur : vert - Chiffre : 3
Caractère : Ludivine est réfléchie, sensible et déterminée.
Personnage célèbre : Ludivine Sagnier, actrice.
Fréquence : courant - Évolution : ↘
Âge moyen : 24 ans

V

Ludmila

Ludmilla

Étymologie : du slave : « aimée du peuple ».
Fête : 16 septembre - Couleur : bleu - Chiffre : 7
Caractère : Ludmila est réaliste, affectueuse et pleine de charme.
Personnage célèbre : l'actrice Ludmila Mikaël.
Fréquence : rare - Évolution : ↘
Âge moyen : 23 ans

V

Ludovica

Ludivica, Ludovique, Ludwika

Étymologie : du germanique *hold* : « illustre » et *wig* : « combattant ». Ludovica est la version féminine de Ludovic, forme primitive de Louis. En effet, l'allemand *Chlodowig* s'est transformé en Clovis, forme plus simple, puis en *Clodovico*, forme plus latine, qui a engendré Ludovic, puis Louis.
Fête : 9 octobre - Couleur : vert - Chiffre : 9
Caractère : Ludovica est discrète, rigoureuse, opiniâtre et a le sens du devoir.
Fréquence : rare - Évolution : ↘
Âge moyen : 57 ans

V

Luisa

Luigia

Étymologie : du germanique *hold* : « illustre » et *wig* : « combattant ». Luisa est la forme hispanique de Louise.
Fête : 15 mars - Couleur : vert - Chiffre : 9
Caractère : Luisa est idéaliste, altruiste et intègre.
Fréquence : rare - Évolution : ↗
Âge moyen : 35 ans

P

Luna

Lune

Étymologie : Luna est la déesse de la Lune chez les Romains. Avec son frère Sol, elle symbolise le cycle des saisons.
Fête : 9 juin (Sainte-Diane)
Couleur : rouge - Chiffre : 3
Caractère : Luna est enthousiaste, généreuse et possède un grand sens pratique.
Fréquence : rare - Évolution : ↗
Âge moyen : 6 ans

P

Lydia

Étymologie : du grec *ludiê* : « originaire de la région de Lydie » (région d'Asie Mineure).
Fête : 3 août - Couleur : jaune - Chiffre : 1
Caractère : Lydia est exigeante, discrète et sociable.
Fréquence : courant - Évolution : ↘
Âge moyen : 44 ans

B

Lydie

Étymologie : du grec *ludiê* : « originaire de la région de Lydie » (région d'Asie Mineure).
Fête : 3 août - Couleur : jaune - Chiffre : 1
Caractère : Lydie est discrète, sociable et prudente.
Fréquence : courant - Évolution : ↘
Âge moyen : 51 ans

V

Lyla

Lylas, Lylah

Étymologie : de l'arabe : « la nuit », ou du nom de la fleur. Lyla, variante de Lila, peut donc être relié avec l'un ou l'autre de ses prénoms souches.
Couleur : orange - Chiffre : 8
Caractère : Lyla a le sens du devoir, est structurée, honnête et persévérante.
Fête : 5 octobre (Sainte-Fleur)
Fréquence : rare - Évolution : ↗
Âge moyen : 8 ans

P

Lylia

Étymologie : Lylia est une variante de Lilia, forme pluriel du latin lilium, qui signifie donc « les lys » et est une variante de Liliane, prénom porté par une chrétienne de Cordoue victime de la persécution musulmane et martyrisée en 852.
Fête : 28 juillet - Couleur : orange - Chiffre : 8
Caractère : Lylia est dynamique, indépendante, curieuse et charismatique.
Fréquence : rare - Évolution : ↗
Âge moyen : 10 ans

P

Lyliane

Lylian, Lylianne

Étymologie : du latin *lilium* : « les lys ».
Fête : 28 juillet - Couleur : orange - Chiffre : 8
Caractère : Lyliane est équilibrée. Elle a le sens des responsabilités et de la famille.
Fréquence : rare - Évolution : =
Âge moyen : 68 ans

P

Lylou

Lyloue

Étymologie : l'origine de ce prénom est incertaine : forme familière inventée, forme dérivée de la combinaison Lee-Lou ou union de Lili et Lou, Lylou est une des graphies du prénom à la mode de Lilou. Sous cette forme, elle est, jusqu'à présent, moins répandue qu'en « i ».

Couleur : rose - Chiffre : 5
Caractère : Lylou est structurée, efficace, honnête et persévérante.
Fréquence : rare - Évolution : ↗
Âge moyen : 5 ans

P

Lyna

Lynna

Étymologie : du germanique *adal* : « noble » et *lind* : « doux ». Lyna est une variante de Lina, diminutif d'Adeline.
Fête : 20 octobre - Couleur : jaune - Chiffre : 4
Caractère : Lyna est sympathique, originale et a beaucoup de cœur.
Fréquence : rare - Évolution : ↗
Âge moyen : 6 ans

V

Lynda

Lyndia

Étymologie : du germanique *linde* : « serpent ». Le serpent est un symbole d'intelligence dans la mythologie nordique. Lynda est une variante de Linda, fêtée le même jour que sainte Adelinda.
Fête : 28 août - Couleur : vert - Chiffre : 4
Caractère : Lynda est volontaire, fière, travailleuse et ambitieuse.
Fréquence : rare - Évolution : ↘
Âge moyen : 32 ans

P

Lyne

Lunn, Lynne

Étymologie : du germanique *adal* : « noble » et *lind* : « doux ».
Fête : 20 octobre - Couleur : jaune - Chiffre : 4
Caractère : Lyne est fidèle, intuitive et passionnée.
Fréquence : rare - Évolution : ↗
Âge moyen : 27 ans

B

Lynn

Étymologie : du germanique *adal* : « noble » et *lind* : « doux ». Lynn est un diminutif anglo-saxon d'Adeline.
Fête : 20 octobre - Couleur : jaune - Chiffre : 4
Caractère : Lynn a l'esprit sagace, elle est spirituelle, fidèle et intuitive.
Fréquence : rare - Évolution : ↗
Âge moyen : 12 ans

P

Lysa

Lysaé, Lyza

Étymologie : de l'hébreu : « Dieu est plénitude ». Lysa est une variante de Lisa, diminutif d'Élisabeth.
Fête : 10 août - Couleur : orange - Chiffre : 9
Caractère : Lysa est déterminée, travailleuse et prudente.
Fréquence : rare - Évolution : ↘
Âge moyen : 10 ans

P

Lyse

Étymologie : de l'hébreu : « Dieu est plénitude ». Lyse est une variante de Lise, diminutif d'Élisabeth.
Fête : 10 août - Couleur : orange - Chiffre : 9
Caractère : Lyse est intelligente, compatissante et indépendante.
Fréquence : rare - Évolution : ↗
Âge moyen : 20 ans

M

P

Mabel

Mabelia, Mabella

Étymologie : du latin *amabilis* : « aimable », « qui est aimée ». Ce prénom est un diminutif du prénom Amabel, forme anglaise d'Aimable. Grand succès du XIXe siècle au début du XXe dans les pays anglophones, Mabel était pris comme une adoption de l'expression française « ma belle », prononcée « Maybeul ».

Fête : 18 octobre - **Couleur** : bleu - **Chiffre** : 7

Caractère : Mabel a le sens de la famille, est équilibrée et a le sens de l'organisation.

Personnage célèbre : Mabel Boll, une actrice des Années folles, surnommée : « la plus belle blonde de Broadway ». Elle était connue pour son penchant pour les diamants.

Fréquence : très rare - **Évolution** : =

Âge moyen : 67 ans

P

Mabelle

Étymologie : du latin *amabilis* : « aimable », « qui est aimée ». Ce prénom est un diminutif du prénom Amabel, forme anglaise d'Aimable. Cette forme, dotée de la terminaison « elle », est inspirée par l'orthographe de « belle ».

Fête : 18 octobre - **Couleur** : bleu - **Chiffre** : 7

Caractère : Mabelle est sociable, travailleuse et sait se montrer affective.

Fréquence : très rare - **Évolution** : =

V

Macha

Étymologie : de l'hébreu *mariam* : « celle qui élève ». Ce prénom est la forme russe de Marie.

Fête : 15 août - **Couleur** : bleu - **Chiffre** : 1

Caractère : Macha est combative, courageuse et passionnée.

Personnage célèbre : Macha Méril, comédienne.

Fréquence : rare - **Évolution** : ↗

Âge moyen : 18 ans

P

Macy

Macey, Macie

Étymologie : de l'anglo-normand : « le domaine de Mathieu ». Cet ancien nom de lieu devenu prénom a d'abord été un patronyme, au XIXe siècle, avant de prénommer des garçons, puis des filles au XXe siècle.

Couleur : rouge - **Chiffre** : 9

Caractère : Macy est passionnée, énergique, ambitieuse, parfois tumultueuse.

Personnages célèbres : Macy's (traduction anglaise de : « Chez Macy ») : célèbre grand magasin new-yorkais ; Macy Gray, chanteuse américaine.

Fréquence : très rare - **Évolution** : ↘

Âge moyen : 5 ans

C

Madeleine

Madelaine, Mado

Étymologie : de l'araméen *Magdala*, du nom d'un petit village proche du lac de Tibériade. Marie-Madeleine correspond, initialement à Marie de Magdala. Lors de leur baptême, beaucoup de petites filles portant le prénom de Madeleine, étaient, en effet, inscrites sous le nom de Marie-Madeleine. Et Madeleine fut longtemps considéré comme dépendant de Marie. Marie-Madeleine est une des femmes les plus célèbres de la Bible : elle symbolise la pécheresse repentie et assista à son supplice, à sa mise au tombeau et fut la première à témoigner de la résurrection.

Fête : 22 juillet - Couleur : violet - Chiffre : 5
Caractère : Madeleine est mystérieuse, passionnée, sociable et charismatique.
Personnages célèbres : Madeleine de Scudéry, l'auteur de *Clélie, histoire romaine*, dont est inspiré la « carte de Tendre » ; Madeleine Renaud et Madeleine Robinson, comédiennes.
Fréquence : répandu - Évolution : =

B

Madeline

Madelyn, Madelyne, Madline, Madly, Mady

Étymologie : de l'araméen *Magdala*, du nom d'un petit village proche du lac de Tibériade. Madeline est un dérivé de Madeleine.
Fête : 22 juillet - Couleur : violet - Chiffre : 5
Caractère : Madeline est humaine, rêveuse, ouverte d'esprit et résolue.
Fréquence : rare - Évolution : ↘
Âge moyen : 17 ans

V

Madena

Madina, Madenn

Étymologie : du celte : « bonne ». Ce prénom correspond à la forme féminine de Maden.
Fête : 19 juin - Couleur : bleu - Chiffre : 2
Caractère : Madena est diplomate, émotive, charismatique.
Fréquence : très rare - Évolution : =

V

Madison

Madisson, Madisone, Madissone, Madyson

Étymologie : de l'anglais : « fils du puissant guerrier ».
Couleur : bleu - Chiffre : 3
Caractère : Madison est enthousiaste, possède de grandes facultés d'émerveillement qu'elle communique facilement à son entourage.
Personnages célèbres : le madison est une danse créée dans les années 60 à Philadelphie et dont l'auteur, Al Brown a sorti le titre *The Madison* avec son groupe les *Tunetoppers* ; Madison, nom de la capitale de l'État du Wisconsin ; le Madison Square Garden, célèbre parc new-yorkais, baptisé ainsi en l'honneur de l'illustre président.
Fréquence : rare - Évolution : ↘
Âge moyen : 12 ans

P

Maë

Maée, Mahé, Mahée

Étymologie : de l'hébreu : « goutte d'eau ». Considéré comme un prénom mixte, cette forme bretonnante de Marie est la plupart du temps attribuée à des filles.
Fête : 15 août - Couleur : orange - Chiffre : 5
Caractère : Maë est autoritaire, ambitieuse et énergique.
Fréquence : rare - Évolution : ↗
Âge moyen : 7 ans

V

Maëla

Maëlane, Maëlla, Maëlwenn, Maëlya

Étymologie : du celte : « princesse ». Ce prénom correspond à la véritable forme féminine du Maël breton. C'est pourquoi les vrais Bretons préfèrent cette forme au prénom Maëlle.
Fête : 13 mai (Saint-Maël)
Couleur : bleu - Chiffre : 3
Caractère : Maëla est curieuse, dynamique et charismatique.
Fréquence : rare - Évolution : ↗
Âge moyen : 14 ans

P

Maëlie

Maël, Maële, Maëli, Maëlia, Maëlig, Maëlly

Étymologie : du celte : « princesse » et de l'hébreu : « goutte d'eau ». Ce prénom est une forme dérivée de Maëlys, forme elle-même née d'une fusion entre la bretonne Maëlle et la landaise Mailys.
Fête : 13 mai (Saint-Maël) ou 15 août (Sainte-Marie) - Couleur : bleu - Chiffre : 3
Caractère : Maëlie est altruiste, intègre et idéaliste.
Fréquence : rare - Évolution : ↗
Âge moyen : 6 ans

P

Maëline

Maëlinne, Maëlyne

Étymologie : du celte : « princesse ».
Fête : 13 mai (Saint-Maël)
Couleur : bleu - Chiffre : 3
Caractère : Maëline est dynamique, indépendante, déterminée, aussi curieuse que courageuse.
Fréquence : rare - Évolution : ↗
Âge moyen : 5 ans

V

Maëlle

Étymologie : du celte : « princesse ». Maëlle correspond à une forme féminine de Maël.
Fête : 13 mai (Saint-Maël)
Couleur : bleu - Chiffre : 3
Caractère : Maëlle est optimiste, créative et pragmatique.
Fréquence : répandu - Évolution : ↗
Âge moyen : 11 ans

P

Maëlys

Maëlyse, Maëlyss, Maëlysse, Maé-Lys, Maïlyss

Étymologie : du celte : « princesse » et de l'hébreu : « goutte d'eau ». Forme née d'une fusion entre la bretonne Maëlle et la landaise Mailys.
Fête : 13 mai (Saint-Maël) ou 15 août (Sainte-Marie) - Couleur : vert - Chiffre : 3
Caractère : Maëlys est pragmatique, optimiste et sympathique.
Fréquence : répandu - Évolution : ↗
Âge moyen : 7 ans

V

Maéva

Maheva, Maïva

Étymologie : du tahitien : « bienvenue ». Maéva est fêtée le même jour que sainte Bienvenue, une pieuse italienne du Frioul morte en 1292.
Fête : 30 octobre - Couleur : bleu - Chiffre : 6
Caractère : Maéva est sensible, sensuelle et ambitieuse.
Fréquence : répandu - Évolution : ↘
Âge moyen : 13 ans

P

Maévane

Étymologie : ce prénom correspond à la combinaison de Maeve ou Maëlle avec Evane.
Couleur : jaune - Chiffre : 5
Caractère : Maévane est assez philosophe. Elle aime réfléchir à la vie et aux énigmes.
Fréquence : rare - Évolution : ↗
Âge moyen : 11 ans

P

Maéwenn

Étymologie : du celte : « chef », « prince ».
Couleur : vert - Chiffre : 10
Caractère : Maéwenn est généreuse et enthousiaste. En outre, elle a l'esprit pratique.
Fréquence : rare - Évolution : ↗
Âge moyen : 7 ans

V

Mafalda

Étymologie : du germanique maht : « force » et hild : « combat ».
Fête : 2 mai - Couleur : rouge - Chiffre : 2
Caractère : Mafalda est charmante, pleine de vivacité, énergique et charismatique.
Personnage célèbre : Mafalda, héroïne éponyme d'une célèbre bande dessinée (publiée de 1964 à 1973) de Quino, dessinateur argentin. Elle a donné naissance à un dessin animé télévisé diffusé en France en 1982.
Fréquence : rare - Évolution : ↘
Âge moyen : 77 ans

P

Magali

Magaly

Étymologie : du latin : « perle ». Ce prénom correspond à la forme hébraïque de Marguerite et a été lancé par Frédéric Mistral. Il est aujourd'hui considéré comme typiquement provençal.
Fête : 20 juillet - Couleur : vert - Chiffre : 7
Caractère : Magali est active, pleine de vivacité, parfois opportuniste.
Personnage célèbre : Magali Noël, actrice et chanteuse française née en 1931.
Fréquence : répandu - Évolution : ↘
Âge moyen : 37 ans

P

Magalie

Étymologie : du latin : « perle ». Ce prénom correspond à une forme féminisée de Magali.
Fête : 20 juillet - Couleur : vert - Chiffre : 7
Caractère : Magalie est enthousiaste, compatissante et aime se réaliser.
Personnage célèbre : Magalie Vaé, chanteuse française ayant gagné la Star Academy en 2005.
Fréquence : répandu - Évolution : ↘
Âge moyen : 33 ans

V

Magda

Étymologie : de l'hébreu *Magadala*, nom d'un village de Galilée, ou du grec : « haute tour ». Magda est un diminutif de Magdalena que l'on rencontre en Alsace, en Allemagne, au Pays-Bas et en Scandinavie.
Fête : 22 juillet - Couleur : violet - Chiffre : 3
Caractère : Magda est habile, forte, ambitieuse et passionnée.
Personnage célèbre : Magda Schneider, actrice et mère de Romy Schneider.
Fréquence : rare - Évolution : =
Âge moyen : 33 ans

V

Magdalena

Madalena, Madalen, Madaleno, Magdalina, Magdaline, Magdelaine, Magdeleine, Magdelena, Magdalene

Étymologie : de l'hébreu *Magadala*, nom d'un village de Galilée, ou du grec : « haute tour ». Magdalena correspond à la forme espagnole de Madeleine.
Fête : 22 juillet - Couleur : violet - Chiffre : 3
Caractère : Magdalena est compatissante, tenace, méthodique et fiable.
Fréquence : rare - Évolution : ↘
Âge moyen : 24 ans

P

Maggy

Magella, Maggie

Étymologie : du grec *margaritês* : « perle ». Maggy est un diminutif anglais de Marguerite.
Fête : 16 novembre - Couleur : vert - Chiffre : 9
Caractère : Maggy a un tempérament passionné et entier, mais peut se montrer cérébrale.
Fréquence : rare - Évolution : ↗
Âge moyen : 37 ans

B

Magnolia

Étymologie : du grec, nom de l'arbre aux fleurs odorantes.
Fête : 5 octobre (Sainte-Fleur) - Couleur : rose
Chiffre : 7
Caractère : Magnolia est humaine, rêveuse et a l'esprit analytique.
Fréquence : très rare - Évolution : =

B

Maguelonne

Maguelone

Étymologie : du grec *margaritês* : « perle ». Ce prénom correspond à une forme dérivée de Marguerite. Dans l'Hexagone, c'est en Occitanie que Maguelonne est le plus couramment attribué.
Fête : 16 novembre - Couleur : rouge - Chiffre : 9
Caractère : Maguelonne est fière, d'une timidité qui confine parfois à la froideur, mais elle est fidèle et dévouée, voire capable d'altruisme.
Fréquence : très rare - Évolution : ↗
Âge moyen : 27 ans

TOP 20

Prénoms de séries TV

Les séries télévisées constituent aujourd'hui un véritable phénomène de société entraînant des addictions en masse, des attentes fébriles et des discussions sans fin. S'insérant dans notre quotidien, elles influencent, de manière inévitable le choix des prénoms de nombreux parents. On peut noter que quelques petites Khaleesi ont vu le jour depuis la diffusion de la série *Game of Thrones*.

Aimee *(Sex Education)*
Allison *(Dr House)*
Aure *(Family Business)*
Beth *(This Is Us)*
Carla *(Élite)*
Céleste *(Big Little Lies)*
Claire *(Outlander)*
Elsa *(Plan Cœur)*
Eva *(Alta Mar)*
Eve *(Killing Eve)*
Felicity *(Arrow)*
Inès *(Validé)*
Gia *(Euphoria)*
Jane *(The Handmaid's Tale)*
Joséphine *(Engrenages)*
Lidia *(Les demoiselles du téléphone)*
Marina *(Le bureau des légendes)*
Nadia *(Elite)*
Raquel *(La Casa de Papel)*
Veronica *(Riverdale)*

V

Mahalia

Mahala

Étymologie : de l'araméen : « princesse de la mer ».

Couleur : violet - Chiffre : 5

Caractère : Mahalia est idéaliste, intègre et altruiste.

Fréquence : rare - Évolution : ↗

Âge moyen : 10 ans

C

Mahaut

Mahaud, Mahault

Étymologie : du germanique *maht* : « force » et *hild* : « combat ». C'est la forme médiévale de Mathilde.

Fête : 14 mars - Couleur : rouge - Chiffre : 6

Caractère : Mahault est vive, indépendante, spontanée et a le goût de l'indépendance.

Personnages célèbres : la comtesse Mahaut de Flandres, née d'Artois (1268-1329) ; l'héroïne du roman *Le Bal du comte d'Orgel* de Raymond Radiguet.

Fréquence : rare - Évolution : =

Âge moyen : 9 ans

V

Mahé

Mahée

Étymologie : de l'hébreu : « goutte d'eau ». Mahé est une variante de Maé. Considéré comme un prénom mixte, Mahé est souvent attribué aux filles.

Fête : 15 août - Couleur : orange - Chiffre : 5

Caractère : Mahé est rêveuse, généreuse et ouverte d'esprit.

Fréquence : rare - Évolution : ↗

V

Maïa

Étymologie : du grec *maia* : « nounou », « mamie ». Nom de la fille du géant Atlas dans la mythologie grecque. Mère du dieu Hermès, elle devint dans la mythologie romaine la déesse du Printemps et c'est elle qui est à l'origine de notre mois de mai. En France, ce prénom actuellement en forte croissance est utilisé depuis longtemps au Pays basque, sans tréma, la plupart du temps.

Couleur : vert - Chiffre : 6

Caractère : Maïa est sage, bienveillante et bonne conseillère.

Fréquence : rare - Évolution : ↗

Âge moyen : 10 ans

V

Maider

Étymologie : du basque. Combinaison de Marie et Eder, qui correspond à la contraction de Marie-Belle. On aurait tendance à doter le « i » d'un tréma, mais au Pays basque, on l'orthographie sans.

Fête : 15 août - Couleur : 5 - Chiffre : vert

Caractère : Maider est rigoureuse, sociable et possède un goût certain pour l'aventure.

Fréquence : rare - Évolution : ↗

Âge moyen : 29 ans

V

Maïlys

Mailyss, Mailysse, Mailyse

Étymologie : ce prénom correspond à la forme contractée du prénom composé, né dans les Landes, Marie-Lys ou Marie aux Lys qui unit Marie à la fleur de lys, symbole de pureté et de virginité. Il existe une sainte Maïlys qui fut martyrisée au début du christianisme, mais qui ne figure pas au calendrier des saints.

Fête : 15 août - Couleur : blanc - Chiffre : 6

Caractère : Maïlys est sagace, originale, spirituelle et toujours en quête de connaissance.
Fréquence : rare - **Évolution** : ↗
Âge moyen : 12 ans

V

Maïssa

Maïssam, Maïssoun, Maysoon, Méissoun

Étymologie : de l'arabe : « étoile scintillante ». L'étoile est un symbole de beauté et dans le Coran, un témoin de la bonté de Dieu, puisqu'il en a orné le ciel pour le plus grand bonheur des hommes. Maïssa correspond à la version arabe d'Estelle.
Fête : 11 mai (Sainte-Estelle) - **Couleur** : gris
Chiffre : 8
Caractère : Maïssa peut être énergique et influente. Son moteur, c'est l'amour.
Personnage célèbre : Maïssa Bey, romancière algérienne (elle a reçu de nombreuses distinctions pour l'ensemble de son œuvre).
Fréquence : rare - **Évolution** : ↗
Âge moyen : 6 ans

V

Maïssane

Meissane

Étymologie : de l'arabe : « étoile scintillante ». Ce prénom correspond à une forme dérivée du prénom Maïssa. Cette orthographe colle au mot arabe maysân, sur lequel est formé le prénom.
Fête : 11 mai (Sainte-Estelle) - **Couleur** : gris
Chiffre : 8
Caractère : Maïssane est intègre, déterminée et altruiste.
Fréquence : rare - **Évolution** : ↗
Âge moyen : 8 ans

P

Maïté

Maïta

Étymologie : ce prénom, forme contractée de Marie-Thérèse, fut rendu illustre par Marie-Thérèse de Soubiran, religieuse française, qui fonda l'œuvre de Marie-Auxiliatrice pour l'éducation des enfants pauvres.
Fête : 7 juin - **Couleur** : rouge - **Chiffre** : 9
Caractère : Maïté est enthousiaste, déterminée et aime la communication.
Personnage célèbre : Maïté, restauratrice qui anima des émissions culinaires sur France 3, dont *La Cuisine des mousquetaires*, puis *À table*.
Fréquence : rare - **Évolution** : ↘

V

Maïtena

Étymologie : ce prénom est considéré comme une variante de Maïté, écrite sans tréma. Maïtena est également un prénom basque qui signifie « aimée ».
Couleur : rouge - **Chiffre** : 4
Caractère : Maïtena est idéaliste, altruiste, intègre et réfléchie.
Personnage célèbre : Maïtena Biraben, animatrice de télévision.
Fréquence : rare - **Évolution** : ↘
Âge moyen : 26 ans

V

Maïwenn

Maïwen, Maïwenna

Étymologie : contraction du prénom composé Marie-Gwenn. Maï est un dérivé de Mari ou Maria, écriture ancienne bretonne du prénom Marie.
Fête : 15 août ou 18 octobre - **Couleur** : blanc
Chiffre : 2
Caractère : Maïwenn est diplomate, émotive et sensible.

Personnage célèbre : Maïwenn Le Besco, comédienne et réalisatrice française.
Fréquence : rare - Évolution : ↗
Âge moyen : 11 ans

P

Malaurie

Étymologie : du latin *malum augurium* : « mauvaise augure », qui a engendré l'ancien français maloret : « le malheureux, la malheureuse ». Ce surnom était à l'origine censé porter chance au jeu et s'est ensuite transformé en un prénom masculin. Il s'est féminisé au XXe siècle et est aujourd'hui attribué sous différentes formes. Cette forme correspond à la forme orthographique la plus francisée.
Couleur : violet - Chiffre : 6
Caractère : Malaurie aime prendre des décisions et possède un tempérament ardent.
Fréquence : rare - Évolution : ↘
Âge moyen : 15 ans

V

Malika

Étymologie : de l'arabe : « le roi ».
Couleur : violet - Chiffre : 6
Caractère : Malika est organisée, diplomate et réceptive.
Personnage célèbre : Malika Ménard, journaliste et animatrice télé, élue Miss France 2011.
Fréquence : rare - Évolution : ↘
Âge moyen : 38 ans

P

Mallaury

Mallory, Mallorie, Malorie, Malory, Malaury

Étymologie : du latin *malum augurium* : « mauvaise augure », qui a engendré l'ancien français maloret : « le malheureux, la malheureuse ». Ce surnom était à l'origine censé porter chance au jeu et s'est ensuite transformé en un prénom masculin. Il s'est féminisé au XXe siècle et est aujourd'hui attribué sous différentes formes. C'est sous cette forme orthographique que ce prénom est le plus attribué.
Couleur : violet - Chiffre : 6
Caractère : Mallaury est idéaliste, persévérante et passionnée.
Personnage célèbre : Mallaury Nataf, comédienne et chanteuse française.
Fréquence : rare - Évolution : ↘
Âge moyen : 14 ans

V

Malvina

Malva, Malvane, Malvy

Étymologie : du celtique *mach* : « gage » et *lou* : « lumière ». Malvina est considéré comme une forme féminine de Malo.
Fête : 5 octobre (Sainte-Fleur) - Couleur : bleu
Chiffre : 9
Caractère : Malvina est courageuse, travailleuse, sensible et fidèle.
Personnage célèbre : *Malvina*, opérette écrite en 1935, par Reynaldo Hahn.
Fréquence : rare - Évolution : ↘
Âge moyen : 39 ans

V

Mandy

Mandie, Mandine

Étymologie : ce prénom correspond au diminutif anglo-saxon de notre Amandine française ou de l'Amanda internationale. C'est en 1940 que cette forme est devenue un prénom à part entière en Grande-Bretagne avant d'être attribué dans les autres pays anglo-saxons. Mandy est attribué en France depuis les années 90.
Fête : 9 juillet - Couleur : orange - Chiffre : 7
Caractère : Mandy est communicative, a

l'esprit de réalisation. Elle est enthousiaste et pragmatique.

Personnage célèbre : Mandy Moore, actrice et chanteuse américaine.

Fréquence : rare - Évolution : ↘

Âge moyen : 18 ans

V

Manel

Manelle, Manele

Étymologie : de l'hébreu *immanouel* : « Dieu avec nous ». Manel est donc considéré comme un diminutif d'Emmanuelle.

Fête : 25 décembre (jour de la naissance du Christ) - Couleur : orange - Chiffre : 2

Caractère : Manel est efficace, persévérante, honnête et structurée.

Fréquence : rare - Évolution : ↗

Âge moyen : 8 ans

B

Manon

Étymologie : de l'hébreu *myriam* : « la voyante » et *hannah* : « la grâce ». Manon fut d'abord un diminutif de Marie-Anne, avant de devenir un prénom à part entière il y a trois siècles. Ce prénom se fait connaître en France dans les années 70 avant d'atteindre un premier pic dans les années 80. Le succès du film de Claude Berri et la prestation d'Emmanuelle Béart dans le rôle de *Manon des Sources*, adapté du roman de Pagnol, ont contribué à rendre ce prénom à la mode dès 1995. Manon est devenu un « classique populaire ».

Fête : 15 août - Couleur : vert - Chiffre : 3

Caractère : Manon est féminine en diable, elle est aussi très éprise de liberté et aime mener sa vie selon son bon vouloir.

Personnages célèbres : Manon Lescaut, héroïne du roman éponyme de l'abbé Prévost, qui a engendré trois opéras : *Manon* de Daniel-François-Esprit Auber, *Manon Lescaut* de Puccini et *Manon* de Jules Massenet ; Manon des Sources, héroïne éponyme du livre de Marcel Pagnol et de son film en 1953.

Fréquence : répandu - Évolution : ↘

Âge moyen : 13 ans

V

Manuella

Manuela, Manuelita

Étymologie : de l'hébreu *immanouel* : « Dieu avec nous ». Le Messie est désigné ainsi dans un certain nombre de liturgies. Manuella correspond à une des formes hispaniques d'Emmanuelle et peut être considéré comme la forme féminine de Manuel.

Fête : 25 janvier (Saint-Manuel)

Couleur : orange - Chiffre : 2

Caractère : Manuella est indépendante, intelligente et sage.

Fréquence : rare - Évolution : ↘

Âge moyen : 31 ans

B

Marceline

Marcela, Marcelline, Marcellina

Étymologie : ce prénom correspond à la forme féminine de Marcelin.

Fête : 17 juillet - Couleur : orange - Chiffre : 2

Caractère : Marceline est douce, franche et très travailleuse.

Personnage célèbre : Marceline Desbordes-Valmore, poétesse française (1786-1859).

Fréquence : rare - Évolution : ↗

B

Marcelle

Marcèle

Étymologie : du latin *marcelus* : « petit marteau », ou du latin « dieu Mars ».

Ce prénom correspond à la forme féminine de Marcel.
Fête : 31 janvier - Couleur : orange - Chiffre : 6
Caractère : Marcelle est dévouée, loyale, serviable et volontaire. Elle doit faire attention toutefois à ne pas se laisser déborder par ses émotions.
Personnages célèbres : Marcelle Ferron (1924-2001), peintre québécoise ; Marcelle Burgart, épouse de Charles Debbas, premier président de la république du Liban.
Fréquence : répandu - Évolution : ↘
Âge moyen : 90 ans

V

Marcia

Marcianne, Marcie, Marcy, Marcienne, Marsia, Martiale, Martianne, Martienne

Étymologie : du latin *marcelus* : « petit marteau », ou du latin « dieu Mars ». Ce prénom est un prénom espagnol, anglais et portugais.
Fête : 31 janvier - Couleur : orange - Chiffre : 6
Caractère : Marcia est très humaine. Elle est généreuse et ouverte d'esprit.
Fréquence : rare - Évolution : ↗
Âge moyen : 20 ans

V

Mareva

Étymologie : du tahitien : « étoile filante ».
Couleur : jaune - Chiffre : 2
Caractère : Mareva est bienveillante, consciencieuse et résolue.
Personnage célèbre : Mareva Galanter, ancienne Miss France 1999, elle est aujourd'hui chanteuse, actrice, animatrice et mannequin.
Fréquence : rare - Évolution : ↘
Âge moyen : 14 ans

V

Margaret

Margareth, Margarette

Étymologie : du perse *marguiritis* : « perle ». Ce prénom correspond à la forme anglo-saxonne de Marguerite. Ce substantif fut certainement emprunté à la langue perse avant d'être attribué à une fleur.
Fête : 16 novembre - Couleur : vert - Chiffre : 6
Caractère : Margaret est sociable, réceptive et déterminée.
Personnages célèbres : la princesse Margaret, sœur cadette de la reine Elisabeth II (1930-2002) ; Margaret Mitchell, l'auteur d'*Autant en emporte le vent* ; Margaret Thatcher, ex-Premier Ministre britannique.
Fréquence : rare - Évolution : =
Âge moyen : 55 ans

B

Margaux

Margaud, Margault

Étymologie : du perse *marguiritis* : « perle ». Ce prénom n'est apparu que dans les années 80. C'est une variante de Margot qu'Ernest Hemingway créa pour prénommer sa petite-fille. Il souhaitait, par ce biais, rendre hommage à son vin préféré : le *Château Margaux*, grand cru du Médoc. Cette forme, médiatisée sans doute par Margaux Hemingway, devenue actrice, est aujourd'hui plus attribuée que la traditionnelle Margot.
Fête : 16 novembre - Couleur : jaune - Chiffre : 4
Caractère : Margaux est persévérante, structurée, aussi logique qu'attirée par la réussite.
Personnage célèbre : l'actrice et mannequin Margaux Hemingway.
Fréquence : répandu - Évolution : ↘
Âge moyen : 14 ans

B

Margo

Margotte, Margod

Étymologie : du perse *marguiritis* : « perle ». Cette forme orthographique a été inventée il y a peu, réduisant le prénom à sa plus simple écriture.

Fête : 16 novembre - Couleur : jaune - Chiffre : 4

Caractère : Margo est humaine, mais peut parfois faire preuve d'une certaine rectitude. C'est également une rêveuse, dotée d'une grande ouverture d'esprit.

Fréquence : rare - Évolution : ↗

Âge moyen : 11 ans

B

Margot

Étymologie : du perse *marguiritis* : « perle ». Ce prénom est un diminutif ancien de Marguerite, qui apparaît dès le Moyen Âge, mais n'est reconnu en tant que prénom qu'au milieu du XXe siècle.

Fête : 16 novembre - Couleur : jaune - Chiffre : 4

Caractère : Margot est diplomate, sociable et réceptive, mais aussi redoutablement indépendante. Il faut dire que ses exigences sont nombreuses et qu'elle a heureusement suffisamment de volonté pour les combler, tout en faisant preuve d'une certaine prudence.

Personnage célèbre : la Reine Margot, surnom de Marguerite de Navarre, sœur de Charles IX et épouse d'Henri IV, incarnée au cinéma par Isabelle Adjani, dans le film éponyme de Patrice Chéreau.

Fréquence : répandu - Évolution : ↘

Âge moyen : 14 ans

C

Marguerite

Margalite, Margarida, Margarita, Margerie, Margery, Marget, Margie, Marguerie, Margrit

Étymologie : du perse *marguiritis* : « perle ». Ce substantif fut certainement emprunté à la langue perse avant d'être attribué à une fleur.

Fête : 16 novembre - Couleur : vert - Chiffre : 9

Caractère : Marguerite est persévérante, travailleuse, opiniâtre et altruiste.

Personnages célèbres : Marguerite Gautier, héroïne de *La Dame aux camélias* ; Marguerite Yourcenar, romancière et première femme à avoir été élue à l'Académie française ; l'écrivain Marguerite Duras.

Fréquence : répandu - Évolution : ↘

V

Maria

Mariah, Mariya, Marya, Marye, Mayra

Étymologie : de l'hébreu *myriam* : « celle qui élève ». Maria est une forme internationale de Marie, répandue en Allemagne, en Espagne, au Portugal et en Italie.

Fête : 15 août - Couleur : bleu - Chiffre : 1

Caractère : Maria est consciencieuse, bienveillante et bonne conseillère.

Personnages célèbres : Maria Callas, la célèbre cantatrice (1923-1977) ; l'actrice Maria Casarès (1922-1996).

Fréquence : courant - Évolution : ↗

Âge moyen : 78 ans

V

Mariam

Mariem, Marieme

Étymologie : de l'hébreu *myriam* : « celle qui élève ». Ce prénom est une variante de Myriam plus particulièrement attribuée en Afrique noire où elle est assez répandue.

Fête : 15 août - Couleur : bleu - Chiffre : 1

Caractère : Mariam est audacieuse, dynamique, indépendante et directive.

Personnage célèbre : Mariam, la chanteuse du duo *Amadou et Mariam*.

Fréquence : rare - Évolution : ↗

Âge moyen : 17 ans

V

Mariama

Étymologie : de l'hébreu *myriam* : « celle qui élève ». Ce prénom est une variante de Myriam attribuée en Afrique noire où elle est assez répandue.

Fête : 15 août - Couleur : bleu - Chiffre : 1

Caractère : Mariama est réceptive, diplomate, sociable et pleine de bonté.

Fréquence : rare - Évolution : ↗

Âge moyen : 17 ans

C

Mariane

Étymologie : Mariane est une contraction du prénom Marie-Anne. Elle est cependant moins courante que la forme pourvue des deux « n ».

Fête : 9 juillet - Couleur : bleu - Chiffre : 3

Caractère : Mariane est résolue, indépendante et intelligente.

Fréquence : rare - Évolution : ↗

Âge moyen : 37 ans

V

Marianna

Mariana, Maryanna

Étymologie : Marianna est une contraction du prénom Marie-Anna. Elle est particulièrement usitée dans les pays slaves, en Italie et en Grèce. C'est aussi un choix traditionnel breton et basque.

Fête : 9 juillet - Couleur : bleu - Chiffre : 3

Caractère : douce, séductrice et affectueuse, Marianna sait user de ses charmes.

Fréquence : rare - Évolution : =

Âge moyen : 43 ans

C

Marianne

Étymologie : ce prénom est une contraction du prénom composé Marie-Anne. Marianne, déesse de la liberté de l'antiquité romaine, revêtant le bonnet phrygien devient le symbole de liberté sous la Révolution, puis celui de la République.

Fête : 9 juillet - Couleur : bleu - Chiffre : 3

Caractère : Marianne est sociable, vive, indépendante et optimiste.

Personnages célèbres : Marianne, la personnification de la République française ; Marianne, la protagoniste de la pièce d'Alfred de Musset, *Les Caprices de Marianne* ; Marianne Faithfull, chanteuse.

Fréquence : répandu - Évolution : ↘

Âge moyen : 46 ans

C

Marie

Mariola, Mariouchka, Mariquita, Marita, Marjelle, Maroussia, Maruja, Maruska, Marzel, Moïra, Moll, Molly, Moyra, Miureall

Étymologie : de l'hébreu *myriam* : « celle qui élève ». Marie est un prénom mixte, bien que couramment porté par les femmes. Ce n'est qu'avant le XXe siècle que Marie était attribué aux garçons. Intemporel, il symbolise la chrétienté. Désignant, à l'origine, la mère du Christ et des croyants, élue de Dieu et Femme parmi les femmes. Ce prénom est comme doté, dans l'inconscient collectif, d'un pouvoir de protection. En vogue depuis des siècles, au point de figurer en tête des prénoms dès le XVIIe siècle,

Marie perd, pourtant, de son ascendant de 1915 jusque dans les années 60, avant de connaître un nouvel essor dès 1980. Faisant figure de classique intergénérationnel et interclasse, Marie est le prénom de l'éternel féminin, d'où l'attrait qu'elle exerce.

Fête : 15 août - Couleur : bleu - Chiffre : 1

Caractère : émotive, vulnérable, sensible, généreuse et volontaire, sa personnalité rayonne. Simple et attentive, elle recherche l'harmonie.

Personnages célèbres : Marie, mère de Jésus ; Marie Stuart, reine d'Écosse de 1542 à 1567 ; Marie de Médicis, fille de François Ier, épouse d'Henri IV, reine de France de 1600 à 1610, reine mère jusqu'à sa mort en 1642 ; Marie Curie, célèbre prix Nobel de physique qui découvrit le radium ; Marie Laurencin (1883- 1956), peintre.

Fréquence : répandu - Évolution : ↘

Âge moyen : 58 ans

C

Marie-Alice

Étymologie : ce prénom est formé à partir des prénoms Marie et Alice.

Fête : 15 août ou 11 juin - Couleur : bleu

Chiffre : 2

Caractère : Marie-Alice est fantaisiste, imaginative, ce qui ne l'empêche pas, pour autant, d'être fiable et déterminée. Ces deux courants, contradictoires en apparence, se transforment d'autant mieux en instinct créatif.

Personnage célèbre : Mary Alice Young, la narratrice de la série *Desperate Housewives*.

Fréquence : rare - Évolution : ↘

C

Marie-Amélie

Mary-Amélie,
Marie-Amély, Mary-Amély

Étymologie : ce prénom est formé à partir des prénoms Marie et Amélie.

Fête : 15 août ou 5 janvier - Couleur : bleu

Chiffre : 3

Caractère : Marie-Amélie est courageuse, dynamique, audacieuse et déterminée. L'amour de la vie et des autres est ce qui la rend forte.

Personnage célèbre : Marie-Amélie de Bourbon-Siciles (1782-1866), d'abord duchesse d'Orléans, puis reine des Français, épouse de Louis-Philippe Ier.

Fréquence : rare - Évolution : ↘

Âge moyen : 20 ans

C

Marie-Anne

Marie-Ann, Mary-Ann

Étymologie : ce prénom composé est doublement placé sous le signe du matriarcat. En effet, il combine le prénom de la mère de Jésus avec celui de sa grand-mère. Ce prénom fut aussi porté par une religieuse résidant en Équateur : Marie-Anne de Paredes, qui a vécu recluse et mourut à la suite de privations en 1645, à l'âge de vingt-sept ans.

Fête : 2 mai - Couleur : bleu - Chiffre : 5

Caractère : Marie-Anne est une fine stratège, ardente et déterminée, mais dont l'ego est parfois démesuré.

Personnages célèbres : Marie-Anne de la Trémoille, princesse des Ursins, femme politique (1642-1722) ; Marie-Anne Chazel, célèbre comédienne française, ayant fait partie de la troupe du *Splendid*.

Fréquence : rare - Évolution : ↘

Âge moyen : 54 ans

C

Marie-Astrid

Marie-Astride

Étymologie : ce prénom combine deux prénoms assez prisés des milieux chics.

Fête : 15 août ou 27 novembre

TOP 20

Prénoms de marques

Le nom qui symbolise une marque est parfois un prénom : il peut être celui du créateur(trice) de la marque, ou être choisi pour sa sonorité, son histoire. Les parents peuvent donc faire leur choix parmi une liste à l'imaginaire façonné par les marques. Voici quelques exemples...

Alice
Athéna
Babette
Bérénice
Chanel(le)
Chloé
Céline
Clio
Debby
Essie
Francine
Logan
Marie
Megane
Mercedes
Morgan
Jennifer
Lou
Séphora
Zara

Couleur : jaune - Chiffre : 4
Caractère : Marie-Astrid est douce, tendre et réservée.
Fréquence : rare - Évolution : ↘
Âge moyen : 34 ans

C

Marie-Caroline

Maria-Carolina, Marie-Carolyn, Mary-Carolyn

Étymologie : ce prénom est composé des prénoms Marie et Caroline, deux classiques. Cette combinaison est assez ancienne puisqu'elle remonte au XVIIIe siècle.
Fête : 15 août - Couleur : orange - Chiffre : 4
Caractère : Marie-Caroline est volontaire, raisonnable et bienveillante.
Personnage célèbre : Marie-Caroline d'Autriche, sœur de Marie-Antoinette (1752-1814).
Fréquence : rare - Évolution : ↘
Âge moyen : 35 ans

C

Marie-Cécile

Étymologie : ce prénom est composé des prénoms Marie et Cécile et assez rare jusqu'en 1980. Il devient un des prénoms composés les plus attribués ensuite, bénéficiant sans doute de la faveur de Cécile, en plein essor à cette même époque.
Fête : 15 août ou 22 novembre - Couleur : bleu
Chiffre : 11
Caractère : Marie-Cécile est dynamique, endurante et volontaire.
Personnage célèbre : Marie-Cécile Gros-Gaudenier, championne du monde de descente de ski alpin en 1982.
Fréquence : rare - Évolution : ↘
Âge moyen : 44 ans

C

Marie-Charlotte

Étymologie : ce prénom est composé des prénoms Marie et Charlotte. Ce prénom est assez ancien. Il s'est en effet répandu dans toute l'Europe dès le XVIIe siècle en réunissant deux classiques aristocrates ; il est devenu un prénom double très souvent attribué aux princesses.
Fête : 15 août ou 17 juillet - Couleur : bleu
Chiffre : 11
Caractère : Marie-Charlotte est méthodique. Elle a le sens de l'analyse, est fiable et tenace.
Personnage célèbre : Marie-Charlotte de Romilley de la Chesnelaye (marquise de L'Hospital), mathématicienne du XVIIe siècle.
Fréquence : rare - Évolution : ↘
Âge moyen : 26 ans

C

Marie-Christine

Étymologie : prénom formé des deux prénoms Marie et Christine. Ce prénom fut porté par une princesse de Savoie, épouse de Ferdinand II, roi des Deux-Siciles, morte en 1836, à l'âge de vingt-quatre ans.
Fête : 31 janvier - Couleur : vert - Chiffre : 5
Caractère : Marie-Christine est déterminée et quelles que soient ses ambitions, elle atteint toujours ses objectifs. Attirée par l'art, la culture ou l'ésotérisme, Marie-Christine ne goûte guère la monotonie.
Personnage célèbre : Marie-Christine Barrault, comédienne française.
Fréquence : répandu - Évolution : ↘
Âge moyen : 52 ans

C

Marie-Claire

Étymologie : prénom formé des deux prénoms Marie et Claire.
Fête : 15 ou 11 août - Couleur : rouge - Chiffre : 9
Caractère : Marie-Claire est tenace, résolue et fiable.
Personnage célèbre : le magazine féminin du même nom créé par Jean Prouvost.
Fréquence : répandu - Évolution : ↘
Âge moyen : 56 ans

C

Marie-Claude

Étymologie : prénom formé des deux prénoms Marie et Claude. Ce prénom fut porté par Marie-Claude Cyprienne Brard, une des seize carmélites de Compiègne, guillotinée à Paris 17 juillet 1794, sur la place de la Nation.
Fête : 17 juillet - Couleur : blanc - Chiffre : 2
Caractère : Marie-Claude est généreuse, chaleureuse et franche.
Personnage célèbre : Marie-Claude Pietragalla, actrice, danseuse et chorégraphe.
Fréquence : répandu - Évolution : ↘
Âge moyen : 56 ans

P

Marie-Éva

Marie-Ève

Étymologie : prénom formé des deux prénoms Marie et Éva. Ce prénom double fait référence aux deux femmes les plus célèbres de la Bible.
Fête : 15 août ou 6 septembre - Couleur : gris
Chiffre : 6
Caractère : Marie-Éva est intuitive, aime le relationnel. Elle est fidèle et n'a pas peur de prendre des décisions.
Fréquence : rare - Évolution : ↘
Âge moyen : 21 ans

C

Marie-France

Étymologie : prénom formé de Marie et France. Ce prénom qui associe la mère de l'humanité à la nation est apparu quelque temps avant 1940, apparaissant même comme le prénom le plus attribué dans le Bottin mondain. Ce prénom s'est littéralement envolé durant l'Occupation. Marie-France, comme Marie-Claire, est devenu le titre bien connu d'un magazine féminin très célèbre en France.

Fête : 15 août ou 26 avril - Couleur : jaune

Chiffre : 4

Caractère : Marie-France est capable d'analyses très fines. Optimiste, pragmatique, elle possède de véritables facilités à communiquer.

Personnage célèbre : Marie-France Pisier, comédienne française.

Fréquence : répandu - Évolution : ↘

Âge moyen : 57 ans

C

Marie-Françoise

Étymologie : prénom composé de Marie et de Françoise. Ce prénom est assez ancien et c'est dans l'entre-deux-guerres qu'il connut son plus vif succès.

Fête : 15 août ou 9 mars - Couleur : jaune

Chiffre : 4

Caractère : Marie-Françoise est dynamique, audacieuse et volontaire.

Fréquence : répandu - Évolution : ↘

Âge moyen : 58 ans

C

Marie-Gabrielle

Étymologie : prénom composé de Marie et Gabrielle. Ce prénom unit ainsi la mère du Christ et l'ange qui lui annonça l'heureuse nouvelle.

Fête : 15 août ou 26 juin - Couleur : violet

Chiffre : 3

Caractère : Marie-Gabrielle est altruiste, idéaliste et intègre.

Personnage célèbre : Marie Gabrielle en Bavière, princesse en Bavière (1878-1912).

Fréquence : rare - Évolution : ↘

Âge moyen : 44 ans

P

Marie-Hélène

Étymologie : prénom composé de Marie et Hélène. Ce prénom a rencontré un vif succès durant la première moitié du XXe siècle. Les deux prénoms qui le composent étant relativement classiques et bourgeois, la forme composée a, par conséquent, épousé le même profil. Elle est nettement moins prisée aujourd'hui, effacée par Mylène.

Fête : 15 août ou 18 août - Couleur : bleu

Chiffre : 5

Caractère : Marie-Hélène est dynamique, indépendante et courageuse.

Fréquence : répandu - Évolution : ↘

Âge moyen : 51 ans

C

Marie-Jeanne

Étymologie : prénom composé de Marie et Jeanne. Ce prénom fut porté par une martyre de la Révolution française, assassinée sous la Terreur en 1794 à Angers.

Fête : 22 février - Couleur : vert - Chiffre : 6

Caractère : Marie-Jeanne est énergique, résolue et audacieuse.

Personnage célèbre : Marie-Jeanne, la serveuse automate de la comédie musicale *Starmania*, interprétée par Fabienne Thibeault en 1979, puis par Maurane, dix ans après.

Fréquence : rare - Évolution : ↘

Âge moyen : 69 ans

C

Marie-Laure

Étymologie : prénom formé de Marie et de Laure.
Fête : 15 août ou 19 octobre - Couleur : bleu
Chiffre : 5
Caractère : Marie-Laure est gracieuse, généreuse, créative. C'est une séductrice hors pair.
Personnage célèbre : Marie-Laure de Noailles, égérie du monde littéraire et artistique français, dont le salon fit sensation de 1920 à 1950.
Fréquence : répandu - Évolution : ↘
Âge moyen : 41 ans

P

Marielle

Mariel, Mariele, Maryelle

Étymologie : de l'hébreu *myriam* : « celle qui élève ». Ce prénom correspond à une variante de Marie.
Fête : 15 août - Couleur : bleu - Chiffre : 3
Caractère : Marielle est équilibrée, douce et possède un grand sens artistique.
Personnage célèbre : Marielle Goitschel, la skieuse alpine française (deux médailles d'or olympique, sept titres de championne du monde).
Fréquence : répandu - Évolution : ↘
Âge moyen : 42 ans

B

Marie-Lou

Étymologie : prénom composé de Marie et de Lou (diminutif de Louise).
Fête : 28 avril - Couleur : bleu Chiffre : 8
Caractère : Marie-Lou est persévérante, volontaire et structurée.
Fréquence : rare - Évolution : ↗
Âge moyen : 11 ans

C

Marie-Louise

Étymologie : prénom composé de Marie et de Louise.
Fête : 28 avril - Couleur : bleu Chiffre : 7
Caractère : Marie-Louise est directive, audacieuse et dynamique.
Personnage célèbre : L'impératrice Marie-Louise, seconde épouse de Napoléon et mère de son fils, « l'Aiglon ».
Fréquence : répandu - Évolution : ↘
Âge moyen : 85 ans

C

Marie-Lys

Étymologie : prénom formé de Marie et de la fleur de lys, qui symbolise la pureté, la virginité. Ce prénom correspond à une variante de Marie aux Lys ou Marie des Lys.
Fête : 15 août ou 27 juillet - Couleur : vert
Chiffre : 6
Caractère : Marie-Lys est sympathique et pragmatique. C'est un être optimiste.
Fréquence : rare - Évolution : ↘
Âge moyen : 30 ans

C

Marie-Madeleine

Étymologie : contre toute attente, ce prénom n'est pas réellement formé des prénoms Marie et Madeleine. En effet, Marie-Madeleine correspond, initialement à « Marie de Magdala », du nom d'un petit village proche du lac de Tibériade. Ce nom fait donc office de prénom unique. Lors de leur baptême, beaucoup de petites filles portant le prénom de Madeleine étaient inscrites sous le nom de Marie-Madeleine. Marie-Madeleine dans la Bible symbolise la pécheresse repentie et fut la première à témoigner de la résurrection du Christ.

Fête : 22 juillet - Couleur : gris - Chiffre : 7
Caractère : Marie-Madeleine est douce, travailleuse, capable d'introspection et d'un certain équilibre.
Fréquence : rare - Évolution : ↘
Âge moyen : 67 ans

P

Marie-Océane

Marie-Océan

Étymologie : prénom composé de Marie et d'Océane. Cette composition est récente.
Fête : 15 août ou 7 février - Couleur : orange
Chiffre : 4
Caractère : Marie-Océane est forte, ambitieuse, habile et volontaire.
Fréquence : rare - Évolution : ↘
Âge moyen : 14 ans

P

Marie-Paule

Étymologie : prénom composé de Marie et de Paule, forme féminine de Paul. C'est dans l'entre-deux-guerres que ce prénom a été formé, au moment où Paule perdait son succès et où la mode des prénoms composés prenait une importance considérable.
Fête : 15 août ou 26 janvier - Couleur : vert
Chiffre : 6
Caractère : Marie-Paule est diplomate, sociable et réceptive.
Personnage célèbre : Marie-Paule Belle, chanteuse, pianiste et comédienne française, principalement connue pour la chanson *La Parisienne*, qu'elle a composée en 1976.
Fréquence : répandu - Évolution : ↘
Âge moyen : 55 ans

P

Marie-Pierre

Marie-Pier

Étymologie : prénom composé de Marie et de Pierre. Ce prénom composé est l'un des rares à avoir été créé récemment, inspiré par un double masculin traditionnel : Pierre-Marie.
Fête : 15 août ou 29 juin - Couleur : jaune
Chiffre : 7
Caractère : Marie-Pierre est rêveuse, humaine et déterminée.
Fréquence : répandu - Évolution : ↘
Âge moyen : 47 ans

P

Marie-Rose

Mary-Rose

Étymologie : prénom composé de Marie et de Rose. Ce prénom fut porté par une religieuse qui fonda un institut d'éducation religieuse.
Fête : 12 mars - Couleur : bleu - Chiffre : 3
Caractère : Marie-Rose est fiable, douce, méthodique et tenace.
Personnage célèbre : héroïne interprétée par Chantal Goya dans ses spectacles des années 80.
Fréquence : rare - Évolution : =
Âge moyen : 68 ans

C

Marie-Sophie

Étymologie : prénom composé de Marie et de Sophie. Ce prénom est une invention du XIXe siècle qui a épousé le succès du prénom Sophie.
Couleur : rouge - Chiffre : 2
Caractère : Marie-Sophie est énergique, possède une autorité naturelle et un esprit d'innovation.
Personnage célèbre : Marie-Sophie L., actrice et ex-femme de Claude Lelouch.
Fréquence : rare - Évolution : ↘
Âge moyen : 32 ans

C

Marie-Thérèse

Étymologie : prénom composé de Marie et de Thérèse. Il s'agit d'un des prénoms composés les plus anciens. Il date du XVIe siècle. Ce prénom fut rendu illustre par Marie-Thérèse de Soubiran, religieuse française, qui fonda l'œuvre de Marie-Auxiliatrice, pour l'éducation des enfants pauvres.
Fête : 7 juin - Couleur : rouge - Chiffre : 9
Caractère : Marie-Thérèse est altruiste, idéaliste et intègre.
Personnage célèbre : Marie-Thérèse d'Autriche, épouse de Louis XIV.
Fréquence : répandu - Évolution : ↘
Âge moyen : 68 ans

B

Mariette

Marieta, Marietta, Marietou, Mietta, Miette

Étymologie : de l'hébreu *myriam* : « celle qui élève ». Mariette est un diminutif de Marie.
Fête : 15 août - Couleur : bleu - Chiffre : 1
Caractère : Mariette est directive, indépendante et audacieuse.
Fréquence : rare - Évolution : ↘
Âge moyen : 77 ans

P

Marilou

Étymologie : ce prénom correspond à la contraction de Marie et de Louise. C'est un prénom féminin français et anglais.
Fête : 28 avril (Sainte-Marie-Louise)
Couleur : noir - Chiffre : 10
Caractère : Marilou est ambitieuse, habile et raisonnable.
Personnage célèbre : l'actrice Marilou Berry.
Fréquence : rare - Évolution : ↗
Âge moyen : 9 ans

P

Marilyn

Maryline

Étymologie : contraction de Mary et Ellen, versions anglo-saxonnes des prénoms Marie et Hélène.
Fête : 15 août ou 18 août - Couleur : bleu
Chiffre : 2
Caractère : Marilyn est réfléchie, charismatique et suit toujours les élans de son cœur.
Personnage célèbre : celle que le seul prénom suffit à identifier : la star Marilyn Monroe.
Fréquence : rare - Évolution : ↘
Âge moyen : 37 ans

C

Marilys

Marylise, Marylis

Étymologie : ce prénom est une contraction des prénoms Marie et Lys.
Fête : 15 août ou 27 juillet - Couleur : vert
Chiffre : 1
Caractère : Marylis aime la méditation. Elle est toujours en quête de savoir et de réalisation. Elle est aussi intelligente qu'indépendante.
Fréquence : rare - Évolution : ↘
Âge moyen : 52 ans

P

Marina

Maryna

Étymologie : du latin *marinus, marina* : « marin, marine ».
Fête : 12 février - Couleur : bleu - Chiffre : 7
Caractère : Marina est réceptive, loyale, diplomate et sociable.
Personnage célèbre : Marina Foïs, actrice française.
Fréquence : répandu - Évolution : ↘
Âge moyen : 26 ans

P

Marine

Maryne

Étymologie : du latin *marinus, marina* : « marin, marine ». Ce prénom correspond à la forme féminine du prénom plus rare dans sa version masculine : Marin.

Fête : 12 février - Couleur : rouge - Chiffre : 7

Caractère : Marine est vive, sensible et optimiste.

Personnage célèbre : la comédienne Marine Delterme.

Fréquence : répandu - Évolution : ↘

Âge moyen : 19 ans

B

Marinette

Étymologie : du latin *marinus, marina* : « marin, marine ». Marinette est un diminutif de Marine.

Fête : 12 février - Couleur : rouge - Chiffre : 7

Caractère : Marinette est déterminée, a le sens des responsabilités et de la famille.

Personnage célèbre : ce prénom évoque le personnage des *Contes du chat perché* de Marcel Aymé.

Fréquence : rare - Évolution : ↘

Âge moyen : 70 ans

P

Marion

Maryon

Étymologie : de l'hébreu *myriam* : « celle qui élève ». Ce prénom correspond à une forme dérivée de Marie. Si Marion est un prénom ancien (certaines sources font remonter sa présence au XIe siècle), il n'en figure pas moins comme emblématique des années 80. Répandu en France, Marion se rencontre aussi aisément aux États-Unis.

Fête : 15 août - Couleur : bleu - Chiffre : 7

Caractère : Marion réunit deux qualités presque antinomiques. En effet, elle possède, d'une part, la réflexion liée à l'esprit de synthèse et de l'autre, une certaine intuition. Mais elle doit toujours veiller à garder un certain équilibre, car lorsque l'un l'emporte sur l'autre, elle peut faire des erreurs.

Personnages célèbres : Marion Delorme, personnalité féminine célèbre sous Louis XIII, qui inspira le drame éponyme que Victor Hugo écrivit en 1831 ; Marion Crane, héroïne du célèbre film d'Hitchcock, *Psychose* ; Marion Jones, athlète américaine ; Marion Cotillard, actrice française.

Fréquence : répandu - Évolution : ↘

Âge moyen : 21 ans

V

Marisa

Marysa, Maribel, Marisol, Marissa, Maritza, Mariza

Étymologie : de l'hébreu *myriam* : « celle qui élève ». Ce prénom semble s'apparenter à Maryse et pourrait être une forme contractée de Marie-Louise.

Couleur : bleu - Chiffre : 7

Caractère : Marisa est une séductrice qui aime l'originalité et la réflexion.

Personnages célèbres : Marisa Berenson et Marisa Tomei, actrices.

Fréquence : rare - Évolution : ↗

B

Marjolaine

Marjolène

Étymologie : du latin *majorana*, nom d'usage de l'origan, plante aromatique à fleurs roses.

Fête : 5 octobre (Sainte-Fleur)

Couleur : gris - Chiffre : 8

Caractère : Marjolaine est forte, habile, raisonnable et ambitieuse.

Fréquence : rare - Évolution : ↘

Âge moyen : 26 ans

P

Marjorie

Marjory

Étymologie : du perse *marguiritis* : « perle ». Marjorie est, dans les pays anglophones, la forme la plus répandue de Margaret, Marguerite en français. Marjorie fut très prisé en France entre la fin des années 70 et le début des années 90.

Fête : 20 juillet - Couleur : vert - Chiffre : 8

Caractère : Marjorie est forte, a du caractère et de l'habileté.

Fréquence : répandu - Évolution : ↘

Âge moyen : 28 ans

P

Marlène

Marlaine, Marleine, Marleyne, Marlie, Marline, Marly

Étymologie : ce prénom est une forme contractée de Marie-Hélène.

Fête : 15 août ou 18 août - Couleur : orange Chiffre : 5

Caractère : Marlène est charmante, fantaisiste, se laisse guider facilement par son instinct affectif et son envie de séduire.

Personnages célèbres : la star de cinéma, Marlene Dietrich ; Marlène Jobert, comédienne.

Fréquence : courant - Évolution : ↘

Âge moyen : 40 ans

V

Martha

Étymologie : de l'araméen *martha* : « la maîtresse de maison ». Ce prénom correspond à la forme internationale de Marthe.

Fête : 9 juillet - Couleur : bleu - Chiffre : 2

Caractère : Martha aime l'originalité, est philosophe et spirituelle.

Personnage célèbre : Martha Stewart, personnalité de la télévision américaine connue pour ses leçons d'art de vivre.

Fréquence : rare - Évolution : ↗

Âge moyen : 73 ans

C

Marthe

Mara, Marfa, Marfenia, Marfoucha, Mart, Martella, Martha, Martie, Martita, Marty, Mat, Mattie, Matty

Étymologie : de l'araméen *martha* : « la maîtresse de maison ». Ce prénom fut porté par la sœur de Lazare et de Marie-Madeleine, elle aurait demandé à Jésus de ressusciter son frère. D'après la légende, Marthe quitta Bethléem avec sa sœur et débarqua avec elle en Provence. Elle évangélisa la région et fonda un monastère en Avignon. Elle est aujourd'hui considérée comme la patronne des hôteliers.

Fête : 9 juillet - Couleur : bleu - Chiffre : 2

Caractère : Marthe est dynamique, opportuniste et diplomate.

Personnage célèbre : Marthe Villalonga, actrice.

Fréquence : répandu - Évolution : ↘

P

Martine

Étymologie : du latin *martius, martia* : « consacré au dieu Mars ». Ce prénom correspond à la forme féminine de Martin.

Fête : 30 janvier - Couleur : jaune - Chiffre : 8

Caractère : Martine est pleine de vitalité. Toute concentrée à l'intérieur d'elle-même, elle confirme cet aspect contemplatif et l'égaye çà et là d'un sens ludique souverain.

Personnages célèbres : Martine Carol, actrice ; Martine, l'héroïne des livres pour enfants ; la femme politique Martine Aubry.

Fréquence : répandu - Évolution : ↘

Âge moyen : 56 ans

Marwa

Étymologie : de l'arabe : « rocher ». Ce nom est celui d'un rocher proche de la Kaaba de La Mecque. La mère d'Ismaël, Hajar, abandonnée avec lui dans le désert, parcourut sept fois d'affilée la distance de Marwa à Safa, un autre bloc de pierre. Dieu fit alors jaillir une source. Le parcours d'Hajar fait partie aujourd'hui du pèlerinage de La Mecque.
Couleur : blanc - **Chiffre** : 2
Caractère : Marwa est diplomate, sociable et réceptive.
Fréquence : rare - **Évolution** : ↗
Âge moyen : 8 ans

Mary

Étymologie : de l'hébreu *myriam* : « celle qui élève ». Mary est la forme anglo-saxonne de Marie. Mary est, comme la Marie française, un très grand classique dans les pays anglo-saxons.
Fête : 15 août - **Couleur** : bleu - **Chiffre** : 1
Caractère : Mary est pragmatique, optimiste et créative.
Personnages célèbres : Mary Shelley, romancière anglaise, créatrice du personnage de Frankenstein ; Mary Higgins Clark, la reine américaine du roman policier.
Fréquence : rare - **Évolution** : ↘
Âge moyen : 41 ans

Maryam

Maryama, Maryame, Maryem

Étymologie : de l'hébreu *myriam* : « celle qui élève ». Maryam est une forme arabe de Myriam, très répandue en Iran.
Fête : 15 août - **Couleur** : bleu - **Chiffre** : 1
Caractère : Maryam est audacieuse, dynamique, indépendante et directive.
Fréquence : rare - **Évolution** : ↗
Âge moyen : 12 ans

Marylène

Étymologie : Marylène correspond à la forme contractée de Marie-Hélène.
Fête : 15 août ou 18 août - **Couleur** : orange
Chiffre : 9
Caractère : Marylène est élégante, émotive et imaginative.
Fréquence : répandu - **Évolution** : ↘
Âge moyen : 49 ans

Maryline

Marylin

Étymologie : Maryline est une forme dérivée de Marilyn. Elle correspond à la contraction de Mary et Ellen.
Fête : 15 août ou 18 août - **Couleur** : bleu
Chiffre : 2
Caractère : Maryline est sagace, spirituelle et sympathique. En outre, sa soif de connaissances est sans limite, ce qui ne gâche rien.
Fréquence : répandu - **Évolution** : ↘
Âge moyen : 46 ans

Marylise

Étymologie : ce prénom correspond à la forme contractée de Mary et de Lise.
Fête : 28 avril (Sainte-Marie-Louise)
Couleur : jaune - **Chiffre** : 3
Caractère : Marylise est enthousiaste et compatissante.
Fréquence : rare - **Évolution** : ↘
Âge moyen : 47 ans

P

Marylou

Étymologie : ce prénom correspondant à un dérivé de Marilou, la forme contractée de Marie-Lou, diminutif de Marie-Louise.
Fête : 28 avril (Sainte-Marie-Louise)
Couleur : orange - Chiffre : 2
Caractère : Marylou est équilibrée, a le sens de la famille et des responsabilités.
Personnage célèbre : l'héroïne de la chanson de Michel Polnareff, *Goodbye Marylou.*
Fréquence : rare - Évolution : ↗
Âge moyen : 26 ans

P

Maryse

Marisa, Marise

Étymologie : de l'hébreu myriam : « celle qui élève ».
Fête : 15 août - Couleur : rouge - Chiffre : 9
Caractère : Maryse est réaliste, imaginative, indépendante et sensible.
Personnages célèbres : Maryse Bastié, pionnière de l'aviation (1898-1952) ; Maryse Condé, écrivaine française contemporaine.
Fréquence : répandu - Évolution : ↘
Âge moyen : 59 ans

P

Maryvonne

Étymologie : ce prénom correspond à une forme contractée de Marie et d'Yvonne.
Fête : 15 août ou 19 mai
Couleur : vert - Chiffre : 1
Caractère : Maryvonne est charmante, séduisante, déterminée et travailleuse.
Fréquence : répandu - Évolution : ↘
Âge moyen : 62 ans

B

Mathilda

Étymologie : du germanique *math* : « force » et *hild* : « la guerre ». Mathilda est une variante de notre Mathilde française, particulièrement répandue dans les pays slaves et anglo-saxons.
Fête : 14 mars - Couleur : jaune - Chiffre : 9
Caractère : Mathilda est curieuse, dynamique, indépendante et courageuse.
Fréquence : rare - Évolution : =
Âge moyen : 13 ans

C

Mathilde

Machthild, Mathéna, Matheline, Mathylde, Mathie, Matilde, Maty, Mectilde, Megtilda, Mektilde, Mettelde, Mettild, Metze, Telia Tilda, Tilde.

Étymologie : du germanique *math* : « force » et *hild* : « la guerre ». Mathilde est un prénom caractéristique de l'aristocratie européenne médiévale et connaît un succès certain jusqu'au XVIe siècle, avant que sa cote ne baisse jusqu'au XIXe siècle où il redevient assez prisé et régulièrement attribué. Mais le XXe siècle semble aussi lui réussir. Valeur sûre des milieux BCBG pendant les années 80, Mathilde, prénom chic par excellence, surfe donc sur la tendance dès la décennie suivante. Particulièrement usité en Allemagne où il honore ses origines, Mathilde s'inscrit, à présent, dans le top 50 français.
Fête : 14 mars - Couleur : jaune - Chiffre : 9
Caractère : Mathilde est quelque peu curieuse, mais sa douceur et sa sensibilité sont telles qu'elles compensent ce défaut souvent charmant.
Personnages célèbres : Mathilde Bonaparte, princesse et femme de lettres du Second Empire ; Mathilde de la Mole, personnage féminin du roman de Stendhal, *Le Rouge et le Noir.*
Fréquence : répandu - Évolution : ↘
Âge moyen : 34 ans

B

Mathurine

Thurine

Étymologie : du latin *maturus* : « l'homme mûr, l'homme sage ». Ce prénom est la forme féminine de Mathurin.
Fête : 9 novembre - Couleur : jaune - Chiffre : 8
Caractère : Mathurine est dynamique, directive et audacieuse.
Fréquence : rare - Évolution : ↗

B

Matilda

Étymologie : du germanique *math* : « force » et *hild* : « la guerre ». C'est dans les pays anglophones et scandinaves que Matilda est attribué couramment.
Fête : 14 mars - Couleur : jaune - Chiffre : 9
Caractère : Matilda est consciencieuse, bienveillante. Elle recherche la paix et, à ce titre, se révèle être une très bonne conseillère.
Personnage célèbre : le personnage du livre pour enfant éponyme de Roald Dahl.
Fréquence : rare - Évolution : ↗
Âge moyen : 9 ans

C

Maud

Maude

Étymologie : du germanique *math* : « force » et *hild* : « la guerre ». Ce prénom est une ancienne forme de Mathilde créée via la forme Mahaut. Elle est attestée en Angleterre dès le XVe siècle. Ce prénom fut très attribué durant les années 80.
Fête : 14 mars - Couleur : vert - Chiffre : 3
Caractère : Maud est enthousiaste, pragmatique et généreuse.
Personnages célèbres : Maud, l'héroïne du film d'Éric Rohmer *Ma nuit chez Maud* ; Maude, l'héroïne du film d'Hal Ashby *Harold et Maude* ; la psychanalyste Maud Mannoni.
Fréquence : répandu - Évolution : ↘
Âge moyen : 32 ans

P

Maurane

Étymologie : du latin *maurus, maura* : « brun, ou brune, de peau », comme les Maures d'Afrique du Nord. Ce prénom fut porté par une martyre d'Éphèse au Ier siècle.
Fête : 26 janvier - Couleur : violet - Chiffre : 1
Caractère : Maurane est ambitieuse, énergique et rigoureuse.
Personnage célèbre : Maurane, la chanteuse.
Fréquence : rare - Évolution : ↘
Âge moyen : 14 ans

V

Maureen

Étymologie : du celte *maryin* : « Mairin », forme irlandaise de Marie.
Fête : 15 août - Couleur : bleu - Chiffre : 3
Caractère : Maureen est audacieuse, originale et déterminée.
Personnage célèbre : Maureen Dor, animatrice de télévision, actrice, chanteuse et écrivain belge.
Fréquence : rare - Évolution : ↘
Âge moyen : 17 ans

B

Mauve

Étymologie : du celtique *mach* : « gage » et *lou* : « lumière ».
Fête : 5 octobre (Sainte-Fleur)
Couleur : bleu - Chiffre : 9
Caractère : Mauve possède un tempérament ardent. Pleine de vitalité, elle aime aller au bout des choses et possède un certain leadership.
Fréquence : très rare - Évolution : ↘
Âge moyen : 26 ans

B

Mauricette

Étymologie : du latin *maurus*, *maura* : « brun, ou brune, de peau », comme les Maures d'Afrique du Nord. Ce prénom correspond à la forme féminine de Maurice.

Fête : 22 septembre - **Couleur :** violet - **Chiffre :** 7

Caractère : Mauricette est réservée, prudente, possède de grandes qualités d'écoute et aime l'étude.

Fréquence : répandu - **Évolution :** ↘

Âge moyen : 74 ans

P

Maurine

Étymologie : du celte *maryin* : « Mairin », forme irlandaise de Marie.

Fête : 15 août - **Couleur :** bleu - **Chiffre :** 3

Caractère : Maurine est déterminée, humaine et rêveuse.

Fréquence : rare - **Évolution :** ↘

Âge moyen : 15 ans

C

Maxence

Étymologie : du latin *Maxentius*, nom d'un empereur romain du début du IVe siècle. Ce prénom fut porté par une disciple de saint Patrick. Ayant été exilée, elle s'installa en France à la fin du Ve siècle, près de Senlis. Elle y vécut plusieurs années dans un ermitage, mais fut tuée par des païens qui ravageaient la région. Maxence étant aujourd'hui un prénom plus couramment attribué aux garçons, on oublie, à tort, qu'il est également féminin.

Fête : 20 - **Couleur :** bleu - **Chiffre :** 3

Caractère : Vive et débrouillarde, Maxence a toujours de quoi émerveiller son entourage.

Fréquence : rare - **Évolution :** ↘

Âge moyen : 26 ans

TOP 20

Prénoms royaux

Faire le choix d'un prénom dit « royal » c'est choisir un grand classique qui a marqué l'histoire. Prisé par les familles « tradi », le classique-chic se démocratise depuis quelques années, constituant une valeur refuge.

Alix
Anne
Antoinette
Astrid
Aude
Béatrix
Berthe
Catherine
Clémence
Élisabeth
Ermengarde
Gertrude
Isabelle
Jeanne
Louise
Marie-Amélie
Marguerite
Marie
Philippa
Victoria

B

Maximilienne

Massimiliana, Maxima, Maximiliana, Maximille

Étymologie : du latin *maximus* : « le plus grand ». Ce prénom correspond à la forme féminine de Maximilien.

Fête : 12 mars - Couleur : orange - Chiffre : 1

Caractère : Maximilienne est orgueilleuse, entière et déterminée.

Fréquence : rare - Évolution : =

Âge moyen : 90 ans

B

Maxine

Étymologie : du latin *maximus* : « le plus grand ».

Fête : 12 mars - Couleur : orange - Chiffre : 2

Caractère : Maxine est pragmatique, optimiste et déterminée.

Fréquence : rare - Évolution : ↗

Âge moyen : 8 ans

C

Maxime

Étymologie : du latin *maximus* : « le plus grand ». Ce prénom est mixte, mais bien plus couramment porté par des garçons. Sainte Maxime (VIIe siècle) est la patronne de plusieurs villages de Provence (une ville porte même son nom).

Fête : 12 mars - Couleur : rouge - Chiffre : 6

Caractère : Maxime est exigeante et travailleuse, elle aime aller droit au but.

Fréquence : rare - Évolution : ↗

Âge moyen : 10 ans

B

May

Étymologie : de l'anglais : « mois de mai ». La tendance anglo-saxonne du XIXe siècle, en accord avec le courant romantique, était de donner aux filles des prénoms désignant des fleurs ou des mois printaniers comme April, May ou June.

Caractère : May est créative, optimiste et efficace.

Fréquence : rare - Évolution : ↗

Âge moyen : 28 ans

V

Maya

Étymologie : ce prénom peut se rapporter au peuple de l'Amérique précolombienne ou être un dérivé du prénom May.

Couleur : jaune - Chiffre : 7

Caractère : Maya est méthodique, tenace et fiable.

Personnage célèbre : Maya l'Abeille, l'héroïne du dessin animé du même nom.

Fréquence : rare - Évolution : ↗

Âge moyen : 10 ans

V

Maylis

Étymologie : Maylis est une variante de Maïlis. Ce prénom correspond à la forme contractée du prénom composé né dans les Landes : Marie-Lys ou Marie aux Lys qui unit Marie à la fleur de lys, symbole de pureté et de virginité. Il existe une sainte Maïlys, martyrisée au début du christianisme, mais qui ne figure pas au calendrier des saints.

Fête : 15 août - Couleur : blanc - Chiffre : 3

Caractère : Maylis est franche et gaie. Elle aime la convivalité.

Fréquence : rare - Évolution : ↗

Âge moyen : 16 ans

V

Mayté

Étymologie : Mayté est une variante de Maïté, forme contractée de Marie-Thérèse.
Fête : 7 juin - **Couleur** : rouge - **Chiffre** : 9
Caractère : drôle, intelligente et audacieuse, Mayté relève de nombreux défis.
Fréquence : rare - **Évolution** : ↘

C

Mazarine

Étymologie : du nom du cardinal Jules Mazarin (1602-1661) qui fut le ministre d'Anne d'Autriche, puis de Louis XIV. Ce prénom fut sans aucun doute créé par François Mitterand qui baptisa ainsi sa fille.
Couleur : vert - **Chiffre** : 6
Caractère : Mazarine est équilibrée, a le sens des responsabilités et de la famille.
Personnage célèbre : Mazarine Pingeot, écrivain et fille de François Mitterrand.
Fréquence : rare - **Évolution** : ↘
Âge moyen : 11 ans

P

Mégane

Mégan, Méghan, Méghane

Étymologie : Mégane est la forme française du diminutif gallois de Marguerite : Megan.
Fête : 16 novembre - **Couleur** : vert - **Chiffre** : 5
Caractère : Mégane est passionnée, épicurienne, a le goût de l'aventure et est pleine de vivacité.
Personnage célèbre : l'actrice Megan Fox.
Fréquence : répandu - **Évolution** : ↘
Âge moyen : 17 ans

V

Meggy

Meggie, Megie, Meguy

Étymologie : du perse *marguiritis* : « perle ». Meggy est un diminutif de Marguerite, proche de Maggy.
Fête : 16 novembre - **Couleur** : vert - **Chiffre** : 5
Caractère : Meggy est généreuse, enthousiaste. Elle est, qui plus est, dotée d'un esprit pratique.
Fréquence : rare - **Évolution** : ↘
Âge moyen : 18 ans

P

Mélaine

Étymologie : du celte *melaine* : « blond, doré ». Ce prénom fut rendu illustre par un évêque de Rennes qui fut le conseiller de Clovis Ier. Il mourut en 530. Mélaine est donc un prénom mixte, beaucoup plus souvent attribué aux filles.
Fête : 6 juin - **Couleur** : vert - **Chiffre** : 2
Caractère : Mélaine est bienveillante, attentive et consciencieuse.
Fréquence : rare - **Évolution** : ↘
Âge moyen : 20 ans

P

Mélanie

Malania, Mel, Mélaine, Melania, Melanija, Melanio, Melanius, Melany, Mélas, Mellie, Melloney, Mellony, Melltje

Étymologie : du grec *melas, melanos* : « de couleur noire ». Ce prénom fut porté par une riche romaine du Ve siècle qui, ayant perdu ses deux fils, vendit tous ses biens et fit construire des églises et des hôpitaux. Après la mort de son mari, elle acheva sa vie dans un couvent de Jérusalem qui avait été fondé par sa grand-mère, sainte Mélanie l'Ancienne, que l'on fête le 26 janvier.

Fête : 31 décembre - Couleur : orange - Chiffre : 5

Caractère : Mélanie est franche, curieuse, vive et indépendante.

Personnages célèbres : les actrices Melanie Griffith, Mélanie Thierrry et Mélanie Laurent ; Melanie Klein, psychanalyste.

Fréquence : répandu - Évolution : ↘

Âge moyen : 30 ans

P

Mélina

Étymologie : du grec : « miel ». Le miel est considéré comme la nourriture des dieux de l'Olympe. Ce prénom était donc presque exclusivement usité en Grèce.

Couleur : rouge - Chiffre : 9

Caractère : Mélina est discrète, gentille et sociable.

Personnage célèbre : l'actrice, chanteuse et ministre grecque Melina Mercouri.

Fréquence : rare - Évolution : ↗

Âge moyen : 20 ans

P

Mélinda

Étymologie : du germanique *lindi* : « le dragon, le serpent » (divinité de la mythologie germanique). Cette variante du prénom Bélinda fut portée par une jeune vierge consacrée qui fut assassinée.

Fête : 8 septembre - Couleur : jaune - Chiffre : 6

Caractère : Mélinda est fiable, tenace et engagée.

Fréquence : rare - Évolution : ↗

Âge moyen : 20 ans

P

Méline

Méliana, Méliane, Mélyne

Étymologie : du grec : « miel », considéré comme la nourriture des dieux de l'Olympe. Méline est une forme francisée de Mélina et est très prisé en France aujourd'hui.

Couleur : rouge - Chiffre : 9

Caractère : Méline est volontaire, dévouée aux autres et d'une grande sensibilité.

Fréquence : rare - Évolution : ↗

Âge moyen : 9 ans

C

Mélisande

Melicent, Melisenda, Mellicent, Mil, Millicent, Millie, Millisent, Milly

Étymologie : du germanique *amalswint* : « la noble énergique ». Ce prénom est une variante du prénom Milicent.

Couleur : jaune - Chiffre : 1

Caractère : Mélisande est opiniâtre, indépendante, fidèle et volontaire.

Personnage célèbre : Mélisande, l'héroïne du drame de Maeterlinck, *Pelléas et Mélisande*, adapté en opéra par Claude Debussy.

Fréquence : très rare - Évolution : ↘

Âge moyen : 19 ans

V

Mélissa

Melisse, Melita, Melitta, Mellie, Mélyssa

Étymologie : du grec *melissa* : « l'abeille ». Dans la mythologie, Mélissa était une nymphe, fille de Melissos, roi de Crète, qui, avec sa sœur Amalthée, éleva Zeus et le nourrit de miel.

Fête : 10 novembre - Couleur : vert - Chiffre : 6

Caractère : Mélissa est douce, intuitive et diplomate.
Personnage célèbre : Mélissa Theuriau, journaliste et productrice française.
Fréquence : répandu - Évolution : ↘
Âge moyen : 16 ans

C

Mélissandre

Étymologie : du germanique *amalswint* : « la noble énergique ». Ce prénom est une variante du prénom Milicent, un dérivé de Mélisande.
Couleur : jaune - Chiffre : 1
Caractère : Mélissandre est diplomate, sociable et loyale.
Fréquence : rare - Évolution : ↘
Âge moyen : 14 ans

P

Mélodie

Mélody

Étymologie : du grec *melos* : « air musical » et *adein* : « chanter ». Ce prénom a strictement le même sens que le substantif. Mélodie est fêtée le même jour que saint Roman le Mélode, diacre mélomane du VIe siècle.
Fête : 1er octobre - Couleur : vert - Chiffre : 6
Caractère : Mélodie est volontaire, humaine et rêveuse.
Fréquence : rare - Évolution : ↘
Âge moyen : 18 ans

B

Mélusine

Étymologie : du patronyme Lusignan, nom d'une grande famille poitevine. Ce prénom évoque la fée, qui dans les romans de chevalerie médiévale, était condamnée à se transformer chaque samedi en serpent, en raison d'un sort jeté par sa mère. Mariée à Raymondin de Lusignan dont elle est éprise, elle est un jour découverte sous son autre forme par celui-ci. Elle disparut aussitôt. La tradition rapporte que, chaque fois qu'un malheur frappait un sire de Lusignan, Mélusine apparaissait en poussant d'affreux cris.
Couleur : gris - Chiffre : 8
Caractère : Mélusine est charmante, diplomate, vive et indépendante.
Fréquence : rare - Évolution : ↗
Âge moyen : 15 ans

V

Mercedes

Étymologie : du latin : « grâce », qui a engendré l'espagnol *merced* : « pardon ». Il est attribué en l'honneur de Maria de Las Mercedes, Marie de Toutes les Grâces, la Vierge protégeant l'ordre fondé par le dominicain catalan Raymond de Penyafort.
Fête : 24 septembre - Couleur : bleu - Chiffre : 1
Caractère : Mercedes est émotive, curieuse, aime l'harmonie et sait s'adapter. Elle est aussi très courageuse.
Personnage célèbre : ce prénom renvoie indiscutablement à la marque Mercedes Benz. En réalité, c'est le constructeur automobile du même nom qui utilisa le prénom de sa femme (pour lui rendre hommage) lorsqu'il créa sa marque.
Fréquence : rare - Évolution : ↘
Âge moyen : 69 ans

V

Mérédith

Méridith, Merry

Étymologie : du gallois *mawr* : « grand » et *iudd* : « le seigneur ». Ce prénom masculin à l'origine l'est resté au Pays de Galles, mais s'est féminisé aux États-Unis et partout ailleurs.
Couleur : violet - Chiffre : 3
Caractère : Mérédith est autoritaire, sage et ambitieuse.

Personnage célèbre : Meredith Grey, héroïne de la série *Grey's Anatomy*.
Fréquence : rare - **Évolution :** ↗
Âge moyen : 13 ans

V

Mériem

Mérieme, Méryem, Méryeme

Étymologie : de l'hébreu *myriam* : « celle qui élève ».
Fête : 15 août - **Couleur :** bleu - **Chiffre :** 1
Caractère : Mériem est intègre, altruiste et idéaliste.
Fréquence : rare - **Évolution :** ↗
Âge moyen : 22 ans

B

Méryl

Méryll, Mérylle

Étymologie : du gaélique *muirgheal* : « mer brillante, haute mer ». Méryl est la forme phonétique anglaise de Muriel. Elle est devenue un prénom à part entière dès le début du XXe siècle.
Fête : 29 août - **Couleur :** bleu - **Chiffre :** 1
Caractère : Méryl est autoritaire, sympathique et aime l'innovation.
Personnage célèbre : l'actrice américaine Meryl Streep.
Fréquence : rare - **Évolution :** ↘
Âge moyen : 16 ans

V

Mia

Mya

Étymologie : du latin *amata* : « aimée ». Mia est le diminutif d'Aimée, prénom qui fut porté par la bienheureuse nièce de sainte Claire, au XIIIe siècle.
Fête : 20 février - **Couleur :** orange - **Chiffre :** 5
Caractère : Mia est fidèle, efficace, sociale et déterminée.
Personnages célèbres : Mia Farrow, actrice américaine, ex-compagne et muse de Woody Allen ; Mia Frye, danseuse et chorégraphe.
Fréquence : rare - **Évolution :** ↗
Âge moyen : 7 ans

V

Michaela

Étymologie : de l'hébreu *mi kha el* : « qui donc est comme Dieu ? ». Michaela correspond à la forme féminine de Michaël, forme originelle de Michel. Michaela est la Michèle allemande.
Fête : 29 septembre (Saint-Michel)
Couleur : rouge - **Chiffre :** 7
Caractère : Michaela est calme, aime l'harmonie, est habile et généreuse.
Personnage célèbre : Michaela Conlin, actrice américaine.
Fréquence : rare - **Évolution :** ↘
Âge moyen : 32 ans

P

Michèle

Michelette

Étymologie : de l'hébreu *mi kha el* : « qui donc est comme Dieu ? ».
Fête : 29 septembre (Saint-Michel)
Couleur : rouge - **Chiffre :** 2
Caractère : Michèle est séduisante, sérieuse et déterminée.
Personnages célèbres : Michèle Morgan, l'actrice française ; Michèle Laroque, comédienne française, productrice et humoriste.
Fréquence : répandu - **Évolution :** ↘
Âge moyen : 61 ans

P

Micheline

Étymologie : de l'hébreu *mi kha el* : « qui donc est comme Dieu ? ». Micheline est un diminutif du Michel masculin : « la petite enfant de Michel ». Micheline est apparu avant Michèle.
Fête : 19 juin - **Couleur :** rouge - **Chiffre :** 6
Caractère : Micheline est sensible, active, méthodique et déterminée.
Personnages célèbres : les actrices Micheline Presle et Micheline Dax.
Fréquence : répandu - **Évolution :** ↘
Âge moyen : 75 ans

P

Michelle

Étymologie : de l'hébreu *mi kha el* : « qui donc est comme Dieu ? ». Michelle correspond à la forme anglo-saxonne de Michèle.
Fête : 29 septembre (Saint-Michel)
Couleur : rouge - **Chiffre :** 2
Caractère : Michelle est tenace, a le sens du devoir et de l'engagement.
Personnages célèbres : les actrices Michelle Pfeiffer, Michelle Yeoh et Michelle Rodriguez ; Michelle Obama, épouse du président américain Barack Obama.
Fréquence : rare - **Évolution :** ↘
Âge moyen : 66 ans

V

Midoli

Étymologie : du japonais : « de couleur verte ».
Couleur : blanc - **Chiffre :** 1
Caractère : Midoli est forte, habile et passionnée. Elle possède un certain leadership.
Fréquence : très rare - **Évolution :** =

V

Mieko

Étymologie : du japonais : « très belle enfant ».
Couleur : orange - **Chiffre :** 9
Caractère : Mieko est une femme de caractère, qui aime les stratégies. Son intelligence a besoin d'être mise à l'épreuve.
Fréquence : très rare - **Évolution :** =

V

Miki

Étymologie : du japonais : « arbre, beauté ».
Couleur : rose - **Chiffre :** 9
Caractère : Miki est bienveillante et sage. C'est une pacificatrice dans l'âme.
Fréquence : très rare - **Évolution :** =

B

Mila

Étymologie : du slave *ludmilla* « aimée du peuple », ou de l'espagnol *milagros* : « miracles ».
Couleur : noir - **Chiffre :** 7
Caractère : Mila est pleine d'ardeur et de vitalité. Elle est charmante et charismatique.
Personnage célèbre : l'actrice Mila Kunis.
Fréquence : rare - **Évolution :** ↗
Âge moyen : 6 ans

P

Mildred

Étymologie : de l'anglais : « la douce ». Mildred fut porté par une abbesse du monastère de l'île de Thanet, l'estuaire de la Tamise. Sa beauté, sa compassion l'ont rendu célèbre.
Fête : 13 juillet - **Couleur :** vert - **Chiffre :** 7
Caractère : Mildred est équilibrée, gaie et optimiste.
Fréquence : rare - **Évolution :** ↘
Âge moyen : 13 ans

TOP 20

Prénoms régionaux

La profonde vogue actuelle pour les prénoms régionaux, prénoms de caractère, témoigne d'une quête de « réassurance », d'un désir incontestable de retour aux sources. Ces sources sont parfois familiales ou pas : on peut avoir envie d'un prénom breton en venant de Paris, rien n'est interdit !

Ainhoa *(Pays Basque)*
Alogia *(Gascogne)*
Amiga *(Languedoc)*
Annaïg *(Bretagne)*
Apolonia *(Pays Basque)*
Aourgen *(Bretagne)*
Cassiana *(Provençal)*
Elis *(Occitanie)*
Fantou *(Bretagne)*
Florès *(Occitanie)*
Fursy *(Alsace)*
Isolina *(Occitanie)*
Mativa *(Gascogne)*
Mêlie *(Normandie)*
Nellig *(Bretagne)*
Noyale *(Bretagne)*
Reinilde *(Alsace)*
Suzelle *(Alsace)*
Trudie / Trudy *(Alsace)*
Ulrica *(Alsace)*

P

Miléna

Étymologie : forme contractée du prénom composé Marie-Hélène.
Fête : 15 août ou 18 août - Couleur : blanc
Chiffre : 2
Caractère : Miléna est ouverte d'esprit, humaine et rêveuse.
Fréquence : rare - Évolution : ↗
Âge moyen : 17 ans

P

Milène

Étymologie : forme contractée du prénom composé Marie-Hélène.
Fête : 15 août ou 18 août- Couleur : blanc
Chiffre : 2
Caractère : Milène est méthodique, tenace et fiable.
Fréquence : rare - Évolution : ↘
Âge moyen : 27 ans

V

Mina

Étymologie : du germanique *wil* : « volonté » et *helm* : « casque ». Ce prénom correspond à un dérivé de Wilhelmina, forme féminine de William et par conséquent forme anglo-saxonne et germanique de Guillemette.
Fête : 10 janvier (Saint-Guillaume)
Couleur : bleu - Chiffre : 6
Caractère : Mina a le sens des responsabilités, a de la conscience professionnelle, est affectueuse et dévouée.
Fréquence : rare - Évolution : ↗

V

Minnie

Étymologie : du germanique *wil* : « volonté » et *helm* : « casque ». Ce prénom est un dérivé de Wilhelmina, forme féminine de William et par conséquent, forme anglo-saxonne et germanique de Guillemette.
Fête : 10 janvier (Saint-Guillaume)
Couleur : vert - **Chiffre** : 1
Caractère : Minnie est active, volontaire, ambitieuse et autoritaire.
Personnages célèbres : Minnie Mouse, la compagne de Mickey, créée par Walt Disney ; la chanteuse de soul américaine Minnie Riperton (1947-1979) ; l'actrice Minnie Driver.
Fréquence : très rare - - **Évolution** : ↘

P

Mireille

Mirèio, Mirella, Mireya, Miriella

Étymologie : prénom inventé par le poète provençal Frédéric Mistral, qu'il présenta comme une forme provençale de Marie, issue du verbe latin *mirare*, qui aurait signifié admirer.
Fête : 15 août - **Couleur** : rouge - **Chiffre** : 2
Caractère : Mireille est altruiste, indépendante et ambitieuse.
Personnages célèbres : les chanteuses Mireille, Mireille Mathieu ; l'actrice Mireille Darc ; la journaliste Mireille Dumas.
Fréquence : répandu - **Évolution** : ↘
Âge moyen : 65 ans

B

Moïsette

Mosie

Étymologie : de l'hébreu *moshé* : « je l'ai tiré de l'eau ». Ce prénom est une forme féminine de Moïse.
Fête : 4 septembre - **Couleur** : blanc - **Chiffre** : 1
Caractère : Moïsette est pragmatique, généreuse et enthousiaste.
Fréquence : rare - **Évolution** : =
Âge moyen : 73 ans

V

Mona

Étymologie : de l'irlandais *muadhnait*, diminutif de *muadh* : « noble ».
Fête : 6 janvier - **Couleur** : blanc - **Chiffre** : 5
Caractère : Mona est sagace, originale et volontaire.
Fréquence : rare - **Évolution** : ↗
Âge moyen : 20 ans

P

Monica

Mika, Monca, Monika

Étymologie : du grec : « l'unique, le solitaire ».
Fête : 27 août - **Couleur** : bleu - **Chiffre** : 4
Caractère : Monica est directive, volontaire, audacieuse et possède de grandes facultés d'analyse.
Personnages célèbres : Monica Vitti et Monica Belucci, actrices italiennes ; Monica Geller, personnage de la série *Friends*.
Fréquence : rare - **Évolution** : ↗
Âge moyen : 31 ans

P

Monique

Monick, Mone, Moni, Monico

Étymologie : du grec : « l'unique, le solitaire ».
Fête : 27 août - **Couleur** : bleu - **Chiffre** : 4
Caractère : Monique est réfléchie, généreuse, fidèle et rigoureuse.
Fréquence : rare - **Évolution** : ↘
Âge moyen : 68 ans

V

Montserrat

Monserrat

Étymologie : du latin : « montagne dentelée ». Ce prénom est attribué en l'honneur de la Vierge de Montserrat, patronne de la Catalogne.
Fête : 15 août - Couleur : bleu - Chiffre : 8
Caractère : Montserrat a l'esprit pratique, est équilibrée, rigoureuse et a le sens de la justice.
Fréquence : rare - Évolution : =
Âge moyen : 49 ans

P

Morgan

Morgana, Morgann, Morganne, Morgiane

Étymologie : du gallois *mawr* : « grand » et *can* : « brillant ». Cette forme orthographique peut sembler masculine, mais elle est la plus usitée par les Bretons.
Fête : 23 mars - Couleur : bleu - Chiffre : 3
Caractère : Morgan est courageuse, a du caractère, est dynamique et curieuse.
Fréquence : rare - Évolution : ↘
Âge moyen : 19 ans

P

Morgane

Morgaine, Morgana, Morganenn, Morrigaine, Morrigane, Muirgen

Étymologie : du gallois *mawr* : « grand » et *can* : « brillant ».
Fête : 23 mars - Couleur : bleu - Chiffre : 3
Caractère : Morgane est énergique, autoritaire et volontaire.
Personnages célèbres : la fée des légendes galloises ; la sœur du Roi Arthur dans les légendes des *Chevaliers de la Table ronde*.
Fréquence : répandu - Évolution : ↘
Âge moyen : 18 ans

V

Mouna

Étymologie : de l'arabe : « le vœu, le souhait, ce qui est désiré ». Ce prénom correspond à une forme féminine de Mounir.
Couleur : jaune - Chiffre : 1
Caractère : Mouna est disciplinée et possède une certaine autorité naturelle.
Fréquence : rare - Évolution : ↘
Âge moyen : 21 ans

V

Mounia

Étymologie : de l'arabe : « le vœu, le souhait, ce qui est désiré ». Ce prénom correspond à une forme féminine de Mounir.
Couleur : jaune - Chiffre : 1
Caractère : Mounia est dynamique, audacieuse et volontaire.
Fréquence : rare - Évolution : ↘
Âge moyen : 24 ans

P

Muriel

Merriel, Muireall, Muirgheal, Murial, Muriela, Muriella, Murielle, Muriele

Étymologie : du gaélique *muirgheal* : « mer brillante, haute mer ».
Fête : 8 octobre - Couleur : vert - Chiffre : 8
Caractère : Muriel est discrète, mais fiable et déterminée.
Personnages célèbres : Muriel Robin, humoriste française ; Muriel Moreno, artiste, ex-chanteuse du groupe Niagara.
Fréquence : répandu - Évolution : ↘
Âge moyen : 46 ans

P

Mylène

Étymologie : forme contractée du prénom composé Marie-Hélène.
Fête : 15 août ou 18 août - Couleur : blanc
Chiffre : 2
Caractère : Mylène est réceptive, sensible et loyale.
Personnage célèbre : Mylène Farmer, chanteuse française.
Fréquence : répandu - Évolution : ↘
Âge moyen : 29 ans

V

Myra

Étymologie : sans doute issu du latin *myron* : « la myrrhe ». Ce prénom fut inventé par le poète anglais Greville (1554-1628), proche de la reine Élisabeth, pour désigner la femme qu'il aimait.
Couleur : jaune - Chiffre : 4
Caractère : Myra est une séductrice, douce et mystérieuse.
Fréquence : rare - Évolution : =
Âge moyen : 14 ans

V

Myriam

Myriama, Myriame

Étymologie : de l'hébreu *myriam* : « celle qui élève ». Ce prénom correspond à la forme hébraïque et originelle de Marie. Il fut porté par la sœur de Moïse. C'est elle qui le déposa dans une petite barque sur le Nil.
Fête : 15 août - Couleur : rouge - Chiffre : 1
Caractère : Myriam est dynamique, perfectionniste et réservée.
Personnage célèbre : Myriam Makeba, chanteuse.
Fréquence : répandu - Évolution : ↘

V

Myriem

Myrieme

Étymologie : de l'hébreu myriam : « celle qui élève ». Myriem correspond à une forme arabe de Marie.
Fête : 15 août - Couleur : rouge - Chiffre : 1
Caractère : Myriem est intuitive, fidèle et aime le relationnel.
Fréquence : rare - Évolution : ↗
Âge moyen : 26 ans

B

Myrtille

Étymologie : du grec *murtos* : « le myrte ». Nom d'une petite baie noire au goût sucré, fruit d'un arbrisseau qui pousse surtout dans les massifs montagneux.
Fête : 5 octobre (Sainte-Fleur)
Couleur : rouge - Chiffre : 6
Caractère : Myrtille est optimiste, épicurienne et persuasive.
Fréquence : rare - Évolution : ↗
Âge moyen : 30 ans

n

V

Nabila

Étymologie : de l'arabe *nabil* : « noble, chevaleresque ». Il est assez courant en France comme dans les pays du Maghreb. Il appartient à la série de prénoms formés autour du thème de la noblesse et de l'élévation.
Couleur : blanc - Chiffre : 2

Caractère : Nabila est dynamique, gaie, généreuse, altruiste et féminine.
Fréquence : répandu - Évolution : ↘
Âge moyen : 27 ans

P

Nadège

Nadeje

Étymologie : du slave *nadesjda* : « l'espérance ». Ce prénom fut porté par une martyre romaine, devenue légendaire. Si Nadège est une allégorie, elle est, dans tous les cas, très invoquée dans le culte orthodoxe.
Fête : 18 septembre - Couleur : rouge - Chiffre : 2
Caractère : Nadège est courageuse, travailleuse, sensible et fidèle.
Fréquence : courant - Évolution : ↘
Âge moyen : 37 ans

V

Nadia

Étymologie : de l'arabe *nawâl* : « le don, la ferveur ». Nadia appartient à une famille de prénoms (citons Nawel, Naoual ou autres dérivés orthographiques) évoquant la petite fille ainsi désignée comme un cadeau de Dieu à ses parents.
Couleur : jaune - Chiffre : 7
Caractère : Nadia est diplomate, réceptive au monde et aux choses qui l'entourent. Elle est extrêmement loyale.
Personnage célèbre : Nadia Comăneci, gymnaste, élue en 1999 à Vienne Gymnaste du Siècle.
Fréquence : répandu - Évolution : ↘
Âge moyen : 41 ans

C

Nadine

Nadyne

Étymologie : du slave *nadesjda* : « l'espérance ».
Fête : 18 septembre - Couleur : blanc - Chiffre : 2
Caractère : sociabilité et société sont importantes pour Nadine, parfaite diplomate. C'est un être qui aime la délicatesse et les rapports humains.
Personnage célèbre : Nadine de Rothschild, célèbre baronne française.
Fréquence : répandu - Évolution : ↗
Âge moyen : 53 ans

V

Nadira

Étymologie : de l'arabe : « précieux, rare ».
Couleur : jaune - Chiffre : 1
Caractère : Nadira est diplomate, loyale et déterminée.
Fréquence : rare - Évolution : ↘
Âge moyen : 37 ans

V

Nadiya

Étymologie : de l'arabe : « qui a une belle voix ».
Couleur : jaune - Chiffre : 7
Caractère : Nadiya est réceptive, sociable et pugnace.
Personnage célèbre : Nadiya, chanteuse de R'n'B française
Fréquence : très rare - Évolution : ↘

V

Nadja

Nadejda, Najda

Étymologie : du slave *nadesjda* : « l'espérance ». Nadja est un diminutif slave de Nadège, prénom porté par une martyre romaine devenue légendaire.
Fête : 18 septembre - Couleur : rouge - Chiffre : 2
Caractère : Nadja est sensible, intuitive, idéaliste et altruiste.
Fréquence : répandu - Évolution : ↘
Âge moyen : 41 ans

V

Naëlle

Étymologie : de l'hébreu *hannah* : « la grâce ». Naëlle est un diminutif d'Annaëlle très en vogue actuellement. Ce prénom, formé sur la combinaison d'Anne et d'une syllabe « bretonnisante », est né entre les années 70 et 80 et aurait été engendré par le succès d'Anaïs. C'est bien naturellement en Bretagne qu'il a remporté ses premiers succès.
Fête : 26 juillet - **Couleur :** bleu - **Chiffre :** 5
Caractère : Naëlle est gaie, portée par une joie de vivre de tous les instants, qui s'avère vite contagieuse. D'autant plus qu'elle développe très tôt un goût certain pour la fête et l'amitié. C'est une extravertie.
Fréquence : rare - **Évolution :** ↗
Âge moyen : 7 ans

V

Naïma

Naaïma, Nayma

Étymologie : de l'arabe *na'ima* : « douce, délicieuse ». Ce qualificatif définit, dans le Coran, les délices de la vie paradisiaque, ainsi que le nom d'un des jardins du Paradis. Ainsi les qualités attribuées à celle qui porte ce prénom sont identiques à celles de l'existence que Dieu réserve à ses élus.
Couleur : jaune - **Chiffre :** 1
Caractère : Naïma est intuitive, déterminée et fidèle.
Fréquence : rare - **Évolution :** =
Âge moyen : 28 ans

P

Naïg

Étymologie : de l'hébreu : « la grâce ». Ce prénom est le diminutif d'Annaïg, forme bretonne d'Anne.
Fête : 26 juillet - **Couleur :** bleu - **Chiffre :** 4
Caractère : Naïg est travailleuse, rigoureuse et équilibrée.
Fréquence : rare - **Évolution :** ↗
Âge moyen : 13 ans

B

Naïs

Étymologie : du grec *naïs*, du nom d'une naïade de la mythologie grecque. Les naïades étaient les divinités des sources et des rivières. Naïs pourrait aussi découler de Anne, dont elle pourrait être un diminutif par le biais d'Anaïs.
Couleur : bleu - **Chiffre :** 8
Caractère : Naïs est énergique, charmante, franche et responsable.
Fréquence : rare - **Évolution :** ↗
Âge moyen : 11 ans

V

Najat

Nadjat, Nadjet, Naget, Nagète, Najate, Najatte, Najet, Najette

Étymologie : de l'arabe : « sauvée ».
Couleur : blanc - **Chiffre :** 4
Caractère : Najat est équilibrée, exigeante et influente.
Personnage célèbre : Najat Vallaud-Belkacem, ministre des Droits des femmes, puis de l'Éducation.
Fréquence : rare - **Évolution :** =
Âge moyen : 29 ans

V

Najoua

Najoie, Najwa, Néjoua

Étymologie : de l'arabe : « confidence, secret ».
Couleur : blanc - **Chiffre :** 4
Caractère : Najoua est ambitieuse et passionnée.
Fréquence : rare - **Évolution :** ↘
Âge moyen : 22 ans

P

Nancy

Étymologie : de l'hébreu : « la grâce ». Ce prénom est un diminutif familier d'Ann, la forme anglo-saxonne d'Anne. Adopté en Angleterre au milieu du XVIIIe siècle, Nancy est très tôt devenu un prénom à part entière dans les pays anglophones, y restant régulièrement utilisé jusqu'au début du XXe siècle.

Fête : 26 juillet - Couleur : bleu - Chiffre : 3

Caractère : Nancy est charmante, sociable, déterminée et diplomate.

Personnages célèbres : Nancy Holloway, chanteuse de soul américaine ; Nancy Reagan, l'épouse du président des États-Unis Ronald Reagan.

Fréquence : rare - Évolution : ↘

Âge moyen : 37 ans

P

Naomi

Naomie

Étymologie : de l'hébreu *naomi* : « la douceur, la grâce ». Ce prénom correspond à la forme originale du prénom plus connu en France sous la forme Noémie, mais plus répandu ainsi aux États-Unis.

Fête : 21 août - Couleur : bleu - Chiffre : 5

Caractère : Naomi est curieuse, persuasive et a le goût de l'aventure.

Personnages célèbres : Naomi Watts, actrice américaine ; Naomi Campbell, top model.

Fréquence : rare - Évolution : ↗

Âge moyen : 12 ans

V

Naoual

Naouale, Naouele, Nawaël

Étymologie : de l'arabe *nawâl* : « le don, la faveur ». Naoual appartient à une famille de prénoms (citons Nawal, Naoual et Nadia) évoquant la petite fille ainsi désignée comme un cadeau de Dieu à ses parents. Naoual est moins répandu sous cette forme que sous celle pourvue d'un « w » fidèle à l'étymon.

Couleur : jaune - Chiffre : 7

Caractère : Naoual est énergique, ambitieuse, autonome et parfois autoritaire.

Fréquence : rare - Évolution : ↘

Âge moyen : 25 ans

V

Naouel

Naouel, Naouelle, Naouele

Étymologie : de l'arabe *nawâl* : « le don, la faveur ». Naoual appartient à une famille de prénoms (citons Nawal, Naoual et Nadia) évoquant la petite fille ainsi désignée comme un cadeau de Dieu à ses parents.

Couleur : jaune - Chiffre : 7

Caractère : Naouel est audacieuse, énergique, originale et séductrice.

Fréquence : rare - Évolution : ↘

Âge moyen : 24 ans

V

Nassera

Étymologie : de l'arabe : « celui qui porte assistance, le défendeur ». Ce prénom est l'un des noms attribués au Prophète Mahomet.

Couleur : vert - Chiffre : 2

Caractère : Nassera est audacieuse, originale, énergique et combative.

Fréquence : rare - Évolution : ↘

Âge moyen : 38 ans

V

Nassima

Étymologie : de l'arabe *nassim* : « la brise légère ». Ce prénom, au sens figuré, signifie : « le souffle de vie ».

Couleur : bleu - **Chiffre** : 3
Caractère : Nassima est créative, pragmatique et optimiste.
Fréquence : rare - **Évolution** : ↘
Âge moyen : 22 ans

C

Nastasia

Nastassja

Étymologie : du grec : « résurrection ». Ce prénom correspond à un diminutif d'Anastasia, version russe d'Anastasie. Anastasia est le nom dont on s'est servi, à partir du XIXᵉ siècle, pour personnifier la censure en Russie qu'on représentait alors sous les traits d'une vieille fille armée de longs ciseaux.
Fête : 10 mars - **Couleur** : vert - **Chiffre** : 8
Caractère : Nastasia est stable, méthodique et tenace.
Personnage célèbre : Nastassja Kinski, actrice.
Fréquence : rare - **Évolution** : ↘
Âge moyen : 20 ans

C

Natacha

Nacha, Natasha

Étymologie : du latin *natalis* : « le jour de la naissance » (sous-entendu du Christ). Natacha correspond à la forme slave de Nathalie.
Fête : 8 septembre - **Couleur** : rouge - **Chiffre** : 2
Caractère : Natacha est enthousiaste, organisée et a l'esprit pratique.
Personnages célèbres : Natacha, héroïne du roman *Guerre et Paix* (1886), de Léon Tolstoï ; l'actrice Natacha Régnier.
Fréquence : courant - **Évolution** : ↘
Âge moyen : 30 ans

V

Nathalie

Natala, Natalène, Natalie
Natalia, Natoulia, Nattie

Étymologie : du latin *natalis* : « le jour de la naissance » (sous-entendu du Christ).
Fête : 27 juillet - **Couleur** : bleu - **Chiffre** : 7
Caractère : Nathalie est réservée, réfléchie et fidèle en amitié. Elle possède un véritable esprit d'analyse et de synthèse.
Personnages célèbres : Natalie Clifford Barney, femme de lettres ; l'écrivain Nathalie Sarraute ; les actrices Nathalie Wood et Nathalie Baye.
Fréquence : répandu - **Évolution** : ↘
Âge moyen : 42 ans

P

Nathanaëlle

Étymologie : de l'hébreu *natha* et *el* : « Dieu seul donne ». Ce prénom correspond à une forme féminine de Nathanaël, qui était le prénom de saint Barthélémy, avant qu'il ne rencontre le Christ. Nathanaëlle est donc célébrée le jour de la saint Barthélémy.
Fête : 24 août - **Couleur** : bleu - **Chiffre** : 4
Caractère : Nathanaëlle est enthousiaste, sensible et organisée.
Fréquence : rare - **Évolution** : ↘
Âge moyen : 20 ans

B

Nausicaa

Étymologie : du grec, du nom de la fille d'Alcinoos, roi des Phéaciens, qui accueillit Ulysse sur son île après que celui-ci ait fuit la nymphe Calypso. C'est chez Nausicaa qu'Ulysse raconta ses voyages (retranscrits dans l'Odyssée d'Homère), avant de rentrer à Itaque où l'attendait Pénélope.
Fête : 10 novembre (Sainte-Nymphe)
Couleur : blanc - **Chiffre** : 7

Caractère : Nausicaa est sentimentale, fidèle et serviable.
Fréquence : rare - Évolution : ↗
Âge moyen : 17 ans

V

Nawal

Naoïl, Naoïle, Naouale, Nawale

Étymologie : de l'arabe *nawâl* : « le don, la faveur ».
Couleur : jaune - Chiffre : 7
Caractère : Nawal est bienveillante, consciencieuse et bonne conseillère.
Fréquence : rare - Évolution : ↗
Âge moyen : 20 ans

V

Nawel

Naouelle, Nawell, Nawelle

Étymologie : de l'arabe *nawâl* : « le don, la faveur ». Nawel évoque la petite fille ainsi désignée comme un cadeau de Dieu à ses parents.
Couleur : jaune - Chiffre : 7
Caractère : Nawel est énergique, ambitieuse et assez autonome.
Fréquence : rare - Évolution : ↗
Âge moyen : 13 ans

B

Neige

Étymologie : se rapporte au substantif du même nom.
Couleur : violet - Chiffre : 3
Caractère : Neige est un être tout en poésie. Sensible, elle est à l'écoute des autres, mais elle est parfois impétueuse.
Fréquence : rare - Évolution : =
Âge moyen : 21 ans

P

Nell

Nelle

Étymologie : du grec *helénê* : « le flambeau », de la famille d'*helios* : « le soleil ». Nell est une variante de Nelly, diminutif anglo-saxon d'Hélène devenu un prénom à part entière au XVIIIe siècle.
Fête : 2 octobre - Couleur : bleu - Chiffre : 3
Caractère : Nell est intelligente, indépendante et sage.
Personnage célèbre : Nelle Porter, personnage féminin de la série télévisée *Ally McBeal*.
Fréquence : rare - Évolution : ↗
Âge moyen : 8 ans

P

Nelly

Nela, Nella, Neli, Nelli, Nely, Nellia, Nellie

Étymologie : du grec *helénê* : « le flambeau », de la famille d'*helios* : « le soleil ». Nelly correspond à un diminutif anglo-saxon d'Hélène qui est devenu un prénom à part entière au XVIIIe siècle.
Fête : 2 octobre - Couleur : bleu - Chiffre : 3
Caractère : Nelly est vive, curieuse, indépendante et séduisante.
Personnages célèbres : Nelly Sachs, prix Nobel de littérature en 1966 ; Nelly Furtado, chanteuse.
Fréquence : courant - Évolution : ↘
Âge moyen : 55 ans

V

Nesrine

Nasrine, Nassrie, Nesrin, Nesserine, Nessrine, Nisrin

Étymologie : de l'arabe : « églantine ». Ce prénom correspond à la forme arabe d'Églantine. L'églantine est la fleur de l'églantier, rosier

sauvage poussant dans les bois et pouvant vivre jusqu'à mille ans.
Couleur : vert - Chiffre : 6
Caractère : Nesrine est pragmatique, optimiste, créative et résolue.
Fréquence : rare - Évolution : =
Âge moyen : 11 ans

V

Ness

Étymologie : de l'arabe : «sympathique, généreuse ».
Couleur : orange - Chiffre : 2
Caractère : Ness est optimiste, créative et a les pieds sur terre.
Fréquence : rare - Évolution : ↘
Âge moyen : 5 ans

V

Nicky

Nikki

Étymologie : du grec *nikê* : « la victoire », et *laos* : « le peuple ». Ce prénom correspond à un diminutif anglo-saxon de Nicole, devenu un prénom à part entière.
Fête : 6 décembre (Saint-Nicolas)
Couleur : rouge - Chiffre : 4
Caractère : Nicky est ambitieuse, énergique et autoritaire.
Personnage célèbre : Nicky Hilton, héritière du groupe Hilton, styliste et sœur de Paris.
Fréquence : très rare - Évolution : =
Âge moyen : 5 ans

P

Nicole

Nicolle, Nicoleta, Nicoina, Nicoline, Nikole

Étymologie : du grec *nikê* : « la victoire », et *laos* : « le peuple ». Nicole correspond à la forme fémi-

TOP 20

Prénoms américains

La vague des prénoms anglo-saxons envahit les milieux populaires français depuis les années 70. On peut évidemment l'expliquer par l'influence de la télévision et du cinéma sur notre quotidien. Les actualités, l'ampleur médiatique de certaines séries ou films y sont pour beaucoup. Ils ont lancé ou permis de faire connaître certains prénoms.

Abigail
Addison
Amber
Ashley
Beverly
Cameron
Courtney
Ella
Emily
Hailey
Heather
Hillary
June
Kelly
Kimberley
Kristen
Madison
Savannah
Sharon
Taylor

nine de Nicolas. Ce prénom, très répandu, est un des classiques français des années 40 à 50. C'est à cette date qu'il se répand en Australie et au Canada, au point d'atteindre les premiers rangs des palmarès.
Fête : 6 décembre (Saint-Nicolas)
Couleur : rouge - Chiffre : 4
Caractère : Nicole est prudente, opiniâtre, travailleuse et affectueuse.
Personnages célèbres : les actrices Nicole Kidman et Nicole Garcia ; la it-girl Nicole Richie.
Fréquence : courant - Évolution : =
Âge moyen : 65 ans

V

Nicoletta

Nicolette

Étymologie : du grec *nikê* : « la victoire », et *laos* : « le peuple ». Nicoletta correspond à la forme italienne de Nicole.
Fête : 6 décembre (Saint-Nicolas)
Couleur : rouge - Chiffre : 4
Caractère : Nicoletta est pleine de volonté, altruiste et intègre.
Personnage célèbre : Nicoletta, chanteuse.
Fréquence : rare - Évolution : ↘
Âge moyen : 42 ans

P

Nikita

Étymologie : du grec *nikê* : « la victoire », et *laos* : « le peuple ».
Fête : 6 décembre (Saint-Nicolas)
Couleur : rouge - Chiffre : 4
Caractère : Nikita aime l'innovation. Elle est énergique et résolue.
Personnage célèbre : Nikita, héroïne du film de Luc Besson du même nom.
Fréquence : rare - Évolution : ↘
Âge moyen : 15 ans

V

Nina

Étymologie : de l'espagnol *niña* : « petite fille ».
Fête : 14 janvier - Couleur : bleu - Chiffre : 2
Caractère : Nina aime l'harmonie, est fidèle, affectueuse et a le sens des responsabilités.
Personnages célèbres : Nina Simone, chanteuse ; Nina Ricci, créatrice de mode ; Nina Companeez, cinéaste.
Fréquence : rare - Évolution : ↗
Âge moyen : 14 ans

C

Nine

Ninette

Étymologie : de l'hébreu *hannah* : « la grâce ». Diminutif d'Anne datant du XVIe siècle.
Fête : 15 décembre - Couleur : bleu - Chiffre : 3
Caractère : Nine est intuitive, fidèle et déterminée.
Fréquence : rare - Évolution : ↗
Âge moyen : 8 ans

B

Ninon

Étymologie : de *Ninos*, nom d'un dieu gréco-babylonien, époux de Sémiramis et ancêtre des Héraclides. Ou de l'hébreu *hannah* : « la grâce », diminutif d'Anne datant du XVIe siècle.
Fête : 15 décembre - Couleur : bleu - Chiffre : 3
Caractère : Ninon est pragmatique, créative et optimiste.
Personnage célèbre : Ninon de Lenclos, célèbre figure féminine du XVIIe siècle.
Fréquence : rare - Évolution : ↗
Âge moyen : 10 ans

V

Nisrine

Nissrine

Étymologie : de l'arabe : « églantine ». Ce prénom correspond à la forme arabe d'Églantine. L'églantine est la fleur de l'églantier, rosier sauvage pouvant vivre jusqu'à mille ans

Couleur : vert - Chiffre : 6

Caractère : Nisrine est intelligente, cultivée et indépendante.

Fréquence : rare - Évolution : ↗

Âge moyen : 12 ans

P

Noa

Noah

Étymologie : de l'hébreu : « en mouvement ». Ce prénom fut porté, dans la Bible, par une descendante de Joseph.

Couleur : vert - Chiffre : 3

Caractère : Noa est énergique, sociable, a de grandes facultés d'adaptation et le goût de l'aventure.

Fréquence : rare - Évolution : ↘

Âge moyen : 6 ans

P

Noèle

Étymologie : du latin *natalis* : « le jour de la naissance » (sous-entendu du Christ). Ce prénom correspond à une des formes féminines de Noël.

Fête : 19 octobre (Saint-Noël) ou 25 décembre (jour de Noël) - Couleur : jaune - Chiffre : 7

Caractère : Noèle est exigeante et équilibrée.

Fréquence : rare - Évolution : =

P

Noélie

Étymologie : du latin *natalis* : « le jour de la naissance » (sous-entendu du Christ). Ce prénom correspond à une des formes féminines de Noël.

Fête : 19 octobre (Saint-Noël) ou 25 décembre (jour de Noël) - Couleur : jaune - Chiffre : 7

Caractère : Noélie est équilibrée, influente et a le sens des responsabilités.

Fréquence : rare - Évolution : ↗

Âge moyen : 66 ans

P

Noéline

Étymologie : du latin *natalis* : « le jour de la naissance » (sous-entendu du Christ). Ce prénom correspond à une des formes féminines de Noël.

Fête : 19 octobre (Saint-Noël) ou 25 décembre (jour de Noël) - Couleur : jaune - Chiffre : 7

Caractère : Noéline est fidèle, intuitive et logique.

Fréquence : rare - Évolution : ↗

Âge moyen : 34 ans

P

Noëlla

Étymologie : du latin *natalis* : « le jour de la naissance » (sous-entendu du Christ). Ce prénom correspond à une des formes féminines de Noël.

Fête : 19 octobre (Saint-Noël) ou 25 décembre (jour de Noël) - Couleur : jaune - Chiffre : 7

Caractère : Noëlla est curieuse, indépendante, dynamique et charismatique.

Fréquence : rare - Évolution : ↘

Âge moyen : 60 ans

P

Noëlle

Étymologie : du latin *natalis* : « le jour de la naissance » (sous-entendu du Christ). Ce prénom correspond à une des formes féminines de Noël.

Fête : 19 octobre (Saint-Noël) ou 25 décembre (jour de Noël) - Couleur : jaune - Chiffre : 7

Caractère : Noëlle est ouverte d'esprit et généreuse.

Fréquence : rare - Évolution : ↘
Âge moyen : 61 ans

B

Noëllie

Noëlline, Noëlly, Noëly

Étymologie : du latin *natalis* : « le jour de la naissance » (sous-entendu du Christ). Ce prénom correspond à une des formes féminines de Noël.
Fête : 19 octobre (Saint-Noël) ou 25 décembre (jour de Noël) - Couleur : jaune - Chiffre : 7
Caractère : Noëllie est rêveuse, humaine et a l'esprit d'initiative.
Fréquence : rare - Évolution : ↗
Âge moyen : 34 ans

P

Noémie

Noémi

Étymologie : de l'hébreu *naomi* : « la douceur, la grâce ». Il s'agit d'un prénom bibique, celui de la belle-mère de Ruth.
Couleur : rouge - Chiffre : 7
Caractère : Noémie est critique, exigeante, prudente et travailleuse.
Personnage célèbre : Noémie Lenoir, mannequin et actrice.
Fréquence : répandu - Évolution : ↘
Âge moyen : 22 ans

V

Noha

Étymologie : de l'arabe : « sagesse, esprit ».
Couleur : bleu - Chiffre : 10
Caractère : Noha est intuitive, fidèle et possède un grand sens du relationnel.
Fréquence : rare - Évolution : ↗
Âge moyen : 9 ans

B

Noisette

Étymologie : du français, du nom du fruit du noisetier. Ce prénom est le pendant français d'Hazel.
Couleur : blanc - Chiffre : 7
Caractère : Noisette est forte, habile, ambitieuse et déterminée.
Fréquence : très rare - Évolution : =
Âge moyen : 3 ans

P

Nola

Étymologie : diminutif de *Fionnula*, qui signifie « épaule pâle ». Ce prénom est d'origine irlandaise.
Couleur : blanc - Chiffre : 5
Caractère : Nola est équilibrée ; elle a le sens des responsabilités. Voilà pourquoi elle est exigeante. C'est une femme d'influence.
Fréquence : rare - Évolution : ↗
Âge moyen : 5 ans

V

Nolwen

Nolvenn, Nolween, Nolwene, Nolwenne

Étymologie : du celtique *noal* : « le lieu » et gwenn : « blanc, sacré ».
Fête : 6 juillet - Couleur : gris - Chiffre : 7
Caractère : Nolwen est intuitive, fidèle et possède un grand sens de la médiation.
Fréquence : rare - Évolution : ↘
Âge moyen : 18 ans

V

Nolwenn

Nolwenna, Nolwennig

Étymologie : du celtique *noal* : « le lieu » et *gwenn* : « blanc, sacré ».

Fête : 6 juillet - Couleur : gris - Chiffre : 7
Caractère : Nolwenn est sensible, intuitive, altruiste et rêveuse.
Personnage célèbre : Nolwenn Leroy, chanteuse.
Fréquence : rare - Évolution : ↘
Âge moyen : 19 ans

V

Nora

Norah

Étymologie : du grec : « éclat ». Nora est un diminutif d'Éléonore.
Fête : 25 juin - Couleur : orange - Chiffre : 6
Caractère : Nora est sociable et franche.
Fréquence : courant - Évolution : ↗
Âge moyen : 27 ans

C

Norberte

Norberta

Étymologie : du germain *north* : « nord » et *behrt* : « brillant ».
Fête : 6 juin - Couleur : violet - Chiffre : 2
Caractère : Norberte est indépendante, sage et intelligente. Elle est toujours en quête de savoir.
Fréquence : très rare - Évolution : =
Âge moyen : 82 ans

B

Norine

Noreen, Norina

Étymologie : du grec : « éclat ». Nora est un diminutif d'Éléonore.
Fête : 5 août - Couleur : jaune - Chiffre : 8
Caractère : Norine est optimiste et sociable. Elle aime la création et la communication. Pour elle, les deux vont de pair.
Fréquence : rare - Évolution : ↗
Âge moyen : 13 ans

V

Norma

Étymologie : du latin : « règle ».
Couleur : orange - Chiffre : 4
Caractère : Norma est résolue, sagace et spirituelle.
Personnage célèbre : Norma, l'héroïne de la tragédie d'Alexandre Soumet *Norma ou l'Infanticide*, qui a donné lieu au célèbre opéra de Bellini.
Fréquence : rare - Évolution : ↘
Âge moyen : 58 ans

V

Nour

Nourane, Noure, Nourhan, Nourhane, Nourhene, Nouria, Nourra, Nur

Étymologie : de l'arabe *nûr* : « lumineuse ». Nour est l'un des nombreux noms attribués au Prophète Mahomet et c'est aussi une façon de désigner Dieu : *Nour an-Nour*, « la lumière de la lumière ». Ce prénom mixte est le titre de la 24e sourate du Coran. Il est néanmoins plus courant chez les garçons.
Couleur : bleu - Chiffre : 7
Caractère : Nour est énergique, audacieuse et raisonnable.
Fréquence : rare - Évolution : ↗
Âge moyen : 8 ans

V

Noura

Nouria, Nouriya, Nooria, Noorya, Nuriya

Étymologie : de l'arabe *nûr* : « lumineuse » et dans ce cas, ce prénom est considéré comme une variante féminisée de Nour ou de l'hébreu « feu » .
Couleur : bleu - Chiffre : 8
Caractère : Noura allie bienveillance et détermination. Elle est raisonnée et cherche la paix

dans ses rapports avec les autres.
Fréquence : rare - Évolution : =
Âge moyen : 32 ans

V

Nuccia

Étymologie : de l'italien : « qui ajoutera ».
Couleur : gris - Chiffre : 3
Caractère : Nuccia est bienveillante et résolue. Elle est recherchée pour son caractère apaisant et les bons conseils qu'elle sait prodiguer.
Fréquence : très rare - Évolution : ↗

V

Nuria

Nuriah, Nurya

Étymologie : ce prénom se rapporte à un sanctuaire pyrénéen dédié à la Vierge de Nuria. C'est donc au Pays basque, en Catalogne et en Espagne que ce prénom est le plus usité.
Couleur : vert - Chiffre : 3
Caractère : Nuria est altruiste, idéaliste et réfléchie.
Fréquence : rare - Évolution : ↗
Âge moyen : 41 ans

B

Nymphe

Étymologie : du grec *numphe* : « la nymphe ». Dans la mythologie grecque, les nymphes protégeaient les jeunes filles et prenaient soin des dieux lorsqu'ils étaient enfants. Elles étaient souvent associées aux cultes d'Apollon et de Dionysos. Nymphe est la patronne de toutes celles qui portent le nom d'une divinité plus ou moins mineure de la Grèce ou de la Rome antique.
Fête : 10 novembre - Couleur vert - Chiffre : 9
Caractère : Nymphe est fidèle et c'est une habile médiatrice.
Fréquence : très rare - Évolution : ↘

B

Nymphéa

Étymologie : du grec *numphe* : « la nymphe, la femme ». Nymphéa est un dérivé du substantif nymphe.
Fête : 10 novembre - Couleur : vert - Chiffre : 9
Caractère : Nymphéa possède de fortes capacités d'adaptaton et cherche toujours à se réaliser.
Personnage célèbre : *Les Nymphéas*, du nom des tableaux que Claude Monet a peint d'après le jardin d'eau de Giverny, en Normandie. Son bassin aux « nymphéas » (entendre, ici, « nénuphars ») en était la pièce maîtresse.
Fréquence : très rare - Évolution : ↗
Âge moyen : 6 ans

O

V

Oanell

Oanel, Oanelle

Étymologie : du grec *agnê* : « chaste ». Ce prénom correspond à la forme bretonne d'Agnès.
Fête : 21 janvier - Couleur : vert - Chiffre : 10
Caractère : pleine d'énergie, Oanell est très autonome, ambitieuse et pourvue d'une autorité naturelle.
Fréquence : très rare - Évolution : ↗
Âge moyen : 5 ans

V

Ocella

Océlia, Océlie

Étymologie : du latin *oceanus* et du grec *okeanos* : « océan ». Dans la mythologie, Océan était l'aîné

des Titans, fils de Gaïa (la Terre) et d'Ouranos (le Ciel). Ce dieu de la mer est l'époux de Thétys et personnifie l'océan Atlantique. Leurs filles sont nommées les Océanides, en grec *okeane* et leurs fils sont les fleuves. Ce prénom est une des formes féminines du prénom masculin Océan.
Fête : la date est incertaine. Selon certaines sources, il s'agit du 7 février, selon d'autres, la Sainte-Océane coïncide avec la Sainte-Marina, le 20 juillet, tandis que le 2 novembre est également défini comme la Saint-Océan.
Couleur : vert - Chiffre : 7
Caractère : Ocella est humaine, généreuse et ouverte d'esprit.
Fréquence : très rare - Évolution : =
Âge moyen : 5 ans

P

Océane

Océana, Océanne

Étymologie : du latin *oceanus* et du grec *okeanos* : « océan ». Dans la mythologie, Océan était l'aîné des Titans, fils de Gaïa (la Terre) et d'Ouranos (le Ciel). Ce dieu de la mer est l'époux de Thétys et personnifie l'océan Atlantique. Leurs filles sont nommées les Océanides, en grec okeane et leurs fils sont les fleuves. C'est surtout sous sa forme masculine que le prénom était attribué, particulièrement aux XVIIe et XVIIIe siècles, par les parents protestants anglais, lorsque leurs enfants naissaient durant la traversée de l'Atlantique, alors qu'ils émigraient en Amérique. C'est durant les années 80, que ce prénom a entamé sa carrière, surfant sur le succès de Marine et séduisant les parents par son caractère poétique.
Fête : la date est incertaine. Selon certaines sources, il s'agit du 7 février, selon d'autres, la Sainte-Océane coïncide avec la Sainte-Marina, le 20 juillet, tandis que le 2 novembre est également défini comme la Saint-Océan.
Couleur : mauve - Chiffre : 1
Caractère : Océane est, à l'image de l'élément que sa forme masculine personnifiait jadis, fougueuse, passionnée, parfois déchaînée. Elle est active, perfectionniste, mais d'une nature extrêmement généreuse.
Fréquence : répandu - Évolution : =
Âge moyen : 12 ans

B

Octavie

Octavia, Octaviana, Octavienne, Ottavia, Tava, Tavie

Étymologie : du latin *octavius* : « le huitième ». Le chiffre huit est le symbole de l'équilibre cosmique. Ce prénom correspond à la forme féminine d'Octave.
Fête : 20 novembre - Couleur : bleu - Chiffre : 3
Caractère : Octavie est généreuse, fantaisiste, curieuse.
Personnages célèbres : Octavie, l'épouse de Néron ; Octavie, sœur d'Auguste et femme du triumvir Antoine.
Fréquence : rare - Évolution : ↗
Âge moyen : 89 ans

B

Odélice

Odélisa, Odélise, Odélisse

Étymologie : du germanique *odal* : « le patrimoine, la fortune ».
Fête : 14 décembre - Couleur : vert - Chiffre : 9
Caractère : Odélice a l'esprit logique. C'est une femme de caractère, stratège et pleine de vitalité.
Fréquence : très rare - Évolution : ↘

B

Odélinie

Étymologie : du germanique *odal* : « le patrimoine, la fortune ».
Fête : 14 décembre - Couleur : vert - Chiffre : 9

TOP 20

Prénoms méditerranéens

Les prénoms méditerranéens ont le vent en poupe. Provençaux, grecs et surtout italiens, ces sonorités rondes, avec ces doubles « l » et syllabes finales à la féminité marquée, ont la générosité typique et la volupté affirmée du Sud. Très en vogue depuis plusieurs années, ils s'inscrivent dans une tendance qui ne semble pas prête de s'essoufler.

Catoun
Desma
Dessa
Donatella
Donia
Estefania
Fanélie
Fanny
Guida
Lena
Luca
Manon
Mila
Muccia
Néoma
Nilda
Noula
Ocella
Ornella
Sophia

Caractère : Odélinie est énergique, volontaire, un brin autoritaire. C'est une femme qui a le goût d'entreprendre et aime innover.
Fréquence : très rare - Évolution : =

B

Odette

Od, Oda, Odde, Oddone, Odel, Odelia

Étymologie : du germanique *odal* : « le patrimoine, la fortune ».
Fête : 20 avril - Couleur : jaune - Chiffre : 6
Caractère : Odette est généreuse, efficace, séduisante et dotée d'une certaine force de caractère.
Personnages célèbres : Odette, l'héroïne du roman de Marcel Proust *Un amour de Swann* ; l'héroïne du *Lac des cygnes* de Tchaïkovski ; les actrices françaises Odette Joyeux et Odette Laure.
Fréquence : rare - Évolution : ↘
Âge moyen : 85 ans

C

Odiane

Odiana, Odianne

Étymologie : du germanique *odal* : « le patrimoine, la fortune ». Ce prénom est un dérivé d'Odette.
Fête : 20 avril - Couleur : jaune - Chiffre : 6
Fréquence : très rare - Évolution : ↘

C

Odile

Odélide, Odélie, Odelinda, Odelinde, Odéline, Odilia, Odilie, Odille, Odilo, Odilon, Odita, Oudilia

Étymologie : du germanique *odal* : « le patrimoine, la fortune ».
Fête : 14 décembre - Couleur : vert - Chiffre : 9
Caractère : Odile est altruiste, généreuse, rêveuse et attirée par la spiritualité.
Personnages célèbres : l'actrice française Odile Versois ; Odile Jacob, éditrice ; Odile, le « cygne

noir » du *Lac des cygnes* de Tchaïkovski.
Fréquence : répandu - Évolution : ↘
Âge moyen : 63 ans

B

Odyssée

Odessa

Étymologie : du grec : « long voyage ». Ce prénom renvoie à l'œuvre d'Homère.
Couleur : bleu - Chiffre : 9
Caractère : Odyssée est ouverte d'esprit, généreuse, un brin rêveuse.
Fréquence : très rare - Évolution : ↘
Âge moyen : 5 ans

V

Olga

Ilga, Oleg, Olegouchka, Olgounia, Olgoussia, Oliacha, Olva

Étymologie : du slave : « consacré aux dieux ».
Fête : 11 juillet - Couleur : rouge - Chiffre : 8
Caractère : Olga est énergique, exigeante et possède une certaine autorité naturelle.
Personnage célèbre : une héroïne d'*Eugène Onéguine* (1879), de Tchaïkovski.
Fréquence : rare - Évolution : ↘
Âge moyen : 84 ans

B

Olive

Olivea, Olivette, Olivera

Étymologie : du latin *oliva*, du nom de l'arbre fruitier et de ses fruits.
Fête : 5 mars - Couleur : jaune - Chiffre : 1
Caractère : Olive est altruiste, idéaliste et intègre.
Personnage célèbre : Olive Oyl, la fiancée de Popeye dans la BD créée en 1919 par Elzie Crisler Segar et adaptée en dessin animé.
Fréquence : rare - Évolution : ↗
Âge moyen : 88 ans

C

Olivia

Oliva, Oliviana, Oliviane, Olivianna, Olivianne, Olivine

Étymologie : du latin *oliva*, du nom de l'arbre fruitier et de ses fruits.
Fête : 5 mars - Couleur : jaune - Chiffre : 1
Caractère : Olivia est réfléchie, rapide et studieuse.
Personnages célèbres : Olivia Newton-John, actrice et chanteuse anglo-australienne ; Olivia Ruiz, chanteuse française.
Fréquence : répandu - Évolution : ↗
Âge moyen : 24 ans

B

Olympe

Étymologie : du grec *Olumpos*, du nom du massif montagneux de Thessalie où les dieux de la mythologie grecque séjournaient.
Fête : 17 décembre - Couleur : jaune - Chiffre : 5
Caractère : Olympe est dynamique, indépendante, courageuse et travailleuse.
Personnages célèbres : Olympe Mancini, comtesse de Soissons et nièce du cardinal Mazarin ; Olympe de Gouges, qui proposa une Déclaration des droits de la femme et de la citoyenne en 1792.
Fréquence : rare - Évolution : ↗
Âge moyen : 62 ans

B

Olympia

Olympias

Étymologie : du grec *Olumpos*, du nom du massif montagneux de Thessalie où les dieux de la mythologie grecque séjournaient.
Fête : 17 décembre - Couleur : jaune - Chiffre : 5
Caractère : Olympia est curieuse, courageuse, dynamique, sympathique et volontaire.

Personnages célèbres : Olympias, la mère d'Alexandre le Grand ; Olympia, le personnage sulfureux du tableau éponyme d'Édouard Manet, aujourd'hui reconnu comme un chef-d'œuvre, qui fit scandale au Salon de 1865.
Fréquence : très rare - Évolution : ↗
Âge moyen : 27 ans

B

Ombeline

Ombline

Étymologie : du latin *ombria* : « pierre précieuse ».
Fête : 21 août - Couleur : orange - Chiffre : 3
Caractère : Ombeline est équilibrée, sociable, franche et curieuse.
Fréquence : rare - Évolution : ↗
Âge moyen : 14 ans

B

Ondine

Ondina, Ondyne

Étymologie : du latin *unda* : « la vague, l'eau agitée », du nom des créatures hybrides des contes de fées médiévaux, qui habitaient les rochers ou les grottes des lacs, des rivières ou des océans.
Fête : 10 novembre (Sainte-Nymphe)
Couleur : gris - Chiffre : 7
Caractère : Ondine est spirituelle, éprise d'originalité et de connaissances. Bienveillante et volontaire, elle possède un esprit d'une grande sagacité.
Personnage célèbre : Ondine, l'héroïne de la pièce éponyme de Jean Giraudoux.
Caractère : Ondine est spirituelle, rêveuse et encline à la méditation.
Fréquence : rare - Évolution : ↘
Âge moyen : 17 ans

B

Opale

Opal, Opaline

Étymologie : du sanskrit *upala* : « pierre précieuse », du nom de la pierre fine aux multiples variétés. L'opale noble venue de Hongrie est très recherchée pour les couleurs vives qu'elle diffuse. L'opale du Mexique est également appréciée pour ses reflets flamboyants rouge orange ou jaune et vert. L'opaline, elle, n'est qu'un ouvrage de verre dont la matière et les couleurs cherchent à imiter l'opale.
Fête : 10 mars (Sainte-Esmeralda)
Couleur : rouge - Chiffre : 4
Caractère : Opale a beaucoup de cœur, est persévérante et efficace.
Fréquence : rare - Évolution : ↗
Âge moyen : 8 ans

B

Ophélie

Ophélia, Ophéline, Ophély

Étymologie : du grec *ophelos* : « l'aide », « le secours ». Ce prénom semble avoir été inventé par William Shakespeare.
Couleur : vert - Chiffre : 2
Caractère : Ophélie est toujours en quête de connaissance et de spiritualité. Elle aime analyser les choses.
Personnages célèbres : la fiancée d'Hamlet dans la pièce de Shakespeare ; la chanteuse Ophélie Winter.
Fréquence : courant - Évolution : ↘
Âge moyen : 19 ans

C

Orane

Orana, Oranne

Étymologie : du latin *aureus* : « doré ».
Fête : 4 octobre - Couleur : jaune - Chiffre : 9

Caractère : Orane est habile, ambitieuse et résolue.
Fréquence : rare - Évolution : ↘
Âge moyen : 14 ans

C

Oriane

Oria, Oriala, Orria,
Oryane, Oriana, Orianna, Orianne

Étymologie : du latin *aureus* : « doré ».
Fête : 4 octobre - Couleur : jaune - Chiffre : 9
Caractère : Oriane est ambitieuse et passionnée.
Fréquence : rare - Évolution : ↘
Âge moyen : 15 ans

V

Orlane

Orlana, Rollande

Étymologie : du germanique *hrod* : « gloire» et *nand* : « le courage ». Ce prénom est un dérivé de Rolanda, qui correspond à la Rolande italienne.
Fête : 13 mai - Couleur : vert - Chiffre : 8
Caractère : Orlane est passionnée, pleine de vitalité et curieuse.
Fréquence : rare - Évolution : ↘
Âge moyen : 14 ans

V

Orly

Étymologie : de l'irlandais : « or », « princesse ».
Couleur : orange - Chiffre : 6
Caractère : Orly est autoritaire, énergique et raisonnée.
Fréquence : très rare - Évolution : ↘
Âge moyen : 2 ans

V

Orna

Étymologie : de l'hébreu : « lumière en mouvement » et de l'irlandais : « couleur pâle ».
Couleur : bleu - Chiffre : 4
Caractère : Orna a l'esprit pratique, elle est volontaire et sait ce qu'elle veut.
Fréquence : très rare - Évolution : ↘
Âge moyen : 6 ans

V

Ornella

Étymologie : du latin *aurea* : « doré ». Ce prénom fut porté par la première abbesse du monastère parisien fondé par saint Éloi en 633. Elle mourut de la peste en 666 et fut longtemps considérée comme l'une des saintes patronnes de Paris.
Fête : 19 juillet - Couleur : rouge - Chiffre : 5
Caractère : Ornella est passionnée, émotive, persévérante et exigeante.
Personnage célèbre : Ornella Muti, actrice italienne.
Fréquence : rare - Évolution : ↘
Âge moyen : 17 ans

B

Orchidée

Orchidéa

Étymologie : du grec, renvoie à la fleur du même nom.
Fête : 5 octobre (Sainte-Fleur) - Couleur : rose
Chiffre : 2
Caractère : Orchidée est fiable, tenace et possède un certain sens du devoir et de l'engagement.
Fréquence : très rare - Évolution : ↘
Âge moyen : 8 ans

V

Osana

Osane, Osanna, Osanne

Étymologie : du basque : « santé », de l'hébreu : « qui sauve ».
Couleur : violet - Chiffre : 10
Caractère : Osana est une séductrice. Auda-

cieuse, elle charme par son originalité.
Fréquence : très rare - Évolution : ↗
Âge moyen : 5 ans

B

Oscarine

Étymologie : du germanique *os* : « la divinité » et gari : « la lance ».
Fête : 13 février - Couleur : jaune - Chiffre : 2
Caractère : Oscarine est décidée, optimiste et pragmatique.
Fréquence : très rare - Évolution : =
Âge moyen : 110 ans

C

Othilie

Othélie, Othilia, Ottalie, Ottilia, Ottilie, Otylia

Étymologie : du germanique *odal* : « le patrimoine, la fortune ». Othilie peut être considéré comme une variante d'Odile, mais aussi comme la forme féminine du germanique Othon.
Couleur : violet - Chiffre : 5
Caractère : Othilie est fine, consciencieuse et possède d'importantes capacités d'analyse. Elle est un brin directive, comme toutes les meneuses d'opinion.
Fréquence : rare - Évolution : ↘
Âge moyen : 11 ans

V

Ouarda

Oirda, Ouardia, Ourda, Ourdia

Étymologie : de l'arabe : « rose ».
Couleur : orange - Chiffre : 3
Caractère : Ouarda a le sens des responsabilités. La famille est importante pour elle. C'est son équilibre.
Fréquence : rare - Évolution : ↘
Âge moyen : 35 ans

V

Ouidad

Ouidade, Ouided

Étymologie : de l'arabe : « fidèle, affectionnée ».
Couleur : jaune - Chiffre : 8
Caractère : Ouidad est rêveuse, mais reste raisonnable. Elle est très ouverte d'esprit. C'est une personne que l'on recherche pour sa compagnie.
Fréquence : rare - Évolution : ↗
Âge moyen : 27 ans

V

Oumaïma

Oum, Ouma

Étymologie : de l'arabe : « jeune mère ».
Couleur : bleu - Chiffre : 8
Caractère : Oumaïma est indépendante, audacieuse et dynamique.
Fréquence : rare - Évolution : ↗
Âge moyen : 9 ans

V

Oumayma

Omaya, Oumou, Oumy,Umay, Umayma,

Étymologie : de l'arabe : « jeune mère ».
Couleur : vert - Chiffre : 7
Caractère : Oumayma possède un tempérament ardent. C'est une femme de caractère qui croque la vie à pleines dents.
Fréquence : rare - Évolution : ↗
Âge moyen : 8 ans

V

Oxana

Oksana, Oksanna, Oksanne, Oxane, Oxanne

Étymologie : du grec : « hospitalier » ; il s'agit d'un un prénom slave oriental.
Couleur : rouge - Chiffre : 8
Caractère : Oxana est audacieuse, dynamique, indépendante et pleine d'assurance.
Fréquence : répandu - Évolution : ↘
Âge moyen : 9 ans

P

B

Palmyre

Palma, Palmira, Palmire

Étymologie : du grec *palmura*, du nom d'une ancienne cité syrienne.
Couleur : rouge - Chiffre : 9
Caractère : Palmyre est secrète, idéaliste et réfléchie.
Fréquence : rare - Évolution : ↘

B

Paloma

Palome, Palomia

Étymologie : du latin *palumbus* : « l'amant, le tourtereau », qui a engendré l'espagnol : « la palombe ». Ce prénom fut associé à la Vierge Marie par les Espagnols du XVIe siècle.
Fête : 31 décembre - Couleur : vert - Chiffre : 4
Caractère : Paloma est franche, courageuse, déterminée et autoritaire.
Personnage célèbre : Paloma Picasso, styliste.
Fréquence : rare - Évolution : ↘
Âge moyen : 10 ans

P

Pamela

Pam, Pamélia, Pamella

Étymologie : du grec *pan* : « tout » et mellos : « le miel » ; « tout en douceur, sucré ». Ce prénom a été inventé au XVIe siècle par le poète anglais Philip Sidney.
Fête : 16 février - Couleur : bleu - Chiffre : 4
Caractère : Pamela est franche, curieuse, optimiste et vive.
Personnages célèbres : Paméla, l'héroïne du roman du XVIIIe siècle de Samuel Richardson *Paméla ou la Vertu récompensée* ; Pamela Anderson, actrice américaine.
Fréquence : rare - Évolution : ↘
Âge moyen : 27 ans

C

Paola

Paolina

Étymologie : du latin *paulus, paula* : « petite, faible, humble ». Paola correspond à la forme italienne et hispanophone de Paule.
Fête : 26 janvier - Couleur : rouge - Chiffre : 9
Caractère : Paola est assez rêveuse. Elle est altruiste, idéaliste et réfléchie. Dotée d'une personnalité intègre, lorsqu'elle aime, elle peut aller jusqu'au dévouement.
Personnage célèbre : la reine Paola de Belgique.
Fréquence : rare - Évolution : =
Âge moyen : 27 ans

B

Pâquerette

Étymologie : de l'hébreu : « Pâques ». C'est la fête de Pâques qui a donné son nom aux petites marguerites. En effet, elles fleurissent au début

du printemps et leur éclosion coïncide avec la date de la célébration de la Résurrection du Christ, entre la mi-mars et la mi-avril, selon le calendrier liturgique de l'année.
Fête : 5 octobre (Sainte-Fleur) - Couleur : blanc
Chiffre : 2
Caractère : Pâquerette est fine, intuitive et bonne médiatrice.
Fréquence : rare - Évolution : ↘
Âge moyen : 78 ans

V

Paquita

Pakita

Étymologie : du latin *francus, franca* : « homme libre », « femme libre ».
Fête : 9 mars - Couleur : rouge - Chiffre : 9
Caractère : Paquita est structurée, persévérante et sécurisante.
Personnage célèbre : Paquita Paquin, figure de la nuit, ancienne physionomiste du Palace, le club parisien mythique.
Fréquence : rare - Évolution : ↘
Âge moyen : 53 ans

P

Paris

Étymologie : du nom de la ville. Ce prénom doit être prononcé en faisant sonner le « s ».
Couleur : rose - Chiffre : 2
Caractère : Paris est volontaire et impétueuse.
Personnage célèbre : la it-girl Paris Hilton.
Fréquence : rare - Évolution : ↗
Âge moyen : 4 ans

P

Pascale

Pascasia, Paschase, Paschasie, Pascuala, Pasqua, Pasquale

Étymologie : du latin *pasqualis* : « qui se rapporte à la fête de Pâques ». Ce prénom est la forme féminine de Pascal.
Fête : 17 mai (Saint-Pascal) - Couleur : orange
Chiffre : 3
Caractère : Pascale est sociable, curieuse et fantaisiste.
Personnages célèbres : la cinéaste Pascale Ferran ; l'actrice Pascale Ogier.
Fréquence : courant - Évolution : ↘
Âge moyen : 49 ans

B

Pascaline

Pascalina, Pasqualine

Étymologie : du latin *pasqualis* : « qui se rapporte à la fête de Pâques ».
Fête : 17 mai (Saint-Pascal) - Couleur : orange
Chiffre : 3
Caractère : Pascaline est une stratège, directive et pleine de vitalité.
Fréquence : rare - Évolution : ↘
Âge moyen : 46 ans

B

Patience

Étymologie : du latin : « patience ».
Couleur : jaune - Chiffre : 4
Caractère : Patience est sympathique, audacieuse et résolue. Elle est dynamique et n'est pas toujours aussi patiente que son prénom le laisserait penser.
Fréquence : très rare - Évolution : ↗
Âge moyen : 5 ans

P

Patricia

Patriciane, Patricie, Patrizia, Pattie, Patty

Étymologie : du latin *patricius* : « qui appartient à la noblesse, à l'élite ». Ce prénom correspond à la forme féminine de Patrick et de Patrice.

Fête : 25 août - **Couleur** : orange - **Chiffre** : 5
Caractère : Patricia est franche, pleine de charme, indépendante et rapide.
Personnages célèbres : Patricia Highsmith, écrivain américain ; la chanteuse Patricia Kaas ; l'actrice Patricia Arquette ; la chanteuse Patty Smith.
Fréquence : répandu - **Évolution** : ↘
Âge moyen : 49 ans

P

Patsy

Étymologie : du latin *patricius* : « qui appartient à la noblesse, à l'élite ». Patsy est un diminutif anglo-saxon de Patricia devenu un prénom à part entière.
Fête : 25 août - **Couleur** : orange - **Chiffre** : 5
Caractère : Patsy est audacieuse et pleine d'originalité.
Personnage célèbre : la chanteuse et actrice Patsy Kensit.
Fréquence : très rare - **Évolution** : ↘
Âge moyen : 17 ans

V

Paula

Pavla, Pavlik, Pavlina, Pavlinka, Pavlounia

Étymologie : du latin *paulus, paula* : « petite, faible, humble ». Paula est très répandu dans les pays hispanophones. C'est aussi un prénom traditionnel corse.
Fête : 26 janvier - **Couleur** : rouge - **Chiffre** : 1
Caractère : Paula est bienveillante, consciencieuse et sage.
Personnages célèbres : Paula Heimann (1899-1982), psychanalyste, dont les recherches sur le contre-transfert sont restées illustres ; Paula Abdul, chanteuse et danseuse américaine.
Fréquence : rare - **Évolution** : ↘
Âge moyen : 56 ans

B

Paule

Pawle, Pachata, Pachouchka, Paulienne, Paulille, Paulita

Étymologie : du latin *paulus, paula* : « petite, faible, humble ».
Fête : 26 janvier - **Couleur** : rouge - **Chiffre** : 1
Caractère : Paule est énergique, ambitieuse et a du cœur.
Personnage célèbre : la styliste Paule Ka.
Fréquence : répandu - **Évolution** : ↘
Âge moyen : 85 ans

P

Paulette

Étymologie : du latin *paulus, paula* : « petite, faible, humble ». Paulette est un dérivé de Paule qui a eu un certain succès dans les années 20, quand les prénoms en « ette » étaient à la mode.
Fête : 26 janvier - **Couleur** : rouge - **Chiffre** : 1
Caractère : Paulette est énergique, audacieuse et organisée.
Personnages célèbres : Paulette Goddard, actrice ; Paulette Merval, chanteuse.
Fréquence : répandu - **Évolution** : ↘
Âge moyen : 83 ans

V

Paulina

Étymologie : du latin *paulus, paula* : « petite, faible, humble ». Ce prénom est attribué en Espagne, en Lettonie et en Pologne.
Fête : 9 juillet - **Couleur** : rouge - **Chiffre** : 1
Caractère : Paulina est sociable, ouverte d'esprit, résolue et sympathique.
Fréquence : rare - **Évolution** : ↘
Âge moyen : 52 ans

C

Pauline

Paolia, Pauliana, Paulienne, Paulyne

Étymologie : du latin *paulus*, *paula* : « petite, faible, humble ». Ce prénom est attribué en Espagne, en Lettonie et en Pologne. Pauline est un prénom qui fut très à la mode du XIXe siècle jusqu'en 1920. Tombé véritablement en désuétude dans les années 60, c'est vingt ans plus tard qu'il redevient à la mode et s'inscrit dans le palmarès des prénoms les plus attribués, agissant comme le prescripteur de la tendance rétro.

Fête : 9 juillet - Couleur : rouge - Chiffre : 1

Caractère : Pauline est aussi sensuelle qu'imprévisible. Parfois têtue, elle est aussi douce, calme, affectueuse et possède un grand sens artistique.

Personnages célèbres : Pauline Bonaparte, la sœur de Napoléon Ier ; Pauline, héroïne de *Polyeucte* de Corneille et du *Conte d'hiver* de Shakespeare.

Fréquence : répandu - Évolution : ↘

Âge moyen : 32 ans

P

Pearl

Étymologie : du latin *pernula* : « la perle ». Pearl est bien entendu la forme anglo-saxonne de Perle. C'est sainte Marguerite-Marie Alacoque (puisque Margaritas signifiait « perle » en latin avant de désigner « la fleur») qui illustre ce prénom. Elle est connue pour avoir répandu dans le monde la dévotion au Sacré-Cœur.

Fête : 16 octobre - Couleur : vert - Chiffre : 2

Caractère : Pearl est déterminée, compatissante et spirituelle.

Personnage célèbre : Pearl Buck, romancière, prix Nobel de littérature en 1938.

Fréquence : rare - Évolution : ↗

Âge moyen : 16 ans

V

Peggy

Étymologie : de l'anglais Margaret : « Marguerite ». Peggy est, contre toute attente, un dérivé de Margaret devenu Maggy, puis Meggy.

Fête : 8 janvier - Couleur : vert - Chiffre : 8

Caractère : Peggy est volontaire, indépendante et pourvue d'une certaine autorité naturelle. Elle reste toutefois assez émotive.

Personnage célèbre : Peggy Bouchet, première femme à avoir traversé l'Atlantique à la rame.

Fréquence : rare - Évolution : ↘

Âge moyen : 36 ans

B

Pélagie

Pélagia, Pélagienne

Étymologie : du grec *pelagos* : « la haute mer ».

Fête : 8 octobre - Couleur : bleu - Chiffre : 4

Caractère : Pélagie est volontaire, active et loyale.

Fréquence : rare - Évolution : ↘

Âge moyen : 69 ans

C

Pénélope

Penny

Étymologie : du grec *penelopeia* : « la tisserande ».

Fête : 10 novembre (Sainte-Nymphe)

Couleur : bleu - Chiffre : 7

Caractère : Pénélope est sociable, réservée, curieuse et a le sens de l'observation.

Personnage célèbre : Penélope Cruz, actrice.

Fréquence : rare - Évolution : ↗

Âge moyen : 14 ans

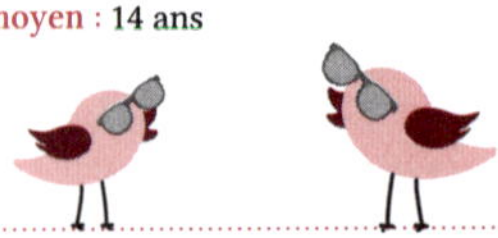

V

Pépita

Étymologie : de l'hébreu *yosseph* : « Dieu ajoutera ». Pepita correspond à la forme espagnole de Josette, le féminin de Joseph.
Fête : 4 octobre - **Couleur** : rouge - **Chiffre** : 4
Caractère : Pépita est déterminée, persévérante… En résumé : d'une efficacité redoutable.
Fréquence : rare - **Évolution** : ↘
Âge moyen : 53 ans

B

Perle

Perlette, Perline

Étymologie : du latin *pernula* : « perle ». C'est sainte Marguerite-Marie Alacoque (puisque Margaritas signifiait « perle » en latin avant de désigner « la fleur ») qui illustre ce prénom. Elle est connue pour avoir répandu dans le monde la dévotion au Sacré-Cœur.
Fête : 16 octobre - **Couleur** : vert - **Chiffre** : 2
Caractère : Perle est volontaire, indépendante et émotive.
Fréquence : rare - **Évolution** : ↗
Âge moyen : 17 ans

B

Pernelle

Pernille, Péronelle, Péroline, Péronille, Péronne, Péronnelle

Étymologie : du grec *petros* : « pierre ». Ce prénom correspond à une variante de Pétronille, forme féminine de Pierre.
Fête : 31 mai - **Couleur** : vert - **Chiffre** : 9
Caractère : Pernelle est sensible, idéaliste, rêveuse et dévouée.
Fréquence : rare - **Évolution** : ↗
Âge moyen : 16 ans

. TOP 20 .

Prénoms rétro

Parce que les tendances en disent long sur l'humeur d'une société, voici les prénoms les plus populaires du début du siècle précédent. La plupart sont en passe d'être « estampillés » bobo, mais ils n'en demeurent pas moins totalement vintage et… so chics !

Alphonsine
Anna
Andrée
Angèle
Antoinette
Augustine
Cécile
Célia
Eugénie
Félicie
Germaine
Henriette
Lucie
Louison
Lucienne
Ludivine
Marcelle
Marthe
Odette
Solange

B

Perrette

Étymologie : du grec *petros* : « pierre ». Ce prénom correspond à une variante de Perrine.
Fête : 31 mai - **Couleur :** vert - **Chiffre :** 6
Caractère : Perrette est ambitieuse, forte, passionnée et habile.
Personnage célèbre : Perrette, l'héroïne de la fable de La Fontaine *La Laitière et le pot au lait* (Livre VII, Fab 9).
Fréquence : très rare - **Évolution :** ↘
Âge moyen : 74 ans

B

Perrine

Périna, Périnne, Perrina, Perrinette, Perryne

Étymologie : du grec *petros* : « pierre ».
Fête : 31 mai - **Couleur :** vert - **Chiffre :** 6
Caractère : Perrine est sensible, prudente, passionnée et charismatique.
Fréquence : répandu - **Évolution :** ↘
Âge moyen : 25 ans

B

Pervenche

Étymologie : du latin *pervinca* : « la pervenche ». Du nom de la plante aux fleurs d'un bleu mauve qui fleurit dans les sous-bois humides.
Fête : 5 octobre (Sainte-Fleur) - **Couleur :** bleu
Chiffre : 9
Caractère : Pervenche est gaie, douce et optimiste.
Fréquence : rare - **Évolution :** =
Âge moyen : 85 ans

V

Petra

Peterina, Petia, Petie, Petoussia, Petrine, Petrinka, Pita, Pitrah, Protia

Étymologie : du grec *petros* : « pierre ». Ce prénom correspond à la forme slave et espagnole de Pierrette, une forme féminine de Pierre. En France, c'est au Pays basque que ce prénom est le plus traditionnellement usité.
Fête : 29 juin - **Couleur :** jaune - **Chiffre :** 8
Caractère : Petra est déterminée, consciencieuse et bienveillante.
Fréquence : rare - **Évolution :** =
Âge moyen : 54 ans

B

Pétronille

Pétronella, Pétrounel, Petronia

Étymologie : du grec *petros* : « pierre ».
Fête : 31 mai - **Couleur :** vert - **Chiffre :** 9
Caractère : Pétronille est sensible, idéaliste, rêveuse et dévouée.
Fréquence : rare - **Évolution :** ↗
Âge moyen : 74 ans

V

Pétula

Étymologie : de l'anglais : « impatiente ».
Couleur : gris - **Chiffre :** 2
Caractère : Pétula est une femme de cœur, très optimiste.
Personnage célèbre : la chanteuse britannique Petula Clark.
Fréquence : très rare - **Évolution :** ↗
Âge moyen : 35 ans

B

Pétunia

Étymologie : du latin, du nom de la plante ornementale appartenant au genre des solanacées aux fleurs violettes, bleues, roses ou blanches.
Fête : 5 octobre (Sainte-Fleur) - Couleur : bleu
Chiffre : 6
Caractère : Pétunia est résolue, dynamique et sympathique.
Personnage célèbre : Petunia Dursley, la tante de Harry Potter dans la saga littéraire éponyme.
Fréquence : très rare - Évolution : =

B

Phénicia

Étymologie : se rapporte au Phénix, créature de la mythologie égyptienne, bien connue pour sa faculté à renaître de ses cendres.
Couleur : bleu - Chiffre : 3
Caractère : Phénicia est intuitive. Elle aime l'action et sait entretenir l'amitié. C'est une personnalité recherchée par ses proches.
Fréquence : très rare - Évolution : =
Âge moyen : 10 ans

P

Philadelphia

Philadelphie

Étymologie : du nom de la ville américaine.
Couleur : vert - Chiffre : 6
Caractère : Philadelphia est réceptive, sociable, mais elle a soif de réussite.
Fréquence : très rare - Évolution : =

C

Philaé

Phila, Philia, Phillie

Étymologie : du grec : « qui aime ».
Couleur : rose - Chiffre : 6
Caractère : Philaé est bienveillante et sympathique. C'est une amie idéale.
Fréquence : très rare - Évolution : =

C

Philiberte

Filiberta, Philberta, Philberte, Philiberte

Étymologie : du germain fili : « beaucoup » et behrt : « brillant ».
Couleur : vert - Chiffre : 2
Caractère : Philiberte est audacieuse, sensible, active et dynamique.
Fréquence : rare - Évolution : =
Âge moyen : 99 ans

C

Philippa

Filippa, Felipa, Filia, Filiouchka, Filipa, Filipka, Pippa

Étymologie : du grec *phillos* : « ami », et *hippos* : « cheval ». Ce prénom correspond à une forme féminine de Philippe.
Fête : 3 mai (Saint-Philippe) - Couleur : vert
Chiffre : 1
Caractère : Philippa est équilibrée, a le sens de la famille et des responsabilités.
Personnage célèbre : Philippa de Hainaut, reine d'Angleterre.
Fréquence : rare - Évolution : ↗
Âge moyen : 43 ans

C

Philippine

Fily, Flippie, Filippina, Phillie, Philipine,

Étymologie : du grec *phillos* : « ami », et *hippos* : « cheval ». Ce prénom est un diminutif de Philippa, forme féminine de Philippe.
Fête : 18 novembre - Couleur : vert - Chiffre : 2

Caractère : Philippine est compatissante, consciencieuse et bienveillante.
Personnages célèbres : Philippine Leroy-Beaulieu, actrice française.
Fréquence : rare - Évolution : =
Âge moyen : 32 ans

C

Philomène

Filoména, Philomèna

Étymologie : du grec *philein* : « aimer », et *mênê* : « lune ».
Fête : 10 août - Couleur : blanc - Chiffre : 5
Caractère : Philomène est volontaire et spirituelle.
Fréquence : rare - Évolution : =
Âge moyen : 87 ans

C

Philotée

Philothéa, Philotée

Étymologie : Philotée est un prénom d'origine grecque, formé sur les racines *philos* : « aimer » et *theos* : « Dieu », à rapprocher de Théophile, formé sur les mêmes racines.
Couleur : rouge - Chiffre : 5
Caractère : Philotée est attentionnée et très courageuse. Elle met sa curiosité au service des autres, mais se montre parfois caractérielle.
Fréquence : très rare - Évolution : =

C

Phyllis

Étymologie : du grec : « branche d'arbre verte ». Ce prénom fut porté, dans l'Antiquité, par la fille de Lycurge, le roi de Thrace, qui était amoureuse de Démophon. Ce dernier devait l'épouser à son retour d'Athènes. Ne le voyant pas revenir, elle comprit qu'il l'avait abandonnée et se pendit. Elle fut métamophosée en amandier. Ce prénom est surtout répandu dans les pays anglo-saxons.
Couleur : vert - Chiffre : 2
Caractère : Phyllis est fière, franche, fantaisiste et fidèle.
Personnages célèbres : Phyllis Dorothy James, véritable nom de l'auteur de romans policiers P. D. James ; Phyllis Wheatley (1753-1784), première poètesse afro-américaine.
Fréquence : très rare - Évolution : =
Âge moyen : 39 ans

B

Pia

Étymologie : du latin *pius*, *pia*, qu'on retrouve dans l'adjectif « pieux, pieuse ». Ce prénom correspond à la forme féminine de Pio ou Pie, nom des papes.
Fête : 30 avril ou 21 août - Couleur : vert
Chiffre : 8
Caractère : Pia est pleine de vitalité, ardente et charismatique.
Fréquence : rare - Évolution : ↗
Âge moyen : 33 ans

B

Pierrette

Pierra, Pierret

Étymologie : du grec *petros* : « pierre ». Ce prénom correspond à une variante de Perrette, forme féminine de Pierre.
Fête : 31 mai - Couleur : jaune - Chiffre : 8
Caractère : Pierrette est ambitieuse, forte, habile et passionnée.
Fréquence : courant - Évolution : ↘
Âge moyen : 74 ans

B

Pierrine

Étymologie : du grec *petros* : « pierre ».
Fête: 31 mai - Couleur : vert - Chiffre : 6
Caractère : Pierrine est efficace, honnête et persévérante. Très structurée, elle offre une impression de « sécurité ». Elle est bien le « petit caillou » comme l'indique son étymologie, auquel on s'attache.
Fréquence : rare - Évolution : ↘
Âge moyen : 80 ans

B

Pomme

Pomeline

Étymologie : du latin *pomum*, du fruit du même nom. Pomme renvoie à Pomone, déesse romaine des fruits et des vergers.
Fête : 5 octobre (Sainte-Fleur) - Couleur : jaune
Chiffre : 2
Caractère : Pomme est intrépide, vive, perfectionniste et fantaisiste.
Fréquence : très rare - Évolution : ↘
Âge moyen : 21 ans

B

Pomona

Étymologie : du latin *pomum*, du fruit du même nom. Pomme renvoie à Pomone, déesse romaine des fruits et des vergers.
Fête : 5 octobre (Sainte-Fleur) - Couleur : jaune
Chiffre : 2
Caractère : Pomona est gouvernée par l'ardeur et la vitalité, tout en parvenant à conserver un certain sens de la stratégie.
Fréquence : très rare - Évolution : ↘

C

Praxilla

Étymologie : du latin *priscus* : « antique ». Praxilla est une forme dérivée de Priscille.
Fête : 18 janvier - Couleur : bleu - Chiffre : 3
Caractère : Praxilla est fiable, audacieuse et méthodique.
Fréquence : très rare - Évolution : =

P

Precillia

Precilia

Étymologie : du latin *priscus* : « antique ».
Fête : 18 janvier - Couleur : bleu - Chiffre : 3
Caractère : Precillia est énergique, audacieuse et attire immédiatement la sympathie. C'est une amie très recherchée.
Fréquence : rare - Évolution : ↘
Âge moyen : 18 ans

P

Prescilia

Prescylia

Étymologie : du latin *priscus* : « antique ».
Fête : 18 janvier - Couleur : bleu - Chiffre : 3
Caractère : Prescilia est diplomate, sociable et résolue.
Fréquence : rare - Évolution : ↘
Âge moyen : 17 ans

P

Prescilla

Étymologie : du latin *priscus* : « antique ».
Fête : 18 janvier - Couleur : bleu - Chiffre : 3
Caractère : Prescilla est audacieuse et compatissante.
Fréquence : rare - Évolution : ↘
Âge moyen : 20 ans

P

Prescillia

Étymologie : du latin *priscus* : « antique ».
Fête : 18 janvier - **Couleur** : bleu - **Chiffre** : 3
Caractère : Prescillia est énergique, résolue, sympathique et audacieuse.
Fréquence : rare - **Évolution** : ↘
Âge moyen : 18 ans

P

Prescious

Étymologie : de l'anglais : « précieuse ».
Couleur : jaune - **Chiffre** : 2
Caractère : Prescious est capable d'impétuosité, car elle est d'une grande sensibilité. C'est sa maturité qui lui permettra ensuite de se canaliser.
Fréquence : très rare - **Évolution** : =
Âge moyen : 21 ans

V

Prima

Étymologie : du latin : « première ».
Couleur : orange - **Chiffre** : 7
Caractère : Prima est enthousiaste et pragmatique. Elle aime aller au bout des choses.
Fréquence : très rare - **Évolution** : ↘

V

Primavera

Étymologie : du latin : « printemps ».
Couleur : orange - **Chiffre** : 8
Caractère : Primavera s'adapte avec facilité à toutes les situations. Peu contraignante, elle est facile à vivre.
Fréquence : très rare - **Évolution** : =

P

Primrose

Primerose

Étymologie : de l'anglais : « première rose ».
Couleur : vert - **Chiffre** : 3
Caractère : Primrose est audacieuse, plein de volonté et parfois un peu directive.
Fréquence : très rare - **Évolution** : =

P

Princesse

Étymologie : du latin : « celle qui est supérieure ».
Couleur : gris - **Chiffre** : 3
Caractère : Princesse est une rêveuse pour qui l'amitié est importante. Très humaine, elle sait se montrer forte dans ses opinions.
Fréquence : rare - **Évolution** : ↗
Âge moyen : 9 ans

V

Prisca

Priska

Étymologie : du latin *priscus* : « ancien ».
Fête : 18 janvier - **Couleur** : bleu - **Chiffre** : 3
Caractère : Prisca est créative, pragmatique et enjouée, elle voit la vie du bon côté.
Fréquence : rare - **Évolution** : ↘
Âge moyen : 29 ans

P

Priscilia

Pris, Priskilla, Prissi, Pricilla, Pricillia, Priscila, Prissie

Étymologie : du latin *priscus* : « ancien ».
Fête : 18 janvier - **Couleur** : bleu - **Chiffre** : 3
Caractère : Priscilia est équilibrée, influente et a le sens des responsabilités.
Fréquence : très rare - **Évolution** : ↘

C

Priscilla

Priscila, Prissie, Pricilla, Pricillia

Étymologie : du latin *priscus* : « ancien ». De toutes les formes nées de Prisca, Priscilla est la plus répandue.
Fête : 18 janvier - Couleur : bleu - Chiffre : 9
Caractère : Priscilla est humaine, rêveuse et généreuse.
Personnage célèbre : Priscilla Presley, actrice et veuve du King Elvis Presley.
Fréquence : rare - Évolution : ↘
Âge moyen : 24 ans

C

Priscille

Priscillienne

Étymologie : du latin *priscus* : « ancien ». De tous les formes nées de Prisca, Priscille est la favorite des milieux BCBG.
Fête : 18 janvier - Couleur : bleu - Chiffre : 9
Caractère : Priscille est pleine de bon sens et d'affection. Elle attache une grande importance aux traditions.
Fréquence : rare - Évolution : ↘
Âge moyen : 26 ans

P

Prudence

Prudencia, Prudie, Prudy

Étymologie : du latin *prudentia* : « prévoyance, sagacité ». Ce sont les puritains anglais et américains du XVIIe siècle qui contribuèrent à son expansion, puisqu'ils appréciaient les prénoms qui évoquaient une vertu.
Fête : 6 mai - Couleur : bleu - Chiffre : 5
Caractère : Prudence est audacieuse, plein de vie et d'initiatives ; c'est une originale.
Personnage célèbre : Prudence (dite Prue) Halliwell, personnage de la série télévisée *Charmed*.
Fréquence : rare - Évolution : ↗
Âge moyen : 53 ans

P

Prune

Prunelle

Étymologie : du latin *prunus* : « prunier, prunellier ».
Fête : 5 octobre - Couleur : violet Chiffre : 2
Caractère : Prune est intuitive et généreuse.
Fréquence : rare - Évolution : ↗
Âge moyen : 12 ans

C

Pulchérie

Étymologie : du latin *pulcher* : « beau, joli, noble ».
Couleur : orange - Chiffre : 8
Caractère : Pulchérie est intelligente et sympathique. C'est une personnalité pétillante et dynamique.
Fréquence : rare - Évolution : =
Âge moyen : 88 ans

Q

V

Quetura

Étymologie : de l'hébreu : « encens ».
Couleur : gris - Chiffre : 5
Caractère : Quetura n'aime pas la monotonie. Elle est impétueuse et instinctive.
Fréquence : très rare - Évolution : ↘

TOP 20

Prénoms orientaux

Certains prénoms arabes féminins s'adjugent des domaines symboliques classiques dans la représentation de la féminité (beauté, coquetterie...). Dans le panel de prénoms ci-dessous sont représentées d'autres valeurs, vertus et images associées à d'harmonieuses sonorités. Symbolisant ce parfait rapport du son et du sens, nous sommes au cœur de l'usage originel des prénoms.

Abia *(exceptionnelle)*
Afaq *(horizons)*
Almera *(femme raffinée)*
Dahma *(celle qui a la peau brune)*
Dalal *(coquetterie)*
Elmire *(princesse exaltée)*
Emine *(digne de confiance)*
Imane *(croyance, foi)*
Inaya *(sollicitude)*
Inesse *(sympathique, généreuse)*
Janan *(inspirée)*
Kabira *(celle qui est issue d'un rang élevé)*
Kounouz *(richesse)*
Lali *(perles, antilopes)*
Maliha *(celle qui est belle et a bon cœur)*
Somaya *(parfaite, élevée)*
Souhila *(douce)*
Yiesha *(femme)*
Zafina *(triomphante)*
Zahia *(splendeur, lumière)*

C

Quartilla

Étymologie : du latin : « quatrième ».
Couleur : mauve - Chiffre : 4
Caractère : Quartilla est avant-gardiste, perspicace et audacieuse. Elle aime l'innovation.
Fréquence : très rare - Évolution : ↘

V

Queen

Étymologie : de l'anglais : « reine ».
Couleur : vert - Chiffre : 10
Caractère : Queen est habile, dynamique et ambitieuse.
Fréquence : très rare - Évolution : =
Âge moyen : 5 ans

V

Queridah

Étymologie : du latin : « calme, tranquille ». Ce prénom correspond à une forme espagnole de Quitterie.
Caractère : Quéridah est une rêveuse, un brin émotive. Elle est intelligente, intuitive et a, sans cesse, besoin d'entreprendre.
Couleur : violet - Chiffre : 7
Fréquence : très rare - Évolution : =

C

Quitterie

Quiteira,
Quiterie, Quitteri

Étymologie : du latin : « calme, tranquille ».
Couleur : violet - Chiffre : 7
Caractère : Quitterie est toujours avide de connaissances, elle est spirituelle, sensible et... originale.
Fréquence : rare - Évolution : ↗
Âge moyen : 20 ans

C

Quintilla

Quinta, Quinte, Quintia, Quintila, Quintilienne, Quintiane, Quintila, Quintina

Étymologie : du latin *quintinius* : « cinquième ». Forme féminine de Quentin.
Fête : 31 octobre - Couleur : bleu - Chiffre : 1
Caractère : pourvue d'une certaine autorité naturelle, Quintilla est pourtant attentionnée.
Fréquence : très rare - Évolution : ↘

R

P

Rachel

Rachael, Rachela, Rachelle, Rachie, Rachile, Rae, Rachilde, Raquel, Richelle

Étymologie : de l'hébreu *rahel* : « la brebis ».
Fête : 15 janvier - Couleur : orange - Chiffre : 2
Caractère : Rachel incarne la générosité, l'ouverture du cœur et le charme profond. Elle est pourvue de qualités indéniables : une volonté certaine, une intelligence synthétique, un sens de l'action bien menée.
Personnages célèbres : l'actrice anglo-américaine Rachel Weisz et l'actrice américaine Raquel Welch.
Fréquence : répandu - Évolution : ↘
Âge moyen : 47 ans

V

Rachida

Étymologie : de l'arabe : « la bien guidée », sous-entendu par Dieu.
Couleur : blanc - Chiffre : 1
Caractère : Rachida est une passionnée qui vit tout intensément.
Personnages célèbres : l'actrice Rachida Brakni ; la femme politique Rachida Dati.
Fréquence : rare - Évolution : ↘
Âge moyen : 36 ans

V

Raïssa

Étymologie : de l'arabe *raïssana* : « tendre, douce ». Ce prénom fut porté par une martyre du IIIe siècle suppliciée à Alexandrie.
Fête : 5 septembre - Couleur : rouge - Chiffre : 4
Caractère : Raïssa est tenace. Fiable et méthodique, elle possède de grandes qualités morales, entre autres un certain sens du devoir et de l'engagement.
Fréquence : rare - Évolution : ↘
Âge moyen : 20 ans

V

Rania

Rahnia, Raniha, Ranya, Rhania

Étymologie : de l'arabe : « riche, noble ».
Couleur : vert - Chiffre : 5
Caractère : Rania est spirituelle, déterminée et originale.
Personnage célèbre : la reine Rania de Jordanie.
Fréquence : rare - Évolution : ↗
Âge moyen : 13 ans

P

Raphaëlle

Rafaële, Rafaëlle, Rafaïla, Raffaele, Rafi, Rapha, Raphaela, Raphaële, Raphaëlla

Étymologie : de l'hébreu *repha* : « guérir » et *el* : « Dieu » ; « Dieu seul guérit ». Ce prénom correspond à la forme féminine de Raphaël.

Fête : 29 septembre - **Couleur** : jaune - **Chiffre** : 7
Caractère : Raphaëlle est énergique, créative et sociable.
Personnage célèbre : l'écrivain Raphaële Billetdoux, auteur de *Mes nuits sont plus belles que vos jours.*
Fréquence : rare - **Évolution** : ↘
Âge moyen : 27 ans

P

Raymonde

Raimonda, Raimonde, Ramona, Raymonda, Raymunda

Étymologie : du germanique *ragin* : « conseil » et mundo : « protection » ; « celui qui protège par ses conseils ».
Fête : 7 janvier - **Couleur** : bleu - **Chiffre** : 5
Caractère : Raymonde est réservée, a le goût de l'aventure, est sensible et sait s'adapter.
Personnage célèbre : Raymonde de Laroche, première femme à avoir reçu son brevet de pilote.
Fréquence : répandu - **Évolution** : ↘
Âge moyen : 86 ans

P

Rébecca

Beck, Beckie, Becky, Bekki, Rebeca, Rebekah, Rebekka, Rivka, Reba, Rebe

Étymologie : de l'hébreu *rivka* : « celle qui est rassasiée ». Rebecca est, dans la Bible, l'épouse d'Isaac et la mère de Jacob et d'Ésaü. Elle est considérée comme une aïeule d'Israël.
Fête : 15 octobre - **Couleur** : vert - **Chiffre** : 9
Caractère : Rébecca est indépendante, autoritaire et déterminée.
Personnage célèbre : *Rebecca*, roman de Daphne du Maurier, qui fut adapté au cinéma par Alfred Hitchcock.
Fréquence : rare - **Évolution** : ↘
Âge moyen : 25 ans

V

Régina

Raina, Rina

Étymologie : du latin *regere* : « gouverner » et *rex, regis, regina* : « roi, reine ». Forme ancienne de Reine, correspondant à son étymologie latine regina : « la reine ». Regina est un prénom très répandu en Italie. En France, c'est en Alsace et en Corse qu'il est le plus attribué.
Fête : 7 septembre - **Couleur** : rouge - **Chiffre** : 4
Caractère : Regina est intègre, idéaliste, réfléchie et altruiste.
Personnage célèbre : Regina Rubens, styliste.
Fréquence : rare - **Évolution** : =
Âge moyen : 84 ans

P

Régine

Regan, Reggie

Étymologie : du latin *regere* : « gouverner » et *rex, regis, regina* : « roi, reine ». Forme ancienne de Reine, correspondant à son étymologie latine regina : « la reine ».
Fête : 7 septembre - **Couleur** : rouge - **Chiffre** : 4
Caractère : Régine est émotive, travailleuse, rigoureuse et a le sens des responsablités.
Personnages célèbres : la cantatrice française Régine Crespin ; l'écrivain Régine Deforges ; la chanteuse et reine de la nuit Régine.
Fréquence : répandu - **Évolution** : ↘
Âge moyen : 61 ans

V

Rehane

Étymologie : de l'arabe : « basilic ».
Couleur : vert - **Chiffre** : 6
Caractère : équilibrée, protectrice, dotée d'un solide sens des responsabilités, Rehane est la sœur, l'amie rêvée.
Fréquence : rare - **Évolution** : ↘

V

Reine

Reina, Reinette

Étymologie : du latin *regina* : « reine ». C'est en Côte-d'Or que ce prénom est le plus attribué.
Fête : 7 septembre - Couleur : rouge - Chiffre : 4
Caractère : Reine est affectueuse, diplomate, dévouée et toujours en quête d'harmonie.
Fréquence : courant - Évolution : ↗
Âge moyen : 85 ans

P

Réjane

Réjanne, Réjeane, Réjine

Étymologie : du latin *regina* : « reine ». Réjane est une variante de Régine.
Fête : 7 septembre - Couleur : vert - Chiffre : 8
Caractère : Réjane est énergique, volontaire, ambitieuse et courageuse.
Personnage célèbre : Réjane, la grande comédienne.
Fréquence : rare - Évolution : ↘
Âge moyen : 66 ans

P

Renée

Nata, Rena, Renata, Renate, Renelle

Étymologie : du latin *renatus* : « né une nouvelle fois, en référence ».
Fête : 19 octobre - Couleur : vert - Chiffre : 6
Caractère : Renée est diplomate, réceptive, sociable et loyale.
Fréquence : répandu - Évolution : =
Âge moyen : 87 ans

P

Rhéa

Étymologie : du grec. Fille du ciel, Ouranos et de Gaïa, la Terre, Rhéa devint ensuite l'épouse de Kronos et enfanta les dieux de l'Olympe.
Couleur : rouge - Chiffre : 5
Caractère : Rhéa sait s'adapter. Elle est indépendante, sensible et possède le goût de l'aventure.
Fréquence : très rare - Évolution : =
Âge moyen : 2 ans

V

Rita

Ritta

Étymologie : du grec *margaritès* : « la perle ». Ce prénom fut porté par une noble dame romaine brutalisée par son mari et ses deux fils, qui entra chez les Sœurs Augustines de Cascia après leur mort. Elle y vécut pendant quinze ans, portant sur le visage des stigmates affreusement malodorants qui opéraient néanmoins sur les malades qui venaient la voir d'innombrables guérisons miraculeuses. Rita est toujours aujourd'hui l'une des saintes les plus priées et l'objet d'un culte important en tant que patronne des causes désespérées.
Fête : 22 mai - Couleur : blanc - Chiffre : 7
Caractère : Rita est créative. Elle est pragmatique, sociable et optimiste.
Personnages célèbres : l'actrice Rita Hayworth ; Rita Levi-Montalcini, prix Nobel de physiologie en 1986, décédée en 2012 à 103 ans ; le groupe de musique Rita Mitsouko ; la chanteuse Rita Ora.
Fréquence : rare - Évolution : ↗
Âge moyen : 53 ans

V

Roberta

Robertina, Robertine, Robina, Robinette, Robinia, Ruberta, Ruperta

Étymologie : du germanique : « gloire illustre ».
Fête : 30 avril (Saint-Robert) - Couleur : rouge
Chiffre : 6

Caractère : Roberta est réfléchie, réservée et spirituelle.
Personnage célèbre : Roberta Flack, chanteuse soul américaine rendue célèbre par sa chanson *Killing me softly*.
Fréquence : rare - Évolution : ↗
Âge moyen : 48 ans

B

Roberte

Robertina, Robertine,

Étymologie : du germanique : «gloire illustre ».
Fête : 30 avril (Saint-Robert) - Couleur : rouge
Chiffre : 6
Caractère : Roberte est fidèle, intuitive et aime le relationnel.
Fréquence : rare - Évolution : =
Âge moyen : 77 ans

B

Rolande

Rollande

Étymologie : du germanique *hrod* : « la gloire » et nand : « le courage ».
Fête : 13 mai - Couleur : vert - Chiffre : 8
Caractère : Rolande est dynamique, fidèle et a le sens des responsabilités.
Fréquence : répandu - Évolution : =
Âge moyen : 80 ans

B

Romaine

Étymologie : du latin *romanus* : « romain ». Romaine est la forme féminine de Romain.
Fête : 28 février (Saint-Romain)
Couleur : jaune - Chiffre : 3
Caractère : Romaine est enthousiaste, directive et a du caractère.
Fréquence : rare - Évolution : ↘
Âge moyen : 78 ans

B

Romane

Romana, Romanella, Romanie, Romélie, Romina, Romanka

Étymologie : du latin *romanus* : « romain ». Romane est une forme féminine de Romain.
Fête : 28 février (Saint-Romain)
Couleur : vert - Chiffre : 3
Caractère : Romane est vive, enthousiaste et charmante.
Personnage célèbre : Romane Bohringer, actrice.
Fréquence : rare - Évolution : ↗
Âge moyen : 9 ans

B

Romy

Étymologie : ce prénom est, en réalité, un diminutif affecteux de Rose-Marie. On dit, dans ces cas-là, qu'il s'agit d'une forme hypocoristique.
Fête : 12 mars - Couleur : gris - Chiffre : 8
Caractère : Romy est créative, romanesque et passionnée.
Personnage célèbre : l'actrice Romy Schneider.
Fréquence : rare - Évolution : ↗
Âge moyen : 14 ans

P

Rosa

Étymologie : du latin *rosa* : « rose ». Le prénom est associé à la fleur du même nom. Considérée, à l'origine, comme la fleur d'Aphrodite dans la mythologie grecque (et de Vénus, dans la mythologie romaine), la rose est un symbole de beauté et d'amour. De couleur rouge, elle est connue pour exprimer la passion. Ce prénom correspond à la forme originelle de la forme Rose et est particulièrement attribué en Espagne et en Italie.
Fête : 23 août - Couleur : bleu - Chiffre : 3
Caractère : Rosa est charismatique et aime avoir une certaine influence sur son entourage.

Personnages célèbres : la militante et théoricienne révolutionnaire d'origine polonaise Rosa Luxemburg (1870-1919) ; Rosa Parks, figure emblématique de la lutte contre la ségrégation raciale aux États-Unis ; la chanson de Jacques Brel *Rosa* ; l'artiste peintre Rosa Bonheur.
Fréquence : rare - Évolution : ⇗
Âge moyen : 79 ans

B

Rosalie

Rosalia, Rosali, Rosaly, Rosella, Roselle, Rozalia, Rozalija, Rozella

Étymologie : du latin *rosario* : « le jardin des roses ». Ce prénom fut porté par une ermite sicilienne du XIIIe siècle qui vécut dans une grotte près de Palerme. Elle est aujourdhui la sainte patronne de la Sicile.
Fête : 4 septembre - Couleur : bleu - Chiffre : 7
Caractère : Rosalie est curieuse, secrète et réfléchie.
Fréquence : rare - Évolution : ⇗

B

Rosalinde

Rosalind, Rosalinda

Étymologie : du germanique *hros* : « le cheval » et *lind* : « le serpent », personnifications de divinités mythologiques. Ce prénom est la forme première de Roseline.
Fête : 17 janvier - Couleur : blanc - Chiffre : 7
Caractère : Rosalinde est équilibrée, rigoureuse, travailleuse et a le sens de la justice.
Fréquence : très rare - Évolution : =

P

Rosanne

Étymologie : prénom formé sur l'union de Rose et Anne.
Fête : 23 août - Couleur : vert - Chiffre : 9
Caractère : Rosanne est équilibrée, rigoureuse et travailleuse.
Fréquence : rare - Évolution : ⇗
Âge moyen : 46 ans

B

Rose

Rhoda, Rodhia, Roos, Rosaura, Rosaure, Rosalba, Rosalio, Rosaria, Roscoe

Étymologie : du latin *rosa* : « rose ». Le prénom est associé à la fleur du même nom. Considérée, à l'origine, comme la fleur d'Aphrodite dans la mythologie grecque (et de Vénus, dans la mythologie romaine), la rose est un symbole de beauté et d'amour. De couleur rouge, elle est connue pour exprimer la passion. Ce prénom, très en vogue du Moyen Âge à la Renaissance, fut assez prisé et donna lieu à nombre d'autres formes : Rosemonde, Rosine, Rosaline... Fort appréciée dès le XIXe siècle dans sa forme simple, Rose devient source de formes composées dès le XXe siècle, alors que seule et sans aucun prénom pour l'accompagner, elle perd quelque peu de son attrait jusque vers 1995. Aujourd'hui, elle revient, seule.
Fête : 23 août - Couleur : bleu - Chiffre : 3
Caractère : Rose est dynamique, éloquente, vive. À l'image de la fleur qu'elle représente, Rose est une charmeuse invétérée. Terriblement sensuelle, c'est aussi une amoureuse de l'amour, quel qu'il soit. Car Rose est capable d'être la plus aimante des épouses, comme la meilleure des mères.
Personnage célèbre : Rose Caron, cantatrice (1857-1930).
Fréquence : répandu - Évolution : ⇗
Âge moyen : 75 ans

P

Roselyne

Roseline, Rosolino, Rosula, Rosule

Étymologie : du germanique *hros* : « le cheval » et *lind* : « le serpent », personnifications de divinités mythologiques. Roselyne est un dérivé attesté dès le XVe siècle de Rosalinde. La signification étymologique originelle s'estompa, semblant placer le prénom sous le double patronnat floral de la rose et du lys.

Fête : 17 janvier - Couleur : gris - Chiffre : 7

Caractère : Roselyne est énergique, audacieuse et aime la découverte.

Personnage célèbre : Roselyne Bachelot, femme politique et chroniqueuse TV.

Fréquence : répandu - Évolution : ↘

Âge moyen : 55 ans

C

Rosemarie

Étymologie : du latin *rosemarinus* : « rosée de mer ». Il fut ensuite relié au prénom floral, Rose et à celui de la Sainte Vierge, Marie. Rosemarie est la version française de Rosemary.

Fête : 23 août - Couleur : bleu - Chiffre : 4

Caractère : Rosemarie est gracieuse, ambitieuse et travailleuse.

Personnage célèbre : l'actrice américaine Rosemarie DeWitt.

Fréquence : rare - Évolution : =

Âge moyen : 53 ans

C

Rose-Marie

Étymologie : du latin *rosa* : « rose ». Cette composition de Rose et de Marie a été instaurée par une sainte, née à Lima au Pérou au XVIe siècle, fille d'un colon espagnol et d'une métisse indienne, qu'elle aida, car ils étaient ruinés et malades. Elle prit ensuite le voile, s'installant dans le cabanon de son jardin, au point d'en faire une sorte de mini-couvent dominicain où elle vécut dix ans, s'astreignant à une vie austère. On dit que très belle, très cultivée en plus d'être très pieuse, elle possédait de nombreux dons mystiques et fut visitée à de nombreuses reprises. Morte en 1617, elle fut canonisée en 1671 et devint la patronne de l'Amérique latine et des Philippines. C'est elle qui a rajouté Marie à son prénom.

Fête : 23 août - Couleur : bleu - Chiffre : 4

Caractère : Rose-Marie est persévérante, résolue et volontaire.

Fréquence : rare - Évolution : ↘

Âge moyen : 54 ans

V

Rosemary

Rosemay

Étymologie : du latin *rosemarinus* : « rosée de mer ». Il fut ensuite relié au prénom floral, Rose et à celui de la Sainte Vierge, Marie. Il eut, outre-Manche, une période de faveur entre 1935 et 1955.

Fête : 23 août - Couleur : bleu - Chiffre : 4

Caractère : Rosemary est bienveillante, consciencieuse, volontaire et réaliste.

Personnage célèbre : Rosemary, l'héroïne, interprétée par Mia Farrow, du célèbre film de Roman Polanski *Rosemary's Baby*.

Fréquence : rare - Évolution : =

Âge moyen : 43 ans

C

Rosemonde

Étymologie : du germanique *hros* : « le cheval » et *mund* : « la protection ». Ce prénom fut porté par une comtesse de Vernon qui, devenue veuve, entra chez les bénédictines où elle vécut de longues années.

Fête : 30 avril - Couleur : rouge - Chiffre : 2

Caractère : Rosemonde est idéaliste, altruiste et intègre.
Fréquence : rare - Évolution : ↘
Âge moyen : 66 ans

V

Rosetta

Rosita

Étymologie : du latin *rosa* : « rose ». Rosetta est une variante de Rosette.
Fête : 23 août - Couleur : bleu - Chiffre : 3
Caractère : Rosetta aime la communication et sait toujours parfaitement s'adapter.
Personnage célèbre : *Rosetta*, film des frères Dardenne sorti en 1999.
Fréquence : rare - Évolution : ↘
Âge moyen : 50 ans

B

Rosette

Étymologie : du latin *rosa* : « rose ». Rosette peut signifier « petite rose ».
Fête : 23 août - Couleur : bleu - Chiffre : 3
Caractère : Rosette est déterminée, enthousiaste et a l'esprit pratique.
Fréquence : rare - Évolution : ↘
Âge moyen : 71 ans

B

Rosine

Rosiane, Rosina

Étymologie : du latin *rosa* : « rose ». Rosine est un diminutif de Rose. Ce prénom fut porté par une religieuse allemande du XIIIe siècle vénérée dans le diocèse d'Augsburg.
Fête : 11 mars - Couleur : vert - Chiffre : 6
Caractère : Rosine est passionnée, habile, déterminée et ambitieuse.
Fréquence : rare - Évolution : =
Âge moyen : 73 ans

P

Rosy

Rosia, Rosie, Rossy

Étymologie : du latin *rosa* : « rose ». Rosy est un diminutif international de Rose, équivalent au Rosette français.
Fête : 23 août - Couleur : bleu - Chiffre : 3
Caractère : Rosy est énergique, audacieuse, séductrice et originale.
Personnage célèbre : Rossy de Palma, actrice et chanteuse espagnole.
Fréquence : rare - Évolution : ↗
Âge moyen : 30 ans

B

Roxane

Roxana, Roxanna, Roxanne, Roxine

Étymologie : du perse *rakshna* : « l'aurore lumineuse ».
Fête : 4 octobre - Couleur : rouge - Chiffre : 9
Caractère : Roxane est curieuse, indépendante et courageuse.
Personnages célèbres : Roxane, héroïne de Bajazet, la pièce de Racine ; Roxane l'héroïne de *Cyrano de Bergerac*, d'Edmond Rostand ; l'héroïne éponyme de la célèbre chanson du groupe *The Police*.
Fréquence : rare - Évolution : ↗
Âge moyen : 21 ans

V

Rozenn

Roza, Rozanne, Rozen

Étymologie : du latin *rosa* : « rose ». Ce prénom correspond à la forme bretonne de Rose.
Fête : 23 août - Couleur : vert - Chiffre : 2
Caractère : fidèle et intuitive, Rozenn sait par-

faitement s'adapter aux situations. Elle a de plus une certaine aisance relationnelle.
Fréquence : rare - Évolution : =
Âge moyen : 32 ans

B

Ruth

Ruthy

Étymologie : de l'hébreu : « celle qui compatit ». Elle s'expatria avec sa belle-mère Noémie avant de revenir à Bethléem pour épouser Booz. Elle est l'arrière-grand-mère du roi David.
Fête : 1er septembre - Couleur : rouge - Chiffre : 1
Caractère : Ruth est prudente, généreuse, travailleuse et exigeante.
Personnages célèbres : Ruth Rendell, l'auteur de romans policiers ; la journaliste Ruth Elkrief.
Fréquence : rare - Évolution : ↘
Âge moyen : 44 ans

S

V

Sabah

Saba, Sabahe, Sabbah, Sabéha

Étymologie : de l'arabe *sabâh* : « la lumière du matin ». Ce prénom correspond, par sa signification, à l'équivalent arabe d'Aurore.
Couleur : jaune - Chiffre : 4
Caractère : Sabah est fiable, tenace et méthodique.
Fréquence : rare - Évolution : ↘
Âge moyen : 30 ans

P

Sabine

Bine, Binele, Sabe, Sabi, Sabie, Sabienne, Sabina, Sabinka, Saby, Saidhbhinn, Savina, Savine, Saviniane, Savinka, Vinia

Étymologie : du latin *sabinus*, *sabina* : « appartenant au peuple ». Ce prénom renvoie au peuple des Sabins, qui furent les voisins des premiers Romains, au temps de la fondation de Rome.
Fête : 29 août - Couleur : bleu - Chiffre : 5
Caractère : Sabine est autoritaire, énergique et active.
Personnages célèbres : les Sabines, qui furent enlevées par leurs voisins romains, désirant former des familles, furent l'objet de nombreuses peintures, dont celle de Nicolas Poussin, extrêmement célèbre ; Sabine Azéma, actrice française.
Fréquence : répandu - Évolution : ↘
Âge moyen : 44 ans

P

Sabrina

Sabryna

Étymologie : de *sabre*, transcription latine du celte *severn*. La fille illégitime du roi Locrine, que son épouse Gwendoline jeta dans la rivière pour se venger, était prénommée Sabrina. Depuis la rivière est, toujours dans la transcripion latine, nommée Sabrina.
Couleur : bleu - Chiffre : 1
Caractère : Sabrina est ambitieuse, indépendante, affective.
Personnage célèbre : Sabrina, l'héroïne du film du même nom, incarnée par Audrey Hepburn.
Fréquence : répandu - Évolution : ↘
Âge moyen : 28 ans

B

Sacha

Étymologie : Sacha est un diminutif d'Alexandra, du grec *alexein* : « défendre » et andros : « homme ».
Couleur : rouge - Chiffre : 2
Caractère : Sacha est sensible, volontaire, active et opportuniste.
Fréquence : rare - Évolution : ↗
Âge moyen : 10 ans

V

Safia

Safaa, Safae, Safya, Safiya

Étymologie : de l'arabe *safiyya* : « pure ». Ce prénom fut porté par l'une des épouses du Prophète Mahomet, qui était une captive juive convertie à l'Islam.
Couleur : rouge - Chiffre : 9
Caractère : Safia est entière, franche et passionnée.
Fréquence : rare - Évolution : ↗
Âge moyen : 19 ans

V

Saïda

Étymologie : de l'arabe *sa' îd* : « heureux, chanceux ».
Couleur : vert - Chiffre : 6
Caractère : Saïda est affectueuse, sensible. Elle possède un sens profond des responsabilités.
Fréquence : rare - Évolution : ↘
Âge moyen : 32 ans

V

Salima

Salama

Étymologie : de l'arabe *salîm* : « sain, sans défaut, intact ».
Couleur : vert - Chiffre : 6

TOP 20

Prénoms slaves

Les prénoms slaves répondent à plusieurs critères mode du moment : la terminaison en A, un mystère certain, une sonorité appuyée. Un prénom slave est souvent la résultante d'un système de diminutifs marquant le degré de familiarité ou d'affection. Russie, Croatie, Pologne, Serbie et Monténégro, République Tchèque et Slovaquie... Voici une courte liste de prénoms venus de l'est.

Bogdana
Denica
Divina
Jelena
Jasna
Luba
Mila
Milady
Melina
Milena
Mira
Morana
Nada
Stanka
Svetlana
Tamila
Tihana
Vera
Vesna
Zlatina

Caractère : Salima est dynamique, audacieuse, indépendante et pleine d'assurance.
Fréquence : rare - Évolution : ↘
Âge moyen : 31 ans

V

Salma

Étymologie : de l'arabe *salîm* : « sain, sans défaut, intact ».
Couleur : vert - Chiffre : 6
Caractère : Salma est dynamique, audacieuse, indépendante et pleine d'assurance.
Personnage célèbre : Salma Hayek, actrice américaine.
Fréquence : rare - Évolution : ↗
Âge moyen : 9 ans

V

Sally

Sallie

Étymologie : de l'hébreu *saray* : « la princesse, la reine ». Sally est un diminutif de Sarah devenu prénom à part entière.
Fête : 20 décembre - Couleur : rouge - Chiffre : 6
Caractère : Sally est douce, charmante, affectueuse et généreuse.
Personnages célèbres : Sally Field, actrice américaine ; Sally, héroïne du film *Quand Harry rencontre Sally*.
Fréquence : rare - Évolution : ↗
Âge moyen : 19 ans

B

Salomé

Lomée, Loménie, Saloméa, Salomée

Étymologie : de l'hébreu *chalom* : « paix ». Ce prénom correspond à la forme féminine de Salomon. La mère de saint Jean l'Évangéliste et de saint Jacques le Majeur se prénommait Marie-Salomé.
Fête : 22 octobre - Couleur : vert - Chiffre : 2
Caractère : Salomé est charmante, courageuse, franche et sait faire preuve de professionnalisme.
Personnage célèbre : Salomé, fille d'Hérodiade, est une des plus anciennes femmes fatales de l'histoire : dansant devant son oncle qu'elle envoûta, elle obtint ainsi de lui qu'il tue Jean-Baptiste et lui apporte sa tête sur un plateau. C'est un personnage biblique très célèbre qui, outre les œuvres picturales qu'elle inspira avec sa danse des sept voiles, fut incarnée au cinéma par Rita Hayworth et « mise en musique » par Richard Strauss.
Fréquence : courant - Évolution : ↘
Âge moyen : 18 ans

P

Samantha

Mantha, Manthy, Sama, Samanta, Samanthy, Sammantha, Samthann

Étymologie : du germanique *santh* : « vrai, juste » et *thanc* : « la pensée ».
Fête : 19 décembre - Couleur : rouge - Chiffre : 9
Caractère : Samantha est sensible, charmeuse et fidèle.
Personnages célèbres : Samantha Stephens, l'héroïne de la série télévisée *Ma sorcière bien-aimée* ; Samantha Miccelli, personnage de la série *Madame est servie*.
Fréquence : répandu - Évolution : ↘
Âge moyen : 20 ans

V

Samia

Sama, Samae, Samah, Samia, Samiya, Sémiha

Étymologie : de l'arabe *samiya* : « haute, élevée, sublime ».
Couleur : blanc - Chiffre : 7
Caractère : Samia est toujours en quête de dépassement. Exigeante et aventurière, elle est néanmoins capable d'une grande rigueur.

Personnage célèbre : Samia, personnage de la sitcom de France 3 *Plus belle la vie*.
Fréquence : rare - Évolution : ↘
Âge moyen : 29 ans

V

Samira

Sémira

Étymologie : de l'arabe : « celle avec qui on peut converser pendant la nuit, la confidente ».
Couleur : vert - Chiffre : 6
Caractère : Samira a le sens de la famille, elle est équilibrée et exigeante.
Fréquence : rare - Évolution : ↘
Âge moyen : 29 ans

V

Sandie

Sandi, Sandia

Étymologie : du grec *alexein* : « repousser », et *andros* : « l'homme, le guerrier », signifie par extension : « celle qui repousse l'ennemi » ; ou du grec kassandra, « celle (ou celui) qui aide les hommes ». Ce prénom est considéré comme un diminutif d'Alexandra ou de Cassandra et Cassandre.
Fête : 2 avril - Couleur : vert - Chiffre : 6
Caractère : Sandie est déterminée, sait faire preuve de sagacité et est toujours en quête de connaissances.
Fréquence : rare - Évolution : ↘
Âge moyen : 30 ans

P

Sandra

Saundra

Étymologie : du grec *alexein* : « repousser », et *andros* : « l'homme, le guerrier », signifie par extension : « celle qui repousse l'ennemi » ; ou du grec kassandra : « celle (ou celui) qui aide les hommes ». Ce prénom est considéré comme un diminutif d'Alexandra. C'est dans les pays anglo-saxons et en Italie que ce prénom a d'abord explosé, inconnu en France avant les années 60. C'est dans les années 70 qu'il commence à se répandre.
Fête : 20 mars - Couleur : vert - Chiffre : 6
Caractère : Sandra, à l'image de la racine de son prénom, est une douce guerrière. Brave, combative, elle est aussi humaine que cérébrale et chez elle, finesse d'analyse et extrême bienveillance se complètent sans cesse.
Personnage célèbre : Sandra Bullock, actrice américaine.
Fréquence : répandu - Évolution : ↘
Âge moyen : 32 ans

P

Sandrine

Sandrina, Sendrine

Étymologie : du grec *alexein* : « repousser », et *andros* : « l'homme, le guerrier », signifie par extension : « celle qui repousse l'ennemi » ; ou du grec *kassandra* : « celle (ou celui) qui aide les hommes ». Ce prénom est considéré comme un diminutif d'Alexandrine. Sandrine a beau être un diminutif, il précéda, dans son envol, les formes dont il est issu. En 1973, Sandrine était même à la première place des prénoms féminins. Tout en étant très répandu, il est nettement moins à la mode aujourd'hui.
Fête : 2 avril - Couleur : bleu - Chiffre : 6
Caractère : Sandrine est déterminée, volontaire, pragmatique, optimiste, ce qui peut en faire une meneuse d'homme. Elle n'est pas sans douceur pour autant. Bien au contraire, elle peut se montrer extrêmement délicate et indulgente.
Personnages célèbres : Sandrine Bonnaire et Sandrine Kiberlain, comédiennes.
Fréquence : répandu - Évolution : ↘
Âge moyen : 38 ans

P

Sandy

Étymologie : du grec *alexein* : « repousser », et *andros* : « l'homme, le guerrier », signifie par extension : « celle qui repousse l'ennemi » ; ou du grec *kassandra*, « celle (ou celui) qui aide les hommes ». Ce prénom est considéré comme un diminutif d'Alexandra ou de Cassandra et Cassandre.
Fête : 2 avril - **Couleur** : bleu - **Chiffre** : 6
Caractère : Sandy est altruiste, réaliste, intègre et réfléchie.
Fréquence : rare - **Évolution** : ↘
Âge moyen : 23 ans

P

Sarah

Laria, Sadella, Sadie, Sal, Salaidh, Sara, Sarene, Sarette, Sari, Sarine, Zarah

Étymologie : de l'hébreu *sarah* : « princesse, souveraine ».
Fête : 9 octobre - **Couleur** : rouge - **Chiffre** : 3
Caractère : Sarah est une fine observatrice ! Idéaliste, elle n'aime pas que l'on remette en question ses convictions profondes. Elle est sociable et foncièrement bienveillante. Lorsqu'elle blesse ou déçoit, c'est par maladresse ou par excès de légèreté.
Personnages célèbres : la comédienne Sarah Bernhardt ; la chanteuse Sarah Vaughan ; la duchesse d'York Sarah Ferguson.
Fréquence : répandu - **Évolution** : ↘
Âge moyen : 19 ans

V

Sasha

Sascha

Étymologie : du grec *alexein* : « repousser », et *andros* : « l'homme, le guerrier », signifie par extension : « celle qui repousse l'ennemi » ; ou du grec *kassandra*, « celle (ou celui) qui aide les hommes ». Ce prénom est considéré comme un diminutif d'Alexandra.
Couleur : rouge - **Chiffre** : 2
Caractère : Sasha est sensible, volontaire, active et opportuniste.
Fréquence : rare - **Évolution** : ↗
Âge moyen : 6 ans

V

Saskia

Étymologie : du germanique : « couteau ».
Couleur : bleu - **Chiffre** : 6
Caractère : Saskia a le sens des responsabilités, est généreuse et attachée aux traditions.
Personnages célèbres : Saskia Rembrandt, l'épouse du peintre ; Saskia Sassen, sociologue et économiste néerlando-américaine, à l'origine du concept de ville mondiale (*global cities*).
Fréquence : rare - **Évolution** : ↗

B

Satine

Sateen, Satyne, Satheen

Étymologie : de satin, du nom de l'étoffe de soie fine et lustrée que l'on considère comme un symbole de douceur. Ce prénom confère à celle qui le porte un caractère de préciosité qui a contribué à le lancer.
Couleur : rouge - **Chiffre** : 10
Caractère : Satine est énergique, originale, audacieuse et a l'esprit de découverte.
Personnage célèbre : l'héroïne du film *Moulin Rouge* incarnée par Nicole Kidman.
Fréquence : rare - **Évolution** : ↘
Âge moyen : 5 ans

B

Sauvanne

Étymologie : de l'espagnol *sabana* : « la plaine sans arbre, la savane ». Ce prénom correspond à la

forme francisée (rare mais pas inexistante) de Savannah (nom d'une grande ville de Géorgie fondée en 1733, qui fut le théâtre d'une bataille de la guerre d'Indépendance, puis de la guerre de Sécession).
Couleur : jaune - Chiffre : 4
Caractère : Sauvanne est une aventurière dans l'âme, malicieuse et fine.
Fréquence : très rare - Évolution : =
Âge moyen : 16 ans

V

Savannah

Savana, Savanah, Savanna

Étymologie : de l'espagnol *sabana* : « la plaine sans arbre, la savane ». Savannah est le nom d'une grande ville de Géorgie fondée en 1733, qui fut le théâtre d'une bataille de la guerre d'Indépendance, puis de la guerre de Sécession.
Couleur : jaune - Chiffre : 4
Caractère : Savannah est drôle, inventive et imprévisible.
Fréquence : rare - Évolution : ↗
Âge moyen : 8 ans

B

Scarlett

Scarlette

Étymologie : du vieux français *escarlate*, qui a donné le terme français écarlate : « rouge profond ». Cette couleur revêtirait un aspect très métaphorique dans la langue anglaise, puisque Scarlett signifierait à l'origine : « pêcheresse ».
Couleur : rouge - Chiffre : 6
Caractère : Scarlett est ambitieuse, habile, forte et résolue.
Personnages célèbres : Scarlett O'Hara, la très célèbre héroïne d'*Autant en emporte le vent* ; Scarlett Johansson, l'actrice américaine.
Fréquence : rare - Évolution : ↗
Âge moyen : 22 ans

V

Schéhérazade

Chéhérazade, Chéhrazad, Chéhrazade, Chérazade, Shéérazade

Étymologie : du persan *charazade* : « la reine ».
Couleur : vert - Chiffre : 6
Caractère : Schéhérazade est fantasque, déterminée et énergique.
Personnage célèbre : l'illustre narratrice des contes des *Mille et Une Nuits*.
Fréquence : rare - Évolution : ↘
Âge moyen : 26 ans

C

Ségolène

Ségolaine, Ségolen, Sigolène

Étymologie : du germanique *sieg* : « victoire », et *lind* : « doux, douce ».
Fête : 24 juillet - Couleur : rouge - Chiffre : 3
Caractère : Ségolène est curieuse, charismatique, énergique et ambitieuse.
Personnage célèbre : Ségolène Royal, femme politique.
Fréquence : rare - Évolution : ↘
Âge moyen : 26 ans

B

Séléna

Étymologie : du grec *sélène* : « la lune ». Dans la mythologie grecque, Séléna est la fille des Titans Hypérion et Théia, et la sœur d'Hélios, le Soleil et d'Eos, l'Aurore.
Couleur : blanc - Chiffre : 2
Caractère : Selena est douce, réceptive, diplomate et loyale.
Personnage célèbre : la chanteuse et actrice Séléna Gomez.
Fréquence : rare - Évolution : ↗
Âge moyen : 9 ans

B

Sélène

Selen, Sélénia, Selenna

Étymologie : du grec *sélène* : « la lune ». Dans la mythologie grecque, Séléna est la fille des Titans, Hypérion et Théia, la sœur d'Hélios, le Soleil et d'Eos, l'Aurore.
Couleur : blanc - Chiffre : 2
Caractère : Sélène est douce, affective, diplomate et sensible.
Fréquence : rare - Évolution : ↗
Âge moyen : 8 ans

V

Selima

Sélimata

Étymologie : de l'arabe *salîm* : « saine, sans défaut, intacte ». Ce prénom correspond à la forme masculine de Selim.
Couleur : vert - Chiffre : 6
Caractère : Sélima est structurée, persévérante, déterminée et efficace.
Fréquence : rare - Évolution : ↗
Âge moyen : 32 ans

V

Sélina

Sélinay

Étymologie : ce prénom peut s'apparenter à une variante de Séléna, mais il correspond plus sûrement à un dérivé de Célina dont l'origine est incertaine. Il est peut-être issu du latin *caelina* : « divine, merveilleuse », mais est plus sûrement un diminutif de Marcelline.
Fête : 21 octobre - Couleur : bleu - Chiffre : 3
Caractère : Sélina est habile, forte, ambitieuse et déterminée.
Fréquence : rare - Évolution : ↗
Âge moyen : 10 ans

B

Selma

Zelma

Étymologie : du germanique : « protégé par le dieu Ans». Ce prénom correspond au diminutif d'Anselma, la forme féminine d'Anselme.
Fête : 21 avril (Saint-Anselme) - Couleur : bleu
Chiffre : 5
Caractère : Selma est travailleuse, volontaire, opiniâtre et rigoureuse.
Personnages célèbres : Selma Lagerlöf, romancière suédoise qui remporta le prix Nobel de littérature en 1909 pour son roman *La légende de Gösta Berling* ; l'actrice américaine Selma Blair.
Fréquence : rare - Évolution : ↗
Âge moyen : 12 ans

P

Séphora

Céphora, Séfora

Étymologie : de l'hébreu *tsipora* : « l'oiselle ». Ce prénom biblique fut porté par l'épouse de Moïse qui lui donna deux fils, avant que celui-ci ne la renvoie chez son père, afin qu'il puisse se consacrer uniquement à sa mission.
Couleur : bleu - Chiffre : 1
Caractère : Séphora est intuitive, aime la communication et l'harmonie.
Personnage célèbre : en raison de sa jolie sonorité, ce prénom a été utilisé il y a quelques années pour nommer une chaîne de parfumerie et de cosmétiques.
Fréquence : rare - Évolution : ↘
Âge moyen : 15 ans

B

Séraphine

Sérafina, Séraphie, Séraphina

Étymologie : de l'hébreu *saraph* : « brûlant ».
Fête : 9 septembre
Couleur : bleu - Chiffre : 9

Caractère : Séraphine est imaginative, passionnée et animée par une quête d'absolu.
Personnage célèbre : Séraphine de Senlis, artiste peintre française (1864-1942) dont l'œuvre est rattachée à l'art naïf.
Fréquence : rare - Évolution : ↗
Âge moyen : 81 ans

P

Séréna

Séren

Étymologie : du latin *serenus, serena* : « calme, paisible, serein ».
Fête : 23 février - Couleur : gris - Chiffre : 8
Caractère : comme l'étymologie de son prénom ne l'indique pas, Séréna est ardente, pleine de vitalité et de résolution.
Personnages célèbres : Serena Williams, la joueuse de tennis ; Serena, l'héroïne de la série *Gossip Girl*.
Fréquence : rare - Évolution : ↗
Âge moyen : 11 ans

B

Sergine

Sergia, Serguiane

Étymologie : du latin *Sergius*, du nom d'une célèbre famille romaine du Ier siècle. Ce prénom correspond à la forme féminine de Serge.
Fête : 25 septembre (Saint-Serge)
Couleur : rouge - Chiffre : 9
Caractère : Sergine est émotive, autoritaire et efficace.
Fréquence : rare - Évolution : =
Âge moyen : 57 ans

B

Serine

Serina

Étymologie : du latin *serenus, serena* : « calme, paisible, serein ». Serine est un prénom dont l'orthographe est proche de celle de l'adjectif français sereine.
Fête : 23 février - Couleur : gris - Chiffre : 8
Caractère : Serine est indépendante, intelligente et déterminée.
Fréquence : rare - Évolution : ↗
Âge moyen : 9 ans

V

Serlana

Étymologie : du latin *Sergius*, du nom d'une célèbre famille romaine du Ier siècle. Serlana correspond à une forme féminine slave de Serge.
Fête : 25 septembre (Saint-Serge)
Couleur : bleu - Chiffre : 9
Caractère : Serlana est ambitieuse, indépendante, imaginative et sensible.
Fréquence : très rare - Évolution : =

B

Servane

Servanne

Étymologie : du latin *servo* : « garder, respecter ».
Fête : 12 mai - Couleur : orange - Chiffre : 7
Caractère : Servane est affectueuse, indépendante et réservée.
Fréquence : rare - Évolution : ↘
Âge moyen : 26 ans

P

Séverine

Séverа, Sévère, Severiana, Severianka, Sévériane, Séverienne, Séverina, Séveryne

Étymologie : du latin *severus* : « rigoureux, sévère », ou *severanus* : « appartenant à la gens Severa », illustre à Rome.
Fête : 20 juillet - Couleur : orange - Chiffre : 7
Caractère : Séverine aime l'originalité.
Fréquence : répandu - Évolution : ↘
Âge moyen : 35 ans

. TOP 20 .

Prénoms asiatiques

Ado *(japonais)*
Aelan *(laotien)*
Aiko *(japonais)*
Azura *(japonais)*
Hong *(du vietnamien : « beauté »)*
Kohana *(du japonais : « petite fleur »)*
Kuniyo *(japonais)*
Kunnarie *(du cambodgien : « élégante »)*
Mai *(du japonais : « lumineux »)*
Midoli *(du japonais : « couleur verte »)*
Minh *(du vietnamien : « intelligente »)*
Nioko *(japonais)*
Tama *(du japonais : « bijou »)*
Tamala *(du japonais : « joyaux »)*
Tamako *(du japonais : « bijou »)*
Tham *(du vietnamien : grâce)*
Thanh *(du vietnamien : « couleur bleue »)*
Thien *(du vietnamien : « celle qui est bonne et juste »)*
Thuy *(du vietnamien : « eau »)*
Tori *(du japonais : « oiseau »)*

V

Shaïma

Shayma

Étymologie : de l'arabe : « d'une grande beauté ».
Couleur : vert - Chiffre : 10
Caractère : Shaïma est bienveillante, sage et consciencieuse.
Fréquence : rare - Évolution : ↗
Âge moyen : 7 ans

V

Shaïna

Sheïna

Étymologie : de l'hébreu : « belle ». Shaïna est un prénom en forte croissance actuellement, en raison de sa prononciation équivalente à celle du mot anglais : « China ».
Chiffre : bleu - Couleur : 9
Caractère : Shaïna est pleine de sagacité, elle est spirituelle et résolue.
Fréquence : rare - Évolution : ↗
Âge moyen : 6 ans

V

Shana

Shanaé, Shanaël, Shanaëlle, Shania, Shanna, Shawna

Étymologie : de l'hébreu *yohanân* : « Dieu fait grâce ». Shana est une féminisation de Shan, forme phonétique du prénom gallois orthographié Sian, correspondant au Jane anglais, en français Jeanne.
Fête : 30 mai - Couleur : jaune - Chiffre : 5
Caractère : Shana est intelligente, sage et indépendante.
Fréquence : rare - Évolution : ↗
Âge moyen : 7 ans

V

Shannon

Shannen, Shannone, Shanon, Shanone

Étymologie : du celte *sinnan* : « la Vieille », déesse-mère de la mythologie irlandaise, qui a donné son nom au plus long fleuve de l'île (370 km) qui se jette dans l'océan Atlantique. Shannon est un prénom prisé en Grande-Bretagne et aux États-Unis, dans les familles d'origine irlandaise. C'est un prénom mixte, même s'il est plus couramment usité pour les filles.

Couleur : vert - Chiffre : 5

Caractère : Shannon a le goût de l'aventure, elle est sensible et indépendante.

Fréquence : rare - Évolution : ↘

Âge moyen : 11 ans

V

Sharleen

Sharlen

Étymologie : du germanique *karl* : « viril ». Ce prénom correspond à une forme féminine anglo-saxonne de Charles.

Fête : 17 juillet - Couleur : bleu - Chiffre : 3

Caractère : Sharleen a l'esprit pratique, est d'un naturel positif et allant de l'avant.

Personnages célèbres : Sharleen Spiteri, chanteuse du groupe *Texas*.

Fréquence : rare - Évolution : ↗

Âge moyen : 9 ans

P

Sharlène

Étymologie : du germanique *karl* : « viril ». Ce prénom correspond à une forme féminine anglo-saxonne de Charles, la variante de Charlène.

Fête : 17 juillet - Couleur : bleu - Chiffre : 3

Caractère : Sharlène est déterminée, ambitieuse et énergique.

Fréquence : rare - Évolution : ↘

Âge moyen : 11 ans

P

Sharon

Sharona, Sharone,

Étymologie : de l'hébreu *charone*, du nom d'une plaine israëlienne s'étendant de Tel Aviv à Césarée. Une jeune et jolie bergère est surnommée la « rose de Sharon » dans le *Cantique des cantiques*. Ce sont les puritains des États-Unis au XVIIe siècle qui ont fait de ce toponyme un prénom.

Couleur : vert - Chiffre : 3

Caractère : Sharon est sociable, optimiste, pragmatique et indépendante.

Personnage célèbre : Sharon Stone, star de cinéma américaine.

Fréquence : rare - Évolution : ↘

Âge moyen : 17 ans

V

Sheila

Sheelagh, Sheelah, Sheilah, Shelagh, Shiela

Étymologie : du latin *caecili*, nom d'une célèbre famille de l'aristocratie romaine, qui aurait été hérité du nom donné à un ancêtre, *caecus* : « l'aveugle ». Dans l'Antiquité, être aveugle signifiait avoir un pouvoir de lire l'avenir.
Ce prénom correspond à la forme anglo-saxonne de Cécile.

Fête : 22 novembre - Couleur : bleu - Chiffre : 1

Caractère : Sheila est émotive, charmante, généreuse et douée d'un grand sens artistique.

Personnage célèbre : Sheila, chanteuse française dont les premiers succès marquent l'époque yé-yé.

Fréquence : rare - Évolution : ↗

Âge moyen : 34 ans

V

Shérazade

Étymologie : du persan *charazade* : « la reine ».

Couleur : vert - Chiffre : 6

Caractère : Shérazade aime innover. Elle est imaginative, fantasque et bienveillante.
Fréquence : rare - Évolution : ↗
Âge moyen : 14 ans

V

Sheryl

Étymologie : du germanique *karl* : « viril ». Ce prénom est une variante de Chéryl, dérivé anglo-saxon assez courant outre-Atlantique de Charlotte.
Fête : 17 juillet - Couleur : vert - Chiffre : 6
Caractère : Sheryl est généreuse, pleine de charme et a le sens des responsabilités.
Personnage célèbre : Sheryl Crow, chanteuse américaine.
Fréquence : rare - Évolution : ↗
Âge moyen : 13 ans

V

Sherilyn

Étymologie : de l'anglais *charity* : « la charité ». Sherilyn est une variante de Chérilyn, un dérivé de Charity, prénom du XIXe siècle, qui comme Faith reflétait les vertus théologiales et était attribué par les puritains protestants. Sa terminaison pourrait être due à une contraction avec Ellen.
Couleur : rouge - Chiffre : 3
Caractère : Sherilyn est réputée pour la pureté de son cœur, mais aussi pour son caractère actif et sa capacité à rebondir.
Personnage célèbre : Sherilyn Fenn, actrice américaine.
Fréquence : très rare - Évolution : ↗
Âge moyen : 14 ans

P

Shirel

Shirelle, Shyrel, Shyrelle

Étymologie : du latin : « cerisier ».
Couleur : bleu - Chiffre : 9
Caractère : Shirel est bienveillante, a le sens des responsabilités et un grand sens artistique.
Fréquence : rare - Évolution : ↗
Âge moyen : 8 ans

P

Shirley

Sheri, Sherley, Shir, Shirlee, Shirleen, Shirlene

Étymologie : de l'anglais : « belle clairière ». Ce nom de lieu a subi l'évolution classique ; il est devenu patronyme, puis prénom et plus précisément prénom féminin.
Couleur : vert - Chiffre : 6
Caractère : Shirley est vive, sociable, volontaire et optimiste.
Personnages célèbres : Shirley Temple, enfant prodige du cinéma américain dont elle fut une vedette dès l'âge de six ans ; Shirley Mac Laine, l'actrice américaine.
Fréquence : rare - Évolution : ↘
Âge moyen : 23 ans

C

Sibylle

Bilgen, Cibilla, Cilli, Sébille, Sib, Sibbie, Sibeal, Sibel, Sibell, Sibie, Sibil, Sibilla, Sibille, Sibyl, Sibylla, Sibyllina, Sybyl, Sibyl, Sibylline

Étymologie : du grec *sibulla*, en latin *sibylla* : « femme qui prédit l'avenir ». Les Sibylles étaient les prêtresses d'Apollon qui avaient le don de prédire l'avenir.
Couleur : blanc - Chiffre : 7
Caractère : Sibylle est directive, organisée et sait prendre des décisions. Elle a aussi beaucoup de cœur.
Personnage célèbre : la sibylle de Cumes, qui passe pour avoir prévu la venue sur terre du Christ.
Fréquence : rare - Évolution : ↗
Âge moyen : 22 ans

V

Sidney

Étymologie : du grec *Dionysos*. Ce prénom serait, vraisemblablement, la forme anglo-saxonne de Denise, en hommage au dieu du vin, de la vigne et de l'inspiration poétique, dans la mythologie grecque.

Fête : 9 octobre - **Couleur :** rouge - **Chiffre :** 4

Caractère : Sidney est persévérante, structurée et indépendante.

Fréquence : rare - **Évolution :** =

B

Sidonie

Sid, Sidel, Sidoine, Sidonia, Sitta, Zdenka

Étymologie : du latin *sidonius* : qui habite la ville de Sidon, sur la côte libanaise.

Fête : 21 août - **Couleur :** vert - **Chiffre :** 9

Caractère : Sidonie est à l'écoute des autres, déterminée et pleine de vitalité.

Fréquence : rare - **Évolution :** ↗

Âge moyen : 61 ans

V

Siham

Sihame

Étymologie : de l'arabe *sihâm* : « les flèches ».

Couleur : bleu - **Chiffre :** 5

Caractère : Siham est curieuse, courageuse et charismatique.

Fréquence : rare - **Évolution :** ↘

Âge moyen : 20 ans

V

Sihem

Siheme

Étymologie : de l'arabe *sihâm* : « les flèches ».

Couleur : bleu - **Chiffre :** 5

Caractère : Sihem est rêveuse, ouverte d'esprit et humaine.

Fréquence : rare - **Évolution :** ↗

Âge moyen : 19 ans

P

Silvana

Étymologie : du latin *Silvanus* : « le dieu de la forêt ». Silvana correspond à la version italienne de Sylvaine, forme féminine de Sylvain.

Fête : 4 mai (Saint-Sylvain) - **Couleur :** rouge

Chiffre : 4

Caractère : Silvana est très méthodique, compatissante et aime se réaliser.

Personnage célèbre : Silvana Mangano, actrice italienne.

Fréquence : rare - **Évolution :** =

Âge moyen : 46 ans

P

Simone

Sima, Sime, Siméone, Simmie, Simona, Simonette, Sym, Syma

Étymologie : de l'hébreu *shimeone* : « Dieu a entendu ma souffrance ».

Fête : 19 février - **Couleur :** violet - **Chiffre :** 3

Caractère : Simone est curieuse, a soif de culture et de savoir. Elle peut parfois se montrer dominatrice.

Personnages célèbres : Simone de Beauvoir, l'écrivain féministe, auteur du *Deuxième Sexe* et compagne de Jean-Paul Sartre ; Simone Weil, la célèbre philosophe ; Simone Veil, femme politique française ; Simone Signoret, grande actrice française.

Fréquence : répandu - **Évolution :** ↗

Âge moyen : 83 ans

V

Sirine

Syrine

Étymologie : du persan *sîrîn* : « la rassasiée ». Ce prénom fut porté par l'une des esclaves que Mahomet envoya au gouverneur d'Égypte. Elle se convertit à l'Islam, mais garda son prénom d'origine.
Couleur : blanc - Chiffre : 2
Caractère : Sirine est intuitive, fidèle et aime la méditation.
Fréquence : rare - Évolution : ⇗
Âge moyen : 8 ans

C

Sixtine

Étymologie : du latin *sextus* : « le chiffre six », considéré comme le médiateur entre Dieu et sa Création, en référence aux 6 jours de la Création, d'où son utilisation en tant que prénom.
Fête : 7 août - Couleur : bleu - Chiffre : 2
Caractère : Sixtine est indépendante et a le goût de l'aventure.
Fréquence : rare - Évolution : ⇗
Âge moyen : 12 ans

B

Sofia

Sofa, Sophia, Zofia

Étymologie : du grec *sophia* : « la sagesse ». Ce prénom correspond à la forme slave, espagnole et italienne de Sophie. Ce prénom fut porté par deux saintes. La première, celle que l'on célèbre le 25 mai, est auréolée de légende. En effet, cette Romaine du IIe siècle fut martyrisée avec ses trois filles Liouba (Charité), Véra (Foi), Nadège (Espérance), sur l'ordre de l'empereur Hadrien. Son propre prénom signifiant « sagesse », on soupçonne cette histoire d'être une allégorie, Sophie désignant elle-même la sagesse divine. C'est pourtant elle que l'on consacra sainte et non Madeleine-Sophie Barrat, qui fonda au début du XIXe siècle, la fameuse congrégation des sœurs du Sacré-Cœur.
Fête : 25 mai - Couleur : bleu - Chiffre : 2
Caractère : Sofia est séductrice, audacieuse et pourvue d'un bel esprit de découverte.
Personnage célèbre : la réalisatrice Sofia Coppola.
Fréquence : rare - Évolution : ⇗
Âge moyen : 15 ans

V

Soizic

Soazic, Soizick

Étymologie : du latin *francus, franca* : « homme, femme libre », puis « du peuple franc ». Ce prénom correspond à la forme bretonne de Françoise.
Fête : 29 mars - Couleur : rouge - Chiffre : 9
Caractère : Soizic est intuitive, sensible et charmante.
Fréquence : rare - Évolution : ⇘
Âge moyen : 31 ans

B

Solange

Solemnia, Solemnio

Étymologie : du latin *sollemnis* : « grave, consacrée ».
Fête : 10 mai - Couleur : bleu - Chiffre : 1
Caractère : Solange est vive, énergique, volontaire et a de grandes capacités d'adaptation.
Personnage célèbre : la chanteuse Solange Knowles et sœur de Beyoncé.
Fréquence : répandu - Évolution : ⇘
Âge moyen : 76 ans

V

Soléa

Étymologie : du latin *sollemnis* : « grave, consacrée ».
Fête : 10 mai - Couleur : bleu - Chiffre : 1

Caractère : Soléa est spirituelle et philosophe. Tout en étant raisonnée, elle aborde la vie en se posant des questions.
Fréquence : très rare - Évolution : ↗
Âge moyen : 5 ans

V

Soléane

Soléanne, Soliane, Solianne

Étymologie : ce prénom est une contraction de Soléa et Anne.
Couleur : vert - Chiffre : 3
Caractère : Soléane est habile, ambitieuse et passionnée.
Fréquence : rare - Évolution : ↗
Âge moyen : 5 ans

V

Solène

Solenn, Solenne

Étymologie : du latin *sollemnis* : « grave, consacrée ».
Fête : 17 octobre - Couleur : vert - Chiffre : 7
Caractère : Solène est secrète, sérieuse et réfléchie.
Fréquence : rare - Évolution : ↘
Âge moyen : 17 ans

B

Soline

Solyane, Solyne

Étymologie : du latin *sollemnis* : « grave, consacrée ». Ce prénom est une variante de Solène.
Fête : 17 octobre - Couleur : orange - Chiffre : 2
Caractère : Soline est intuitive, directive. Elle a l'esprit logique et aime le relationnel.
Fréquence : rare - Évolution : ↗
Âge moyen : 17 ans

C

Solveig

Solvei, Solveiga, Solvey, Solvi, Solvic, Solvig

Étymologie : du germanique : « la maîtresse de maison ».
Couleur : blanc - Chiffre : 9
Caractère : Solveig est indépendante, travailleuse, opiniâtre et émotive.
Personnages célèbres : Solveig, l'héroïne de Peer Gynt d'Ibsen, dont Grieg a fait un opéra ; la réalisatrice Sólveig Anspach.
Fréquence : rare - Évolution : ↗
Âge moyen : 20 ans

P

Sonia

Sonja, Sonya,

Étymologie : du grec *sophia* : « la sagesse ». Sonia est une variante slave très répandue de Sophie.
Fête : 25 mai - Couleur : blanc - Chiffre : 2
Caractère : Sonia est persévérante, structurée et efficace.
Personnages célèbres : l'artiste peintre Sonia Delaunay ; la styliste Sonia Rykiel.
Fréquence : répandu - Évolution : ↘
Âge moyen : 35 ans

Ç

Sophie

Fei, Fia, Fieke, Fig, Fiken, Phie, Sadhba, Sadhbn, Sofi, Sofie, Sopher, Sophus, Sophy, Vike, Viki, Vikli, Zoffi

Étymologie : du grec *sophia* : « la sagesse ». Ce prénom fut porté par deux saintes. La première, celle que l'on célèbre 25 mai, est auréolée de légende. En effet, cette romaine du IIe siècle fut martyrisée avec ses trois filles Liouba (Charité), Véra (Foi), Nadège (Espérance), sur l'ordre de

l'empereur Hadrien. Son propre prénom signifiant « sagesse », on soupçonne cette histoire d'être une allégorie, Sophie désignant elle-même la sagesse divine. C'est pourtant elle que l'on consacra sainte et non Madeleine-Sophie Barrat, qui fonda au début du XIXe siècle, la fameuse congrégation des sœurs du Sacré-Cœur. Sophie fait figure de classique. Représenté dès l'Antiquité, plus particulièrement sous la Grèce antique, sous sa forme en « a », il se répand en Italie, en Espagne ou en Allemagne pendant la Renaissance. Le prénom avec sa terminaison francisée est régulièrement attribué en France, dès le XVIIIe, au point de devenir un prénom courant dès la seconde moitié du XIXe siècle. La publication du roman de la Comtesse de Ségur (qui prénomme son héroïne comme elle) semble lui porter malheur, puisqu'elle est suivie d'une période de disgrâce, largement rattrapée, heureusement, dès le XXe siècle. En effet, Sophie revient durant les années 50, en particulier au sein des milieux bourgeois qui l'affectionnent au point de lui permettre de s'épanouir jusqu'à la fin des années 70. Moins attribué aujourd'hui, il demeure tout de même un prénom répandu, ayant longtemps gardé la faveur des milieux chics et reste une sorte de classique courant.
Fête : 25 mai - Couleur : bleu - Chiffre : 2
Caractère : Sophie a un cœur ouvert et généreux, mais un excès de sensibilité et de subjectivité, pas nécessairement synonyme de sagesse ; très sociable, intelligente et hyperféminine, elle sait se tromper avec humour et se dévouer sans déplaisir ; vive et décidée, elle cultive volontiers le paradoxe et n'hésite pas à frôler l'inconvenance.
Personnages célèbres : Sophie Volland, correspondante de Diderot ; Sophie Germain, mathématicienne française du XVIIIe siècle ; Sophie Rostopchine, nom de la comtesse de Ségur ; l'actrice Sophie Marceau.
Fréquence : répandu - Évolution : ↘
Âge moyen : 38 ans

V

Soraya

Étymologie : de l'arabe *thourayya* : « la constellation des pléiades ».
Couleur : bleu - Chiffre : 7
Caractère : Soraya est réservée, généreuse et réfléchie.
Fréquence : rare - Évolution : ↗
Âge moyen : 25 ans

V

Souad

Souaad, Souade, Souadou, Souhad, Souhade, Suheda

Étymologie : de l'arabe : « heureuse, chanceuse ».
Couleur : vert - Chiffre : 2
Caractère : Souad est bienveillante, consciencieuse et sage. C'est la confidente rêvée.
Fréquence : rare - Évolution : ↘
Âge moyen : 27 ans

V

Soukaïna

Soukeïna, Soukayna

Étymologie : de l'arabe *sakîna* : « la paix profonde ».
Couleur : jaune - Chiffre : 1
Caractère : autoritaire et énergique, Soukaïna a l'esprit logique.
Fréquence : rare - Évolution : ↗
Âge moyen : 11 ans

V

Soumaya

Souméya

Étymologie : de l'arabe *samiya* : « sublime ». Ce prénom fut porté par une jeune femme de La Mecque, tristement connue pour être la première femme à avoir été victime des persécutions contre Mahomet.

Couleur : bleu - Chiffre : 5
Caractère : Soumaya est dynamique, courageuse et sait faire preuve d'indépendance.
Fréquence : rare - Évolution : ⇗
Âge moyen : 14 ans

V

Soumia

Soumiya, Soumya

Étymologie : de l'arabe *samiya* : « sublime ». Ce prénom fut porté par une jeune femme de La Mecque, tristement connue pour être la première femme à avoir été victime des persécutions contre Mahomet.
Couleur : bleu - Chiffre : 5
Caractère : Soumia est influente, a le sens des responsabilités et de l'analyse.
Fréquence : rare - Évolution : ⇘
Âge moyen : 20 ans

P

Stacy

Stacie, Stacey

Étymologie : du grec : « résurrection ». Stacy est un diminutif anglo-saxon d'Anastasie.
Fête : 10 mars - Couleur : vert - Chiffre : 8
Caractère : Stacy est énergique, audacieuse et a l'esprit de découverte.
Fréquence : rare - Évolution : ⇘
Âge moyen : 13 ans

V

Steffy

Steffie, Steffi, Stephie, Stephy

Étymologie : du grec *stephanos* : « couronné ». Ce prénom est un diminutif de Stéphanie.
Fête : 2 janvier - Couleur : orange - Chiffre : 7
Caractère : Steffy est idéaliste, dévouée et altruiste.
Fréquence : rare - Évolution : ⇘
Âge moyen : 16 ans

P

Stella

Étymologie : du latin *stella* : « l'étoile ». Ce prénom correspond au substantif latin qui a engendré le français Estelle.
Fête : 11 mai - Couleur : bleu - Chiffre : 8
Caractère : Stella est équilibrée, créative et intuitive.
Personnage célèbre : la styliste Stella McCartney.
Fréquence : rare - Évolution : ⇗
Âge moyen : 26 ans

C

Stéphanie

Étymologie : du grec *stephanos* : « couronné ».
Fête : 2 janvier - Couleur : orange - Chiffre : 7
Caractère : Stéphanie est une altruiste, accordant une grande importance à l'amitié et s'épanouissant au sein d'un groupe. Pourtant, elle est capable, parfois, d'étonner par son besoin de solitude. Il faut dire que le recueillement lui est nécessaire, car son esprit ne s'arrête jamais. Stéphanie est, dans tous les cas, une passionnée, curieuse de tout et en particulier des êtres humains, pour qui elle est capable de se battre sans répit, si la cause lui semble juste.
Personnage célèbre : la princesse Stéphanie de Monaco.
Fréquence : répandu - Évolution : ⇘
Âge moyen : 35 ans

V

Stessy

Étymologie : du grec : « résurrection ». Stessy est une variante de Stacy, diminutif anglo-saxon d'Anastasie.
Fête : 10 mars - Couleur : vert - Chiffre : 8
Caractère : Stessy est énergique, audacieuse et possède un esprit de découverte.
Fréquence : rare - Évolution : ⇘
Âge moyen : 13 ans

Sue

Étymologie : de l'hébreu *shushân* : « le lys ». Ce prénom correspond à un diminutif anglo-saxon de Suzanne.
Fête : 11 août - Couleur : violet - Chiffre : 1
Caractère : Sue est vive, intelligente et diplomate.
Fréquence : très rare - Évolution : =
Âge moyen : 31 ans

Suzanne

Sanna, Sanne, Sannerl, Siusaidh, Siusan, Sosanna, Sukey, Suki, Susan, Susana, Suzanna, Suzannus, Zuselt, Zuzanna

Étymologie : de l'hébreu *shushân* : « le lys ».
Fête : 11 août - Couleur : violet - Chiffre : 1
Caractère : Suzanne est affectueuse, ironique, perspicace, dynamique, parfois renfermée ou repliée sur quelque secret ; son charme est indéniable et tient à sa simplicité d'être, directe, bon enfant et enjouée. Elle a la grâce du lys.
Personnages célèbres : Suzanne Necker, qui fonda au XVIIIe siècle l'hôpital des Enfants-Malades ; l'artiste peintre Suzanne Valadon (1867-1938), mère de Maurice Utrillo ; la première star internationale du tennis féminin, Suzanne Lenglen.
Fréquence : courant - Évolution : ↗
Âge moyen : 88 ans

Suzette

Susette

Étymologie : de l'hébreu *shushân* : « le lys ». Suzette correspond à un diminutif de Suzanne.
Fête : 11 août - Couleur : violet - Chiffre : 1
Caractère : Suzette est forte, ambitieuse et sensible.
Personnage célèbre : Suzette, la petite amie du petit Spirou.
Fréquence : rare - Évolution : ↘
Âge moyen : 76 ans

Suzie

Susi, Susie, Suzy, Zannie

Étymologie : de l'hébreu *shushân* : « le lys ». Suzie est l'un des diminutifs de Suzanne.
Fête : 11 août - Couleur : violet - Chiffre : 1
Caractère : Suzie est ambitieuse, forte et habile.
Fréquence : rare - Évolution : ↗
Âge moyen : 32 ans

Suzon

Susano

Étymologie : de l'hébreu shushân : « le lys ». Suzon correspond à un diminutif de Suzanne.
Fête : 11 août - Couleur : violet - Chiffre : 1
Caractère : Suzon est curieuse, dynamique et indépendante.
Fréquence : rare - Évolution : ↗
Âge moyen : 13 ans

Swann

Swanna, Swanne, Swanny

Étymologie : de l'anglais : « cygne ». Ce prénom est visiblement un croisement entre le substantif anglais et le patronyme du héros de Marcel Proust, *Du côté de chez Swann*.
Couleur : gris - Chiffre : 8
Caractère : Swann est une stratège, fine et subtile. C'est une intrigante mystérieuse, elle peut paraître presque insaisissable.
Fréquence : rare - Évolution : ↗
Âge moyen : 9 ans

C

Sybille

Étymologie : du grec *sibulla*, du latin *sibylla* : « femme qui prédit l'avenir ». Ce prénom est une variante de Sibylle. Les Sibylles étaient les prêtresses d'Apollon qui avaient le don de prédire l'avenir.

Couleur : blanc - Chiffre : 7

Caractère : Sibylle aime communiquer. Elle est à la fois pragmatique et déterminée.

Fréquence : rare - Évolution : ↗

Âge moyen : 34 ans

P

Sydney

Étymologie : du grec *Dionysos*. Ce prénom, variante orthographique de Sidney, serait vraisemblablement la forme anglo-saxonne de Denise.

Fête : 9 octobre - Couleur : rouge - Chiffre : 4

Caractère : Sydney est persévérante, structurée, indépendante et déterminée.

Personnage célèbre : Sydney Bristow, héroïne de la série télévisée *Alias*.

Fréquence : rare - Évolution : =

Âge moyen : 10 ans

C

Sylvaine

Silvaine, Silvana, Silvane

Étymologie : du latin *Silvanus* : « le dieu de la forêt ». Sylvaine est la forme féminine de Sylvain.

Fête : 4 mai (Saint-Sylvain) - Couleur : rouge

Chiffre : 4

Caractère : Sylvaine est ambitieuse, fière et travailleuse.

Fréquence : rare - Évolution : ↘

Âge moyen : 54 ans

S

TOP 20

Prénoms du cinéma

Ah... les prénoms de cinéma ! Voici des titres de films (non suivis d'une parenthèse dans la liste ci-dessous), et les noms des héroïnes véhiculant tout un monde fantasmatique : celui du réalisateur et le nôtre. Des prénoms générationnels pour des personnages devenus cultes.

Amélie *(Amélie Poulain)*
Angélique
Arwen *(Le Seigneur des Anneaux)*
Bella *(Twilight)*
Emmanuelle
Manon *(Manon des Sources)*
Julia
Juno
Leia *(Star Wars)*
Lilou *(Le Cinquième Élément)*
Lola *(Cours, Lola, Cours)*
Lux *(Virgin Suicides)*
Nathalie
Neytiri *(Avatar)*
Nikita
Satine *(Moulin Rouge)*
Sally *(Quand Harry rencontre Sally)*
Scarlett *(Autant en emporte le vent)*
Thelma *(Thelma et Louise)*
Vic / Victoire *(La Boum)*

V

Sylvana

Étymologie : du latin *Silvanus* : « le dieu de la forêt ». Sylvaine est la forme féminine de Sylvain.
Fête : 4 mai (Saint-Sylvain) - Couleur : rouge
Chiffre : 4
Caractère : Sylvana a un certain sens de la méthode, elle est compatissante et aime se réaliser.
Fréquence : rare - Évolution : ↘
Âge moyen : 38 ans

B

Sylvette

Étymologie : du latin *silva* : « la forêt ». Ce prénom est un diminutif de Sylvie.
Fête : 5 décembre - Couleur : vert - Chiffre : 2
Caractère : Sylvette a du cœur, aime la réussite et est très active.
Fréquence : rare - Évolution : =
Âge moyen : 62 ans

P

Sylvia

Étymologie : du latin silva : « la forêt ».
Fête : 5 décembre - Couleur : vert - Chiffre : 2
Caractère : Sylvia est intelligente, éprise de savoir et de méditation.
Personnage célèbre : l'écrivain Sylvia Plath.
Fréquence : répandu - Évolution : ↘
Âge moyen : 44 ans

P

Sylviane

Sylviana, Sylvianne

Étymologie : du latin *silva* : « la forêt ». Ce prénom est une variante de Sylvie.
Fête : 5 décembre - Couleur : vert - Chiffre : 2 -
Caractère : Sylviane est compatissante, réaliste et pleine de vitalité.
Fréquence : répandu - Évolution : =
Âge moyen : 58 ans

P

Sylvie

Étymologie : du latin *silva* : « la forêt ».
Fête : 5 décembre - Couleur : vert - Chiffre : 2
Caractère : Sylvie est féminine, charmante, courageuse et loyale.
Personnages célèbres : Sylvie de Gérard de Nerval, une des nouvelles réunies sous le titre *Les Filles du feu* ; Sylvie Joly, humoriste française ; la chanteuse Sylvie Vartan ; l'actrice Sylvie Testud.
Fréquence : répandu - Évolution : ↘
Âge moyen : 48 ans

T

P

Tabatha

Étymologie : du grec : « gazelle ».
Couleur : rouge - Chiffre : 2
Caractère : Tabatha est forte, passionnée, ambitieuse et habile.
Personnage célèbre : Tabatha Stevens, fille de Samantha et Jean-Pierre Stevens dans la série *Ma sorcière bien-aimée.*
Fréquence : rare - Évolution : ↘
Âge moyen : 11 ans

B

Tacha

Tasha

Étymologie : du latin *natalis* : « jour de naissance ». Ce prénom correspond au diminutif de Natacha, forme slave de Nathalie. L'épouse

de saint Adrien, prénommée Natacha, subit le martyre en même temps que lui.
Fête : 8 septembre - Couleur : rouge - Chiffre : 2
Caractère : Tacha est réservée, loyale et fidèle et peut faite preuve d'un véritable esprit d'analyse.
Fréquence : très rare

B

Taïs

Taïssia, Taïssa, Taïssir, Taïss, Taïssy

Étymologie : du grec : « lien », « bandage ». Ce prénom fut porté par une courtisane athénienne du IVe siècle avant J.-C. Maîtresse d'Alexandre le Grand, elle devint à sa mort l'épouse de Ptolémée Ier. Ce prénom fut également rendu illustre par une courtisane égyptienne du IVe siècle, qui fut convertie par un moine et se retira dans un monastère.
Fête : 8 octobre - Couleur : rouge - Chiffre : 3
Caractère : Taïs est une séductrice, optimiste, ordonnée et rigoureuse.
Fréquence : rare - Évolution : ↗
Âge moyen : 6 ans

P

Talia

Étymologie : du grec : « florissant ». Thalia est le nom de la Muse de la comédie et de la poésie et le prénom d'une des trois Grâces. On lui attribuait le pouvoir de faire fleurir les plantes.
Couleur : bleu - Chiffre : 1
Caractère : Talia est intelligente et organisée.
Fréquence : rare - Évolution : ↗
Âge moyen : 8 ans

V

Talma

Étymologie : ce prénom est une variante du prénom Thelma. On prête à ce prénom deux étymologies : le grec *thelema* : « la volonté », ou le germanique *ans* : « la divinité » et *helm* : « la protection » (le heaume des guerriers), ce qui en ferait le féminin du prénom Anthelme.
Fête : 26 juin - Couleur : bleu - Chiffre : 5
Caractère : Talma est bienveillante, consciencieuse et bonne conseillère.
Fréquence : très rare - Évolution : =

V

Tamar

Thamar

Étymologie : de l'hébreu *temara* : « le palmier-dattier ». Ce prénom fut porté par plusieurs femmes dans la Bible et par la reine du royaume de Géorgie au XIIe siècle. Elle régna pendant trente ans avec justice et dévouement.
Fête : 1er mai - Couleur : rouge - Chiffre : 1
Caractère : Tamar aime le leadership et sait se montrer très stratège.
Fréquence : rare - Évolution : =
Âge moyen : 17 ans

V

Tamara

Thamara, Tamarah, Tammara, Tammaro, Tamra

Étymologie : de l'hébreu *temara* : « le palmier-dattier ». Ce prénom fut porté par plusieurs femmes dans la Bible et par la reine du royaume de Géorgie au XIIe siècle. Elle régna pendant trente ans avec justice et dévouement.
Fête : 1er mai - Couleur : rouge - Chiffre : 1
Caractère : Tamara est altruiste, idéaliste et intègre.
Fréquence : rare - Évolution : =
Âge moyen : 19 ans

V

Tammy

Tammi, Tammie

Étymologie : de l'hébreu *temara* : « le palmier-dattier ». Tammy est un diminutif de Tamara. Ce

prénom fut porté par plusieurs femmes dans la Bible et par la reine du royaume de Géorgie au XIIe siècle. Elle régna pendant trente ans avec justice.
Fête : 1er mai - Couleur : rouge - Chiffre : 1
Caractère : Tammie est ouverte d'esprit et possède de réelles qualités d'empathie. Malgré un côté rêveur, elle est tout à fait capable de réalisations.
Fréquence : très rare - Évolution : =
Âge moyen : 48 ans

V

Tanaïs

Tana, Tanys

Étymologie : du slave « fée » ou du latin *Tatius*, du nom du roi des Sabins, en Italie, au VIIIe siècle avant J.-C., qui devint l'allié de Rome après avoir été son adversaire. Ce prénom est une forme dérivée de Tatiana. Il fut porté par une martyre chrétienne du IIIe siècle qui survécut à maints supplices et qu'on finit par décapiter.
Fête : 12 janvier - Couleur : rouge - Chiffre : 5
Caractère : Tanaïs est sensible, émotive et attachée aux traditions.
Fréquence : rare - Évolution : ↗
Âge moyen : 8 ans

P

Tania

Tanina, Tanis, Tanja, Tanka, Tannis

Étymologie : du slave « fée » ou du latin *Tatius*, du nom du roi des Sabins, en Italie, au VIIIe siècle avant J.-C., qui devint l'allié de Rome après avoir été son adversaire. Ce prénom est une forme dérivée de Tatiana. Il est répandu dans les pays anglophones, hispanophones et en Italie.
Fête : 12 janvier - Couleur : bleu - Chiffre : 3
Caractère : Tania est émotive, idéaliste et volontaire.
Personnage célèbre : Tania de Montaigne, journaliste et écrivain française.
Fréquence : rare - Évolution : ↗
Âge moyen : 28 ans

V

Tanit

Étymologie : nom de la déesse de la moisson et de la prospérité dans la mythologie carthaginoise.
Couleur : orange - Chiffre : 1
Caractère : Tanit est déterminée et clairvoyante. Elle ne se laisse pas gouverner par ses émotions.
Fréquence : très rare - Évolution : =

P

Tanya

Tanaya, Tanina

Étymologie : du slave « fée » ou du latin *Tatius*, du nom du roi des Sabins, en Italie, au VIIIe siècle, qui devint l'allié de Rome après avoir été son adversaire. Ce prénom est une forme dérivée de Tatiana. Il est répandu dans les pays anglophones, hispanophones et en Italie.
Fête : 12 janvier - Couleur : bleu - Chiffre : 3
Caractère : Tanya est animée par une quête de spiritualité, de philosophie et d'originalité.
Fréquence : rare - Évolution : ↗
Âge moyen : 13 ans

V

Tara

Thara

Étymologie : de l'arabe : « raisonnable », ou du celte : « colline rocailleuse ». Dans la mythologie irlandaise, Tara est le nom de la forteresse où vivent les rois. D'où le fait que dans le film *Autant en emporte le vent*, Tara soit le nom du domaine de Scarlett O'Hara.
Couleur : blanc - Chiffre : 2
Caractère : Tara a le sens du devoir, elle aime l'engagement, est fiable et méthodique.
Personnages célèbres : Tara King, l'héroïne de la

série télévisée *Chapeau melon et bottes de cuir* ; Tara, l'héroïne de la série télévisée *The United States of Tara*.
Fréquence : rare - Évolution : ↗
Âge moyen : 11 ans

C

Tatiana

Tatia, Tatiane, Tatienne, Tatjana, Tatyana, Taunya

Étymologie : du slave « fée » ou du latin *Tatius*, du nom du roi des Sabins, en Italie, au VIIIe siècle, qui devint l'allié de Rome après avoir été son adversaire. Ce prénom fut porté par une martyre chrétienne du IIIe siècle qui survécut à maints supplices et qu'on finit par décapiter. Tatiana est un prénom latin devenu un grand succès des pays slaves.
Fête : 12 janvier - Couleur : bleu - Chiffre : 3
Caractère : Tatiana est sensible, généreuse, fantaisiste et curieuse.
Personnage célèbre : Tatiana Golovin, joueuse de tennis.
Fréquence : rare - Évolution : ↘
Âge moyen : 24 ans

P

Téa

Étymologie : du grec *théa* : « la divinité ». Téa semble être un diminutif de Dorothéa et peut être considérée comme la forme féminine de Théo.
Fête : 6 février - Couleur : gris - Chiffre : 7
Caractère : Téa est ambitieuse, forte, habile et passionnée.
Personnage célèbre : Téa Leoni, actrice américaine.
Fréquence : rare - Évolution : ↗
Âge moyen : 7 ans

V

Telma

Étymologie : ce prénom est une variante du prénom Thelma. On prête à ce prénom deux étymologies possibles. Le grec *thelema* : « la volonté », ou le germanique *ans* : « la divinité » et helm : « la protection » (le heaume des guerriers), ce qui en ferait le féminin du prénom Anthelme.
Fête : 26 juin - Couleur : bleu - Chiffre : 5
Caractère : Telma est bienveillante, consciencieuse et bonne conseillère.
Fréquence : rare - Évolution : ↗
Âge moyen : 9 ans

C

Térésa

Terecha, Teresa, Terese, Teresita, Terez, Terezie

Étymologie : du latin *therasia* : « habitant de l'île de Thérassia ». Teresa est la forme espagnole et portugaise de Thérèse.
Fête : 1er octobre (Sainte-Thérèse-de-Lisieux) ou 15 octobre (Sainte-Thérèse-d'Avila)
Couleur : orange - Chiffre : 7
Caractère : Térésa est résolue, fiable, fine et méthodique.
Personnages célèbres : Mère Térésa, prix Nobel de la paix ; Teresa Berganza, cantatrice espagnole.
Fréquence : rare - Évolution : =
Âge moyen : 45 ans

V

Terry

Terie, Terrie, Teri, Terri, Terye

Étymologie : du latin *therasia* : « habitant de l'île de Thérassia ». Terry correspond au diminutif anglo-saxon de Theresa.
Fête : 1er octobre (Sainte-Thérèse-de-Lisieux) ou 15 octobre (Sainte-Thérèse-d'Avila)

Couleur : orange - Chiffre : 7
Caractère : Terry est séductrice, énergique et audacieuse.
Personnage célèbre : Terry de Gunzburg, célèbre maquilleuse, à l'origine de la ligne de cosmétiques *By Terry*.
Fréquence : rare - Évolution : ↘
Âge moyen : 23 ans

B

Tess

Teseu, Tessia, Tessie, Tessy

Étymologie : du latin *therasia* : « habitant de l'île de Thérassia ». Tess est un diminutif de Thérèse attesté dès la fin du XIXe siècle en Italie ou en Grande-Bretagne.
Fête : 1er octobre (Sainte-Thérèse-de-Lisieux) ou 15 octobre (Sainte-Thérèse-d'Avila)
Couleur : blanc - Chiffre : 2
Caractère : Tess est une idéaliste : elle est altruiste, intègre et dévouée.
Fréquence : rare - Évolution : ↗
Âge moyen : 8 ans

P

Tessa

Tesja, Texa

Étymologie : du latin *therasia* : « habitant de l'île de Thérassia ». Tess est un diminutif de Thérèse attesté dès la fin du XIXe siècle en Italie ou en Grande-Bretagne.
Fête : 1er octobre (Sainte-Thérèse-de-Lisieux) ou 15 octobre (Sainte-Thérèse-d'Avila)
Couleur : blanc - Chiffre : 2
Caractère : Tessa est indépendante, dynamique et directive.
Fréquence : rare - Évolution : ↗
Âge moyen : 9 ans

B

Thaïs

Thaïssa, Thaïss, Thaïss, Thaïssia, Thaïssee, Thaïsse

Étymologie : du grec : « lien », « bandage ».
Fête : 8 octobre - Couleur : rouge - Chiffre : 3
Caractère : Thaïs est une séductrice, optimiste, ordonnée et rigoureuse.
Personnages célèbres : Thaïs Oliveira, mannequin brésilien ; *Thaïs* est le nom d'un opéra de Jules Massenet de 1894 où un moine cherche à convertir Thaïs, courtisane célèbre, au catholicisme.
Fréquence : rare - Évolution : ↗
Âge moyen : 10 ans

P

Thalia

Étymologie : du grec : « florissant ». Thalia est le nom de la Muse de la comédie et de la poésie et le prénom d'une des trois Grâces. On lui attribuait le pouvoir de faire fleurir les plantes.
Couleur : bleu - Chiffre : 1
Caractère : Thalia aime exercer une certaine influence. Elle est équilibrée et organisée, malgré des apparences parfois trompeuses.
Fréquence : rare - Évolution : ↗
Âge moyen : 7 ans

B

Thalie

Étymologie : du grec : « florissant ». Thalia est le nom de la Muse de la comédie et de la poésie et le prénom d'une des trois Grâces. On lui attribuait le pouvoir de faire fleurir les plantes. Thalie correspond à la forme francisée de Thalia.
Couleur : bleu - Chiffre : 1
Caractère : Thalie est ambitieuse, volontaire et travailleuse.
Fréquence : rare - Évolution : ↗
Âge moyen : 11 ans

B

Théa

Thée

Étymologie : du grec *théa* : « la divinité ». Théa semble être un diminutif de Dorothéa et peut être considérée comme la forme féminine de Théo.
Fête : 6 février - Couleur : gris - Chiffre : 7
Caractère : Théa est indépendante, dynamique et curieuse.
Fréquence : rare - Évolution : ⇗
Âge moyen : 9 ans

P

Théana

Théane, Théanna, Théanne, Thela

Étymologie : du grec *théa* : « la divinité ».
Fête : 25 juillet - Couleur : bleu - Chiffre : 4
Caractère : Théana est travailleuse, rigoureuse, stable et ambitieuse.
Fréquence : rare - Évolution : ⇘
Âge moyen : 8 ans

V

Thelma

Thelmis

Étymologie : on prête à ce prénom deux étymologies possibles. Le grec *thelema* : « la volonté », ou le germanique *ans* : « la divinité » et helm : « la protection » (le heaume des guerriers), ce qui en ferait le féminin du prénom Anthelme.
Fête : 26 juin - Couleur : bleu - Chiffre : 5
Caractère : Thelma est sensible, affective, charmante et réservée.
Personnages célèbres : Thelma, héroïne du film de Ridley Scott *Thelma et Louise* ; *Thelma*, roman de Marie Corelli, publié en 1891.
Fréquence : rare - Évolution : ⇗
Âge moyen : 9 ans

P

Thérésa

Teresa, Thérésia, Thereza, Thérézia, Thérézina

Étymologie : du latin *therasia* : « habitant de l'île de Thérassia ».
Fête : 1er octobre (Sainte-Thérèse-de-Lisieux) ou 15 octobre (Sainte-Thérèse-d'Avila)
Couleur : orange - Chiffre : 7
Caractère : Thérésa est résolue, fiable, fine et méthodique.
Fréquence : rare - Évolution : ⇗
Âge moyen : 68 ans

P

Thérèse

Thérèze

Étymologie : du latin *therasia* : « habitant de l'île de Thérassia ».
Fête : 1er octobre ou 15 octobre
Couleur : orange - Chiffre : 7
Caractère : Thérèse est affective, altruiste et perspicace.
Personnages célèbres : Thérèse Raquin, héroïne éponyme du roman d'Émile Zola ; Thérèse, l'une des protagonistes du film *Le père Noël est une ordure.*
Fréquence : répandu - Évolution : ⇘
Âge moyen : 79 ans

C

Théodora

Téodora, Thédoria, Théodorie, Théodorine, Théodosie, Théodota

Étymologie : du grec *theios deros* : « don des dieux ». Ce prénom fut porté par une chrétienne qui, parce qu'elle s'était convertie, fut enfermée dans une maison close.
Fête : 28 avril - Couleur : rouge - Chiffre : 5
Caractère : Théodora est attentionnée et très

TOP 20

Prénoms de fleurs, fruits, et épices

Avec la création du calendrier républicain en 1793, la référence aux saints chrétiens est abandonnée. L'heure est à la créativité débridée et c'est dès lors, la nature et ses productions qui sont célébrées. Fleurs, fruits ou épices... Aujourd'hui encore, nombre de parents se laissent séduire par une poésie bucolique, placée sous le signe de la féminité.

Némone
Camélia
Canelle
Capucine
Cerise / Cherry
Clémentine
Églantine
Fleur
Iris
Jacinthe / Jacynthe
Lila(s)
Marguerite / Daisy
Myrtille
Pétunia
Poppy *(coquelicot en anglais)*
Pomme
Prune
Rose
Vanille
Violette

courageuse. Elle met sa curiosité au service des autres, mais se montre parfois caractérielle.
Personnage célèbre : Theodora Richards, mannequin, fille de Keith Richards.
Fréquence : rare - Évolution : ↘
Âge moyen : 67 ans

C

Tifenn

Tifenne

Étymologie : du grec *theophania* : « la manifestation de Dieu ». Tifenn est une variante de Tiphaine.
Fête : 6 janvier - Couleur : rouge - Chiffre : 9
Caractère : Tifenn est courageuse, dynamique, indépendante et charismatique.
Fréquence : rare - Évolution : ↘
Âge moyen : 17 ans

P

Tiffany

Toifanie, Tifanny, Tifany, Tiffanie, Tifanie, Tiffani

Étymologie : du grec *theophania* : « la manifestation de Dieu ». Ce prénom correspond à la forme anglo-saxonne de Tiphaine.
Fête : 6 janvier - Couleur : rouge - Chiffre : 9
Caractère : Tiffany est résolue, idéaliste, intègre. C'est aussi un être altruiste et réfléchi.
Personnage célèbre : la plus illustre est sans doute la marque de joaillerie new-yorkaise médiatisée dès 1962, année de la sortie du film de Blake Edwards avec Audrey Hepburn *Breakfeast at Tiffany's.*
Fréquence : répandu - Évolution : ↘
Âge moyen : 18 ans

P

Tina

Tine

Étymologie : diminutif anglo-saxon d'Augus-

tina, de Christina et d'autres prénoms comprenant cette marque du féminin. Tina est aujourd'hui considéré comme un prénom à part entière.
Couleur : violet - Chiffre : 4
Caractère : Tina est passionnée, forte et ambitieuse.
Personnages célèbres : Tina Turner, la chanteuse américaine ; la chanteuse australienne Tina Arena.
Fréquence : rare - Évolution : ↗
Âge moyen : 16 ans

C

Tiphaine

Étymologie : du grec *theophania* : « la manifestation de Dieu ». Ce prénom se rapporte à l'Épiphanie, jour de l'adoration de l'Enfant Jésus par les Rois mages.
Fête : 6 janvier - Couleur : jaune - Chiffre : 1
Caractère : Tiphaine est travailleuse, courageuse, exigeante et rigoureuse.
Fréquence : répandu - Évolution : ↘
Âge moyen : 20 ans

P

Tiphanie

Étymologie : du grec *theophania* : « la manifestation de Dieu ». Tiphanie se rapporte à une variante francisée de Tifanny, rappelant à la fois Tiphaine et Stéphanie.
Fête : 6 janvier - Couleur : rouge - Chiffre : 9
Caractère : Tiphanie a du ressort, de la finesse et de l'audace.
Fréquence : rare - Évolution : ↘
Âge moyen : 20 ans

P

Tiphany

Étymologie : du grec *theophania* : « la manifestation de Dieu ». Tiphany réunit, par son orthographe, deux prénoms : Tiphaine et sa forme anglaise Tiffany.
Fête : 6 janvier - Couleur : rouge - Chiffre : 9
Caractère : Tiphany est pragmatique, optimiste et active.
Fréquence : rare - Évolution : ↘
Âge moyen : 18 ans

V

Tonia

Tonina, Tonya

Étymologie : du latin : « inestimable ». Ce prénom est un diminutif d'Antonia.
Fête : 2 octobre - Couleur : jaune - Chiffre : 4
Caractère : Tonia est énergique, audacieuse et déterminée.
Fréquence : rare - Évolution : ↗
Âge moyen : 31 ans

B

Toscane

Tosca

Étymologie : du latin. Nom de la célèbre province italienne dont la capitale est Florence. Ce prénom, en période de croissance, suit la vague née outre-Atlantique des prénoms géographiques. Sa sonorité et la ville à laquelle il renvoie se distinguent par leur romantisme.
Couleur : vert - Chiffre : 5
Caractère : Toscane est intuitive, généreuse et idéaliste.
Fréquence : rare - Évolution : ↗
Âge moyen : 7 ans

V

Tracy

**Tracey, Tracie,
Tran, Trecy, Tressy**

Étymologie : ce prénom correspond sans doute à une déformation du prénom Thérésa datant du XIXe siècle.

Fête : 1er octobre ou 15 octobre - Couleur : orange
Chiffre : 7
Caractère : Tracy est organisée, fiable et méthodique.
Personnages célèbres : Tracy, personnage joué par Grace Kelly dans le film *High Society*. Tracy Chapman, auteur-compositrice-interprète américaine.
Fréquence : rare - Évolution : ↘
Âge moyen : 13 ans

V

Trixie

Trix, Trixy

Étymologie : du latin *beata* : « heureuse », « qui rend heureux ». Ce prénom correspond à un diminutif familier de Béatrix.
Fête : 13 février - Couleur : bleu clair - Chiffre : 6
Caractère : Trixie est toujours avide de connaissances et pleine de résolutions.
Fréquence : très rare - Évolution : ↗

P

Trudy

Trude, Trudie

Étymologie : du germanique *ger* : « la lance » et *druda* : « l'amitié ». Trudy est un diminutif de Gertrude.
Fête : 16 novembre - Couleur : bleu - Chiffre : 2
Caractère : Trudy est travailleuse, appliquée et généreuse.
Fréquence : très rare - Évolution : =

P

Typhaine

Tyffaine, Typhène, Typhenn

Étymologie : du grec *theophania* : « la manifestation de Dieu ». Ce prénom se rapporte à l'Épiphanie, jour de l'adoration de l'Enfant Jésus par les Rois mages.
Fête : 6 janvier - Couleur : jaune - Chiffre : 1
Caractère : Typhaine est travailleuse, courageuse, exigeante et rigoureuse.
Fréquence : rare - Évolution : ↘
Âge moyen : 19 ans

P

Typhanie

Tyfanie, Tyffanie

Étymologie : du grec *theophania* : « la manifestation de Dieu ». Typhanie est une variante de Tiffany formée sur l'orthographe de Stéphanie. Ce prénom se rapporte à l'Épiphanie, jour de l'adoration de l'Enfant Jésus par les Rois mages.
Fête : 6 janvier - Couleur : rouge - Chiffre : 9
Caractère : Typhanie est résolue, intègre, idéaliste et altruiste.
Fréquence : rare - Évolution : ↘
Âge moyen : 19 ans

U

V

Ulrika

Ulderika, Ulla, Ulrica, Ulrike

Étymologie : du germanique wolf : « le loup » et rik : « le puissant ».
Fête : 10 juillet - Couleur : rouge - Chiffre : 1
Caractère : Ulrika est ouverte d'esprit, rêveuse et très humaine.
Fréquence : très rare - Évolution : =

B

Ulyssia

Étymologie : du grec : « courroucé ».
Couleur : bleu - Chiffre : 2

Caractère : Ulyssia est spirituelle, originale et philosophe.
Fréquence : très rare - **Évolution :** =

B

Uma

Étymologie : dans la mythologie hindouiste, ce prénom est un des noms donnés à la déesse Parvati.
Couleur : bleu - **Chiffre :** 4
Caractère : Uma est ambitieuse, forte et passionnée.
Personnage célèbre : l'actrice Uma Thurman.
Fréquence : rare - **Évolution :** ↘
Âge moyen : 5 ans

V

Umberta

Umberline, Umberte

Étymologie : du germanique un : « très », et behrt : « brillant ».
Fête : 25 mars - **Couleur :** bleu - **Chiffre :** 2
Caractère : Umberta est déterminée, ambitieuse, forte et habile. Elle porte son prénom à la perfection.
Fréquence : très rare - **Évolution :** ↘

B

Uranie

Urana, Urane, Urania

Étymologie : du grec ouranos : « ciel, paradis ». Uranie est le prénom de la Muse de l'astronomie dans la mythologie grecque.
Fête : 10 novembre (Sainte-Nymphe)
Couleur : bleu - **Chiffre :** 5
Caractère : Uranie est sensible, imaginative et fantaisiste.
Fréquence : rare - **Évolution :** =
Âge moyen : 92 ans

C

Urbaine

Urbana, Urbane, Urbanie, Urbanilla

Étymologie : du latin urbanus : « le citadin ».
Fête : 29 juillet - **Couleur :** vert - **Chiffre :** 8
Caractère : Urbaine est sagace, organisée et déterminée.
Fréquence : rare - **Évolution :** =

B

Urielle

Uria, Uriah, Urias, Uriel, Uriela, Uriell

Étymologie : d'un vocable celtique signifiant « ange ».
Fête : 1er octobre - **Couleur :** rouge - **Chiffre :** 1
Caractère : Urielle est réputée très intelligente, rigoureuse, dynamique. Sous des apparences plutôt austères, elle aiguise une ironie tranchante.
Fréquence : rare - **Évolution :** ↗
Âge moyen : 20 ans

V

Ursula

Orsola, Oursa, Oursoula, Ursa, Ursulina, Ursilla, Ursillane, Ursy, Urzili, Urzula

Étymologie : du latin *ursus* : « l'ours ».
Fête : 21 octobre - **Couleur :** bleu - **Chiffre :** 3
Caractère : Ursula est calme, persévérante, traditionnelle et affectueuse.
Personnage célèbre : l'actrice américaine Ursula Andress.
Fréquence : rare - **Évolution :** ↘

B

Ursule

Orson, Ours, Urs, Urschi, Ursel, Ursine, Ursuline

Étymologie : du latin ursus : « l'ours ».
Fête : 21 octobre - **Couleur :** bleu - **Chiffre :** 3

Caractère : Ursule est calme, persévérante, traditionnelle et affectueuse.
Personnage célèbre : Ursule Mirouët, personnage de *La Comédie humaine* de Balzac.
Fréquence : rare - Évolution : ↘
Âge moyen : 87 ans

V

V

Vahiné

Vahinée

Étymologie : du tahitien : « épouse », « femme ». Ce prénom renvoie au nom qui désigne les femmes tahitiennes en général.
Couleur : bleu - Chiffre : 4
Caractère : Vahiné est curieuse, indépendante, dynamique et courageuse.
Fréquence : très rare - Évolution : =

V

Vaiana

Étymologie : du tahitien : « eau de la grotte ».
Couleur : violet - Chiffre : 4
Caractère : Vaiana est enthousiaste, a l'esprit pratique et est pleine de douceur.
Fréquence : rare - Évolution : ↗
Âge moyen : 12 ans

V

Valentina

Vallatina, Valencina, Vallentina, Vallie

Étymologie : du latin *valens*, « vigoureux ». Valentina correspond à la forme internationale de Valentine.
Fête : 25 juillet - Couleur : bleu - Chiffre : 3
Caractère : Valentina est organisée, ferme et résolue.
Personnage célèbre : Valentina Terechkova, russe, première femme cosmonaute.
Fréquence : rare - Évolution : ↗
Âge moyen : 19 ans

B

Valentine

Val, Valeda, Valence, Valencia, Valensia, Valentia, Valentiane, Valentienne, Valiaka, Vallatina, Vallie

Étymologie : du latin *valens* : « vigoureux ».
Fête : 25 juillet - Couleur : bleu - Chiffre : 3
Caractère : Valentine est enthousiaste, dynamique et aime l'éclectisme.
Personnage célèbre : Valentine Hugo, peintre ayant participé au mouvement surréaliste.
Fréquence : répandu - Évolution : =
Âge moyen : 45 ans

B

Valériane

Valérian, Valeriana, Valérianna, Valérianne, Valérienne, Valérina, Valérine

Étymologie : du latin : « valeureuse ». Ce prénom correspond à un dérivé de Valérie, la forme féminine de Valère ou Valéry.
Fête : 28 avril - Couleur : bleu - Chiffre : 9
Caractère : Valériane est endurante, forte et sensible.
Fréquence : rare - Évolution : ↘

P

Valérie

Valéra, Valerianka, Valeriano, Valeska, Valioucha, Valiouchka, Vallie, Valy, Waleria

Étymologie : du latin : « valeureuse ».
Fête : 28 avril - Couleur : bleu - Chiffre : 9

Caractère : Valérie est courageuse, forte, et sensible.
Personnages célèbres : l'actrice Valérie Lemercier ; l'animatrice TV Valérie Damidot.
Fréquence : répandu - Évolution : ↘
Âge moyen : 43 ans

P

Vanessa

Van, Vanesa, Vanna, Vanni, Vannie, Vanny, Vannessa

Étymologie : du grec *pherennike* : « porteuse de victoire ». Ce prénom est un dérivé de Vénisse, la forme normande de Véronique.
Fête : 4 février - Couleur : bleu - Chiffre : 6
Caractère : Vanessa est douce, ordonnée, rêveuse et créative.
Personnages célèbres : les actrices Vanessa Hudgens et Vanessa Redgrave ; la chanteuse et actrice Vanessa Paradis ; la styliste Vanessa Bruno.
Fréquence : répandu - Évolution : ↘
Âge moyen : 28 ans

B

Vanille

Vanilla

Étymologie : du nom de la plante vanilla, de *vaina* : « la graine », dérivée de *vena* : « le conduit », que les Espagnols découvrirent au Mexique, au XVIe siècle. Évoquant la douceur et un certain exotisme teinté de sensualité, Vanille est devenu un prénom à la fin du XXe siècle.
Fête : 5 octobre (Sainte-Fleur) - Couleur : bleu
Chiffre : 3
Caractère : Vanille est douce, séductrice et gaie.
Fréquence : rare - Évolution : =
Âge moyen : 14 ans

V

Vanina

Vannina

Étymologie : de l'hébreu *yohanân* : « Dieu fait grâce ». Ce prénom correspond à une forme russe de Jeanne.
Fête : 30 mai - Couleur : jaune - Chiffre : 4 -
Caractère : Vanina est intelligente, toujours en quête de savoir.
Personnage célèbre : Vanina, l'héroïne de la chanson du même nom, de Dave.
Fréquence : rare - Évolution : ↘
Âge moyen : 28 ans

B

Vashti

Vasthie, Vastie

Étymologie : du perse : « joli ». Ce prénom fut porté par la femme d'Assuérus, le roi de Perse.
Couleur : orange - Chiffre : 7
Caractère : Vashti aime l'étude et la réflexion.
Fréquence : très rare - Évolution : =

B

Vénus

Vénissia

Étymologie : du latin. Ce prénom est celui de la déesse de l'amour et de la beauté dans la mythologie romaine.
Couleur : rouge - Chiffre : 9
Caractère : Vénus est sensible, harmonieuse, affectueuse et charmante.
Fréquence : rare - Évolution : ↘
Âge moyen : 26 ans

P

Véra

Veera, Veira, Viera

Étymologie : du slave *viera* : « la foi ». Ce prénom fut porté par la fille de sainte Sophie qui

fut martyrisée avec cette dernière et ses sœurs Nadège et Liubba, en Asie Mineure au IIe siècle.
Fête : 18 septembre - Couleur : bleu - Chiffre : 1
Caractère : Véra est volontaire, travailleuse, perfectionniste et exigeante.
Personnages célèbres : Vera Molnár, artiste d'origine hongroise, considérée comme un précurseur de l'art numérique et de l'art algorithmique ; Vera Wang, styliste américaine.
Fréquence : rare - Évolution : ↗
Âge moyen : 51 ans

P

Verity

Vérité

Étymologie : de l'anglais : « vérité ». Ce prénom est attesté dès le XIXe siècle et figure parmi ceux qui, comme Faith, reflétait les vertus théologiales et était attribué par les puritains protestants. Il est encore très courant aux États-Unis.
Couleur : bleu - Chiffre : 4
Caractère : sa quête de l'authenticité ne l'empêche pas d'être un brin coquette. Verity est mutine, tenace et quelque peu capricieuse.
Fréquence : très rare - Évolution : ↘

P

Véronica

Verona, Veronika

Étymologie : du grec *pherennike* : « porteuse de victoire ». Véronica est la forme internationale de Véronique.
Fête : 4 février - Couleur : bleu - Chiffre : 9
Caractère : Veronica a le sens des responsabilités, de la famille et l'esprit d'analyse.
Personnage célèbre : Veronica Mars, héroïne de la série télévisée éponyme ; Veronica Lake, actrice américaine.
Fréquence : rare - Évolution : ↗
Âge moyen : 34 ans

P

Véronique

Fronika, Ronky, Veron, Veronik, Veronike, Veroucha, Verounia, Vonnie, Vroni, Vroon

Étymologie : du grec *pherennike* : « porteuse de victoire ». La tradition veut qu'une femme ait essuyé, dans un geste de pitié, le visage ruisselant de Jésus qui montait au Calvaire et que l'étoffe blanche utilisée ait gardé « imprimés » les traits du Sauveur. Le « voile de la Sainte Face » aurait ensuite permis de guérir des malades. Cette femme, nommée Véronique, fut donc la première sainte Véronique.
Fête : 4 février - Couleur : bleu - Chiffre : 9
Caractère : Véronique cultive volonté et bienveillance avec une grande droiture de sentiments. Elle est très active, fidèle et persévérante.
Personnages célèbres : un opéra-comique d'André Messager (1853-1929), *Véronique* ; la chanteuse Véronique Sanson ; l'actrice Véronique Jannot ; la créatrice Véronique Leroy.
Fréquence : répandu - Évolution : ↘
Âge moyen : 47 ans

P

Vicky

Vicki, Vickie

Étymologie : du latin *victoria* : « la victorieuse ».
Fête : 15 novembre - Couleur : vert - Chiffre : 5
Caractère : Vicky est indépendante, a le goût de l'aventure et des voyages.
Fréquence : rare - Évolution : ↘
Âge moyen : 20 ans

C

Victoire

Viktorie, Viktorka

Étymologie : du latin victoria : « la victorieuse ».
Fête : 15 novembre - Couleur : vert - Chiffre : 6
Caractère : Victoire a le sens du relationnel, est

intuitive et a l'esprit logique.
Personnages célèbres : Victoire Doutreleau, mannequin français, muse du couturier Christian Dior, puis d'Yves Saint Laurent ; Victoire de Castellane, créatrice de joaillerie.
Fréquence : rare - Évolution : ↗
Âge moyen : 47 ans

C

Victoria

Toria, Viktoria, Viktorina, Vitiana, Vitoucha, Vitoulia, Vittoria, Vittoriana

Étymologie : du latin *victoria* : « la victorieuse ».
Fête : 15 novembre - Couleur : vert - Chiffre : 2
Caractère : Victoria est intelligente, calme et très réfléchie.
Personnages célèbres : Victoria Ire, reine d'Angleterre et impératrice des Indes ; l'actrice Victoria Abril ; Victoria Beckham, chanteuse et créatrice de mode.
Fréquence : rare - Évolution : ↘
Âge moyen : 35 ans

B

Victorine

Victoriana, Victorie, Victorienne, Victorina

Étymologie : du latin *victoria* : « la victorieuse ».
Fête : 15 novembre - Couleur : vert - Chiffre : 2
Caractère : Victorine est exigeante, équilibrée et a le sens de la famille.
Fréquence : rare - Évolution : ↗
Âge moyen : 86 ans

C

Vinciane

Vikacha, Vincente, Vincentine, Vincentia, Vincianne, Vincienne

Étymologie : du latin *vincere* : « vaincre ».
Fête : 11 septembre - Couleur : bleu - Chiffre : 5
Caractère : Vinciane est intuitive, ambitieuse et curieuse.
Fréquence : rare - Évolution : ↘
Âge moyen : 24 ans

C

Violaine

Viola, Violène, Violine

Étymologie : du latin *viola*. Ce prénom renvoie à la fleur du même nom.
Fête : 5 octobre (Sainte-Fleur)
Couleur : rouge - Chiffre : 6
Caractère : Violaine est optimiste, éloquente, épicurienne.
Personnage célèbre : Violaine, l'héroïne de *L'annonce faite à Marie* de Claudel.
Fréquence : rare - Évolution : ↘
Âge moyen : 32 ans

P

Violetta

Violeta, Violetka

Étymologie : du latin *viola*. Ce prénom renvoie à la fleur du même nom. Violetta est particulièrement répandu dans les pays slaves et hispanophones. Ce prénom fut assez fréquemment attribué sous l'Antiquité, à cause de son évocation de la fleur. Absent jusqu'au XIXe siècle, il réapparut alors, cette fois-ci utilisé comme code, puisqu'il faisait office de signe de reconnaissance entre bonapartistes.
Fête : 5 octobre (Sainte-Fleur) - Couleur : rouge
Chiffre : 7
Caractère : Violetta est audacieuse, énergique et a l'esprit de découverte.
Personnages célèbres : Violetta Valéry, l'héroïne de l'opéra de Verdi *La Traviata* ; l'héroïne éponyme de la série télévisée de Disney Channel.
Fréquence : rare - Évolution : ↗
Âge moyen : 53 ans

C

Violette

Ibolya, Letta, Ola, Olia, Olioucha, Vila, Viola, Violante, Violantilla, Violet, Violett, Violka, Vitoulia, Volia

Étymologie : du latin *viola*. Ce prénom renvoie à la fleur du même nom. Violetta est particulièrement répandue dans les pays slaves et hispanophones. Ce prénom fut assez fréquemment attribué sous l'Antiquité, à cause de son évocation de la fleur. Absent jusqu'au XIXe siècle, il réapparut alors, cette fois-ci utilisé comme code, puisqu'il faisait office de signe de reconnaissance entre bonapartistes.

Fête : 5 octobre (Sainte-Fleur) - Couleur : rouge

Chiffre : 7

Caractère : Violette est émotive, tendre et généreuse.

Personnage célèbre : Violette Leduc, célèbre romancière française (1907-1973) qui obtint le prix Goncourt en 1964, pour son roman *La Bâtarde*.

Fréquence : rare - Évolution : ↗

Âge moyen : 57 ans

V

Virgilia

Virgila, Virgiliane

Étymologie : du latin *virga* : « pousse », « surgeon », « sève ».

Fête : 5 mars - Couleur : bleu - Chiffre : 2

Caractère : Virgilia est équilibrée. Elle a le sens de la famille et des responsabilités. C'est une femme d'influence.

Fréquence : très rare - Évolution : ↘

Âge moyen : 20 ans

P

Virginia

Guinia, Virguinia

Étymologie : du latin *virgo* : « vierge ».

Fête : 7 janvier - Couleur : violet - Chiffre : 8

Caractère : Virginia est créative, dotée d'une sensibilité extrême et d'une grande imagination.

Personnages célèbres : Virginia, le nom de l'État d'Amérique du Nord, qui fut baptisé ainsi par les Anglais en l'honneur d'Élisabeth Ire, surnommée la Reine Vierge ; la romancière anglaise, Virginia Woolf.

Fréquence : rare - Évolution : ↘

Âge moyen : 34 ans

C

Virginie

Ginnie, Ginny, Virgie, Virgin, Virgine, Virginy

Étymologie : du latin *virgo* : « vierge ».

Fête : 7 janvier - Couleur : violet - Chiffre : 8

Caractère : Virginie est féminine, douce et rêveuse.

Personnages célèbres : la Virginie (dans sa forme française) est le nom d'un État d'Amérique du Nord, qui fut baptisé ainsi par les Anglais en l'honneur d'Élisabeth Ire, surnommée la Reine Vierge ; l'héroïne éponyme du roman de Bernardin de Saint-Pierre *Paul et Virginie* ; les actrices Virginie Efira et Virginie Ledoyen.

Fréquence : répandu - Évolution : ↘

Âge moyen : 37 ans

V

Viridiana

Viridis, Virida, Viridienne

Étymologie : du latin : « verdure ». Ce prénom fut porté par une chrétienne du XIIIe siècle, qui passa trente ans enfermée dans une cellule, seule, en Toscane.

Fête : 1er février - Couleur : vert - Chiffre : 7

Caractère : Viridiana est courageuse, travailleuse et réaliste.

Fréquence : rare - Évolution : ↘

Âge moyen : 29 ans

P

Vita

Étymologie : du latin *vita* : « la vie ». Ce prénom correspond au diminutif d'une forme féminine de Vital.
Fête : 28 avril (Saint-Vital) - **Couleur :** vert
Chiffre : 8
Caractère : Vita est originale et spirituelle.
Personnage célèbre : Vita, chanteuse française.
Fréquence : très rare - **Évolution :** ↗
Âge moyen : 42 ans

B

Vitalie

Vitaline

Étymologie : du latin *vita* : « la vie ». Ce prénom correspond à la forme féminine de Vital.
Fête : 28 avril (Saint-Vital) - **Couleur :** vert
Chiffre : 8
Caractère : Vitalie est sagace et philosophe.
Fréquence : très rare - **Évolution :** ↗
Âge moyen : 6 ans

B

Viviane

Bibiane, Bibianne, Veïa, Viva, Vivia, Vivana, Viviana, Vivianne, Vivianno, Vivianka

Étymologie : du latin *vivo, vivere* : « vivre ».
Fête : 2 décembre - **Couleur :** rouge - **Chiffre :** 1
Caractère : Viviane est un être de grande (et bonne) volonté, dynamique, active et soucieuse de s'en tenir aux principes qu'elle s'est fixés.
Personnages célèbres : la fée du cycle de la *Table ronde*, également désignée comme la Dame du Lac ; l'actrice Viviane Romance.
Fréquence : répandu - **Évolution :** ↘
Âge moyen : 58 ans

TOP 20

Prénoms noms communs noms propres

Monde minéral, vertus, pays... En français, comme en langue étrangère, c'est autant la musicalité des mots que leurs significations et les rêveries qu'ils engendrent qui en font des prénoms de choix.

Ambre
Argentine
Automne
Bohème
Colombe
Conception / Concepçion
Dune
Harmonie/y
Jade
June
Louve
Melodie/y
Opale
Printemps
Prudence
Romance
Rubis / Ruby
Summer
Toscane
Victoire

B

Vivienne

Vivien, Vivine

Étymologie : du latin *vivo, vivere* : « vivre ».
Fête : 10 mars - Couleur : rouge - Chiffre : 1
Caractère : Vivienne est déterminée et exerce une certaine influence sur les gens.
Personnage célèbre : la créatrice Vivienne Westwood.
Fréquence : rare - Évolution : =
Âge moyen : 77 ans

W

V

Wafaa

Waffa, Wafae

Étymologie : de l'arabe : « fidèle ».
Couleur : rouge - Chiffre : 7
Caractère : Wafaa est énergique. Elle aime l'originalité et la séduction.
Fréquence : rare - Évolution : ↗
Âge moyen : 21 ans

V

Walida

Oualida

Étymologie : de l'arabe : « nouveau-né ». Ce prénom correspond à la forme féminine de Walid. La signification de ce prénom est teintée de l'affection que l'on porte à l'enfant qui vient de naître. C'était le prénom donné autrefois aux esclaves qui naissaient dans la maison de leur maître. Walida est resté un prénom très répandu (même des califes l'ont porté) qui continue d'être fréquemment attribué.
Couleur : jaune - Chiffre : 4
Caractère : Walida est structurée, persévérante, efficace, sécurisante et déterminée.
Fréquence : rare - Évolution : =

V

Wallis

Étymologie : de l'anglais : « celle qui vient du pays de Galles ». Ce prénom correspond à la forme féminine de Wallace. Il pourrait être aussi être inspiré par Samuel Wallis, qui a découvert l'île du même nom en 1767.
Couleur : jaune - Chiffre : 4
Caractère : Wallis est sensible, charmante et épicurienne.
Fréquence : très rare - Évolution : ↘
Âge moyen : 14 ans

V

Wanda

Vanda, Wandala, Wandeline, Wandis, Wando, Wandula

Étymologie : du latin *vandali*. Nom d'une tribu germanique des bords de la Vistule qui envahit la Gaule, l'Espagne et une partie de l'Afrique du Nord au début du Ve siècle. La notion de vandale inhérente à ce prénom ne contribua pas à lui faire prendre son essor avant le XIXe siècle, époque à laquelle un roman intitulé *Wanda*, écrit par la romancière anglaise à succès Ouida (1839-1908), fut publié. Le vernis romanesque dont fut revêtu le prénom compensa son caractère négatif et le lança dans les pays anglophones, alors qu'il n'était jusque là attribué que dans les pays slaves.
Couleur : violet - Chiffre : 6
Caractère : Wanda est passionnée, obstinée, fière et fougueuse.
Personnages célèbres : Wanda, princesse des légendes polonaises, considérée traditionnellement comme la Jeanne d'Arc de là-bas. En effet, selon la légende, elle régnait sur Cracovie. Fille du roi Krak, fondateur de la ville,

elle se sacrifia en se jetant dans la Vistule pour échapper au mariage avec le prince allemand Rytygier et éviter ainsi la soumission de son peuple. Wanda, héroïne du film *Un poisson nommé Wanda*, interprétée par Jamie Lee Curtis.
Fréquence : rare - Évolution : =
Âge moyen : 68 ans

P

Wendy

Wendi, Wendie, Wendila

Étymologie : de l'anglais. Ce prénom date du début du XXe siècle^e^ siècle et, plus précisément, de la pièce de théâtre de J. M. Barrie (1860-1937) : Peter Pan. C'est l'auteur qui a créé ce prénom, qu'on suppose fondé sur l'expression enfantine « Friendy Windy » et qui signifie « ami-ami ». Il est devenu un prénom à part entière, en Grande-Bretagne, à partir des années 20.
Couleur : jaune - Chiffre : 9
Caractère : Wendy est romantique, fantaisiste et douce.
Personnage célèbre : le personnage Wendy de *Peter Pan*.
Fréquence : rare - Évolution : ↘
Âge moyen : 15 ans

P

Whitney

Withney

Étymologie : ce prénom est, à l'origine, le nom d'un lieu-dit anglais dont la signification est : « île blanche ». Son usage était patronymique jusqu'au XIXe siècle, époque à laquelle il est devenu masculin avant de se féminiser au XXe siècle.
Couleur : bleu - Chiffre : 5
Caractère : Whitney est audacieuse, pleine de ressort, mais elle doit rester vigilante, car cette fabuleuse énergie se retourne parfois contre elle.
Personnage célèbre : Whitney Houston, chanteuse américaine.
Fréquence : rare - Évolution : ↘
Âge moyen : 14 ans

V

Wilhelmine

Wilhelmina

Étymologie : du germanique : « protectrice absolue ». Wilhelmine correspond à la forme germanique de Guillaumette.
Fête : 10 janvier (Saint-Guillaume)
Couleur : vert - Chiffre : 2
Caractère : Wilhelmine est réservée, altruiste et affective.
Personnages célèbres : Wilhelmine de Prusse (1751-1820) ; Wilhelmine des Pays-Bas (reine des Pays-Bas de 1890 à 1948).
Fréquence : rare - Évolution : ↘

V

Wilma

Vilma, Wylma

Étymologie : du germanique : « protectrice absolue ». Ce diminutif de Wilhelmine est un prénom à succès dans les pays scandinaves, plus précisément en Finlande et en Suède.
Fête : 10 janvier (Saint-Guillaume)
Couleur : vert - Chiffre : 4
Caractère : Wilma est intuitive et volontaire.
Fréquence : rare - Évolution : =
Âge moyen : 39 ans

C

Winifred

Étymologie : du celte : « pensée sacrée ». Ce prénom très rare en France l'est moins en Allemagne. En Angleterre, il fut très en vogue à la fin du XIXe siècle.
Couleur : bleu - Chiffre : 6
Caractère : Winifred est simple, bonne, gaie et parfois prude.
Fréquence : très rare - Évolution : =

P

Winona

Wynona

Étymologie : de l'amérindien : « fille aînée ».
Couleur : vert - Chiffre : 4
Caractère : Winona est sensible et imaginative. C'est, en outre, une véritable épicurienne.
Personnage célèbre : Winona Ryder, actrice américaine.
Fréquence : rare - Évolution : ↘
Âge moyen : 10 ans

V

Wissem

Wissam, Wissame, Wisseme

Étymologie : de l'arabe : « honoré de médailles ».
Couleur : vert - Chiffre : 5
Caractère : Wissem est spirituelle et son esprit sagace est toujours avide de connaissances.
Fréquence : rare - Évolution : ↗
Âge moyen : 9 ans

X

P

Xandra

Alexandra, Sandra

Étymologie : du grec *alexein* : « défendre » et *andros* : « homme ». Signifie par extension : « qui protège l'humanité ». Ce prénom correspond à la forme basque et espagnole d'Alexandra.
Fête : 20 mars - Couleur : bleu - Chiffre : 8
Caractère : Xandra a le caractère et l'audace d'une combattante.
Fréquence : rare - Évolution : =

B

Xavière

Saveria, Veria, Xari, Xaviera

Étymologie : si Xavier est populaire au masculin, sa forme féminine, elle, est nettement plus BCBG.
Fête : 3 décembre - Couleur : bleu - Chiffre : 5
Caractère : Xavière est terriblement intuitive et son dynamisme semble intarissable.
Fréquence : rare - Évolution : ↘
Âge moyen : 67 ans

P

Xénia

Xéna, Zéna, Zénia, Zéna

Étymologie : du grec *xenos* : « l'étranger ». Ce prénom fut porté par une dame de la cour d'Alexandre III de Russie, qui, devenue veuve, se retira du monde pour prier Dieu.
Fête : 24 janvier - Couleur : rouge - Chiffre : 2
Caractère : Xénia est douce, compatissante et dévouée.
Personnage célèbre : Xéna, la guerrière, héroïne d'une série télévisée.
Fréquence : rare - Évolution : ↘
Âge moyen : 31 ans

Y

V

Yaël

Étymologie : de l'hébreu : « chèvre sauvage ». Ce prénom a été porté par une héroïne de la guerre du XIIe siècle avant Jésus-Christ. Elle est célébrée dans la Bible et plus précisément dans le Cantique de Déborah. Ce prénom est aussi employé comme

formes basques ou bretonnes de Joël et, comme lui, il est à présent considéré comme mixte, même si, à l'origine, c'est un féminin.
Couleur : bleu - Chiffre : 3
Caractère : Yaël est sagace, énergique, originale et compatissante.
Personnages célèbres : Yaël Hassan, auteur de romans pour la jeunesse ; Yaël Abecassis, actrice israëlienne ayant joué dans le film *Va, vis et deviens.*
Fréquence : rare - Évolution : ↗
Âge moyen : 22 ans

V

Yaëlle

Étymologie : de l'hébreu : « chèvre sauvage ». Ce prénom a été porté par une héroïne de la guerre du XIIe siècle avant Jésus-Christ. Elle est célébrée dans la Bible et plus précisément dans le Cantique de Déborah. La forme Yaël est, à présent, considérée comme mixte alors qu'elle était à l'origine féminine. Le rajout de la terminaison « le » s'est donc opéré par mimétisme avec d'autres prénoms, dans le but d'éviter la confusion avec la version masculine.
Couleur : bleu - Chiffre : 3
Caractère : Yaëlle est sympahique, terriblement énergique. Impossible de s'ennuyer en sa présence : elle est tout sauf fade !
Fréquence : rare - Évolution : ↗
Âge moyen : 13 ans

V

Yamina

Yamma, Yaminah, Yemina, Yeminah

Étymologie : de l'arabe *yâmin* : « heureux, fortuné, prospère ». On prend souvent, à tort, Yamina pour une variante de Yasmina. Si leurs sonorités sont proches, elles n'en sont pas moins d'origines totalement différentes.
Couleur : blanc - Chiffre : 5
Caractère : Yamina est intègre, altruiste. Elle s'épanouit pleinement dans la création et aime passionnément s'investir dans des œuvres sociales ou artistiques. L'inaction ne lui sied pas du tout !
Fréquence : rare - Évolution : ↘
Âge moyen : 40 ans

V

Yasmina

Lasmina

Étymologie : du perse *yâsamin* : « jasmin ». Yasmina est à la fois reconnu comme un prénom musulman et comme un prénom de fleur. Sa présence est attestée depuis le XIXe siècle en Espagne, en Italie et surtout aux États-Unis où il le dispute à Jasmina. En France, on peut donc le fêter lors de la Sainte-Fleur.
Fête : 5 octobre - Couleur : blanc - Chiffre : 5
Caractère : sensible, créative, imaginative, Yasmina est une épicurienne.
Personnage célèbre : Yasmina Reza, romancière et actrice.
Fréquence : rare - Évolution : ↘
Âge moyen : 32 ans

V

Yasmine

Yasmeen, Yasmin, Yassmine

Étymologie : du perse *yâsamin* : « jasmin ». Malgré son origine, Yasmine n'est pas véritablement considéré comme un prénom musulman et c'est son caractère floral que l'on retient avant tout. En France, Yasmine le dispute à Jasmine et peut donc être fêtée lors de la Sainte-Fleur.
Fête : 5 octobre - Couleur : blanc - Chiffre : 5
Caractère : Yasmine est aimable, gracieuse , mutine et volontiers cabotine.
Personnage célèbre : Yasmine Bleeth, actrice américaine (une des anciennes naïades d'*Alerte à Malibu*).
Fréquence : répandu - Évolution : ↗
Âge moyen : 15 ans

V

Yelena

Yelenna

Étymologie : du grec *helénê* : « le flambeau », de la famille d'*helios* : « le soleil ». Cette forme russe d'Hélène connaît depuis peu un joli succès.
Fête : 14 août - Couleur : jaune - Chiffre : 4
Caractère : Yelena est généreuse, aimante et ardente.
Personnage célèbre : Yelena Noah, fille de Yannick.
Fréquence : rare - Évolution : ↗
Âge moyen : 10 ans

V

Yoanna

Yoane, Yoannie, Yohanna, Yohana, Yohane

Étymologie : de l'hébreu *yohanân* : « Dieu fait grâce ». Ce prénom est un dérivé de Jeanne.
Fête : 30 mai - Couleur : jaune - Chiffre : 4
Caractère : Yoanna est indépendante, et sage.
Fréquence : rare - Évolution : ↗
Âge moyen : 21 ans

C

Yolaine

Yolaina, Yolène

Étymologie : du grec *iôn* : « la violette ». Yolaine est une forme dérivée de Yolande et Violaine.
Fête : 11 juin - Couleur : jaune - Chiffre : 4
Caractère : Yolaine est sympathique, altruiste et a l'esprit d'analyse.
Fréquence : rare - Évolution : ↘
Âge moyen : 49 ans

V

Yolanda

Iola, Iolana, Iolanda, Jolenta, Yola, Yolenta

Étymologie : du grec *iôn* : « la violette ». Ce prénom n'est autre que la Violette hispanique.
Fête : 11 juin - Couleur : jaune - Chiffre : 4
Caractère : Yolanda est volontaire, idéaliste, compétente. Droite, généreuse, elle a le sens du devoir.
Personnage célèbre : Yolanda Gigliotti, véritable nom de Dalida.
Fréquence : rare - Évolution : =
Âge moyen : 51 ans

C

Yolande

Eolande, Iolande, Iolende, Iolente, Jolande

Étymologie : du grec *iôn* : « la violette ». Yolande et sa terminaison en « e » correspondent à la version francisée de Yolanda, la Violette espagnole. Le succès de Yolande fut très grand au Moyen Âge, époque à laquelle il semble avoir été imposé en Europe par les croisés.
Fête : 11 juin - Couleur : jaune - Chiffre : 4
Caractère : Yolande est dévouée, généreuse, serviable et clairvoyante. Elle est active et a le sens de l'effort. Son dévouement et son envie de faire le bien stimulent son énergie. Yolande est un être fort et loyal. Sa robustesse morale et physique en font un être précieux.
Personnage célèbre : Yolande Moreau, comédienne française.
Fréquence : répandu - Évolution : ↘
Âge moyen : 69 ans

V

Yona

Iona, Yonaa

Étymologie : de l'hébreu : « colombe ». Ce prénom, mixte dans la Bible, est aujourd'hui typiquement féminin.
Couleur : rouge - Chiffre : 1
Caractère : Yona est indépendante, volontaire, aime l'étude et l'introspection.
Personnage célèbre : Yona, l'héroïne éponyme de *Yona, la légende de l'oiseau-sans-aile*.

Fréquence : rare - Évolution : ↗
Âge moyen : 10 ans

V

Youna

Yeun, Younen, Yvona, Yf

Étymologie : du celte : « if ». En raison de son origine, c'est en Bretagne que Youna est le plus attribué. Comme sa sonorité ne l'indique pas, Youna est la forme féminine du prénom Yves.
Fête : 19 mai - Couleur : vert - Chiffre : 4
Caractère : Youna est travailleuse, rigoureuse. Stable, elle possède un bon sens de l'organisation.
Fréquence : rare - Évolution : ↗
Âge moyen : 9 ans

C

Yousra

Yousrah, Youssra

Étymologie : de l'arabe *yusrâ* : « douce, facile, conciliante ».
Couleur : gris - Chiffre : 8
Caractère : Yousra est avant tout raisonnable et droite. Très ambitieuse, elle allie énergie et esprit logique.
Fréquence : rare - Évolution : ↗
Âge moyen : 10 ans

V

Ysée

Ysé

Étymologie : du germanique *ethylda* : « le noble serpent ». Ce prénom est un rare dérivé d'Iseult.
Fête : 14 juillet - Couleur : blanc - Chiffre : 2
Caractère : Ysée est tenace, méthodique, fiable.
Personnage célèbre : Ysée, héroïne éponyme d'une BD en trois tomes d'Évelyne Brisou-Pellen.
Fréquence : rare - Évolution : ↗
Âge moyen : 7 ans

V

Yvana

Yvanna, Yvannah

Étymologie : de l'hébreu *Yo*, contraction de « Yahvé, Dieu » et *hanan* : « miséricordieux ». Cette variante d'Ivana, forme slave de Jeanne, connaît actuellement une douce croissance.
Fête : 30 mai - Couleur : jaune - Chiffre : 5
Caractère : Yvana n'a qu'un but : se réaliser. Elle porte en elle le courage et l'humanité nécessaires à la mission qu'elle s'est fixée.
Fréquence : rare - Évolution : ↗
Âge moyen : 17 ans

V

Yveline

Guyveline

Étymologie : du celte : « if ». Ce prénom est formé sur le masculin Yves, auquel on a rajouté le suffixe féminin « line », créant une forte similitude sonore avec le prénom Évelyne.
Fête : 19 mai - Couleur : orange - Chiffre : 8
Caractère : Yveline est une femme enfant, mutine, parfois capricieuse. Elle laisse souvent ses humeurs prendre le dessus.
Fréquence : rare - Évolution : =
Âge moyen : 60 ans

P

Yvette

Ivetta, Maryvette

Étymologie : du celte : « if ». C'est en Bretagne que ce prénom remporta ses plus grands succès, même s'il demeure caractéristique d'une certaine période : les années 30-40. Il est, par conséquent, relativement bien représenté auprès d'une certaine tranche d'âge, mais reste aujourd'hui peu attribué.
Fête : 13 janvier - Couleur : bleu - Chiffre : 7
Caractère : Yvette est volontaire, affectueuse, généreuse et tendre.
Personnages célèbres : Yvette Roudy, ex-ministre

des Droits de la femme ; l'accordéoniste Yvette Horner.
Fréquence : répandu - Évolution : ↘
Âge moyen : 77 ans

Yvonne

Evona, Evone, Evonna, Evonne, Yvona, Yvone, Vonne, Yvona

Étymologie : du celte : « if ». Si Yvette est un diminutif, Yvonne est, elle, une forme féminine directe du prénom Yves (via Yvon).
Fête : 19 mai - Couleur : bleu - Chiffre : 3
Caractère : Yvonne est douce, courageuse et toujours désireuse d'apprendre. C'est aussi une femme extrêmement maternelle, possédant un sens profond de la famille.
Personnages célèbres : Yvonne Printemps, actrice et chanteuse française (1895-1977) ; Yvonne de Bray, qui joua dans *Les Parents terribles* de Jean Cocteau.
Fréquence : répandu - Évolution : ↘

Z

Zahra

Zarha

Étymologie : de l'arabe : « blanche ».
Couleur : rouge - Chiffre : 9
Caractère : Zahra est altruiste, spirituelle, rêveuse et généreuse.
Fréquence : rare - Évolution : ↗
Âge moyen : 34 ans

Zaïnedinne

Zaïnedine, Zaïnedinne

Étymologie : de l'arabe *zay ad Dîn* : « la beauté de la religion ». Ce prénom est une forme féminine de Zinédine.
Couleur : bleu - Chiffre : 5
Caractère : Zaïnedinne est généreuse, modeste, chaleureuse et exceptionnellement douée.
Fréquence : rare - Évolution : =
Âge moyen : 36 ans

Zaynab

Zaïnab, Zeinab, Zeinabou, Zeine, Zeinb, Zinab

Étymologie : de l'arabe *zaynab* : « arbre aux fleurs odorantes ». Ce prénom, ici, dans une de ses transcriptions les plus courantes, est celui de deux des épouses du Prophète Mahomet. Ce prénom figure parmi les prénoms musulmans les plus répandus dont les différentes graphies sont acceptées à l'état civil et en font un prénom à part entière.
Couleur : blanc - Chiffre : 2
Caractère : appliquée et très obstinée, Zaynab n'aime pas l'échec.
Personnages célèbres : les épouses du Prophète.
Fréquence : rare - Évolution : ↗
Âge moyen : 9 ans

Zelda

Zehlda, Zhelda

Étymologie : l'étymologie est incertaine. Attestée par certains comme une variante de Zita (sixième lettre de l'alphabet grec), Zelda est aussi défini par d'autres comme provenant de Griselda, « guerrière grise » en germanique.
Fête : 27 avril - Couleur : bleu - Chiffre : 3
Caractère : Zelda est énergique, travailleuse et sociable.

Personnages célèbres : la princesse Zelda, l'un des personnages principaux de la série de jeux vidéo *The Legend of Zelda* ; Zelda Fitzgerald, épouse de Francis Scott Fitzgerald et auteur du roman *Accordez-moi cette valse.*
Fréquence : rare - **Évolution :** =
Âge moyen : 17 ans

B

Zélia

Zéa, Zélé, Zéline

Étymologie : du latin : « annuelle ». Ce prénom correspond à une forme dérivée de Solène qui se serait, au départ, d'abord écrite Zéline.
Fête : 17 octobre - **Couleur :** vert - **Chiffre :** 3
Caractère : Zélia est déterminée, ardente et pleine de vitalité.
Fréquence : rare - **Évolution :** ↗

B

Zélie

Étymologie : du latin : « annuelle ». Ce prénom correspond à une forme dérivée de Solène qui se serait, au départ, d'abord écrite Zéline.
Fête : 17 octobre - **Couleur :** vert - **Chiffre :** 3
Caractère : Zélie est secrète, sérieuse et sait faire preuve d'un véritable esprit d'analyse.
Fréquence : rare - **Évolution :** ↗
Âge moyen : 40 ans

B

Zénaïde

Zénaïda

Étymologie : du grec : « hospitalier ». Ce prénom correspond à la forme féminine de Zénas et fut porté par une femme pieuse convertie par saint Paul. Elle consacra sa vie à soigner les malades.
Couleur : vert - **Chiffre :** 1
Caractère : Zénaïde est intuitive, rapide, fine et déterminée.
Fréquence : rare - **Évolution :** ↗

B

Zéphirine

Zéphyrine, Zéphyryne

Étymologie : du grec *zephuros* : « le zéphir », du nom d'un vent du nord-ouest.
Fête : 20 décembre - **Couleur :** jaune - **Chiffre :** 4
Caractère : Zéphirine est bienveillante, consciencieuse, aussi bonne conseillère que pacifiste.
Fréquence : rare - **Évolution :** =

V

Zeyneb

Zaïnab, Zeineb, Zeïneb, Zeynep, Zinebe, Zineb

Étymologie : de l'arabe *zaynab* : « arbre aux fleurs odorantes ». Ce prénom, est celui de deux des épouses du Prophète Mahomet. La seconde était déjà mariée à son fils adoptif Zaïd, mais bouleversé par sa beauté, Mahomet obtint de ce dernier qu'il la répudie afin qu'il se marie avec elle. Pour éviter le scandale de cet épisode qui choqua nombre de croyants, Dieu révéla dans la 33e sourate du Coran que Zeynep était bien destinée à Mahomet, d'où cette irrésistible attraction. La fille aînée que le Prophète eut avec Khadija se prénommait aussi Zeynep, ainsi que l'une de ses petites-filles, réputée plus tard pour son savoir immense. Ce prénom figure, à présent, parmi les prénoms musulmans les plus répandus.
Couleur : blanc - **Chiffre :** 2
Caractère : Zeynep est directive, audacieuse et pleine d'assurance.
Personnage célèbre : l'une des épouses du Prophète Mahomet.
Fréquence : rare - **Évolution :** ↗
Âge moyen : 14 ans

V

Zia

Étymologie : de l'hébreu : « trembler ». Ce prénom est également originaire de la tradition

maya. Il est très attribué en Amérique du Sud.
Couleur : orange - Chiffre : 2
Caractère : Zia est humaine, rêveuse et généreuse.
Fréquence : rare - Évolution : ↗
Âge moyen : 4 ans

V

Zilpa

Étymologie : de l'hébreu : « qui coule ».
Couleur : vert - Chiffre : 1
Caractère : Zilpa est énergique, autoritaire et charismatique.
Fréquence : très rare - Évolution : =

B

Zita

Étymologie : du latin *sititus*, *sitita* : « désiré », « désirée ».
Fête : 27 avril - Couleur : jaune - Chiffre : 5
Caractère : Zita est décidée, humble, travailleuse et profondément sociable.
Personnage célèbre : Zita de Habsbourg, la dernière impératrice d'Autriche-Hongrie, qui passa sa vie en exil.
Fréquence : rare - Évolution : ↗
Âge moyen : 63 ans

C

Zoé

Zoa, Zoée, Zoello, Zoey, Zoilo

Étymologie : du grec *zoos* : « la vie ». Ce prénom, évocateur du monde orthodoxe, ne s'est montré dans l'univers occidental qu'à travers la Grande-Bretagne puis la France, à partir du XIXe siècle. C'est pendant les Années folles qu'il décline. Oublié ensuite, car jugé d'une sonorité trop passéiste, ou trop facétieuse, Zoé est attribué à nouveau de temps en temps dans les années 80, par des parents qui jugent son classicisme original, mais ce sont les années 90 et plus particulièrement leur seconde moitié, qui le consacrent définitivement tendance. Zoé répond, en effet, aux critères de la mode actuelle : sa sonorité repose sur les voyelles, il ne possède que deux syllabes et trois lettres et il est terriblement rétro. Tout pour le faire figurer au top 50 des prénoms féminins français, avant de grimper vers le top 20.
Fête : 2 mai - Couleur : bleu - Chiffre : 1
Caractère : Zoé est décidée, ferme, parfois imprévisible, entière. D'aucuns la trouvent trop fougueuse là où elle n'est qu'intense.
Personnage célèbre : Zoé Valdès, romancière et scénariste cubaine.
Fréquence : répandu - Évolution : ↗
Âge moyen : 15 ans

V

Zohra

Zora, Zara, Zorah, Zorra, Zorrah

Étymologie : de Zohra, nom arabe de la planète Vénus. Donner ce prénom à une petite fille, c'est donc l'apparenter à un symbole de beauté et d'éclat, mais aussi à celui de la longévité. En effet, cette étoile est toujours la première à apparaître le soir et la dernière à se coucher le matin.
Couleur : bleu - Chiffre : 3
Caractère : Zohra est chaleureuse, affectueuse et peut sembler parfois théâtrale et excessive. En réalité, elle a juste un grand besoin d'amour.
Fréquence : rare - Évolution : ↗
Âge moyen : 33 ans

V

Zoubida

Étymologie : de l'arabe : « fleur ». Ce prénom fut porté par une reine d'Arabie du VIIIe siècle.
Couleur : rouge - Chiffre : 6
Caractère : Zoubida est émotive, active, indépendante et éprise d'harmonie.
Fréquence : rare - Évolution : ↘
Âge moyen : 41 ans

Index filles

A

Abby.....22
Abélia.....22
Abeline.....22
Abella.....23
Abigail.....23
Abondance.....23
Abrama.....23
Acacia.....23
Acantha.....23
Acmée.....24
Ada.....24
Adam.....24
Adela.....24
Adélaïde.....24
Adèle.....24
Adélia.....25
Adeline.....25
Adelphia.....25
Adonia.....25
Adora.....25
Adou.....25
Adrastée.....26
Adria.....26
Adriana.....26
Adrienne.....26
Aëlaig.....26
Aëlle.....26
Aésa.....27
Agathe.....27
Agda.....27
Aggie.....27
Aglaé.....27
Agnès.....28
Agrippine.....28
Aïcha.....28
Aïda.....28
Aileen.....28
Aimée.....29
Aïssa.....29
Aïssatou.....29
Alba.....29
Albane.....29
Alberte.....30
Albertine.....30
Albina.....30
Albinig.....30
Alda.....30
Aléna.....31
Alessia.....31
Aleth.....31
Alex.....31
Alexa.....31
Alexandra.....31
Alexandrine.....32
Alexane.....32
Alexia.....32
Alexiane.....32
Alexie.....32
Alexine.....33
Alia.....33
Alice.....33
Alicia.....34
Aliette.....34
Alima.....34
Alina.....34
Aline.....34
Aliona.....34
Alisa.....35
Alison.....35
Alix.....35
Alizée.....35
Allegra.....35
Alma.....35
Alphonsine.....36
Alya.....36
Amal.....36
Amalia.....36
Amanda.....36
Amandine.....37
Amarante.....37
Amaryllis.....37
Ambre.....37
Ambrine.....37
Amélia.....38
América.....38
Amélie.....38
Améthyste.....38
Amina.....38
Aminata.....38
Amira.....39
Amy.....39
Anaë.....39
Anaëlle.....39
Anaïs.....39
Anastasia.....40
Anceline.....40
Andréa.....40
Andrée.....40
Anémone.....40
Ange.....41
Angela.....41
Angèle.....41
Angelina.....41
Angélique.....41
Anissa.....41
Anita.....42
Anja.....42
Anke.....42
Annabelle.....43
Annaïg.....43
Anne.....43
Anne-Cécile.....43
Annelyse.....43
Anne-Marie.....44
Anne-Sophie.....44
Annette.....44
Annick.....44
Annie.....44
Anouar.....45
Anouchka.....45
Anouk.....45
Anthéa.....45
Antigone.....45
Antinéa.....45
Antoinette.....46
Antonia.....46
Apolline.....46
April.....46

Ariane 46
Arielle 46
Arlette 47
Armance 47
Armande 47
Armelle 47
Artémise 47
Ashley 48
Assia 48
Astrée 48
Athéna 48
Athénaïs 49
Astrid 49
Aude 49
Audrey 49
Augusta 49
Augustine 50
Aure 50
Aurélia 50
Auréliane 50
Aurélie 51
Auria 51
Auriane 51
Aurore 51
Auxane 51
Ava 51
Avril 52
Axelle 52
Awa 52
Ayala 52
Aylin 52
Azalée 52
Azora 53

B

Bachira 53
Badra 53
Bambi 54
Baptista 54
Baptistine 54
Barbara 54
Bastianne 54
Bastienne 55
Bathilde 55
Béatrice 55
Béatrix 55
Bélinda 55
Bella 55
Bénédicte 56
Benjamine 56
Benoîte 56
Bérengère 56
Bérénice 56
Bernadette 57
Bertha 57
Berthe 57
Bertille 57
Béryl 58
Bess 58
Bethany 58
Bettina 58
Betty 58
Betty-Ann 59
Beverly 59
Bianca 59
Billie 59
Bintou 60
Blair 60
Blanche 60
Blandine 60
Bleuette 60
Blue 60
Bleuenn 61
Bonnie 61
Brenda 61
Brianna 61
Bridget 61
Brigitte 62
Brittany 62
Brooke 62
Brune 63
Buffy 63

C

Caitlin 63
Calista 63
Calixte 63
Calliope 64
Calypso 64
Camélia 64
Caméo 64
Cameron 64
Camilia 65
Camille 65
Candace 65
Candice 65
Candie 65
Candy 66
Cannelle 66
Capucine 66
Carine 66
Carla 67
Carlotta 67
Carméla 67
Carmen 67
Carolane 67
Carole 68
Carole-Anne 68
Caroline 68
Carrie 68
Cassandra 68
Cassandre 69
Casey 69
Cassidy 69
Cassie 69
Cassiopée 70
Catalina 70
Catharina 70
Cathel 70
Catheline 70
Catherine 71
Cathia 71
Cathleen 71
Cathy 71
Catoun 72
Cécile 72
Cécilia 72
Céleste 72
Célestine 73
Célia 73
Céliane 73
Célina 74

Céline 74
Cerise 74
Césarine 74
Chaïma 74
Chanel 74
Chantal....75
Charleen 75
Charlène 75
Charlie 75
Charline 75
Charlotte 76
Charmaine 76
Chayma....76
Cheïma 76
Chelsea 76
Cheryl 77
Cherylin 77
Chiara....77
Chloé....77
Christelle....78
Christiane 78
Christine 78
Christie 78
Cindy 78
Claire 79
Claire-Marie 79
Clara 79
Clarisse 79
Claude....79
Claudia 80
Claudie 80
Claudine 80
Cléa 80
Clélia....81
Clélie 81
Clémence 81
Clémentine....81
Cléo....81
Cléophée 82
Clio....82
Clothilde 82
Colette....83
Coline 83
Colleen 83
Connie 83
Constance 83
Coralie 84
Coraline 84
Cordélia 84
Corentine....84
Corinne 84
Cornélia....84
Cosima....85
Cristel 85
Cristale 85
Cylia 85
Cynthia 85
Cyrielle 85

D

Dagmar 86
Dagoberte 86
Dahlia 86
Daisy 86
Dalila 86
Damia 87
Damina 87
Dana....87
Danaé....87
Daniella 87
Danielle 87
Dany 88
Daphné 88
Darlène 88
Daria 88
Davina 88
Dawn 89
Day 89
Daya 89
Dayana 89
Déa....89
Deanna 89
Debbie 89
Déborah 90
Deirdre 90
Délia....90
Delphine 90
Denise 90
Desideria....91
Désirée 91
Diana 91
Diane 91
Dina 91
Dionne....91
Djamila 92
Dolly 92
Dolorès 93
Dominique 93
Domitille 93
Donia 93
Donna 94
Dora 94
Doria....94
Doriane 94
Dorine....94
Doris 94
Dorothéa....95
Dorothée....95
Dorothy 95
Dounia 95
Drusilla 95
Dulce 96
Dune 96
Dyana 96
Dylane 96

E

Ebony 96
Eda 96
Éden 97
Édith 97
Edmée 97
Edmonde 97
Edna 97
Edwige 97
Églantine....98
Eileen 98
Éléa 98
Éléana 98
Éléanor 98
Elen 98
Éléna 99

Éléonore 99
Élia 99
Élian 99
Élina 99
Élisa 99
Élisabeth 100
Élise 100
Ella 100
Ellie 100
Éloane 100
Élodie 101
Élona 101
Élora 101
Elsa 101
Elsie 101
Elvira 101
Émeline 101
Émie 102
Émilie 102
Émilienne 102
Emma 102
Emmanuelle 102
Énimie 103
Énola 103
Énora 103
Endora 104
Énya 104
Enza 104
Érica 104
Erin 104
Ernestine 104
Esmeralda 105
Espérance 105
Estelle 105
Esther 105
Éthel 105
Eudeline 105
Eudoxie 106
Eugénie 106
Eulalie 106
Eunice 106
Éponine 106
Éva 106
Évaëlle 107
Évangéline 107
Ève 107
Évelyne 107

F

Fabienne 107
Fabiola 108
Faith 108
Faïza 108
Fanchon 108
Fanette 108
Fanny 108
Farah 109
Farida 109
Fatiha 109
Fatima 109
Fatimata 109
Fatou 109
Fatoumata 110
Faustine 110
Fédora 110
Félicia 110
Félicie 110
Félicité 110
Fénella 110
Fernanda 111
Fideline 111
Filippina 111
Fine 111
Fiona 111
Fiorella 111
Firmine 112
Flavie 112
Fleur 112
Flora 113
Floraine 113
Flore 113
Florelle 113
Florence 113
Floriane 113
Florine 114
Flower 114
Fortunée 114
Franca 114
France 114
Franceline 114
Frances 114
Francesca 115
Francine 115
Françoise 115
Frédérica 115
Frédérique 115
Freya 115
Frida 116

G

Gabrielle 116
Gaby 116
Gaëlle 116
Gaëtane 116
Gaïa 117
Gaïane 117
Gala 117
Galatée 117
Garance 117
Garnet 118
Gasparine 118
Gastonne 118
Gatienne 118
Gauthière 118
Gemma 118
Geneviève 118
Génovéfa 119
Georgette 119
Georgina 119
Georgia 119
Géraldine 119
Gérardine 120
Germaine 120
Gertrude 120
Gervaise 120
Ghislaine 120
Gia 120
Giacomina 121
Gianna 121
Gilberte 121
Gilda 121
Gillian 121

Gina 121
Ginette 122
Giovanna 122
Gisèle 122
Gladys 122
Glenda 122
Glenn 122
Gloria 123
Grace/Grâce 123
Graziella 123
Greta 124
Griselda 124
Gudrun 124
Guenièvre 124
Guillemette 124
Guyenne 125
Guyonne 125
Gwenaëlle 125
Gwendoline 125
Gwenn 125
Gwyneth 125
Gypsie 126

H

Habiba 126
Hagar 126
Hajar 126
Hakima 126
Halima 126
Hanaé 127
Hannah 127
Hanane 127
Harmonie 127
Hawa 127
Hazel 128
Heather 128
Heaven 128
Hectorine 128
Hedwige 128
Heidi 128
Héléa 129
Helen 129
Héléna 129
Hélène 129
Helga 129
Héloïse 129
Henria 130
Henriette 130
Herberte 130
Hermance 130
Hermeline 130
Hermine 130
Hermione 131
Herveline 131
Hilary 131
Hilda 131
Hildegarde 131
Hildegonde 131
Himelinda 132
Himeline 132
Holly 132
Honey 132
Honorine 133
Hortense 133
Hubertine 133
Huguette 133
Humberta 133
Hyacinthe 134

I

Ida 134
Ielena 134
Ikram 134
Ilana 134
Ilanka 135
Ileana 135
Iliana 135
Ilma 135
Ilona 135
Iman 135
Imane 135
Imen 136
Imma 136
Ina 136
India 136
Indiana 136
Indigo 136
Indira 137
Indra 137
Inès 137
Inge 137
Ingeborg 137
Ingrid 138
Inger, IngerId, IngrI, IngrIda 138
Intissar 138
Iola 138
Iolanda 138
Iolanthe 138
Iphigénie 138
Irène 138
Irina 139
Iris 139
Irma 139
Isa 139
Isabelle 139
Isadora 140
Isaline 140
Isalis 140
Isaure 140
Iseult 140
Isciane 140
Isia 141
Isis 141
Isolde 141
Ivana 141
Ivona 141
Ivonne 141
Ivy 142

J

Jacinthe 142
Jackie 142
Jacqueline 142
Jade 142
Jamie 142
Jamila 143
Jan 143
Janan 143
Jane 144
Janelle 144
Janet 144

Janice 144
Janick 144
Janie 144
Janine 145
Janita 145
Janna 145
Jannick 145
Janny 145
Jardena 145
Jasmine 145
Javiera 146
Jaylene 146
Jean 146
Jeanine 146
Jeanne 146
Jeanne-Marie 147
Jeannette 147
Jehanne 147
Jenna 147
Jemila 147
Jennifer 147
Jenny 148
Jéromine 148
Jessica 148
Jessie 148
Jill 148
Jo149
Joachime 149
Joakima 149
Joaquina 149
Joan 149
Joana 149
Joanie 150
Joanna 150
Joanne 150
Joceline 150
Jocelyne 150
Jodie 150
Joëlle 150
Joély 151
Joéva 151
Johanna 151
Johanne 151
Jolanda 151
Jolanta 151
Jonelle 151
Jonquille 152
Jorane 152
Jordane 152
Josée 153
Josépha 153
Joséphine 153
Josette 153
Josiane 153
Josianne 153
Josie 154
Josseline 154
Josselyne 154
Joy 154
Joyce 154
Juana 154
Juanita 154
Judicaëlle 155
Judith 155
Judy 155
Julia 155
Juliana 155
Juliane 156
Julianne 156
Julie 156
Julienne 156
Juliette 156
July 157
June 157
Justine 157

K

Kaci 157
Kadidia 157
Kahina 158
Kaïla 158
Kaïna 158
Kaitlin 158
Kali 158
Kalina 158
Kamilia 159
Karen 159
Karima 159
Karine 159
Karyn 159
Kate 159
Kateline 160
Katell 160
Katherine 160
Katia 160
Kaki 160
Katinka 160
Katou 160
Kay 161
Kayla 161
Keira 161
Kelly 161
Kenza 161
Keren 161
Khadija 162
Kim 162
Kimberley 162
Kimberly 163
Kimy 163
Kirsten 163
Kitty 163
Kristel 163
Kristen 163
Kylie 164

L

Laeticia 164
Laëtitia 164
Laïla 164
Lalie 164
Lalita 165
Laly 165
Lamia 165
Lana 165
Lara 165
Larissa 165
Latifa 165
Laora 166
Laura 166
Laurane 166
Lauranne 166
Laure 166

Laure-Anne 166
Laureen 167
Laureline 167
Lauren 167
Laurence 167
Laurène 167
Laurette 167
Lauriane 168
Laurie 168
Laurine 168
Lauryne 168
Léa 168
Léa-Marie 169
Léana 169
Léandra 169
Léanne 169
Lee 169
Leelou 169
Leïla 170
Lélia 170
Léna 170
Lénaïc 170
Lénaïg 170
Lennie 170
Léona 170
Léonce 171
Léonie 171
Léonille 171
Léonne 171
Léonore 171
Léontine 171
Léopoldine 172
Léora 172
Leslie 172
Létitia 172
Lévana 172
Lexane 172
Lexie 172
Leyla 173
Lia 173
Liane 173
Libbie 174
Lila 174
Lilas 174
Lili 174
Lilia 174
Lilian 174
Liliane 174
Lilly 175
Lilo 175
Lilou 175
Lily 175
Lily-Rose 175
Lina 175
Linda 176
Lindsay 176
Line 176
Lio 176
Lisa 176
Lisandra 176
Lisanne 177
Lisa-Marie 177
Lisbeth 177
Lise 177
Lison 177
Livia 177
Liza 177
Lizzie 178
Loan 178
Loana 178
Loane 178
Logane 178
Loïs 178
Loïse 179
Lola 179
Lolita 179
Lomane 179
Lorelei 180
Loren 180
Lorena 180
Lorène 180
Lorenza 180
Loriane 180
Lorraine 181
Lou 181
Louane 181
Lou-Ann 181
Louanne 181
Lou-Anne 182
Loubna 182
Louisane 182
Louise 183
Louise-Anne 183
Louisette 183
Louisiane 183
Louison 183
Loula 184
Louna 184
Loup 184
Lourdes 184
Lovely 184
Lovita 184
Luana 184
Luce 185
Luciana 185
Lucie 185
Lucienne 185
Lucile 185
Lucinda 185
Lucine 186
Lucrèce 186
Ludivine 186
Ludmila 186
Ludovica 186
Luisa 186
Luna 187
Lydia 187
Lydie 187
Lyla 187
Lylia 187
Lyliane 187
Lylou 187
Lyna 188
Lynda 188
Lyne 188
Lynn 188
Lysa 188
Lyse 188

m

Mabel 189
Mabelle 189

Macha 189
Macy 189
Madeleine 189
Madeline 190
Madena 190
Madison 190
Maë 190
Maëla 190
Maëlie 191
Maëline 191
Maëlle 191
Maëlys 191
Maéva 191
Maévane 191
Maéwenn 192
Mafalda 192
Magali 192
Magalie 192
Magda 192
Magdalena 192
Maggy 193
Magnolia 193
Maguelonne 193
Mahalia 194
Mahaut 194
Mahé 194
Maïa 194
Maider 194
Maïlys 194
Maïssa 195
Maïssane 195
Maïté 195
Maïtena 195
Maïwenn 195
Malaurie 196
Malika 196
Mallaury 196
Malvina 196
Mandy 196
Manel 197
Manon 197
Manuella 197
Marceline 197
Marcelle 197
Marcia 198
Mareva 198
Margaret 198
Margaux 198
Margo 199
Margot 199
Marguerite 199
Maria 199
Mariam 199
Mariama 200
Mariane 200
Marianna 200
Marianne 200
Marie 200
Marie-Alice 201
Marie-Amélie 201
Marie-Anne 201
Marie-Astrid 201
Marie-Caroline 202
Marie-Cécile 202
Marie-Charlotte 203
Marie-Christine 203
Marie-Claire 203
Marie-Claude 203
Marie-Éva 203
Marie-France 204
Marie-Françoise 204
Marie-Gabrielle 204
Marie-Hélène 204
Marie-Jeanne 204
Marie-Laure 205
Marielle 205
Marie-Lou 205
Marie-Louise 205
Marie-Lys 205
Marie-Madeleine 205
Marie-Océane 206
Marie-Paule 206
Marie-Pierre 206
Marie-Rose 206
Marie-Sophie 206
Marie-Thérèse 207
Mariette 207
Marilou 207
Marilyn 207
Marilys 207
Marina 207
Marine 208
Marinette 208
Marion 208
Marisa 208
Marjolaine 208
Marjorie 209
Marlène 209
Martha 209
Marthe 209
Martine 209
Marwa 210
Mary 210
Maryam 210
Marylène 210
Maryline 210
Marylise 210
Marylou 211
Maryse 211
Maryvonne 211
Mathilda 211
Mathilde 211
Mathurine 212
Matilda 212
Maud 212
Maurane 212
Maureen 212
Mauve 212
Mauricette 213
Maurine 213
Maxence 213
Maximilienne 214
Maxine 214
Maxime 214
May 214
Maya 214
Maylis 214
Mayté 215
Mazarine 215
Mégane 215
Meggy 215
Mélaine 215

Mélanie 215
Mélina 216
Mélinda 216
Méline 216
Mélisande 216
Mélissa 216
Mélissandre 217
Mélodie 217
Mélusine 217
Mercedes 217
Mérédith 217
Mériem 218
Méryl 218
Mia 218
Michaela 218
Michèle 218
Micheline 219
Michelle 219
Midoli 219
Mieko 219
Miki 219
Mila 219
Mildred 219
Miléna 220
Milène 220
Mina 220
Minnie 221
Mireille 221
Moïsette 221
Mona 221
Monica 221
Monique 221
Montserrat 222
Morgan 222
Morgane 222
Mouna 222
Mounia 222
Muriel 222
Mylène 223
Myra 223
Myriam 223
Myriem 223
Myrtille 223

n

Nabila 223
Nadège 224
Nadia 224
Nadine 224
Nadira 224
Nadiya 224
Nadja 224
Naëlle 225
Naïma 225
Naïg 225
Naïs 225
Najat 225
Najoua 225
Nancy 226
Naomi 226
Naoual 226
Naouel 226
Nassera 226
Nassima 226
Nastasia 227
Natacha 227
Nathalie 227
Nathanaëlle 227
Nausicaa 227
Nawal 228
Nawel 228
Neige 228
Nell 228
Nelly 228
Nesrine 228
Ness 229
Nicky 229
Nicole 229
Nicoletta 230
Nikita 230
Nina 230
Nine 230
Ninon 230
Nisrine 231
Noa 231
Noèle 231
Noélie 231
Noéline 231
Noëlla 231
Noëlle 231
Noëllie 232
Noémie 232
Noha 232
Noisette 232
Nola 232
Nolwen 232
Nolwenn 232
Nora 233
Norberte 233
Norine 233
Norma 233
Nour 233
Noura 233
Nuccia 234
Nuria 234
Nymphe 234
Nymphéa 234

o

Oanell 234
Ocella 234
Océane 235
Octavie 235
Odélice 235
Odélinie 235
Odette 236
Odiane 236
Odile 236
Odyssée 237
Olga 237
Olive 237
Olivia 237
Olympe 237
Olympia 237
Ombeline 238
Ondine 238
Opale 238
Ophélie 238
Orane 238
Oriane 239
Orlane 239

Orly 239
Orna 239
Ornella 239
Orchidée 239
Osana 239
Oscarine 240
Othilie 240
Ouarda 240
Ouidad 240
Oumaïma 240
Oumayma 240
Oxana 241

P

Palmyre 241
Paloma 241
Pamela 241
Paola 241
Pâquerette 241
Paquita 242
Paris 242
Pascale 242
Pascaline 242
Patience 242
Patricia 242
Patsy 243
Paula 243
Paule 243
Paulette 243
Paulina 243
Pauline 244
Pearl 244
Peggy 244
Pélagie 244
Pénélope 244
Pépita 245
Perle 245
Pernelle 245
Perrette 246
Perrine 246
Pervenche 246
Petra 246
Pétronille 246
Pétula 246
Pétunia 247
Phénicia 247
Philadelphia 247
Philaé 247
Philiberte 247
Philippa 247
Philippine 247
Philomène 248
Philotée 248
Phyllis 248
Pia 248
Pierrette 248
Pierrine 249
Pomme 249
Pomona 249
Praxilla 249
Precillia 249
Prescilia 249
Prescilla 249
Prescillia 250
Prescious 250
Prima 250
Primavera 250
Primrose 250
Princesse 250
Prisca 250
Priscilia 250
Priscilla 251
Priscille 251
Prudence 251
Prune 251
Pulchérie 251

Q

Quetura 251
Quartilla 252
Queen 252
Queridah 252
Quitterie 252
Quintilla 253

R

Rachel 253
Rachida 253
Raïssa 253
Rania 253
Raphaëlle 253
Raymonde 254
Rébecca 254
Régina 254
Régine 254
Rehane 254
Reine 255
Réjane 255
Renée 255
Rhéa 255
Rita 255
Roberta 255
Roberte 256
Rolande 256
Romaine 256
Romane 256
Romy 256
Rosa 256
Rosalie 257
Rosalinde 257
Rosanne 257
Rose 257
Roselyne 258
Rosemarie 258
Rose-Marie 258
Rosemary 258
Rosemonde 258
Rosetta 259
Rosette 259
Rosine 259
Rosy 259
Roxane 259
Rozenn 259
Ruth 260

S

Sabah 260
Sabine 260
Sabrina 260
Sacha 261
Safia 261
Saïda 261

Salima 261
Salma 262
Sally 262
Salomé 262
Samantha 262
Samia 262
Samira 263
Sandie 263
Sandra 263
Sandrine 263
Sandy 264
Sarah 264
Sasha 264
Saskia 264
Satine 264
Sauvanne 264
Savannah 265
Scarlett 265
Schéhérazade 265
Ségolène 265
Séléna 265
Sélène 266
Selima 266
Sélina 266
Selma 266
Séphora 266
Séraphine 266
Séréna 267
Sergine 267
Serine 267
Serlana 267
Servane 267
Séverine 267
Shaïma 268
Shaïna 268
Shana 268
Shannon 269
Sharleen 269
Sharlène 269
Sharon 269
Sheila 269
Shérazade 269
Sheryl 270
Sherilyn 270
Shirel 270
Shirley 270
Sibylle 270
Sidney 271
Sidonie 271
Siham 271
Sihem 271
Silvana 271
Simone 271
Sirine 272
Sixtine 272
Sofia 272
Soizic 272
Solange 272
Soléa 272
Soléane 273
Solène 273
Soline 273
Solveig 273
Sonia 273
Sophie 273
Soraya 274
Souad 274
Soukaïna 274
Soumaya 274
Soumia 275
Stacy 275
Steffy 275
Stella 275
Stéphanie 275
Stessy 275
Sue 276
Suzanne 276
Suzette 276
Suzie 276
Suzon 276
Swann 276
Sybille 277
Sydney 277
Sylvaine 277
Sylvana 278
Sylvette 278
Sylvia 278
Sylviane 278
Sylvie 278

T

Tabatha 278
Tacha 278
Taïs 279
Talia 279
Talma 279
Tamar 279
Tamara 279
Tammy 279
Tanaïs 280
Tania 280
Tanit 280
Tanya 280
Tara 280
Tatiana 281
Téa 281
Telma 281
Térésa 281
Terry 281
Tess 282
Tessa 282
Thaïs 282
Thalia 282
Thalie 282
Théa 283
Théana 283
Thelma 283
Thérésa 283
Thérèse 283
Théodora 283
Tifenn 284
Tiffany 284
Tina 284
Tiphaine 285
Tiphanie 285
Tiphany 285
Tonia 285
Toscane 285
Tracy 285
Trixie 286
Trudy 286
Typhaine 286

Typhanie 286

U

Ulrika 286
Ulyssia 286
Uma 287
Umberta 287
Uranie 287
Urbaine 287
Urielle 287
Ursula 287
Ursule 287

V

Vahiné 288
Vaiana 288
Valentina 288
Valentine 288
Valériane 288
Valérie 288
Vanessa 289
Vanille 289
Vanina 289
Vashti 289
Vénus 289
Véra 289
Verity 290
Véronica 290
Véronique 290
Vicky 290
Victoire 290
Victoria 291
Victorine 291
Vinciane 291
Violaine 291
Violetta 291
Violette 292
Virgilia 292
Virginia 292
Virginie 292
Viridiana 292
Vita 293
Vitalie 293
Viviane 293
Vivienne 294

W

Wafaa 294
Walida 294
Wallis 294
Wanda 294
Wendy 295
Whitney 295
Wilhelmine 295
Wilma 295
Winifred 295
Winona 296
Wissem 296

X

Xandra 296
Xavière 296
Xénia 296

Y

Yaël 296
Yaëlle 297
Yamina 297
Yasmina 297
Yasmine 297
Yelena 298
Yoanna 298
Yolaine 298
Yolanda 298
Yolande 298
Yona 298
Youna 299
Yousra 299
Ysée 299
Yavana 299
Yveline 299
Yvette 299
Yvonne 300

Z

Zahra 300
Zaïnedinne 300
Zaynab 300
Zelda 300
Zélia 301
Zélie 301
Zénaïde 301
Zéphirine 301
Zeyneb 301
Zia 301
Zilpa 302
Zita 302
Zoé 302
Zohra 302
Zoubida 302

Notes

Notes

Notes

Notes

Direction : Jean-Louis Hocq
Direction éditoriale : Marion Guillemet
Direction d'ouvrage : Delphine Blétry
Packaging éditorial : Édiclic
Conception graphique de la couverture : Guylaine Moi
Direction artistique de la maquette intérieure : Thi Vu
Mise en pages : Élodie Cary pour www.noook.fr
Lecture-Correction : Erwann Lepoittevin pour Édiclic

Fabrication : Laurence Duboscq

ISBN : 978-2-263-17361-5
Code éditeur : L17361
Dépôt légal : janvier 2021
Imprimé en Italie par La Tipografica Varese Srl

Solar, un département d'Edi8
92, avenue de France
75013 Paris